中共中央党史和文献研究院第七研究部　编

反对历史虚无主义论丛

第三辑

主　编　曲青山
副主编　柴方国

中共党史出版社

图书在版编目（CIP）数据

反对历史虚无主义论丛．第三辑 / 中共中央党史和文献研究院第七研究部编．-- 北京：中共党史出版社，2023.2

ISBN 978-7-5098-6107-3

Ⅰ．①反… Ⅱ．①中… Ⅲ．①虚无主义—史学—研究—中国—现代—文集 Ⅳ．① K092.7-53

中国版本图书馆 CIP 数据核字 (2022) 第 150847 号

出版发行：中共党史出版社
责任编辑：王鸽子
责任印制：段文超
社　　址：北京市海淀区芙蓉里南街 6 号院 1 号楼
邮　　编：100080
网　　址：www.dscbs.com
经　　销：新华书店
印　　刷：北京盛通印刷股份有限公司
开　　本：170mm × 240mm　1/16
字　　数：386 千字
印　　张：28
印　　数：1—3000 册
版　　次：2023 年 2 月第 1 版
印　　次：2023 年 2 月第 1 次印刷

ISBN 978-7-5098-6107-3
定　　价：68.00 元

此书如有印制质量问题，请与中共党史出版社出版部联系
电话：010-82517197

编辑说明

习近平总书记指出："要旗帜鲜明反对历史虚无主义，加强思想引导和理论辨析，澄清对党史上一些重大历史问题的模糊认识和片面理解，更好正本清源、固本培元。"他还强调："持之以恒推进党史总结、学习、教育、宣传，让正确党史观更深入、更广泛地树立起来，让正史成为全党全社会的共识，教育广大党员、干部和全体人民特别是广大青年坚定历史自信、筑牢历史记忆，满怀信心地向前进。"这些重要论述为我们深刻认识反对历史虚无主义斗争的重要性和必要性，发扬斗争精神，增强斗争本领，坚定不移反对历史虚无主义指明了前进方向、提供了根本遵循。

旗帜鲜明反对历史虚无主义，是党史和文献部门义不容辞的政治责任，也是党史和文献部门重要工作内容。中央党史和文献研究院院务会始终高度重视反对历史虚无主义工作，牢固树立践行"政治建院、编研立院、人才强院、从严治院"办院理念，严格落实意识形态形态工作责任制，统筹发挥党史研究、文献编辑、著作编译等力量和优势，推动反对历史虚无主义工作走深走实。近年来，中央党史和文献研究院以庆祝中国共产党成立100周年和服务全党党史学习教育为契机，集中力量完成中央交办的重大项目任务，加强党史和文献宣传教育力度，并通过设立中央党史和文献研究宣传专项引导资金项目、设立反对历史虚无主义网络课题、组织全国党史和文献部门反对历史虚无主义青年论坛等多种方式，激励调动党员干部担当作为、在反对历史虚无主义斗争中敢于交锋、敢于亮剑，当战士、不当绅士，推出一批有价值的研究成果，为党的十八大以来我国意识形态领域发生的全局性、根本性转变作出了党史和文献部门的贡献。

为贯彻落实习近平总书记重要讲话和指示批示精神，严格落实意识形态责任制要求，在院务会和院领导的指导下，中央党史和文献研究院第七研究部继续组织编辑《反对历史虚无主义论丛》。第七研究部宣教处张东明和王林育、朱志伟、刘颖、成靓同志承担了具体编辑工作。本论丛坚持精选精编和尊重原文的原则，主要收录了2020年至2021年中央党史和文献研究院专家学者撰写的、我院主管主办刊物发表的反对历史虚无主义的代表性文章，以及2016—2020年全国党史和文献部门优秀科研成果中反对历史虚无主义成果类获奖文章，共计41篇，是全国党史和文献部门反对历史虚无主义工作成果的一次集中展示。

因选编时间和编者水平原因，本书难免存在不周或不当之处。欢迎大家提出宝贵意见，不断改进提升，共同做好反对历史虚无主义工作。

中共中央党史和文献研究院第七研究部

2022年4月

目录

CONTENTS

中国共产党百年辉煌

曲青山*

从1921年到2021年，中国共产党走过了整整一百年的历程。这是用鲜血、汗水、泪水、勇气、智慧、力量写就的百年；是筚路蓝缕、披荆斩棘、艰苦创业、砥砺前行、充满艰险、充满神奇的百年；是苦难中铸就辉煌、挫折后毅然奋起、探索中收获成功、失误后拨乱反正、转折中开创新局、奋斗后赢得未来的百年。争取民族独立、人民解放和实现国家富强、人民幸福，是中国共产党百年历史的主题和主线；“不懈奋斗史”“理论探索史”“自身建设史”，是中国共产党百年历史的主流和本质；把革命、建设、改革、复兴事业不断推向前进，是中国共产党百年历史的鲜明特征；逐步实现救国、兴国、富国、强国的奋斗目标，是中国共产党百年历史的庄严使命。

中国共产党百年历史，可以划分为四个历史时期：从1921年7月中国共产党建立至1949年10月中华人民共和国成立，是新民主主义革命时期；从1949年10月至1978年12月党的十一届三中全会召开，是社会主义革命和建设时期；从1978年12月至2012年11月党的十八大召开，是改革开放和社会主义现代化建设新时期；从2012年11月至今是中国特色社会主义新时代。在这四个历史时期，中国共产党完成和推进了四件大事。四件大事铸就了中国共产党百年辉煌。

* 作者简介：曲青山，中共中央党史和文献研究院院长、研究员。

开天辟地：中国共产党在新民主主义革命时期完成救国大业

中国的近代史是从1840年鸦片战争开始的。从那时起，中国逐渐成为半殖民地半封建社会。为了改变中华民族悲惨屈辱的命运，中国人民和无数仁人志士进行了千辛万苦的探索和不屈不挠的斗争。封建统治阶级发起洋务运动，农民阶级发动太平天国起义和义和团运动，资产阶级改良派、革命派先后发动戊戌变法、辛亥革命，但都最终归于失败。中国共产党就是在这样的历史背景下登上中国政治舞台的。中国共产党是在近代中国社会矛盾的剧烈冲突中、在中国人民反抗封建统治和外来侵略的激烈斗争中、在马克思列宁主义同中国工人运动的结合过程中应运而生的。

1921年7月23日，党的一大在上海召开，几天后在浙江嘉兴南湖的红船上结束。一大的召开标志着中国共产党的正式建立。在这之前各地建立的党组织，都是党的早期组织。关于一大的召开，党史大家胡乔木同志曾写过这样一段话：一大开过了，似乎什么也没有发生，连报纸上也没有一点报道。但是，中国的伟大事变在实质上却开始了。毛泽东同志在总结党的创建的历史时说："中国产生了共产党，这是开天辟地的大事变。""从此以后，中国改换了方向。"与以往中国其他政党和政治组织不同的是，中国共产党一经成立就把实现共产主义作为最高理想和最终目标，确立起为中国人民谋幸福、为中华民族谋复兴的初心和使命。

中国共产党对中国革命道路的探索经历了艰难的历程。在艰辛的探索实践中，中国共产党坚持把马克思主义基本原理同中国革命具体实际相结合，团结带领中国人民找到了一条农村包围城市、武装夺取政权的正确革命道路，进行了28年浴血奋战，打败日本帝国主义，推翻了国民党反动统治，完成了新民主主义革命，建立了中华人民共和国。在这个过程中，党带领人民流血牺牲，历经千难万险。可以说，红色政权来之不易，新中国来之不易。它是红色的，是由无数革命先烈用生命和鲜血换来的。毛泽东同志在党的七大上曾指出：“我们党尝尽了艰难困苦，轰轰烈烈，英勇奋斗。从古以来，中国没有一个集团，像共产党一样，不惜牺牲一切，牺牲多少人，干这样的大事。”东北抗日联军领导人杨靖宇同志在同日寇作战最后弹尽粮绝剩下一人时，面对他人的劝降，掷地有声地说：“老乡，我们中国人都投降了，还有中国吗？”据不完全统计，从 1921 年至 1949 年，牺牲的全国有名可查的革命烈士达 370 多万人，平均每天牺牲 370 多人。他们真正用行动诠释了“为有牺牲多壮志，敢教日月换新天”的豪情与壮志。

新中国的成立，标志着中国共产党领导的人民大众的反帝反封建的新民主主义革命的胜利，宣告中国人民从此站立起来了！它彻底结束了旧中国半殖民地半封建社会的历史，彻底结束了旧中国一盘散沙的局面，彻底废除了列强强加给中国的不平等条约和帝国主义在中国的一切特权，中国人民真正成为国家和社会的主人，实现了中国从几千年封建专制政治向人民民主的伟大飞跃。中华民族走上了实现伟大复兴的壮阔道路，“以勇敢而勤劳的姿态工作着，创造自己的文明和幸福，同时也促进世界的和平和自由”。

改天换地：中国共产党在社会主义革命和建设时期完成兴国大业

新中国成立之初，我国面临的国际国内形势是异常艰难和复杂的。由于长期战争，国内经济凋敝，民不聊生。国民党残余伺机破坏，匪患严重。有些地方还未得到解放，很多基层还未建立政权。以美国为首的西方国家在政治上孤立我们、在经济上封锁我们、在军事上威胁我们。1950 年 6 月 25 日，朝鲜内战爆发，随后美国入侵朝鲜，同时派第七舰队侵入台湾海峡。新生的中华人民共和国遭到严重安全威胁。“打得一拳开，免得百拳来。”经过充分讨论和全面衡量，党中央和毛泽东主席作出了“抗美援朝，保家卫国”的战略决策。抗美援朝战争打出了新中国的国威军威，提高了中国共产党在全国人民中的威望，提高了中国人民的民族自信心和民族自豪感，维护了亚洲和世界和平，新中国站稳了脚跟。正像后来邓小平同志所说的那样，新中国的成立，“中国取得了一个资格：人们不敢轻视我们”。

同样，怎样建设社会主义，如何推进中国的现代化，对新中国成立之初的中国共产党来说，也是一个全新的课题。中国共产党从学习苏联到“以苏为鉴”，开始探索中国自己的社会主义建设道路。1956 年，我国社会主义改造完成，确立起社会主义基本制度，并开始大规模进行社会主义建设，取得巨大的成就。1954 年 6 月，毛泽东同志曾这样提出过问题：“现在我们能造什么？能造桌子椅子，能造茶碗茶壶，能种粮食，还能磨成面粉，还能造纸，但是，一辆汽车、一架飞机、一辆坦克、一辆拖拉机都不能造。”在中国共产党的坚强领导下，经过全国人民自力更生、艰苦奋斗，我们很快有了中国历史上的无数个第一：生产出第一架飞机、第一辆汽车、第一台拖拉机，自行研制第一颗原子弹、氢弹先后爆炸成功，自行研制第一颗人造地球卫星发射成功，自行研制第一艘核潜艇顺利下水，自行设计建造第一座大桥——南京长江大桥，在世界上首次人工合成牛胰岛素，首次培育成功强优势籼型杂交水稻等。经过 20 多年的奋斗，初步建立起独立的比较完整的工业体系和国民经济体系。邓小平同志说：“如果六十年代以来中国没有原子弹、氢弹，没有发射卫星，中国就不能叫有重要影响的大国，就没有现在这样的国际地位。”在这一时期，我国还初步解决了几亿人的吃饭穿衣问题，这在当时也被公认为是创造了一个世界奇迹。

在那个激情燃烧的岁月，全党保持了良好精神状态，全社会形成了良好社会风气，进而转化为推进社会主义革命和建设的强大力量。大庆工人王进喜同志喊出“石油工人一声吼，地球也要抖三抖”，铁人精神给全国人民带来了难忘的印象、记忆和感动，激励和鼓舞全国人民不畏艰难、勇往直前。河南林县人民用简陋的工具，劈开太行山的重峦叠嶂，引漳河水入林县，建成“人造天河”红旗渠的事迹，就是这时全国人民奋发图强的一个缩影。

进行社会主义革命，确立社会主义基本制度，这是以毛泽东同志为核心的党的第一代中央领导集体，团结带领全党全国各族人民进行的伟大创造，体现了中国人民的意愿，符合中国的实际，顺应了历史发展的潮流。这场中华民族有史以来最为广泛而深刻的社会变革，为当代中国一切发展进步奠定了根本政治前提和制度基础，为开创中国特色社会主义提供了宝贵经验、理论准备、物质基础。

中国共产党在新民主主义革命时期、社会主义革命和建设时期团结带领中国人民实现了中华民族从“东亚病夫”到站起来的伟大飞跃。

翻天覆地：中国共产党在改革开放和社会主义现代化建设新时期推进富国大业

如何结合国情，在一个经济文化落后的国家里，探索中国自己的社会主义建设道路，是一件极不容易的事情。既然是探索，就会有失误。我们党在取得探索成果的同时，从 1958 年以后也开始出现失误甚至是严重失误，发生了“大跃进”、人民公社化运动的挫折以及影响全局长达十年之久的“文化大革命”内乱。面对“左”的错误造成的严重后果，我们党进行了深刻反思。1978 年 9 月 16 日至 18 日，邓小平同志在东北考察时讲：“社会主义要表现出它的优越性，哪能像现在这样，搞了二十多年还这么穷，那要社会主义干什么？”同年 12 月 13 日，他在中央工作会议上发表重要讲话，这就是那篇著名的《解放思想，实事求是，团结一致向前看》。他强调指出：“如果现在再不实行改革，我们的现代化事业和社会主义事业就会被葬送。”这个讲话实际上成为此后召开的党的十一届三中全会的主题报告，成为新时期解放思想、实事求是的宣言书。

1978 年党的十一届三中全会的召开，实现了新中国成立以来党的历史上具有深远意义的伟大转折，开启了改革开放和社会主义现代化建设新时期。党的十一届三中全会后，以邓小平同志为核心的党的第二代中央领导集体，面对“文化大革命”造成的危难局面，以巨大的政治勇气和理论勇气，团结带领全党全国各族人民，深刻总结中国社会主义建设正反两方面经验，借鉴世界社会主义历史经验，解放思想、实事求是，作出把党和国家工作中心转移到经济建设上来、实行改革开放的历史性决策，明确提出走自己的路、建设中国特色社会主义，制定“三步走”发展战略，确立社会主义初级阶段基本路线，深刻揭示社会主义本质，创立邓小平理论，科学回答了建设中国特色社会主义的一系列基本问题，在拨乱反正和改革开放中成功开创了中国特色社会主义。

1989 年党的十三届四中全会后，以江泽民同志为核心的党的第三代中央领导集体，面对国内外纷繁复杂的形势，在世界社会主义出现严重曲折的严峻考验面前，团结带领全党全国各族人民，坚持党的基本理论、基本路线，坚定捍卫中国特色社会主义，依据新的实践确立党的基本纲领、基本经验，确立社会主义市场经济体制的改革目标和基本框架，确立社会主义初级阶段的基本经济制度和分配制度，提出依法治国基本方略，推进党的建设新的伟大工程，形成“三个代表”重要思想，开创了全面改革开放新局面，成功把中国特色社会主义推向 21 世纪。

2002 年党的十六大后，以胡锦涛同志为总书记的党中央，紧紧抓住和用好重要战略机遇期，团结带领全党全国各族人民，积极推进实践创新、理论创新、制度创新，坚持以人为本、全面协调可持续发展，构建社会主义和谐社会，加快生态文明建设，着力保障和改善民生，促进社会公平正义，推动建设和谐世界，推进党的执政能力建设和先进性建设，形成科学发展观，在全面建设小康社会的伟大实践中，成功坚持和发展了中国特色社会主义。

改革开放和社会主义现代化建设新时期，我国经济得到快速发展，社会保持长期稳定。从 1978 年至 2012 年，我国经济高速增长，国内生产总值先后超过意大利、法国、英国、德国，2010年超过日本，成为世界第二大经济体。同时，出口超过德国，成为世界第一大出口国。成为18世纪工业革命以来继英国、美国、日本、德国之后的“世界工厂”，并于2010年跨入上中等收入国家的行列。

中国共产党在改革开放和社会主义现代化建设新时期团结带领中国人民实现了中华民族从站起来到富起来的伟大飞跃。

惊天动地：中国共产党在中国特色社会主义新时代推进并将在本世纪中叶实现强国大业

2012年党的十八大以来，以习近平同志为核心的党中央，团结带领全党全国各族人民，举旗定向，谋篇布局，从理论和实践结合上深刻回答了新时代坚持和发展什么样的中国特色社会主义、怎样坚持和发展中国特色社会主义这个重大时代课题，创立习近平新时代中国特色社会主义思想，统揽伟大斗争、伟大工程、伟大事业、伟大梦想，统筹推进“五位一体”总体布局、协调推进“四个全面”战略布局，坚持完善和发展中国特色社会主义制度，推进国家治理体系和治理能力现代化，解决了许多长期想解决而没有解决的难题，办成了许多过去想办而没有办成的大事，推动党和国家事业取得历史性成就、发生历史性变革，推动中国特色社会主义进入新时代。

新时代党和国家事业的历史性成就和历史性变革，体现在以下几个方面：坚定不移全面加强党对一切工作的领导，党的凝聚力、战斗力、领导力、号召力大大增强。坚定不移贯彻新发展理念，推动我国发展不断朝着更高质量、更有效率、更加公平、更可持续、更为安全的方向前进。我国已经成为世界第二大经济体、第一大工业国、第一大货物贸易国、第一大外汇储备国，对世界经济增长的贡献率达到30%左右。取得载人航天、探月工程、量子通信、超级计算、海底深潜、大飞机制造、航空母舰等一大批标志性成果。坚定不移全面深化改革，推动改革呈现出全面发力、多点突破、蹄疾步稳、纵深推进的崭新局面。各领域基础性制度框架基本确立。许多领域实现历史性变革、系统性重塑、整体性重构。坚定不移全面推进依法治国，党运用法律手段领导和治理国家的能力显著提高。全面推进科学立法、严格执法、公正司法、全民守法，法治建设取得新进展。坚定不移加强党对意识形态工作的领导，全党全社会思想上的团结统一进一步巩固。马克思主义在意识形态领域的指导地位得到加强，社会主义核心价值观大力弘扬，文化事业和文化产业繁荣发展，国家文化软实力显著增强。坚定不移坚持在发展的基础上保障和改善民生，人民群众获得感、幸福感、安全感不断提升。脱贫攻坚成果举世瞩目，现行标准下农村贫困人口全部脱贫，8 年来累计脱贫近 1 亿人，全国 832 个贫困县全部摘帽。人民生活水平显著提高，中等收入群体超过 4 亿人。高等教育进入普及化阶段。城镇新增就业连续多年年均超过千万人。建成世界上规模最大的社会保障体系，基本医疗保险覆盖超过 13 亿人，基本养老保险覆盖近 10 亿人。居民平均预期寿命提高到 77.3 岁。坚定不移推进生态文明建设，推动美丽中国建设迈出重要步伐。下大气力治理环境污染，生态环境恶化的局面得到扭转。坚定不移推进国防和军队现代化，推动国防和军队改革取得历史性突破。军队组织形态实现重大变革。坚定不移推进中国特色大国外交，营造了我国发展的国际和平环境和良好周边环境。中国在国际上的话语权得以提升，对世界的影响力不断扩大。坚定不移推进全面从严治党，党的执政基础和群众基础更加巩固。全面从严治党成效卓著，反腐败斗争压倒性态势已经形成并巩固发展。

新时代中国共产党对全面建成小康社会、开启全面建设社会主义现代化国家新征程、实现中华民族伟大复兴中国梦进行了战略谋划。党的十九大将实现第二个百年奋斗目标分为两个阶段安排。第一个阶段，从 2020 年到 2035 年，基本实现社会主义现代化；第二个阶段，从 2035 年到本世纪中叶，把我国建成富强民主文明和谐美丽的社会主义现代化强国，实现中华民族伟大复兴的中国梦。党的十九届五中全会审议通过的

《中共中央关于制定国民经济和社会发展第十四个五年规划和二〇三五年远景目标的建议》，对 2035 年远景目标进行了擘画。根据党的十九大的展望，到本世纪中叶，我国物质文明、政治文明、精神文明、社会文明、生态文明将全面提升，实现国家治理体系和治理能力现代化，成为综合国力和国际影响力领先的国家，全体人民共同富裕基本实现，我国人民将享有更加幸福安康的生活，中华民族将以更加昂扬的姿态屹立于世界民族之林。

新时代在中国共产党百年历史上具有特殊重要的意义。新时代是承前启后、继往开来、在新的历史条件下继续夺取中国特色社会主义伟大胜利的时代，是全面建成小康社会、进而全面建设社会主义现代化强国的时代，是全国各族人民团结奋斗、不断创造美好生活、逐步实现全体人民共同富裕的时代，是全体中华儿女勠力同心、奋力实现中华民族伟大复兴中国梦的时代，是我国日益走近世界舞台中央、不断为人类作出更大贡献的时代。新时代中国特色社会主义是中国共产党领导人民进行伟大社会革命的成果，也是中国共产党领导人民进行伟大社会革命的继续。

新时代党的面貌、国家的面貌、人民的面貌、军队的面貌、中华民族的面貌发生了前所未有的变化。这些变化，深刻影响了中国，也深刻影响了世界。中国共产党在中国特色社会主义新时代团结带领中国人民迎来中华民族从富起来到强起来的伟大飞跃，迎来实现中华民族伟大复兴的光明前景。

宝贵经验：中国共产党百年历史总结

中国共产党百年历史积累了宝贵经验，这些经验弥足珍贵，概括起来有以下内容。

（一）必须坚持党对一切工作的领导。中国近代以来的历史表明，没有共产党就没有新中国，没有共产党就没有中国特色社会主义。习近平总书记指出："党政军民学，东西南北中，党是领导一切的。"中国特色社会主义最本质的特征是中国共产党领导，中国特色社会主义制度的最大优势是中国共产党领导，党是最高政治领导力量。我们要坚决维护以习近平同志为核心的党中央权威和集中统一领导，完善坚持党的全面领导的体制机制，提高党把方向、谋大局、定政策、促改革的能力和定力。

（二）必须坚持马克思主义的指导地位。中国共产党是在马克思主义指导下建立起来的无产阶级政党。马克思主义是党的思想旗帜、精神旗帜。习近平总书记指出："马克思主义是我们立党立国的根本指导思想。背离或放弃马克思主义，我们党就会失去灵魂、迷失方向。"我们必须把马克思主义基本原理同中国实际和时代特征相结合，不断推进马克思主义中国化，用党的创新理论武装全党、教育人民，不断开辟当代中国马克思主义、21世纪马克思主义新境界。

（三）必须坚持走中国特色社会主义道路。方向决定前途，道路决定命运。习近平总书记指出："中国特色社会主义不是从天上掉下来的，是党和人民历尽千辛万苦、付出巨大代价取得的根本成就。中国特色社会主义，既是我们必须不断推进的伟大事业，又是我们开辟未来的根本保证。"我们必须始终不渝地既不走封闭僵化的老路，也不走改旗易帜的邪路，而是坚定不移走中国特色社会主义道路。

（四）必须坚持以人民为中心。中国共产党除了工人阶级和最广大人民群众的利益外，没有自己的利益，更没有自己的特殊利益。习近平总书记指出："人民是我们党执政的最大底气，是我们共和国的坚实根基，是我们强党兴国的根本所在。"我们党来自于人民，为人民而生，因人民而兴，必须始终与人民心心相印、与人民同甘共苦，与人民团结奋斗。我们要坚持全心全意为人民服务的根本宗旨，贯彻群众路线，尊重人民主体地位和首创精神，始终保持同人民群众的血肉联系，凝聚起众志成城的磅礴力量，团结带领人民共同创造历史伟业。

（五）必须坚持把发展作为党执政兴国的第一要务。贫穷不是社会主义，解放和发展社会生产力，增强社会主义国家的综合国力，是社会主义的本质要求。习近平总书记指出："发展是解决我国一切问题的基础和关键。"我们必须坚持新发展理念，把推动高质量发展作为主题，建设现代化经济体系，为中国特色社会主义奠定强大的物质基础。

（六）必须坚持深化改革开放。改革开放是当代中国发展进步的活力之源，是党和人民大踏步赶上时代前进步伐的重要法宝，是坚持和发展中国特色社会主义的必由之路。习近平总书记指出："改革开放是我们党在新的时代条件下带领人民进行的新的伟大革命，是当代中国最鲜明的特色，也是我们党最鲜明的旗帜。"改革开放只有进行时，没有完成时。我们要深化对改革开放规律的认识和运用，坚定改革开放的定力，增强改革开放的勇气，坚定不移将改革开放进行到底。

（七）必须坚持民主集中制。民主集中制是马克思主义政党的根本组织原则。我们党在长期的实践中，丰富发展了民主集中制的内容，使之成为党特有的领导制度和工作制度。习近平总书记指出："民主集中制是我们党的根本组织原则和领导制度，是马克思主义政党区别于其他政党的重要标志。"在新的形势下，我们要坚持好这个根本组织原则，保持和发挥好党这个最大的制度优势。

（八）必须坚持科学执政、民主执政、依法执政。科学执政、民主执政、依法执政，是中国共产党在长期执政实践中探索形成的符合中国国情的执政方式。习近平总书记指出："必须适应国家现代化总进程，提高党科学执政、民主执政、依法执政水平，提高国家机构履职能力，提高人民群众依法管理国家事务、经济社会文化事务、自身事务的能力，实现党、国家、社会各项事务治理制度化、规范化、程序化，不断提高运用中国特色社会主义制度有效治理国家的能力。"我们要将党这个科学有效的执政方式坚持好发展好完善好。

（九）必须坚持社会主义意识形态。马克思主义在意识形态领域的指导地位，是全党全国人民共同团结奋斗的思想基础。习近平总书记指出："做好新形势下宣传思想工作，必须自觉承担起举旗帜、聚民心、育新人、兴文化、展形象的使命任务。"我们必须坚定文化自信，坚持以社会主义核心价值观引领文化建设，大力弘扬以爱国主义为核心的民族精神和以改革创新为核心的时代精神，加强社会主义精神文明建设，为全面建设社会主义现代化国家提供强大的思想保证和有力的文化支持。

（十）必须坚持党对人民军队的绝对领导。拥有强大军队和巩固国防，是无产阶级政党夺取政权并长期执政的基本条件。习近平总书记指出："建设一支听党指挥、能打胜仗、作风优良的人民军队，是实现'两个一百年'奋斗目标、实现中华民族伟大复兴的战略支撑。"我们的军队是在党的领导下孕育产生的、发展壮大的。坚持党对军队的绝对领导，是我军永远不变的军魂，是党长期执政、国家长治久安的根本保障。我们要坚定不移走中国特色强军之路，坚持政治建军、改革强军、科技强军、人才强军、依法治军，全面提高国防和军队现代化水平，把人民军队建设成为世界一流军队。

（十一）必须坚持巩固和发展最广泛的爱国统一战线。统一战线是中国共产党的重要法宝。建立统一战线，实现最广泛的政治团结，扩大社会基础，团结一切可以团结的力量，是中国共产党在各个历史时期，取得胜利的一条成功经验。习近平总书记指出："我们搞统一战线，从来不是为了好看、为了好听，而是因为有用、有大用、有不可或缺的作用。说到底，统一战线是做人的工作，搞统一战线是为了壮大共同奋斗的力量。"我们要不断发展壮大新时代的爱国统一战线，促进政党关系、民族关系、宗教关系、阶层关系、海内外同胞关系和谐，寻求最大公约数，画出最大同心圆，为祖国统一和实现中华民族伟大复兴中国梦增添强大力量。

（十二）必须坚持推进人类和平与发展的崇高事业。中国共产党是为中国人民谋幸福的政党，也是为人类进步事业而奋斗的政党。中国共产党始终把为人类作出新的更大的贡献作为自己的使命。习近平总书记指出："中国共产党所做的一切，就是为中国人民谋幸福、为中华民族谋复兴、为人类谋和平与发展。"我们要高举和平、发展、合作、共赢的旗帜，坚持把握世界发展大势，始终挺立在时代发展的潮头，始终不渝走和平发展道路，始终不渝奉行互利共赢的开放战略，坚持推动构建新型国际关系，推动构建人类命运共同体，加强同各国的友好往来，同各国人民一道，不断把人类和平与发展的崇高事业推向前进。

（十三）必须坚持全面从严治党。中国共产党的伟大不在于不犯错误，而是在于从不讳疾忌医，敢于直面问题，勇于自我革命。习近平总书记指出："打铁必须自身硬。办好中国的事情，关键在党，关键在坚持党要管党、全面从严治党。"我们党之所以在现代中国各种政治力量反复较量中脱颖而出，根本原因在于党始终保持自我革命精神，一次次拿起手术刀来革除自身病症，一次次靠自己解决了自身问题。我们党要始终拥有领导伟大社会革命的资格，就必须勇于进行伟大的自我革命，不断增强自我净化、自我完善、自我革新、自我提高能力，始终保持党的先进性和纯洁性。我们要不断提高管党治党水平，不断推进党的建设新的伟大工程，把党建设得更加坚强有力。

中国共产党立志千秋伟业，百年正是风华正茂。回顾历史，我们豪情万丈；展望未来，我们心潮澎湃。历史是从昨天走到今天再走向明天的，历史的联系不可割断。中国共产党建党百年，已经团结带领中国人民创造了历史的辉煌。中国共产党今天取得的辉煌，为明天取得更大的辉煌提供了前提，创造了条件，奠定了基础。不忘初心、牢记使命、永远奋斗，中国共产党一定会在执政百年即中华人民共和国成立一百年时，谱写新的篇章，创造出新的更大辉煌。历史在人民的探索和奋斗中造就了中国共产党，中国共产党团结和带领人民创造了历史的辉煌。"看历史，就会看到前途。"学习重温中国共产党百年历史，我们应该坚定中国共产党历史自信，同时，坚定中国人民和中华民族未来自信。

原载《光明日报》2021 年 2 月 3 日

中国共产党百年与百年大变局

曲青山*

2021 年是中国共产党百年华诞，在这个时候就中国共产党百年与百年大变局这样一个问题进行研究讨论思考，是很有现实意义的。

2021 年 2 月 20 日，习近平总书记在党史学习教育动员大会上发表重要讲话，他指出："在一百年的奋斗中，我们党始终以马克思主义基本原理分析把握历史大势，正确处理中国和世界的关系，善于抓住和用好各种历史机遇。""历史发展有其规律，但人在其中不是完全消极被动的。只要把握住历史发展规律和大势，抓住历史变革时机，顺势而为，奋发有为，我们就能够更好前进。"[①]

习近平总书记的重要讲话，立足我国革命建设改革复兴的实际，系统总结了中国共产党在各个历史时期的历史经验，深刻揭示了我国历史发展的规律，为我们正确认识中国共产党百年历史提供了根本遵循，为我们进一步把握历史发展规律和大势，掌握历史主动，把新时代中国特色社会主义伟大事业推向前进，提供了科学指南。

马克思主义唯物史观认为，人类社会发展有其自身的客观规律。人类社会的发展是生产力与生产关系、经济基础与上层建筑矛盾运动的结果。人们与外部世界相处，就要去认识世界，而认识世界的

---

* 作者简介：曲青山，中共中央党史和文献研究院院长、研究员。

① 习近平：《在党史学习教育动员大会上的讲话》（2021年2月20日），《求是》2021年第7期。

最终目的是为了改造世界。社会存在决定社会意识，社会意识反作用于社会存在。某种思想合乎客观规律的就是真理，不合乎客观规律的就是谬论。一切根据于正确思想的行动是正确的行动。人类这种特殊的“自觉的能动性”，是人之所以区别于物的特点。

马克思主义是人类最先进的理论，无产阶级是世界上最革命的阶级。无产阶级把马克思主义哲学作为自己的精神武器，马克思主义哲学把无产阶级作为自己的物质武器。因此，以马克思主义为指导思想的无产阶级政党，在推进人类社会发展的历史进程中，在尊重客观规律的前提下，应该而且可以大有作为。换句话来说，也就是我们要始终坚持合规律性与合目的性的高度统一。这样，对马克思主义政党来说，就提出了一个把握历史发展规律和大势、掌握历史主动的问题，而这也恰恰反映在“中国共产党百年与百年大变局”这一主题之中。

一、中国共产党的一百年，是顺应历史潮流，自觉把握中国革命建设改革复兴的历史发展规律和大势，掌握历史主动，不断从胜利走向胜利的一百年

习近平总书记指出：“认识世界发展大势，跟上时代潮流，是一个极为重要并且常做常新的课题。中国要发展，必须顺应世界发展潮流。”[①] 中国共产党一百年来领导人民推进革命建设改革复兴的历史进程，充分证明了这一点。

（一）中国共产党的诞生是把握历史发展规律和大势、掌握历史主动的必然产物

中国共产党的产生不是偶然的而是必然的。鸦片战争以后，中国逐

① 习近平:《中国必须有自己特色的大国外交》(2014年11月28日),《习近平谈治国理政》第2卷,外文出版社2017年版,第442页。

渐成为一个半殖民地半封建的社会，山河破碎，生灵涂炭，中华民族遭受了前所未有的苦难。为了民族复兴，无数仁人志士不屈不挠、前仆后继，进行了可歌可泣的斗争。但不论是太平天国起义、戊戌变法，还是义和团运动、辛亥革命，最后都失败了，因为都没能改变中国的社会性质，没能改变中国人民的悲惨命运。历史的演进，呼唤着真正能够带领中华民族实现伟大复兴的领导者。

“十月革命一声炮响，给我们送来了马克思列宁主义。”十月革命的胜利、社会主义的兴起，反映了当时的世界大势，使正处于彷徨和苦闷中的中国人民看到了民族解放的希望。在十月革命的影响下，在马克思列宁主义同中国工人运动相结合的过程中，中国共产党应运而生。中国共产党从无产阶级革命这个世界大势中产生出来，走在了时代前列。“中国产生了共产党，这是开天辟地的大事变。”①

从此，“中国改换了方向”。近代以来，中国人民和中华民族争取民族独立、人民解放和实现国家富强、人民幸福的两大历史任务，就这样光荣地落到了中国工人阶级及其政党中国共产党的肩上。

（二）中国共产党团结带领人民夺取新民主主义革命的全国性胜利，建立中华人民共和国，是把握历史发展规律和大势、掌握历史主动的必然结果

中国共产党成立时只有 50 多名党员，到 1922 年召开中共二大时也只增加到 195 人。但是，中国共产党在二大上就鲜明地提出并制定了反帝反封建的民主革命纲领，并因应革命形势，积极推动第一次国共合作，掀起轰轰烈烈的大革命浪潮。

大革命失败后，以毛泽东同志为主要代表的中国共产党人，把马克思列宁主义基本原理同中国革命具体实际相结合，创立毛泽东思想，团

① 习近平：《在庆祝中国共产党成立九十五周年大会上的讲话》（2016年7月1日），习近平：《论中国共产党历史》，中央文献出版社2021年版，第117页。

结带领人民，进行艰辛探索、浴血奋战，成功开辟了农村包围城市、武装夺取政权的中国革命道路。

在日本帝国主义加紧对我国侵略、民族危机空前严重的关头，中国共产党从世界反法西斯战争和中国人民抗日救亡强烈愿望的大势出发，准确把握中国社会主要矛盾和阶级关系的新变化，决定和实行了正确的抗日民族统一战线政策，实现了由国内革命战争向民族解放战争的重大转变。中国共产党成为全民族抗战的中流砥柱，并最终团结带领人民赢得了抗日战争的伟大胜利。

抗战结束后，在中国向何处去的重大历史关头，中华民族面临着两个前途、两种命运的抉择，中国共产党顺应时代潮流和人民意愿，率先提出了争取实现和平民主团结的口号，并为之作出了最大努力。国民党反动派悍然发动全面内战后，中国共产党又准确把握民心所向和大势所趋，及时提出“打倒蒋介石，解放全中国”的口号，以摧枯拉朽之势取得了解放战争的胜利，揭开了中国共产党同各党派、各团体、各族各界人士协商建国的序幕。新民主主义革命的胜利和中华人民共和国的建立，成为继十月革命和反法西斯战争胜利之后世界历史中最重大的事件，深刻地影响了世界。

（三）中国共产党团结带领人民进行社会主义革命，建立社会主义基本制度，开展社会主义建设，是把握历史发展规律和大势、掌握历史主动的必然方向

中国革命胜利后，建立一个什么样的国家？国体、政体应该怎样确立？国家应该怎样治理？对这一系列重大问题，以毛泽东同志为核心的党的第一代中央领导集体把马克思主义的国家学说同中国的具体实际相结合，总结历史经验，把握历史规律和大势，进行了伟大的探索和创造。毛泽东同志在《新民主主义论》《论人民民主专政》等光辉著作中，对这些问题给予了正确回答，强调新民主主义革命的发展前途必然是社会

主义，指出新中国实行的是工人阶级领导的以工农联盟为基础的人民民主专政。

新中国成立后，中国共产党领导人民取得抗美援朝战争的胜利，同时进行了土地制度改革和其他民主改革，进行了镇压反革命运动和“三反”“五反”运动。基于战后总体和平的国际环境和我国经济社会生活中出现的一些新矛盾新问题，中国共产党适时提出了过渡时期的总路线，逐步实行“一化三改”，进行社会主义革命，建立起社会主义基本制度，成功实现了中国历史上最深刻最伟大的社会变革，为当代中国一切发展进步奠定了根本政治前提和制度基础。同时，中国共产党又准确把握人民对于建立先进的工业国的要求同落后的农业国的现实之间的矛盾，开始探索适合我国国情的社会主义建设道路，尽管其间经历过曲折，但仍取得了独创性理论成果和巨大成就，进一步丰富和发展了毛泽东思想，建立了独立的比较完整的工业体系和国民经济体系，为新的历史时期开创中国特色社会主义提供了宝贵经验、理论准备、物质基础。

（四）中国共产党团结带领人民实行改革开放，推进社会主义现代化建设，是把握历史发展规律和大势、掌握历史主动的必然抉择

20 世纪 70 年代末，面对“文化大革命”造成的困难局面，面对世界经济快速发展、科技进步日新月异，面对我国经济发展落后的现状，中国共产党对世界大势作出科学判断，确立了和平与发展是时代主题的新认识。邓小平同志强调指出：“我们要赶上时代，这是改革要达到的目的。”①

① 邓小平：《改革的步子要加快》（1987年6月12日），《邓小平文选》第3卷，人民出版社1993年版，第242页。

在邓小平同志领导和老一辈革命家支持下，中共十一届三中全会冲破长期“左”的错误的严重束缚，批评“两个凡是”的错误方针，果断结束“以阶级斗争为纲”，重新确立马克思主义的思想路线、政治路线、组织路线，作出把党和国家工作中心转移到经济建设上来、实行改革开放的历史性决策，实现了新中国成立以来中国共产党历史上具有深远意义的伟大转折，开启了我国改革开放和社会主义现代化建设新时期。

中共十一届三中全会以后，以邓小平同志为核心的党的第二代中央领导集体，团结带领全党全国各族人民，深刻总结新中国成立以来正反两方面经验，借鉴世界社会主义历史经验，创立邓小平理论，科学回答了建设中国特色社会主义的一系列基本问题，制定了到 21 世纪中叶分三步走、基本实现社会主义现代化的发展战略，成功开创了中国特色社会主义。

中共十三届四中全会以后，以江泽民同志为核心的党的第三代中央领导集体，团结带领全党全国各族人民，坚持党的基本理论、基本路线，加深了对什么是社会主义、怎样建设社会主义和建设什么样的党、怎样建设党的认识，形成了“三个代表”重要思想，在国内外形势十分复杂、世界社会主义出现严重曲折的严峻考验面前捍卫了中国特色社会主义，开创全面改革开放新局面，成功把中国特色社会主义推向 21 世纪。

中共十六大以后，以胡锦涛同志为总书记的党中央，团结带领全党全国各族人民，抓住重要战略机遇期，聚精会神搞建设，一心一意谋发展，在全面建设小康社会进程中推进实践创新、理论创新、制度创新，深刻认识和回答了新形势下实现什么样的发展、怎样实现发展等重大问题，形成了科学发展观，成功在新形势下坚持和发展了中国特色社会主义。

（五）中国共产党团结带领人民推动中国特色社会主义进入新时代，全面建成小康社会，开启全面建设社会主义现代化国家新征程，向“第二个百年”奋斗目标进军，是把握历史发展规律和大势、掌握历史主动的必然趋势

进入21世纪的第二个十年，国际格局加速演变，世界处于大变革大调整之中，我国国内改革发展稳定也进入关键时期。我国综合国力显著增强，人民生活显著改善，国际地位显著提高。但是，在发展过程中，也积累了大量亟待解决的矛盾和问题。

面对中华民族伟大复兴的战略全局和世界百年未有之大变局，以习近平同志为核心的党中央，以巨大的政治勇气和强烈的责任担当，顺应人民对美好生活的新期待和改革发展稳定的国内大势，团结带领全党全国各族人民，统筹推进“五位一体”总体布局，协调推进“四个全面”战略布局，创立习近平新时代中国特色社会主义思想，解决了许多长期想解决而没有解决的难题，办成了许多过去想办而没有办成的大事，推动党和国家事业取得历史性成就、发生历史性变革，推动中国特色社会主义进入新时代，乘势而上开启全面建设社会主义现代化国家新征程，中国共产党的面貌、国家的面貌、人民的面貌、军队的面貌、中华民族的面貌发生了前所未有的变化，中华民族正以崭新姿态屹立于世界的东方。

同时，中国共产党顺应和平、发展、合作、共赢的国际大势，提出并积极推动构建新型国际关系，推动构建人类命运共同体，推动共建“一带一路”，促进全球治理体系变革，为解决人类面临的共同问题、为建设美好世界贡献了中国智慧和中国方案，赢得了国际社会特别是广大发展中国家的普遍赞誉，深刻地改变和影响了世界。

在百年历史中，中国共产党始终把握历史发展规律和大势、掌握历史主动，积累了十分丰富的经验，这些经验主要有九个方面：一是

始终坚守初心使命；二是始终顺应时代潮流；三是始终把握历史方位；四是始终明确奋斗目标；五是始终抓住主要矛盾；六是始终发扬斗争精神；七是始终勇于改革创新；八是始终坚持加强团结；九是始终推进人类进步事业。这些经验是我们党和国家的宝贵精神财富，我们要倍加珍惜。

二、世界百年未有之大变局，是习近平总书记站在人类历史进程的高度，对世界发展大势作出的历史性、时代性、战略性重大判断

2017 年 12 月，习近平总书记在接见驻外使节工作会议与会使节时的讲话中，首次公开使用了“百年未有之大变局”这一概念。而早在 2012 年 12 月，也就是中共十八大召开后不久，他就对大变局的战略思想作出过深刻阐释。他强调 :“国际金融危机发生五年来，对世界经济格局以及政治、安全形势产生了深刻影响。美国、欧盟等陷入重重危机、捉襟见肘，新兴市场国家和发展中大国群体性崛起对西方在国际格局中的地位产生重大冲击，西亚北非局势动荡引发苏东剧变以来最大范围的地缘政治变局，非国家行为体大量涌现并日益成为国际舞台上的重要力量。这个大变局，可以说是前所未有的。”此后，习近平总书记在很多不同场合，从不同的角度，对世界百年未有之大变局作出一系列重要论述。可见，习近平总书记作出这一重大战略判断，是经过深思熟虑的，充分体现了他对当今世界发展大势的深刻认识和准确把握。对此，我认为可以从以下三个方面来加以理解。

首先，从时间看，世界百年未有之大变局是近代以来特别是 20 世纪以来世界历史最具革命性的变化。

谈到大变局，很多人首先注意到的是时间问题，即“百年”这一时间节点该如何界定。有人认为起点是 15 世纪的地理大发现，有人认为是 17 世纪英国的光荣革命，又有人认为是 19 世纪的第二次工业革命，

还有人认为是20世纪初的第一次世界大战和俄国十月革命，可谓是众说纷纭。

关于大变局的时间概念，习近平总书记在2015年11月作过一次比较具体的阐述，他指出："当前国际格局和国际体系正在发生深刻调整，全球治理体系正在发生深刻变革，国际力量对比正在发生近代以来最具革命性的变化。国内外很多人都认为，这是世界自威斯特伐利亚和约以来的大变局。""特别是经过第二次世界大战结束以后的发展，发展中国家整体崛起，新兴市场国家实力不断壮大，世界经济版图发生深刻变化，引起国际格局和国际体系发生了前所未有的变化。"①在这里，习近平总书记提到了三个时间点：一是"近代以来"，二是"威斯特伐利亚和约以来"，三是"第二次世界大战结束以后"。进一步梳理习近平总书记历次关于大变局的论述可以发现，他赋予"百年"这一时间概念的内涵是开放的，并未将其明确为某一个具体的时间节点。

我认为，习近平总书记之所以强调百年未有，主要在于说明这一变局对历史发展将产生极其深刻的影响，因此不能机械地将其定位为某年甚至某月某日。我们可以将世界百年未有之大变局理解为世界近代以来特别是20世纪以来国际政治、经济、军事、科技等领域已经发生、正在发生的历史性革命性变化，而且这一变局仍将持续相当长一段时间，将伴随中华民族伟大复兴的全过程。

其次，从本质看，世界百年未有之大变局就是国际力量的分合和国际格局的演变。

环顾世界，大变局中变化之大是有目共睹的。在这纷繁复杂的世界大变局中，什么才是最根本、最重要的变化？2012年12月，习近平总书记指出："要认清国家安全面临的机遇和挑战，首先要从总体上把

① 习近平：《全面实施改革强军战略，坚定不移走中国特色强军之路》（2015年11月24日），《论坚持全面深化改革》，中央文献出版社2019年版，第195页。

握各种国际力量的分合，分在哪里？合向何处？我们说的世界发展态势，实质上就是指这种力量分合。”一语道破了大变局的实质，这就是国际力量的分合。此后，习近平总书记多次对此作出更进一步的阐释。例如，2014 年 11 月，他在中央外事工作会议上的讲话中，提出了关于世界发展态势的五组辩证关系：要充分估计国际格局发展演变的复杂性，更要看到世界多极化向前推进的态势不会改变。要充分估计世界经济调整的曲折性，更要看到经济全球化进程不会改变。要充分估计国际矛盾和斗争的尖锐性，更要看到和平与发展的时代主题不会改变。要充分估计国际秩序之争的长期性，更要看到国际体系变革方向不会改变。要充分估计我国周边环境中的不确定性，更要看到亚太地区总体繁荣稳定的态势不会改变。[①] 2018 年 6 月，他在上合组织成员国元首理事会第十八次会议上的讲话中强调，国际关系民主化已成为不可阻挡的时代潮流；同年 11 月，他在亚太经合组织工商领导人峰会上的主旨演讲中指出，全球治理体系加快变革，但治理滞后仍是突出挑战，等等。

在这一系列重要讲话中，习近平总书记清晰描绘了大变局中国际格局演变的基本轮廓，深刻阐明了世界百年未有之大变局的本质和特征，从中我们可以得出几点基本认识：一是世界百年未有之大变局的本质是国际力量的分合，是国力之争、制度之争、理念之争。二是国际力量的分合所形成的国际格局有较强的稳定性和惯性，一旦形成，会在一个较长时期内相对固化下来，不会在朝夕之间发生根本性的调整改变，其突出表现就是“国际格局发展演变的复杂性”和“国际秩序之争的长期性”。三是变与不变是一个对立统一的矛盾体，不变是相对的，变化则是绝对的。其中最根本的一点就是：各种国际力量的此消彼长、分分合合，所带来的国际格局和全球治理体系的变革需求是无法回避的，“国际体系

① 习近平：《中国必须有自己特色的大国外交》（2014年11月28日），《习近平谈治国理政》第2卷，外文出版社2017年版，第442页。

变革方向不会改变”，“国际关系民主化已成为不可阻挡的时代潮流”。四是从历史发展规律的角度看，大变局中的各种变量可归为两种，一种是霸权主义和强权政治、单边主义、贸易保护主义、逆全球化思潮等逆向变量；另一种是国际关系民主化、世界多极化、经济全球化等正向变量。两种变量之争，构成了世界百年未有之大变局中的主要矛盾，并正在深刻影响世界格局的发展态势。

再次，从动因看，世界百年未有之大变局的关键变量是中华民族的伟大复兴。

当今世界百年未有之大变局是如何发生的？这是另一个认识大变局必须回答的问题。学术界对此的解读涉及科技进步与技术创新、人口结构改变、多边体系重建、西方制度颓势显露等方面。但是，科技进步的脚步从未停止，人口年龄结构和族群结构有一个渐变的过程，多边体系重建与其说是大变局的原因不如说是大变局的结果，西方制度的颓势也并非最近才出现。所以说，以上并非造成大变局的主因，我们还需要从另外的角度来认识这一问题。

从世界百年未有之大变局本身来看，其间最大的变化就是以中国为代表的新兴市场国家和发展中国家群体性崛起，这从根本上改变了国际力量对比。而中国的崛起则成为大变局中最大的变量，成为引领大变局方向、影响人类共同命运最重要的因素。中共十八大以来，我国的发展所取得的历史性成就、发生的历史性变革前所未有，中华民族迎来了从站起来、富起来到强起来的伟大飞跃，迎来了伟大复兴的光明前景。随着中国的发展进入新时代，日益走近世界舞台中央，中国与世界的关系也随之发生深刻变化。正如习近平总书记所强调的：“我国同国际社会的互联互动也已变得空前紧密，我国对世界的依靠、对国际事务的参与在不断加深，世界对我国的依靠、对我国的影响也在不断加深”，“我国经济对世界经济的影响、世界经济对我国经济的影响都是前所未有的”[1]。中国在与世界的联系互动中实现了历史性的发展，又以自身的发展为世界和平与发展注入了前所未有的正能量。自 2006 年以来，中国对世界经济增长贡献率稳居世界第一位，成为世界经济增长第一引擎、第一稳定器。同时，我们深入践行习近平总书记所倡导的构建人类命运共同体理念，使中国日益成为世界和平的建设者、全球发展的贡献者、国际秩序的维护者。时间将会证明，中国的崛起、中华民族的伟大复兴，注定是一场改变历史、影响世界、创造未来的非凡历程。

三、深入学习贯彻习近平总书记“两个大局”重要思想，牢牢掌握新时代坚持和发展中国特色社会主义事业的历史主动

百年未有之大变局中的世界是一个全面变革的世界，是一个新机遇新挑战层出不穷的世界，任何一个国家都无法在大变局中置身事外。认识百年未有之大变局，必须树立正确的角色观，站在自己的立场上看问题，既要弄清楚在大变局中我国的地位和作用，更要明白大变局给我国带来了什么样的挑战和机遇。

习近平总书记从世界百年未有之大变局的历史大势出发，准确把握中国和世界的关系，形成了“两个大局”的战略思想。他指出 ：“我国处于近代以来最好的发展时期，世界处于百年未有之大变局，两者同步交织、相互激荡。”并进一步指出 ：“胸怀两个大局，一个是中华民族伟大复兴的战略全局，一个是世界百年未有之大变局，这是我们谋划工作的基本出发点。”[2] 深刻理解和贯彻习近平总书记“两个大局”的战略思

---

① 习近平：《中国必须有自己特色的大国外交》（2014年11月28日），《习近平谈治国理政》第2卷，外文出版社2017年版，第442页。

② 习近平：《在党史学习教育动员大会上的讲话》（2021年2月20日），《求是》2021年第7期。

想，既清醒认识大变局带来的严峻风险，也敏锐把握大变局中蕴含的重大机遇，才能牢牢掌握新时代坚持和发展中国特色社会主义事业的历史主动。

关于大变局带来的风险挑战，2018 年 1 月，习近平总书记在新进中央委员会的委员、候补委员和省部级主要领导干部学习贯彻习近平新时代中国特色社会主义思想和党的十九大精神研讨班开班式上的讲话中，列举了 8 个方面存在的 16 个具体风险点；2019 年 1 月，他在省部级主要领导干部坚持底线思维着力防范化解重大风险专题研讨班开班式上，又集中讲了 9 个方面存在的风险。概而言之，从外部环境来看，全球动荡源和风险点、不稳定和不确定因素都明显增多，特别是面对中国的崛起，以美国为首的西方国家对我国展开全面遏制和极限施压，今后一个时期，我们将面对更多逆风逆水的外部环境。从内部环境来看，我国发展不平衡不充分问题仍然突出，各方面风险不断积累甚至集中显露。同时，各种风险往往不是孤立存在的，很可能会相互叠加、相互交织、相互转化、相互作用并形成一个风险综合体，甚至可能出现迟滞或中断中华民族伟大复兴进程的全局性风险。

关于大变局带来的宝贵机遇，习近平总书记有两点重大判断，一个是“我国发展仍处于并将长期处于重要战略机遇期”，另一个是“战略机遇期内涵发生深刻变化”。前者明确了我国发展环境的总体态势，后者则指出了这一总体态势下的显著特征。这两句话缺一不可，对此必须全面、辩证地认识和把握。

之所以说我国发展的重要战略机遇期仍然存在而且长期存在，就在于大变局中存在重要的不变量。从国际看，和平与发展的时代主题没有改变，世界多极化和经济全球化趋势没有改变，国家力量对比和国际体系变革方向没有改变。从国内看，我国经济发展长期向好的基本面没有变，经济韧性好、潜力足、回旋空间大的基本特质没有变，经济持续增长的良好支撑基础和条件没有变，经济结构调整优化的前进态势没有变。

之所以说战略机遇期的内涵发生深刻变化，就在于我国已进入新的历史方位、迈向新的发展阶段，在世界百年未有之大变局中，我国面临的发展环境、需要解决的社会主要矛盾、需要推进的重大历史任务都发生了深刻变化。无论是全球新一轮科技革命和产业变革、我国经济结构和经济发展方式加快转变，还是中国特色社会主义制度的日益成熟定型、全面深化改革的新局面，都为我国发展的重要战略机遇期创造了新机遇、注入了新动力、赋予了新内涵。

总之，世界百年未有之大变局是“危”“机”并存、危中有机、危可转机的大变局，我国发展重要战略机遇期是长期存在并蕴含着新变化、新机遇的机遇期。而从总体上看，机遇大于挑战，时与势在我们一边，这是我们定力和底气所在，也是我们的决心和信心所在。统筹中华民族伟大复兴战略全局和世界百年未有之大变局，抓住并用好我国发展的重要战略机遇期，维护和延长这一重要战略机遇期，是摆在我们面前的一项历史任务。

要完成这一历史任务，我们就必须毫不动摇地坚持以习近平新时代中国特色社会主义思想为指引，坚决做到“两个维护”。我们要深刻认识这一思想的时代意义、理论意义、实践意义、世界意义，深刻认识“两个维护”的极端重要性，筑牢全体人民团结奋斗的思想基础，为开创新的历史伟业提供根本保证。

要完成这一历史任务，我们就必须毫不动摇地坚持以发展作为第一要务，一心一意办好我们自己的事情。面对复杂形势，最根本的还是要办好我们自己的事情。我们要审时度势、居安思危，善于在危机中育新机，于变局中开新局。增强抓住和用好重要战略机遇期的战略定力，敏锐应对国内外环境的复杂变化，把握新发展阶段，贯彻新发展理念，构建新发展格局，奋力实现高质量发展。

要完成这一历史任务，我们就必须毫不动摇地坚持践行人类命运共同体理念，为我国的发展营造更加和平稳定的外部环境。我们要坚持把中国发展和世界发展结合起来，把中国人民利益与世界人民的共同和根本利益结合起来，紧紧围绕党和国家中心工作，加强对外战略统筹谋划，推动建立更加公正合理的国际政治经济新秩序，努力建设持久和平、普遍安全、共同繁荣、开放包容、清洁美丽的世界。

要完成这一历史任务，我们就必须毫不动摇地坚持中国共产党的全面领导，不断加强党的自身建设。历史证明，只有中国共产党才能肩负起实现中华民族伟大复兴的历史使命。我们要发扬自我革命精神，确保中国共产党在世界形势深刻变化的历史进程中始终走在时代前列，在应对国内外各种风险挑战的历史进程中始终成为全国人民的主心骨，在坚持和发展中国特色社会主义的历史进程中始终成为坚强的领导核心，调动一切可以调动的积极因素，团结一切可以团结的力量，汇聚起万众一心、无坚不摧的磅礴之力。

站在“两个一百年”历史交汇点上，回望过往的奋斗路，眺望前方的奋进路，我们更加坚信，有习近平新时代中国特色社会主义思想的科学引领，有以习近平同志为核心的党中央的坚强领导，有14亿多中国人民的团结奋斗，我们的目的一定要达到，也一定能够达到！

原载《中共党史研究》2021年第3期

学史明理，增强政治自觉

冷溶*

习近平总书记在庆祝中国共产党成立100周年大会上指出："中国共产党为什么能，中国特色社会主义为什么好，归根到底是因为马克思主义行！"总书记在党史学习教育中提出的第一个要求就是做到学史明理，强调要突出的第一个重点就是"进一步感悟思想伟力，增强用党的创新理论武装全党的政治自觉"。这表明，这次党史学习教育的成效首先要体现在对于党的理论的深刻理解上，特别是要深入学习理解习近平新时代中国特色社会主义思想，提高政治站位，自觉增强"四个意识"、坚定"四个自信"、做到"两个维护"。

为什么我们党选择并始终不渝坚持马克思主义

我们党的初心和使命是为中国人民谋幸福，为中华民族谋复兴。如何找到实现初心使命的正确道路呢？中国人的寻路过程是相当漫长、曲折和艰辛的。毛泽东同志曾经回顾过这段历史，他说，"从一八四〇年的鸦片战争到一九一九年的五四运动的前夜，共计七十多年中，中国人没有什么思想武器可以抗御帝国主义。旧的顽固的封建主义的思想武器打了败仗了，抵不住，宣告破产了。不得已，中

* 作者简介：冷溶，中共中央党史和文献研究院原院长、研究员。

国人被迫从帝国主义的老家即西方资产阶级革命时代的武器库中学来了进化论、天赋人权论和资产阶级共和国等项思想武器和政治方案，组织过政党，举行过革命，以为可以外御列强，内建民国。但是这些东西也和封建主义的思想武器一样，软弱得很，又是抵不住，败下阵来，宣告破产了”。“一九一七年的俄国革命唤醒了中国人，中国人学得了一样新的东西，这就是马克思列宁主义。中国产生了共产党，这是开天辟地的大事变”。

从十月革命到中国共产党的创建，经过了3年多的时间。这说明，中国人接受马克思主义也还有一个过程。了解这一段历史，对于理解中国共产党人为什么选择并始终不渝地坚持马克思主义，是非常有必要的。

最早是李大钊同志在1918年7月1日发表了《法俄革命之比较观》一文，这是一篇用马克思主义学说解释重大历史事件的文章。他高度评价十月革命“实二十世纪全世界人类普遍心理变动之显兆”。在他周围很快聚集了一批最早的先知先觉者。由于第一次世界大战给人类造成巨大灾难和痛苦，使得西方资本主义制度固有的矛盾和弊端暴露无遗，社会主义思潮流行了起来，包括无政府主义，中国也不例外。但各种流派的社会主义大多是温和的、改良的社会主义，而不是马克思的科学社会主义。当时先进的知识分子也感到，对于黑暗至极的中国社会和灾难深重的中国人民来说，温和的办法似乎并不是一剂管用的良药。能够救中国的正确道路究竟在哪里呢？

认识的转折点发生在1919年的五四运动。巴黎和会的外交失败，打碎了中国人对西方列强仅存的一点幻想，也堵死了用改良方式救中国的道路。人们把目光转向了俄国式的激烈的革命的彻底的社会改造方案。“我看俄国式的革命，是无可如何的山穷水尽诸路皆走不通了的一个变计。”毛泽东同志在1920年写给蔡和森等人的信中的这句话，生动地概括了当时急于救中国的先进分子的真实心态。而当他们开始认真学习和研究马克思主义以后，很快就被其闪耀的真理光芒所震撼。马克思主义一整套学说，科学揭示了人类社会发展规律和资本主义特殊规律，其说理之透彻、视野之宽广、逻辑之严密，特别是鲜明的阶级和人民立场、科学的方法，远远胜过以往曾接触过的各种学说。“真理的味道”和俄国革命的成功，使党的先驱们义无反顾地选择了马克思主义，并决心为之流血牺牲、奋斗终身。这从他们当时留下的文字中，看得很清楚。“我认的主义一定是不变了”。周恩来同志写下的这句话，很多早期共产党人都同样说过。

更为重要的是，中国当时已达 200 万左右的产业工人，在五四运动中展现出了强大的力量。中国共产党的产生是马克思主义与工人运动相结合的产物。五四运动以后，马克思主义在中国广泛传播，陈望道翻译的《共产党宣言》以及众多马克思主义著作文章的出版发表，先进知识分子深入工人中进行的持续努力的宣传和阐释，使中国工人阶级开始了解属于自己的思想武器，逐步从自在阶级转为自为阶级。中国尽管仍处于资产阶级民主革命阶段，但革命的性质已经发生了根本转变，由旧的资产阶级民主革命开始逐渐转变为无产阶级领导的新民主主义革命。历史改变了方向，转向社会主义，中国人的精神也由此从被动转为主动。恩格斯如果还健在，一定会像《共产党宣言》俄文版、英文版出版时那样，兴奋地写一篇中文版的出版序言，为马克思主义终于来到远东这片拥有众多人口和悠久文明的广袤土地而欢呼鼓舞，并深刻阐述其对中国和世界的重大历史意义。

坚持马克思主义一定要坚持中国化的方向

印度共产党（马克思主义）的领导人曾经说：印共是 1920 年成立的，比中国共产党还要早一年，但是革命至今没有成功、没有取得政权，主要原因是始终没有产生印度化的马克思主义，而中国共产党产生了中国化的马克思主义。他们说的是对的。但是，我们党认识到马克思主义必须中国化，也付出了多次血的惨痛教训，经历了一个很长的痛苦过程。马克思主义必须中国化，这一点今天仍然要反复强调。

本来，理论要与实际相结合，搞革命要从本国的特点出发，这是马克思主义一个基本原理。俄国革命的成功就是典范。我们党的早期领导人也说过这样的话，但是他们对这一问题的认识并不深刻。

中国共产党是在共产国际指导下成立的。严格的组织纪律赋予共产国际极大权威，作为它的一个支部，处于幼年时期的中国共产党要服从共产国际的指示。比如，党的一大强调“应始终站在完全独立的立场上”，“不同其他党派建立任何关系”。但党的二大时，就提出要与国民党合作的问题。这个弯子转得太大，当时很多人是想不通的。党的三大作出国共合作的决定，这是正确的。但如何合作，怎样保持党的独立性，党要不要有自己的武装，认识得不是很清楚。至于怎样看待中国的资产阶级，怎样看待农民这个同盟军这样复杂的问题，更是缺少研究。

马克思主义中国化的伟大开拓者是毛泽东同志。他通过艰苦细致的调查研究，深入分析国情，对中国各个阶级的状况及对待革命的态度，特别是对中国民族资产阶级的两面性，对农民是无产阶级最可靠的同盟军等一系列中国的特殊性问题，讲得清清楚楚。但是他的这些正确见解，并没有被当时党的主要领导人接受，也没有得到大多数人的理解和支持。这使我们党第一次付出了血的代价。四一二反革命政变的发生，大革命的失败，30 多万共产党员和革命群众被屠杀，根本原因是我们党对马克思主义必须中国化、必须一切从中国的实际出发，缺少认识。党要真正认识到这个根本原因，还要走很长道路，付出更多代价。

十年土地革命战争时期发生的多次“左”倾错误，特别是统治中央长达 4 年的王明“左”倾错误，给革命带来更为严重的损失，使我们党损失了 90% 的根据地，几乎 100% 的白区。红军被迫长征，从 30 万人减到 3 万人左右，共产党员从 30 万人减到 4 万人左右。当时的党，几乎面临灭顶之灾。其根本原因，还是脱离了中国实际，照搬书本，照搬国外经验。后来王明又犯了右倾错误，同样也是这个原因。

早在 1930 年毛泽东同志写的《反对本本主义》一文中，就提出“中国革命斗争的胜利要靠中国同志了解中国情况”，“共产党的正确而不动摇的斗争策略”，“要在实际经验中才能产生”，第一次提出了思想路线问题：共产党人要坚持从斗争中创造新局面的思想路线。这就是说，要在中国革命的实际斗争中发挥主动性。以后，毛泽东同志在一系列讲话和文章中，反复强调马克思主义必须和实践相结合的道理。他感到，解决这个问题还必须从哲学的高度上深刻剖析，写下了《实践论》《矛盾论》等光辉著作，运用辩证唯物主义认识论和唯物辩证法，联系中国革命实际，深刻阐述了理论与实践、主观与客观的辩证关系，阐述了什么是实事求是，为什么要实事求是，怎样做到实事求是，从中国文化和革命实践中创造了具有中国特色的马克思主义哲学思想。

遵义会议之后，主张马克思主义要与中国实际相结合的毛泽东同志开始领导我们党，使我们党和红军得以在极其危急的情况下保存下来，避免了更大的挫折。1938 年 9 月至 11 月，毛泽东同志在党的扩大的六届六中全会首次提出马克思主义中国化的命题。他明确指出：“使马克思主义在中国具体化，使之在其每一表现中带着必须有的中国的特性，即是说，按照中国的特点去应用它，成为全党亟待了解并亟须解决的问题”。毛泽东同志称“六中全会是决定中国之命运的”，一个重要原因，是全党开始认识到马克思主义必须中国化的道理，进一步巩固了毛泽东同志在全党的领导地位。后来，经过延安整风，学习党的历史，分清路线是非，作出历史决议，到 1945 年召开的党的七大，实现了认识上的飞跃，产生了马克思主义中国化的第一个重大理论成果——毛泽东思想，全党在政治上、思想上、组织上达到高度统一，为解放战争的胜利，为新中国的诞生，奠定了坚实的基础。

有一个例子很能说明我们党在这一极其重要问题上认识深化的过程。在党的二大时，我们党就明确了中国民主革命的性质，提出了党的最高纲领和最低纲领。这反映了党早期对中国革命重大问题的探索和努力，有重要意义，但其理论根据主要是列宁关于民族和殖民地问题的理论，当时的认识也很单薄。但是经过十多年的革命实践后，在毛泽东同志所写的《中国革命和中国共产党》《新民主主义论》等文章中，在讲同样的问题时，可以强烈感受到，经过了丰富的斗争实践，总结了成功经验特别是失败教训，我们党对中国革命的认识极大地深化了、丰满了起来。毛泽东同志从百年来的革命运动以及中国革命的对象、动力、性质、前途、两重任务等方面，从中国的历史特点、中国革命的历史特点、新民主主义的政治、经济、文化等方面，系统深刻地阐述和回答了中国革命的基本问题。这些重要著作，成为马克思主义中国化伟大理论成果的代表作。

党的全部历史证明，凡属成功的经验都是坚持了从中国实际出发，都是马克思主义普遍真理与中国具体实际结合得好的；凡属失败的教训则都是脱离中国实际，照搬国外经验和书本知识，空洞地教条地对待马克思主义。1982 年邓小平同志在党的十二大开幕词中说："我们的现代化建设，必须从中国的实际出发。无论是革命还是建设，都要注意学习和借鉴外国经验。但是，照抄照搬别国经验、别国模式，从来不能得到成功。这方面我们有过不少教训。把马克思主义的普遍真理同我国的具体实际结合起来，走自己的道路，建设有中国特色的社会主义，这就是我们总结长期历史经验得出的基本结论。"这段话中第一次正式提出"中国特色社会主义"的重大命题，也清楚地解释了其中的深刻内涵。了解中国共产党历史的人，对邓小平同志讲的这段话和凝练提出的这一命题，一定会有很深的感触！

习近平总书记在庆祝中国共产党成立 100 周年大会上指出："中国共产党坚持马克思主义基本原理，坚持实事求是，从中国实际出发，洞察时代大势，把握历史主动，进行艰辛探索，不断推进马克思主义中国化时代化，指导中国人民不断推进伟大社会革命。"正是因为我们党不但强调坚持马克思主义，而且始终强调坚持马克思主义中国化，才取得了新民主主义革命的伟大胜利，取得了社会主义革命、建设、改革的伟大成就。

坚持一脉相承、与时俱进是坚持马克思主义中国化的应有之义

在推进马克思主义中国化的历史过程中，有一个问题很重要，这就是坚持“一脉相承、与时俱进”。它的着眼点在创新。创新是发展的源泉，是发展的不竭动力。“一脉相承”强调创新的源和流，“与时俱进”强调创新的时与势。“一脉相承、与时俱进”讲的就是坚持、继承、发展、创新的关系问题。

习近平总书记指出，一脉相承、与时俱进是马克思主义的理论品质。列宁就是一脉相承、与时俱进的典范。他坚持和继承了马克思主义基本原理，创立了关于帝国主义的理论，丰富和发展了无产阶级革命理论，指导俄国革命取得成功，把马克思主义推进到列宁主义阶段。

中国化马克思主义也是这样产生的。在新民主主义革命时期，我们党走农村包围城市、武装夺取政权的道路，实行统一战线的方针，开辟敌后抗日根据地，推进党的建设伟大工程等，都是毛泽东思想在马克思列宁主义基础上的发展创新。在改革开放新时期，我们党走中国特色社会主义道路的一系列路线、方针、政策，都是邓小平理论、“三个代表”重要思想、科学发展观在马克思列宁主义、毛泽东思想基础上的发展创新。党的十八大以来，习近平新时代中国特色社会主义思想成为 21 世纪中国化马克思主义的最新成果。总之，我们党在 100 年探索中所形成的马克思主义中国化理论成果都是一脉相承、与时俱进的产物。前者为后者的提出奠定了思想基础，后者是对前者的坚持、继承、发展、创新。它们统一于我们党的初心使命，统一于我们党团结带领全国人民实现中华民族伟大复兴的伟大实践。正如习近平总书记指出的那样，我们党的历史，就是一部不断推进理论创新、进行理论创造的历史。

可以清楚地看到，理论创新要有两个前提：一是要坚持马克思主义

不动摇，老祖宗不能丢。在这个问题上，我们党历来都十分明确坚定，党的十八大以来习近平总书记更是一再强调。他指出，我们党之所以能够完成近代以来各种政治力量不可能完成的艰巨任务，就在于始终把马克思主义这一科学理论作为自己的行动指南。强调中国特色社会主义是社会主义，不是别的什么主义；马克思主义是我们立党立国的根本指导思想，是我们党的灵魂和旗帜；在坚持马克思主义指导地位这一根本问题上，我们必须坚定不移，任何时候任何情况下都不能有丝毫动摇。当然，对待马克思主义不能采取教条主义态度，我们坚持的是马克思主义基本原理，是运用马克思主义立场观点方法解决中国实际问题。二是要注意马克思主义及其中国化过程中的继承关系。我们党讲与时俱进总是和一脉相承联系在一起，就是要把理论创新的源和流搞清楚。源只有一个，但流会有许多种。源重要，流也重要。我们党的创新理论的源是马克思列宁主义，流是马克思主义中国化的理论成果。一脉相承就是要讲“道统”。任何理论都不是从天上掉下来的，都是有传承关系的，要正本就得清源，要创新就得守正。我们党的旗帜上鲜明写着马克思列宁主义、毛泽东思想、邓小平理论、“三个代表”重要思想、科学发展观、习近平新时代中国特色社会主义思想。它们既体现了与时俱进的伟大创新精神，又是一脉相承的光辉典范。

学习党的理论特别要学习好习近平新时代中国特色社会主义思想

习近平新时代中国特色社会主义思想，是马克思主义中国化理论创新的最新成果，是 21 世纪的马克思主义，对我们在新时代实现“两个一百年”奋斗目标具有直接指导意义。在今天坚持习近平新时代中国特色社会主义思想，就是真正坚持马克思主义，真正坚持马克思主义中国化。学习党的理论特别要学习好党的这一创新理论。

在党史学习教育中学习习近平新时代中国特色社会主义思想，

要联系党的百年辉煌史、联系党的思想发展史来学习，这样就会有助于对习近平新时代中国特色社会主义思想的理解，可以使我们学习得更深入、更透彻一些。这是此次学习党的创新理论的特点和要求。

比如，党的初心和使命是为中国人民谋幸福，为中华民族谋复兴。这是习近平总书记提出和概括的重要思想。如果我们联系党的全部历史来学习，就会清楚地了解到，这是党从成立时起各个历史时期为之奋斗的一条鲜明主线，从而对习近平总书记的这一重要思想有更加深刻的认识。

又如，关于新时代中国特色社会主义。从党史上看，在我们党成立初期就明确，中国革命的前途是社会主义、最终要实现共产主义。新中国成立以后，在社会主义革命和建设中，毛泽东同志及时提出要“以苏为鉴”，搞符合中国实际的社会主义和现代化建设。在这个探索过程中，取得过巨大成功，也有过严重曲折，终于在改革开放中成功开辟和发展了中国特色社会主义道路，取得了举世瞩目的发展奇迹。党的十八大以来，中国特色社会主义进入新时代，我们党创立了习近平新时代中国特色社会主义思想，从理论和实践结合上，创造性地系统回答了新时代坚持和发展什么样的中国特色社会主义、怎样坚持和发展中国特色社会主义这个重大时代课题，把我们党对社会主义的认识提高到一个崭新的高度。联系党的百年发展史，我们一定会对这一创新理论有更深的认识和理解。

再如，关于“两个一百年”奋斗目标。从党史上看，毛泽东同志就提出过我国经济发展的百年奋斗目标的问题。改革开放后，邓小平同志明确提出小康社会和现代化建设“三步走”发展战略。党的十五大首次提出“两个一百年”奋斗目标，党的十六大、十七大均对此作了强调和安排，党的十八大描绘了全面建成小康社会、加快推进社会主义现代化的宏伟蓝图，党的十九大清晰擘画实现第二个百年奋斗目标的时间表、路线图。通过学习这一历史，就理解了习近平总书记讲的什么叫“一张蓝图绘到底”，什么叫“钉钉子精神”，就会更深地了解为什么我们党能够充满自信地迈上全面建设社会主义现代化国家新征程，从而增强我们在习近平新时代中国特色社会主义思想指导下完成第二个百年奋斗目标的决心和信心。

还如，关于“四个全面”战略布局。习近平总书记在党史学习教育动员大会上的重要讲话中提到毛泽东同志概括的“三大法宝”，即统一战线、武装斗争、党的建设，这是我们党能够在中国革命中战胜敌人的宝贵经验。毛泽东同志分析了“三大法宝”之间的关系。他说，统一战线和武装斗争，是战胜敌人的两个基本武器。而党的组织，则是掌握统一战线和武装斗争这两个武器以实行对敌冲锋陷阵的英勇战士。习近平总书记提出全面建成小康社会和全面建设社会主义现代化国家的奋斗目标。而实现这一目标，要靠全面深化改革、全面依法治国、全面从严治党。他阐述了三者关系，指出全面深化改革、全面依法治国就如鸟之双翼、车之两轮，而全面从严治党就是把党建设得更加坚强，更好驾驭全面深化改革、全面依法治国的双翼和两轮，以实现“两个一百年”奋斗目标。这个思路和逻辑与“三大法宝”是一致的。“三大法宝”是战胜敌人、夺取新民主主义革命胜利的法宝，是对新民主主义革命理论和实践的深刻总结；“四个全面”是完成“两个一百年”奋斗目标、实现中华民族伟大复兴中国梦的法宝，是对改革开放以来特别是党的十八大以来实践经验的深刻总结。两者在战略意义、理论意义和方法论方面十分相似。“四个全面”是新时代最具创新特色的重大理论之一，联系党史学习，深化认识，是非常必要的。

总之，学习党史一定要联系今天的实际，特别要加深对习近平新时代中国特色社会主义思想的学习理解。学史明理、学史增信、学史崇德、学史力行，这些要求都是立足今天和今后的斗争，都是从政治的高度上提出来的。

政治上的坚定来源于理论上的坚定，政治自觉来源于理论自觉。学史明理，是这次党史学习教育的要求，也是方法，既要学习党的百年辉煌历史，又要深化对党的思想理论的认识，更要提高政治站位，增强政治判断力、政治领悟力、政治执行力。我们应该按照习近平总书记和党中央的要求，朝着这个方向努力。

原载《求是》2021 年第 13 期

牢固树立正确党史观　学习宣传研究好党的历史

王志民*

习近平总书记在党史学习教育动员大会上明确指出："要树立正确党史观。要坚持以我们党关于历史问题的两个决议和党中央有关精神为依据，准确把握党的历史发展的主题主线、主流本质，正确认识和科学评价党史上的重大事件、重要会议、重要人物。要旗帜鲜明反对历史虚无主义，加强思想引导和理论辨析，更好正本清源、固本培元。"习近平总书记的重要论述，具有很强的思想性、指导性、针对性，对我们正确认识和对待党的历史、全面宣传和弘扬党的历史、科学研究和阐述党的历史、开展好党史学习教育指明了方向，提供了根本遵循。

树立正确党史观，要牢牢坚持以习近平总书记关于党的历史重要论述为根本遵循

党的十八大以来，习近平总书记以强烈的政治自觉和深沉的历史自觉，高度重视学习党的历史，围绕中国共产党历史发表了一系列重要论述，系统回顾我们党团结带领中国人民不懈奋斗的光辉历程，深入总结党在各个历史时期创造的理论成果、积累的宝贵经验、铸就的伟大精神，深刻阐明党为中华民族作出的伟大贡献，为解决人类问题提供的

* 作者简介：王志民，中共中央党史和文献研究院原副院长（正部长级）、研究员。

中国智慧、中国方案，展望党和人民事业发展的光明前景，深刻回答了一系列与党的历史密切相关的带有根本性、战略性、全局性的理论和实践问题，是我们树立正确党史观的根本指针和思想指南。

百年恰是风华正茂。在 2021 年春节团拜会上，习近平总书记指出："中国共产党已经发展成为一个走过百年光辉历程、在最大的社会主义国家执政 70 多年、拥有 9100 多万党员的世界上最大的马克思主义执政党，得到了 14 亿中国人民最广泛的支持和拥护。中国共产党立志于中华民族千秋伟业，百年恰是风华正茂！""只要我们党始终站在时代潮流最前列、站在攻坚克难最前沿、站在最广大人民之中，就必将永远立于不败之地！"在党史学习教育动员大会上，习近平总书记强调，"我们党的一百年，是矢志践行初心使命的一百年，是筚路蓝缕奠基立业的一百年，是创造辉煌开辟未来的一百年"。这些重要论述，生动准确地阐明了作为百年大党的中国共产党是一个什么样的政党，有什么样的宏伟目标，如何才能保证长期执政。

中国共产党的历史是一部丰富生动的教科书。习近平总书记指出，"中国共产党的历史是中国近现代以来历史最为可歌可泣的篇章"。"学习党史、国史，是坚持和发展中国特色社会主义、把党和国家各项事业继续推向前进的必修课。这门功课不仅必修，而且必须修好"。"要更好应对前进道路上各种可以预见和难以预见的风险挑战，必须从历史中获得启迪，从历史经验中提炼出克敌制胜的法宝"。我们党历来重视党史学习教育，注重用党的奋斗历程和伟大成就鼓舞斗志、明确方向，用党的光荣传统和优良作风坚定信念、凝聚力量，用党的实践创造和历史经验启迪智慧、砥砺品格。毛泽东同志在青年求学时期就曾说过：读史，是智慧的事。邓小平同志指出，要懂得些中国历史，这是中国发展的一个精神动力。习近平总书记非常重视历史，特别是党史的学习，经常引述历史、分析历史、总结历史，从历史的大视野观照现实、谋划未来，深刻体现了深远的历史眼光、深邃的历史思维和深厚的历史情怀。

知史爱党、知史爱国。习近平总书记指出，“回顾历史，不是为了从成功中寻求慰藉，更不是为了躺在功劳簿上、为回避今天面临的困难和问题寻找借口，而是为了总结历史经验、把握历史规律，增强开拓前进的勇气和力量”。“重温这部伟大历史能够受到党的初心使命、性质宗旨、理想信念的生动教育，必须铭记光辉历史、传承红色基因”。“广大党员要以学习党的历史为重点，做到知史爱党、知史爱国，在学习领悟中坚定理想信念，在奋发有为中践行初心使命”。“我们党的百年历史，就是一部践行党的初心使命的历史，就是一部党与人民心连心、同呼吸、共命运的历史”。这些重要论述，从初心使命、性质宗旨、理想信念、人民立场等方面，指明了学习党史的重点内容和基本原则。

鼓起迈进新征程、奋进新时代的精气神。习近平总书记强调，“坚持用唯物史观来认识和记述历史，把历史结论建立在翔实准确的史料支撑和深入细致的研究分析的基础之上”。“要教育引导全党大力发扬红色传统、传承红色基因，赓续共产党人精神血脉，始终保持革命者的大无畏奋斗精神，鼓起迈进新征程、奋进新时代的精气神”。这些重要论述，系统阐述了学习党史要达到什么样的目的以及如何用科学的方法研究党史等问题。

习近平总书记关于党的历史的重要论述，深刻回答了应以什么样的态度学习和认识党的历史，以什么样的方法观察和研究党的历史，以什么样的目的把握和运用党的历史，贯穿着马克思主义的立场观点方法，体现了我们党对党的历史的一贯立场和态度，体现了我们党对学习运用党的历史重要性和必要性的深刻认识。这些重要论述，为全党在新形势下倍加珍惜党的历史、认真学习党的历史、全面宣传党的历史、深入研究党的历史，为全党树立和坚持正确党史观提供了科学的方法论指导和行动的根本遵循。

树立正确党史观，必须坚持以唯物史观为根本方法，准确把握党的历史发展的主题主线、主流本质，正确认识和科学评价党的历史

习近平总书记强调，“唯物史观是我们共产党人认识把握历史的根本方法”。“要坚持以我们党关于历史问题的两个决议和党中央有关精神为依据，准确把握党的历史发展的主题主线、主流本质，正确认识和科学评价党史上的重大事件、重要会议、重要人物”。这段话以高度凝练的语言，提纲挈领地阐明了树立正确党史观的根本方法、基本依据、重点任务和具体表现。

一是必须以唯物史观为根本方法。历史唯物主义是关于人类社会发展一般规律的科学。中国共产党人是历史唯物主义者，回顾党的历史，在革命、建设、改革各个历史时期，我们党正是凭借历史唯物主义来系统、具体、历史地分析中国社会运动及其发展规律，又在认识世界和改造世界过程中不断把握规律、积极运用规律，才推动党和人民事业取得了一个又一个胜利。中国特色社会主义进入新时代，以习近平同志为核心的党中央坚持和运用历史唯物主义，把我们党对共产党执政规律、社会主义建设规律、人类社会发展规律的认识提升到一个新的层次。历史和现实都充分表明，只有坚持历史唯物主义，才能正确认识党的历史，才能准确把握历史发展大势，才能不断开辟当代中国马克思主义发展新境界。

二是必须坚持以我们党关于历史问题的两个决议和党中央有关精神为依据。这两个决议，分别是在毛泽东同志、邓小平同志亲自领导和主持下起草的。毛泽东同志亲自动手，对第一个历史决议作出过七次重要修改；邓小平同志先后十多次召集起草组开会，对第二个历史决议的起草给予许多重要指示。这两个决议也是全党智慧的结晶。毛泽东同志说过，历史决议“要依靠大家来搞”。为起草好第二个历史决议，党中央

更是组织了一场“四千人大讨论”。这两个决议是总结历史、开辟未来的光辉文献，其科学价值历久弥新，其深远影响不可磨灭。在党的七大前形成的第一个历史决议，统一了全党的认识，加强了全党的团结，促进了人民革命事业的迅猛发展和伟大胜利，为党的七大的胜利召开、为新中国的建立发挥了极为重要的作用。在改革开放开局起步之际形成的第二个历史决议，成功解决了科学评价毛泽东同志的历史地位和毛泽东思想的科学体系、根据新的实际和发展要求确立中国社会主义现代化建设的正确道路这样两个相互联系的重大历史课题，胜利完成了党在指导思想上的拨乱反正。总之，这两个决议在党的事业发展的重大历史关口，不仅统一了全党关于历史问题的认识，更为开启党和国家事业新阶段奠定了坚实的政治基础和思想基础。改革开放以来，我们党关于历史问题的基本精神，从来都是以这两个决议为基础和依据的。习近平总书记多次提到这两个决议，强调决议对党的历史作出深刻总结，要求我们把决议“找出来再看看”。习近平总书记之所以强调“要树立正确党史观。要坚持以我们党关于历史问题的两个决议和党中央有关精神为依据”，就在于这两个决议不仅代表了我们党对历史问题的基本认识和经验总结，而且为我们以正确的党史观学习和研究党史提供了生动的样本。

三是必须准确把握并研究好宣传好党的历史发展的主题主线、主流本质。如何在头绪纷繁、错综变化的社会现象中探寻历史发展的规律，这就需要抓住历史发展的主题主线、主流本质。党的历史发展的主题主线、主流本质是什么？近代以来，中国人民面临着争取民族独立、人民解放和实现国家富强、人民幸福两大历史任务，这两大历史任务就是党的历史发展的主题主线。在2010年通过的《中共中央关于加强和改进新形势下党史工作的意见》中，对党的历史有一个概括：党的历史，是党领导全党同志和全国各族人民不断为实现民族独立、人民解放和国家富强、人民幸福而不懈奋斗的历史；是党坚持把马克思主义基本原理同中国具体实际相结合、不断探索适合中国国情的革命和建设道路，推进改革开放和社会主义现代化建设，推进马克思主义中国化、推进理论创新的历史；是党加强和改进自身建设、保持和发展党的先进性，不断经受住各种风险和挑战考验、发展壮大的历史。这构成了党的历史发展的主流与本质。党的十八大以来，习近平总书记在许多场合对此作出论述，进行了深刻阐发，集中反映在《论中国共产党历史》一书中。在党史学习教育动员大会上的重要讲话中，习近平总书记强调，“我们党的一百年，是矢志践行初心使命的一百年，是筚路蓝缕奠基立业的一百年，是创造辉煌开辟未来的一百年”。“我们党的历史，就是一部不断推进马克思主义中国化的历史，就是一部不断推进理论创新、进行理论创造的历史”。“我们党的百年历史，就是一部践行党的初心使命的历史，就是一部党与人民心连心、同呼吸、共命运的历史”。“党的百年历史，也是我们党不断保持党的先进性和纯洁性、不断防范被瓦解、被腐化的危险的历史”。这些重要论述，把苦难辉煌的过去、日新月异的现在、光明宏大的未来贯通起来，把党的光辉历程、伟大贡献、性质宗旨、理论成果、精神谱系、宝贵经验贯通起来，是对党的历史的一个全新的总结和概括，为我们更加科学、准确、深刻地研究和阐释中国共产党百年发展史指明了理论方向，提供了根本依据。

四是必须正确认识和科学评价党史上的重大事件、重要会议、重要人物。正确认识和科学评价党史，是树立正确党史观的具体表现。我们党的百年历史，是充满曲折和斗争的历史，我们党对于自身历史的正确认识也不是与生俱来、一步到位的，而是经过斗争才最终达成统一。正如毛泽东同志所说：“问题是解决了又发生，发生了又解决，我们就是这样地前进。”所以我们学习党史必须要有问题意识。所谓问题意识，不仅是要了解我们党经历了哪些重大事件、重要会议，有过哪些重要人物、解决了哪些重大问题；更要认识到我们党在认识这些重大事件、重要会议、重要人物的过程中，曾有过哪些经验和教训，在这些经验和教训的基础上，又形成了什么样的科学原则。党的十八大以来，习近平总书记先后就毛泽东同志诞辰120周年、邓小平同志诞辰110周年、中国共产党成立95周年、红军长征胜利80周年、中国人民解放军建军90

周年、马克思诞辰200周年、改革开放40周年、五四运动100周年、抗美援朝70周年等纪念活动发表一系列重要讲话，为我们以正确党史观认识和评价党的历史树立了光辉典范。

关于对重大事件的评价，习近平总书记突出强调其所蕴含的宝贵历史经验。习近平总书记在庆祝改革开放40周年大会上的讲话中，阐述改革开放40年积累的宝贵经验，强调："改革开放四十年积累的宝贵经验是党和人民弥足珍贵的精神财富，对新时代坚持和发展中国特色社会主义有着极为重要的指导意义。"关于对重要会议的评价，习近平总书记突出强调其所发挥的重大历史作用。2014年10月，习近平总书记在全军政治工作会议上，对古田会议作出高度评价，强调："古田会议使我们这支军队实现了浴火重生、凤凰涅槃。""古田会议奠基的我军政治工作对我军生存发展起到了决定性作用。"关于对重要人物的评价，习近平总书记突出强调要作全面、历史、辩证地分析。2013年12月，习近平总书记在纪念毛泽东同志诞辰120周年座谈会上的重要讲话中指出："对历史人物的评价，应该放在其所处时代和社会的历史条件下去分析，不能离开对历史条件、历史过程的全面认识和对历史规律的科学把握，不能忽略历史必然性和历史偶然性的关系。不能把历史顺境中的成功简单归功于个人，也不能把历史逆境中的挫折简单归咎于个人。不能用今天的时代条件、发展水平、认识水平去衡量和要求前人，不能苛求前人干出只有后人才能干出的业绩来。"这些重要论述，既为我们正确认识和科学评价党的历史提供了根本遵循和基本依据，同时，又对巩固马克思主义在意识形态领域的指导地位、巩固全党全国各族人民团结奋斗的共同思想基础，建设具有强大凝聚力和引领力的社会主义意识形态，产生重大影响、起到重要作用。

树立正确党史观，要旗帜鲜明反对历史虚无主义，加强思想引导和理论辨析，更好正本清源、固本培元

历史虚无主义本质上是一种唯心主义的错误历史观，以所谓“重新评价”为名，歪曲近现代中国革命历史、党的历史和中华人民共和国历史等，具有极大危害。因此，树立正确党史观，必须旗帜鲜明反对历史虚无主义。习近平总书记指出，“要旗帜鲜明反对历史虚无主义，加强思想引导和理论辨析，更好正本清源、固本培元”；强调“在事关大是大非和政治原则问题上，必须增强主动性、掌握主动权、打好主动仗，帮助干部群众划清是非界限、澄清模糊认识”。习近平总书记的重要论述和重要观点深刻阐述了反对历史虚无主义的重大意义和坚定立场，极大地增强了我们做好新时代意识形态工作的底气和信心。

当前，美国等西方国家加紧对我国实施西化、分化战略，国内社会多样化发展使人们思想多元化、复杂性的特征越来越明显，历史虚无主义呈现出一些新的特点和趋势。从主要内容上看，党史国史军史上一些热点、敏感问题，党和人民在探索过程中出现的曲折和失误，党的领袖人物和英雄模范成为历史虚无主义的主要攻击对象。比如，近年来一些人制造改革开放前后两个历史时期的对立，个别学者打着“档案解密”“学术创新”的幌子，抹黑领袖人物，歪曲抗美援朝的起因，否定抗美援朝战争的正义性和必要性，混淆政治原则问题、思想认识问题和学术观点问题，扰乱了正常的学术研究。从表现形式上看，历史虚无主义与境外反动势力相勾连，与国际斗争形势相策应，以互联网为主阵地，以新媒体传播平台为主渠道，以学术研究为包装，通过片面解读材料，用表情包、图片、微视频等碎片化方式推销其错误观点，呈现受众低龄化、观点隐蔽化特点。加之网络新技术加快迭代，匿名社区、加密社区、网络直播等新应用层出不穷，网上信息传播呈现海量聚集、加密传输、差异推送等特点，给甄别、研判、处置工作带来很大挑战。

这些历史虚无主义问题出现的根本原因就是一些人夸大党史上的失误和曲折，抹黑歪曲党的历史、攻击党的领导，将党史事件同现实问题刻意勾连、恶意炒作，将党史庸俗化、娱乐化，热衷于散播八卦传闻。解决上述问题，从根本上说就必须推动全党全社会牢固树立正确党史观。这次全党开展党史学习教育，一定意义上就是对历史虚无主义的集中清理，以进一步增强全党全社会的“免疫力、抵抗力”。习近平总书记指出，宣传思想战线的同志要当战士、不当绅士，不做“骑墙派”和“看风派”，不能搞爱惜羽毛那一套。宣传思想战线的同志要履行好自己的神圣职责和光荣使命，以战斗的姿态、战士的担当，积极投身宣传思想领域斗争一线。对重大政治原则和大是大非问题，要敢于交锋、敢于亮剑。对恶意攻击、造谣生事，要坚决回击、以正视听。

加强对党史基本问题的研究。特别是加强党史战略性、基础性项目研究，力争在一些党史重大、争议问题上拿出扎实有力的研究成果，把历史事件写科学、写透彻、写出所以然，把历史人物写准确、写鲜活、写出历史感，写出历史发展的过程及规律，展现丰富多样、多层面、多角度的历史细节，为开展党史学习教育、反对历史虚无主义提供权威历史和理论依据，彻底瓦解历史虚无主义的生存空间。

做大做强正面宣传。把党史研究和宣传教育区别开来，让正确的声音传得更远、影响更大。对一些存在分歧的问题要分清场合和对象，把握好度，引导党员群众正确认识和把握党的历史发展中经历的曲折和失误。主动发声，敢于亮剑，批驳澄清错误观点和模糊认识。加强舆情监测和舆论引导，坚决抵制歪曲和丑化党的历史的错误倾向，对那些造成较大社会影响、性质非常恶劣的错误言论，一经发现，立即处理。

努力提高斗争本领。学好用好马克思主义的看家本领，更好识别各种唯心主义观点、更好抵御各种历史虚无主义谬论。提高政治鉴别力，对各种敌对势力公开或隐蔽散布的言论，尤其要保持政治上的警惕。要磨砺斗争意志，以战斗的姿态、战士的担当，积极投身宣传思想领域斗争一线。注意区分政治原则问题、思想认识问题和学术观点问题，把握好时度效。注重发挥制度的“治本”作用，从根本上清理历史虚无主义滋生扩散的土壤和环境。

征途漫漫，惟有奋斗。在中国共产党百年华诞的重大时刻和“两个一百年”奋斗目标历史交汇点的关键节点，在全党开展党史学习教育，正当其时，十分必要。我们要进一步深入学习领会习近平总书记关于党的历史的重要论述，牢固树立正确党史观，总结历史经验、认识历史规律、掌握历史主动，把党的历史学习好、宣传好、研究好，以昂扬姿态奋力开启全面建设社会主义现代化国家新征程。

原载《光明日报》2021 年 4 月 28 日

真理的伟力

——中国共产党推进马克思主义中国化的百年历程

柴方国*

中国共产党已经走过了百年历程。回首奋斗历史，领悟成功经验，其中重要的一条就是我们党坚持以科学的态度对待马克思主义，结合中国实际和时代特点学习、运用、丰富和发展马克思主义，不断推进马克思主义中国化。

高度重视学习和掌握马克思主义立场观点方法

中国共产党自成立起就把实现社会主义、共产主义作为奋斗目标，重视学习马克思主义经典著作，掌握马克思主义立场观点方法。党的七大通过的党章明确规定：中国共产党以马克思主义的辩证唯物主义与历史唯物主义为基础，批判地接收中国的与外国的历史遗产，反对任何唯心主义的或机械唯物主义的世界观。早在革命战争时期，毛泽东同志针对党内文化水平不高、马克思主义理论水平不高的问题，大兴学习之风，大力倡导学习马克思主义著作。毛泽东同志曾经提出，如果我们党有一百个至二百个系统地而不是零碎地、实际地而不是空洞地学会了马克思列宁主义的同志，就会大大地提高我们党的战斗力量。他号召开展学习运动，有组织地学习，把全党变成一个大学校；他指示成立专门机

* 作者简介：柴方国，中共中央党史和文献研究院副院长、中央编译局局长，译审。

构，负责编译和校阅马克思主义经典著作，为全党学习提供可靠文本依据；在不同时期，他多次向全党推荐经典著作书目，要求结合党的事业发展需要深入学习研究，不断提高全党的理论修养和思想水平。

从此以后，几代中央领导集体一以贯之把加强马克思主义理论学习作为事关党和国家事业兴旺发达的战略任务来倡导和部署，根据不同时期的形势和任务向全党提出学习要求，对于加强党的思想武装，巩固理想信念基础，增强党的理论自觉和理论自信，起到了至关重要的作用。

进入改革开放新时期，邓小平同志强调，实现四个现代化是一场深刻的伟大的革命。在这场伟大的革命中，我们是在不断地解决新的矛盾中前进的。因此，全党同志一定要善于学习，善于重新学习。根本的是要学习马列主义、毛泽东思想，要努力把马克思主义的普遍原则同我国实现四个现代化的具体实践结合起来。面对苏联解体、东欧剧变后世界社会主义运动出现的低潮，邓小平同志指出，我坚信，世界上赞成马克思主义的人会多起来的，因为马克思主义是科学。社会主义经历一个长过程发展后必然代替资本主义，这是社会历史发展不可逆转的总趋势。现在我们搞经济改革，仍然要坚持社会主义道路，坚持共产主义的远大理想。我们搞改革开放，把工作重心放在经济建设上，没有丢马克思，没有丢列宁，也没有丢毛泽东。老祖宗不能丢啊！问题是要把什么叫社会主义搞清楚，把怎么样建设和发展社会主义搞清楚。

习近平总书记指出，这个任务，今天依然很现实地摆在我们党面前。认真学习马克思主义理论，这是我们做好一切工作的看家本领，也是领导干部必须普遍掌握的工作制胜的看家本领。面对世情、国情、党情的深刻复杂变化，只有更加重视马克思主义理论学习，不断接受马克思主义科学理论的滋养，努力学习和掌握马克思主义立场观点方法，从根本上不断提高思想定力和政治定力，才能坚定中国特色社会主义信念和共产主义理想，全面、正确地理解和贯彻党的基本理论、基本路线、基本经验和各项方针政策，坚定不移地继续解放思想、坚持改革开放，为决胜全面建成小康社会、实现中华民族伟大复兴中国梦而奋斗；才能不断改进工作作风和工作方法，增强工作的原则性、系统性、预见性、创造性。只有真正弄懂了马克思主义，才能在揭示共产党执政规律、社会主义建设规律、人类社会发展规律方面不断有所发现、有所创造，才能更好识别各种唯心主义观点、更好抵御各种历史虚无主义谬论。

习近平总书记强调，新时代，中国共产党人仍然要学习马克思，学习和实践马克思主义，不断从中汲取科学智慧和理论力量，在统筹推进“五位一体”总体布局、协调推进“四个全面”战略布局中，更有定力、更有自信、更有智慧地坚持和发展新时代中国特色社会主义，确保中华民族伟大复兴的巨轮始终沿着正确航向破浪前行。

党的十八大以来，以习近平同志为核心的党中央率先垂范，坚持把理论学习放在更加突出的位置，中央政治局带头坚持集体学习制度，不断提高党的领导水平和执政水平，在新时代推动中国特色社会主义事业蓬勃发展。十八届中央政治局四次组织马克思主义理论专题学习，2018 年 4 月，十九届中央政治局又组织《共产党宣言》及其时代意义专题学习，推动全党认真学习和掌握马克思主义。党的十九届四中全会把坚持马克思主义在意识形态领域的指导地位确立为一项根本制度。这些重大举措继承和弘扬了我们党重视学习马克思主义理论的优良传统和政治优势，突出了一脉相承而又与时俱进的思想建党、理论强党的根本原则。

无论是处于顺境还是逆境，我们党从未动摇对马克思主义的信仰。百年党史，贯穿了一代又一代中国共产党人深入把握和牢固坚持马克思主义立场观点方法的追求和执着。

始终坚持把马克思主义基本原理同中国实际相结合

学习的目的在于运用。学习马克思主义基本理论，重在联系实际，把科学真理转化为解决实际问题、改变现实状况的实践力量。马克思指出，社会生活在本质上是实践的。列宁说过，学习共产主义，如果只限于领会共产主义著作、书本和小册子里的东西，那我们就很容易造就出一些共产主义的书呆子或吹牛家，而这往往会使我们受到损害，因为这种人虽然把共产主义书本和小册子上的东西读得烂熟，却不善于把所有这些知识融会贯通，也不会按共产主义的真正要求去行动。

坚持实践的观点，反对"本本主义"，运用马克思主义立场观点方法来研究和解决中国的实际问题，是以毛泽东同志为主要代表的中国共产党人的历史创举。农村包围城市、武装夺取政权思想的提出，是马克思主义在中国的创造性运用和发展。在党的扩大的六届六中全会上，毛泽东同志明确提出"使马克思主义在中国具体化"的任务，指出不但应当了解马克思、恩格斯、列宁、斯大林他们研究广泛的真实生活和革命经验所得出的关于一般规律的结论，而且应当学习他们观察问题和解决问题的立场和方法。对于中国共产党说来，就是要学会把马克思列宁主义的理论应用于中国的具体的环境，按照中国的特点去应用它。在《改造我们的学习》一文中，他深刻阐明了坚持理论和实际相统一、反对主观主义的极端重要性，强调要拿马克思列宁主义之"矢"，射中国革命和东方革命之"的"。

新中国成立后，特别是社会主义改造基本完成后，我们党面临在中国特殊社会历史条件下探索社会主义建设道路和建设规律的历史任务。毛泽东同志主张"走自己的路"，把马克思主义的基本原理同中国实际进行"第二次结合"。他指出，现在我们有了自己的初步实践，又有了苏联的经验教训，应当更加强调从中国的国情出发，强调开动脑筋，强调创造性，在结合上下功夫，努力找出在中国这块大地上建设社会主义的具体道路。他在广泛进行调查研究基础上，发表了《论十大关系》《关于正确处理人民内部矛盾的问题》等重要著作，阐述了我国社会主义建设一系列重要问题，领导党和人民取得了社会主义建设的巨大成就，为探索建设中国特色社会主义道路积累了经验，提供了条件。

党的十一届三中全会揭开了我国改革开放的序幕。邓小平同志指出，我们的现代化建设，必须从中国的实际出发。把马克思主义的普遍真理同我国的具体实际结合起来，走自己的道路，建设有中国特色的社会主义，这就是我们总结长期历史经验得出的基本结论。着眼马克思主义理论的实际运用，立足我国处于社会主义初级阶段的基本国情，科学总结新中国成立以来正反两方面的历史经验，坚定不移把不断解放和发展社会生产力作为根本任务，奋力推进改革开放和社会主义现代化建设，我们党自觉自信地团结带领人民走出了适合自己国情的发展道路，开创、坚持和发展了中国特色社会主义。

习近平总书记指出，科学社会主义基本原则不能丢，丢了就不是社会主义。同时，科学社会主义也绝不是一成不变的教条。社会主义并没有定于一尊、一成不变的套路，只有把科学社会主义基本原则同本国具体实际、历史文化传统、时代要求紧密结合起来，在实践中不断探索总结，才能把蓝图变为美好现实。坚持马克思主义，坚持社会主义，必须用科学的态度对待马克思主义经典著作、对待马克思主义理论，反对教条主义、实用主义。必须着眼当代实践，坚持问题导向，善于用联系的发展的眼光观察问题、思考问题，增强辩证思维、战略思维、系统思维，努力揭示我国社会发展、人类社会发展的大逻辑大趋势，深入研究我国经济社会发展和我们党执政面临的重大理论和实践问题，提出解决问题、推进事业的理念思路和措施办法。

在新时代，以习近平同志为核心的党中央始终坚持把马克思主义基本原理同当代中国具体实际相结合，深刻把握我国经济社会发展的时代特点、世界影响，深刻把握我国社会主要矛盾新变化，团结带领人民进行伟大斗争、建设伟大工程、推进伟大事业、实现伟大梦想，推动党和国家事业取得全方位、开创性历史成就，发生深层次、根本性历史变革，成功谱写了中国特色社会主义新篇章。

百年党史，就是中国共产党人结合中国实际和时代特点，运用马克思主义世界观和方法论分析解决革命、建设、改革实际问题，领导党和人民事业不断走向胜利的历史。

不懈推动和实现马克思主义理论的创新发展

马克思主义实现了社会主义思想史上的彻底革命，但是并没有终止对社会主义理论和实践问题的探索认识。马克思和恩格斯在《共产党宣言》1872 年德文版序言中写道，《宣言》中所阐述的一般原理整个说来直到现在还是完全正确的，这些原理的实际运用随时随地都要以当时的历史条件为转移。马克思主义经典作家反复强调，他们的理论是发展着的理论，而不是必须背得烂熟并机械地加以重复的教条。恩格斯还明确指出，所谓“社会主义社会”不是一种一成不变的东西，而应当和任何其他社会制度一样，把它看成经常变化和改革的社会。

马克思主义中国化，实质上是结合中国革命、建设和改革的时代主题和实践发展对马克思主义基本理论的丰富发展和开拓创新。毛泽东同志强调，马克思主义一定要向前发展，要随着实践的发展而发展，不能停滞不前。停止了，老是那么一套，它就没有生命了。

中国共产党人在艰难辉煌的奋斗历程中，始终在思想理论上保持锐意进取，不断总结提炼实践中创造的新鲜经验并使之上升为科学理论，在各方面作出合乎中国需要的理论性的创造。在革命和建设时期、改革开放新时期，实现了马克思主义基本原理同中国实际相结合的两次历史性飞跃，形成了毛泽东思想和包括邓小平理论、“三个代表”重要思想、科学发展观在内的中国特色社会主义理论体系，深刻回答了在中国这样一个半殖民地半封建的东方国家怎样进行新民主主义革命、社会主义革命，以及革命胜利后走什么样的社会主义建设道路问题，深刻回答了在社会主义初级阶段建设什么样的社会主义、怎样建设社会主义，建设什么样的党、怎样建设党，实现什么样的发展、怎样发展等重大问题，为丰富和发展马克思主义理论作出了历史性贡献。

理论的生命力在于贴近实践、守正拓新。实践没有止境，理论创新也没有止境。习近平总书记指出，发展 21 世纪马克思主义、当代中国马克思主义，是当代中国共产党人责无旁贷的历史责任。要立足时代特点，推进马克思主义时代化。面对当今世界的深刻变化，要深入思考和研究：21 世纪与 20 世纪、19 世纪有哪些不同，时代问题和时代任务有哪些变化，如何更好运用马克思主义观察时代、解读时代、引领时代。只有真正搞懂面临的时代课题，深刻把握世界历史的脉络和走向，才能科学构造 21 世纪马克思主义的理论形态。

习近平总书记强调，我们做的事是前无古人的，我们要学马列主义，但马列主义经典著作不能给出解决现实问题的现成答案，只能运用它的原理、立场、观点、方法，通过自己的摸索、咀嚼、创新来提出答案。中国特色社会主义事业越前进、越发展，新情况新问题就会越多，面临的风险和挑战就会越多，面对的不可预料的事情就会越多。必须坚持马克思主义的实践观、发展观，深刻理解推进马克思主义中国化的深远意义，坚定不移地用发展着的马克思主义指导思想和行动，准确把握世情、国情、党情的变与不变，发挥历史主动性和创造性，敢于和善于分析回答现实生活中和群众思想上迫切需要解决的问题，不断推进理论创新、实践创新、制度创新。必须以更加宽阔的眼界审视马克思主义在当代发展的现实基础和实践需要，深入推动马克思主义同当代中国发展的具体实际相结合，不断开辟马克思主义中国化新境界。

党的十八大以来，以习近平同志为主要代表的中国共产党人深切关照新形势下坚持和发展中国特色社会主义的时代条件和实践要求，“以科学的态度对待科学，以真理的精神追求真理，不断赋予马克思主义以新的时代内涵”，坚持用发展着的马克思主义观察时代、解读时代、引领时代，以全新的视野深化和丰富了对共产党执政规律、社会主义建设规律、人类社会发展规律的认识，对新时代坚持和发展中国特色社会主义的目标任务、总体布局、发展动力、战略步骤、制度保障等一系列重大问题作出科学回答，取得马克思主义中国化的新的历史性成就，创立了习近平新时代中国特色社会主义思想，实现了党和国家指导思想的与时俱进、创新发展。

进入新发展阶段，面对世界形势的深刻复杂变化，习近平总书记审时度势，从我国经济发展的阶段性特征出发，及时作出我国经济发展进入新常态的战略判断，深入思考和探索推动经济更好发展的战略方向、思路举措，结合新的实践不断作出新的理论概括、理论创造。党的十九大把“坚持新发展理念”写入新时代坚持和发展中国特色社会主义的十四条基本方略。党的十九届五中全会作出立足新发展阶段、贯彻新发展理念、构建新发展格局的重大战略决策，为谋划推动我国经济社会高质量发展、夺取全面建设社会主义现代化国家新胜利提供了思想引领和行动指南。新发展理念应时而生、应势而进，是我们党不懈进行实践和理论探索取得的新进展新成就，充分体现了促进经济社会快速发展、实现社会公平正义的社会主义本质要求，进一步丰富了发展是硬道理、人民利益高于一切的实践内涵，既包含对发展质量和效益的要求，也包含关于转换发展动力和转变发展方式的战略部署，更包含我们党对发展目的的价值认知和追求，赋予新时代中国特色社会主义更加鲜明的目标指向、更加有效的实现途径、更加科学的衡量标准，反映了我们党对于人类社会发展规律的新认识，对于在新形势下建设什么样的社会主义和怎样建设社会主义的新认识。

百年党史，展现了中国共产党人接力推进马克思主义中国化的理论创造、理论贡献，焕发了马克思主义的强大生机活力。

恩格斯指出，一个知道自己的目的，也知道怎样达到这个目的的政党，一个真正想达到这个目的并且具有达到这个目的所必不可缺的顽强精神的政党——这样的政党将是不可战胜的。这里所说的“知道”，正是一个政党从理论上对自己的奋斗目标的清醒认识，对实现目标的路径方法、战略策略的科学把握。当前，世界百年未有之大变局正在加速演进，我国正处于实现中华民族伟大复兴关键时期。在新时代坚持和发展中国特色社会主义，破解前进道路上的种种难题，更加需要凝心聚力，用党的创新理论武装思想、指导行动。回顾百年来我们党对待马克思主义的科学态度，必须大力弘扬以马克思主义为指导、不懈进行理论探索和创新的优良传统，坚持运用马克思主义的立场观点方法，准确把握中国经济社会发展所处的世界历史方位，不断深化对当代中国社会主要矛盾新特征新表现、对中国特色社会主义建设规律的认识，深入回答重大理论和实践问题，提出解决问题的正确思路和有效办法，创造性地推进新时代中国特色社会主义伟大事业。

原载《中国纪检监察》2021年第13期

大历史观视野中的百年党史

黄一兵*

习近平总书记在庆祝中国共产党成立100周年大会上的重要讲话，贯通历史、现实、未来，贯通伟大斗争、伟大工程、伟大事业、伟大梦想，高屋建瓴、思想深邃、内涵丰富，把我们党对共产党执政规律、社会主义建设规律、人类社会发展规律的认识提升到了新高度，为奋进新时代、走好新征程进一步指明了前进方向、提供了根本遵循。习近平总书记指出："我们要用历史映照现实、远观未来，从中国共产党的百年奋斗中看清楚过去我们为什么能够成功、弄明白未来我们怎样才能继续成功，从而在新的征程上更加坚定、更加自觉地牢记初心使命、开创美好未来。"这就要求我们树立大历史观，善于运用大历史观贯通党的百年历史，从历史长河、时代大潮、全球风云中分析演变机理、探究历史规律，提出因应的战略策略，增强工作的系统性、预见性、创造性，在对历史的深入思考中汲取智慧、走向未来。

大历史观是把握历史规律、认清发展趋势的历史观

习近平总书记指出："我们对于时间的理解，不是以十年、百年为计，而是以百年、千年为计。"树

* 作者简介：黄一兵，中共中央党史和文献研究院副院长、研究员。

立大历史观，就要求我们拉长时间尺度、放宽历史视野，从历史和宏观的长时段，以世界和比较的宽视野，来了解事物形成和发展的脉络，把握历史规律、认清发展趋势。

大历史观是把握历史大势的历史观。“虽有智慧，不如乘势。”习近平总书记指出，必须“善于观大势、谋大事”，“事物都是不断发展、相互联系的，只有眼界非常宽阔，正确认识和积极顺应中国和世界发展大势，正确认识和妥善处理党和国家面临的大事，才能把握工作主动权，跟上时代前进步伐，推动事业顺利发展”。树立大历史观，要求我们有广阔的历史视野，抓本质、把方向、看主流，从大势着眼、从大局出发，进一步深刻认识中华民族伟大复兴的战略全局和世界百年未有之大变局；更加科学把握国内国际两个大局之间多方面、深层次的联动关系，深刻认识我国社会主要矛盾发展变化带来的新特征新要求，深刻认识错综复杂的国际环境带来的新矛盾新挑战；更加注重统筹好两个大局，自觉从两个大局去谋划工作，扎实推进中华民族伟大复兴战略全局，并以此引领世界大变局朝着有利于实现中华民族伟大复兴的方向演进。

大历史观是掌握历史主动的历史观。习近平总书记指出：“历史发展有其规律，但人在其中不是完全消极被动的。”历史只会眷顾坚定者、奋进者、搏击者，而不会等待犹豫者、懈怠者、畏难者，要“进一步把握历史发展规律和大势，始终掌握党和国家事业发展的历史主动”。树立大历史观，要求我们准确把握每一个历史阶段的特征，乘势而上、顺势而为、奋发有为，进一步认清当代中国所处的历史方位、增强历史自觉，把苦难辉煌的过去、日新月异的现在、光明灿烂的未来贯通起来。始终保持战略定力和清醒头脑，任发展环境风云变幻，都能在乱云飞渡中开拓前进、在风险挑战面前砥砺胆识。注重从历史中获得启迪，总结推动各项事业发展的规律性认识，把对历史的认识同研判新形势、把握新情况、解决新矛盾结合起来，更好应对前进道路上各种可以预见和难以预见的风险挑战。

大历史观是认清历史主体的历史观。人民是历史的创造者、是推动历史前进的根本动力。习近平总书记指出：“人民是历史的创造者，是真正的英雄。”“江山就是人民、人民就是江山，打江山、守江山，守的是人民的心。”树立大历史观，要求我们深刻认识人民群众是历史主体这一历史唯物主义的基本原理，始终坚持人民立场这一根本立场。不忘初心、牢记使命，恪守根本宗旨，紧紧依靠人民创造历史伟业。进一步坚定以人民为中心的发展思想。坚持一切为了人民、一切依靠人民。始终把人民放在心中最高位置、把人民对美好生活的向往作为奋斗目标，发展全过程人民民主，维护社会公平正义，着力解决发展不平衡不充分问题和人民群众急难愁盼问题，推动人的全面发展、全体人民共同富裕取得更为明显的实质性进展，把 14 亿多中国人民凝聚成推动中华民族伟大复兴的强大力量。

大历史观是洞察历史规律的历史观。历史不是一堆简单历史事件的罗列和堆砌，而是有其发展规律。习近平总书记指出：“人类可以认识、顺应、运用历史规律，但无法阻止历史规律发生作用。”“只有按历史规律办事，我们才能无往而不胜。”树立大历史观，要求我们深刻把握历史发展之间内在的本质联系，坚持“全面的历史的方法”，“弄清楚所研究的问题发生的一定的时间和一定的空间，把问题当作一定历史条件下的历史过程去研究”。坚持在对历史的连续性思考中，看清历史、现实和未来是相通的，真正做到知其所来、识其所在、明其将往。更加清楚地认识到人类社会的发展规律是共性规律和个性特点相统一的，不同国家和民族的发展并非千篇一律，只有坚持具体问题具体分析，才能把握独特历史命运和历史运动规律，不被乱花迷眼，也不被浮云遮眼，把昂扬的历史自信转化为坚定理想信念之魂、破解矛盾问题之策、保持埋头苦干之力。

中国共产党的一百年是引领民族复兴、再造中华文明的一百年

中国共产党的成立，是开天辟地的大事变，是近代以来中华民族伟大复兴征程上的里程碑。一百年来，中国共产党团结带领中国人民进行的一切奋斗、一切牺牲、一切创造，归结起来就是一个主题：实现中华民族伟大复兴。从大历史观的视野来看，中国共产党的一百年，是践行为中国人民谋幸福、为中华民族谋复兴的初心使命的一百年，是引领民族复兴、再造中华文明的一百年。

为中华民族伟大复兴锻造了坚强领导核心。近代以后，中国人民为争取民族复兴而进行的斗争之所以屡遭挫折和失败，根本原因就是没有先进的坚强政党作为凝聚力量的领导核心。辛亥革命开创了比较完全意义上的近代民族民主革命，但是也没有形成一个能够胜利地领导这场革命并将之进行到底的坚强有力的革命政党。中国的资产阶级具有两面性，既具有革命性，又具有软弱性和妥协性，这使得资产阶级革命派没有勇气也没有力量把革命进行到底。工人阶级是近代中国新生的伟大的革命阶级，具有与最先进的经济形式相联系、富于组织性纪律性、没有私人占有的生产资料等基本优点，这使它具有了其他一切阶级所不具备的坚决而彻底的革命性。中国共产党的成立，标志着中国诞生了新型的工人阶级政党。这个新型政党没有任何自己的私利，一经成立就把为中国人民谋幸福、为中华民族谋复兴作为初心使命，矢志不渝。从此，中国人民谋求民族独立、人民解放和国家富强、人民幸福的斗争就有了主心骨，中华民族伟大复兴就有了坚强的领导核心。一百年来，中国共产党团结带领中国人民，浴血奋战、百折不挠，创造了新民主主义革命的伟大成就；自力更生、发愤图强，创造了社会主义革命和建设的伟大成就；解放思想、锐意进取，创造了改革开放和社会主义现代化建设的伟大成就；自信自强、守正创新，统揽伟大斗争、伟大工程、伟大事业、

伟大梦想，创造了新时代中国特色社会主义的伟大成就，实现中华民族伟大复兴进入了不可逆转的历史进程。

为中华民族伟大复兴探索了正确方向道路。近代以来，为了实现民族独立、人民解放和国家富强、人民幸福两大历史任务，中国人先后进行过太平天国的农民起义、“中体西用”的洋务运动、变法图强的戊戌维新运动，但这些尝试都失败了。辛亥革命推翻清王朝，结束了统治中国两千多年的君主专制制度，但也没有完成近代以来中华民族的历史任务。辛亥革命后，各种改良主义、自由主义、社会达尔文主义、无政府主义、实用主义、民粹主义、工团主义等“你方唱罢我登场”，但都没能解决中国的前途和命运问题。直到中国共产党成立，马克思主义、社会主义开始在中国从理论走向实践，成为指引中华民族伟大复兴实践进程的光明灯塔。马克思主义的命运从此同中国共产党的命运、中国人民的命运、中华民族的命运紧紧连在了一起。一百年来，党团结带领人民，坚持把马克思主义与中国具体实际相结合，不断推进理论创新、进行理论创造，产生了毛泽东思想、邓小平理论、“三个代表”重要思想、科学发展观，产生了习近平新时代中国特色社会主义思想，为实现中华民族伟大复兴提供了既一脉相承又与时俱进的科学理论指导。在马克思主义及其中国化理论成果指引下，党创造性地开辟了农村包围城市、武装夺取政权的革命道路，夺取了新民主主义革命的胜利；创造性地开辟了适合中国特点的社会主义改造道路，顺利实现了对生产资料私有制的社会主义改造，建立了社会主义基本制度；创造性地开创、坚持和发展了中国特色社会主义道路，迎来了中华民族伟大复兴的光明前景。

为中华民族伟大复兴凝聚了磅礴依靠力量。中国共产党成立以前包括辛亥革命在内的各种拯救民族危亡的革命斗争，都有一个致命的弱点，就是没有发动和依靠最广大的中国人民。中国共产党是中国工人阶级的先锋队，同时也是中国人民和中华民族的先锋队，不仅代表着中国工人阶级的利益，而且代表着广大中国人民和整个中华民族的利益。中国共产党成立后，即开始广泛发动群众、组织群众，开展工农群众运动，同时提出组成各阶级的联合战线的革命策略，不断启导广大人民群众的觉悟，促进革命力量的大团结，使中国革命和民族复兴很快展现出崭新的局面。为人民而生，因人民而兴，始终同人民在一起，为人民利益而奋斗，是中国共产党立党兴党强党的根本出发点和落脚点。一部中国共产党历史，就是一部党与人民心连心、同呼吸、共命运的历史。一百年来，党始终把坚持尊重社会发展规律和尊重人民历史主体地位统一起来；把为崇高理想奋斗和为最广大人民谋利益统一起来；把完成党的各项工作和实现人民利益统一起来，团结起了一切可以团结的力量、调动起了一切可以调动的积极因素，赢得了最广大人民群众的衷心拥护，凝聚起了为实现中华民族伟大复兴而共同团结奋斗的磅礴力量，创造了一个又一个彪炳史册的人间奇迹。

为中华民族伟大复兴培育了强大精神动力。中华民族具有五千多年绵延不绝的文明历史，为人类文明进步作出了不可磨灭的贡献。但是，近代以后，中国被世界快速发展的浪潮甩在了后面，陷入半殖民地半封建社会的黑暗深渊，中国人在精神上陷入被动。从认为中国技不如人，到制度不如人，再到文化不如人，甚至到诸事不如人，中国人的文化自信受到极大损毁，中华文明的光芒暗淡了、衰弱了。中国共产党的成立，是中华文明复兴的一个历史性转折点，是再造中华文明的新开端。毛泽东同志说，“自从中国人学会了马克思列宁主义以后，中国人在精神上就由被动转入主动”，深刻表明了中华文明的觉醒和新生。中国共产党人从来都不是历史虚无主义者，也不是文化虚无主义者。“中国共产党人是我们民族一切文化、思想、道德的最优秀传统的继承者，把这一切优秀传统看成和自己血肉相连的东西，而且将继续加以发扬光大。”正是马克思主义基本原理同中国具体实际相结合、同中华优秀传统文化相结合的过程，为中华文明注入了符合中国实际、顺应时代发展要求的先进思想内涵。中国共产党人传承弘扬了中华优秀传统文化，锻造了革命文化和社会主义先进文化，发展了中国特色社会主义文化，构筑起了中国共产党人的精神谱系，为激励全党全国各族人民为实现中华民族伟大复兴奋勇前进提供了强大精神力量，使伟大的民族精神升华到全新的高度，使古老的中华文明在中华民族全面迈向现代化的进程中焕发出新的蓬勃生机。

中国共产党的一百年是顺应、把握和引领时代潮流的一百年

在一百年的奋斗中，中国共产党始终以马克思主义基本原理分析把握历史大势，正确处理中国和世界的关系，善于抓住和用好各种历史机遇。从大历史观的视野来看，中国共产党的一百年是顺应、把握和引领时代潮流的一百年。

在顺应时代潮流中创建中国共产党、成立新中国、建立社会主义制度。中国共产党的诞生，是近代以后中国社会矛盾发展的必然结果，也是顺应世界发展大势的必然结果。第一次世界大战使得西方资本主义制度固有的矛盾和弊端暴露无遗。十月革命的胜利，社会主义的兴起，成为当时的世界大势。崭新的革命浪潮，极大鼓舞了仍在黑暗中苦苦探索的中国人民和中国的先进知识分子。先进的中国人意识到，只有马克思主义才能救中国。党从这个世界大势中产生，奋力投身社会主义运动的革命洪流，使得中国革命成为世界无产阶级革命的一部分。中华人民共和国的成立和巩固，也是顺应时代大潮的产物。经过第二次世界大战，除美国外的主要资本主义国家受到削弱，资本主义世界的总体力量有所下降，而社会主义苏联则进一步巩固发展壮大，东欧和亚洲的部分国家开始建立起人民民主制度，社会主义实践从一国走向多国。亚非拉民族解放运动风起云涌，旧的世界殖民主义体系日益瓦解，出现了“东风压倒西风”的气象。新中国就是沐浴着这个东风诞生并站住了脚的。一方面，新中国成立后，土地改革基本完成、国民经济恢复任务顺利实现、抗美援朝战争即将结束，社会生活中出现和积累了一些新矛盾，个体农

业和私人资本主义经济不适应国家有计划的经济建设的需要；另一方面，在各种经济成分中，社会主义经济已经成为相对强大的因素，相当一部分私营工商业已经开始被纳入国家资本主义轨道，农村的互助合作也在普遍开展。正是顺应这种发展大势和潮流，党不失时机地提出过渡时期总路线，逐步推进社会主义改造，建立起社会主义基本制度，实现了中国历史上最广泛最深刻的社会变革，为实现中华民族伟大复兴奠定了制度基础。

在把握时代潮流中推进改革开放和中国特色社会主义事业。党作出实行改革开放的历史性决策，是基于对党和国家前途命运的深刻把握，是基于对社会主义革命和建设实践的深刻总结，是基于对人民群众期盼和需要的深刻体悟，也是基于对时代潮流和世界大势的深刻洞察。当时，世界经济科技快速发展，我国同国际先进水平的差距明显拉大。邓小平同志说："什么叫现代化？五十年代一个样，六十年代不一样了，七十年代就更不一样了。""我们要赶上时代，这是改革要达到的目的。"党对世界大势作出科学判断，改变了原来认为战争危险迫近的看法，得出在较长时间内不发生大规模的世界战争是有可能的、维护世界和平是有希望的正确结论，明确了和平与发展是时代主题的认识。基于科学的认识和判断，党下决心实现党和国家工作重心的转移，坚定不移地拉开了改革开放的历史大幕，开启了改革开放新时期。在波澜壮阔的改革开放历史进程中，在每个重大历史关头，党总是把握时代潮流、回应人民期待，作出了一个又一个正确决策，开创、坚持、捍卫、发展了中国特色社会主义，推动物质文明、政治文明、精神文明、社会文明、生态文明协调发展，创造了中国式现代化新道路，创造了人类文明新形态。实践充分证明，只有顺应历史潮流，积极应变，主动求变，才能与时代同行。只有改革开放才能发展中国、发展社会主义、发展马克思主义。改革开放是党和人民大踏步赶上时代的重要法宝，是坚持和发展中国特色社会主义的必由之路，是决定当代中国命运的关键一招，也是决定实现中华民族伟大复兴的关键一招。

在引领时代潮流中推动中国特色社会主义进入新时代。进入21世纪第二个十年，世界多极化、经济全球化、社会信息化、文化多样化深入发展，同时，世界经济复苏乏力、局部冲突和动荡频发、全球性问题加剧。中国成为世界第二大经济体，日益走近世界舞台中央，与世界的关系发生历史性深刻变化，与国际社会的互联互动空前紧密。在这样的国内国际大势下，以习近平同志为核心的党中央引领时代潮流，统揽伟大斗争、伟大工程、伟大事业、伟大梦想，解决了许多长期想解决而没有解决的难题，办成了许多过去想办而没有办成的大事，推动党和国家事业取得历史性成就、发生历史性变革，为实现中华民族伟大复兴提供了更为完善的制度保证、更为坚实的物质基础、更为主动的精神力量。在发展壮大自己的同时，党顺应经济全球化大势，顺应发展中国家加速发展、世界力量对比有利于共同发展的大势，高举人类命运共同体大旗，依托我国发展的生动实践，立足五千多年中华文明，提出并全面阐述我国的发展观、文明观、安全观、人权观、生态观、国际秩序观和全球治理观，积极推动全球治理机制变革，为解决人类问题贡献了中国智慧和中国方案。在顺应和引领时代潮流中，中国特色社会主义进入了新时代，意味着中华民族迎来了从站起来、富起来到强起来的伟大飞跃，意味着科学社会主义在21世纪的中国焕发出强大生机活力，意味着给世界上那些既希望加快发展又希望保持自身独立性的国家和民族提供了全新选择。

中国共产党的一百年是开辟人类发展美好未来的一百年

习近平总书记指出："从历史的长镜头来看，中国发展是属于全人类进步的伟大事业。""我们所做的一切都是为人民谋幸福，为民族谋复兴，为世界谋大同。"从大历史观的视野来看，中国共产党的一百年，是筚路蓝缕、求索奋进，为中国人民谋幸福、为中华民族谋复兴的一百年；也是为世界谋大同，不断为人类文明和进步事业作出卓越贡献、开辟人类发展美好未来的一百年。

中国共产党领导中国人民取得革命胜利，成为维护世界和平的坚定力量。党领导的新民主主义革命，是世界被压迫人民和民族追求自由、独立和解放的光辉典范。党团结带领人民经过千辛万苦探索的适合国情的中国革命道路，反映了人类对美好未来的向往，是人类进步事业的重要组成部分。在世界反法西斯战争中，党坚定地实现与世界反法西斯力量的团结和联合，坚定地站到了斗争的最前沿。党团结带领中国人民以巨大民族牺牲支撑起世界反法西斯战争的东方主战场，为世界反法西斯战争胜利作出了重大贡献，对维护世界和平事业产生了巨大影响。抗日战争胜利后，党又团结带领中国人民推翻国民党反动统治，建立起人民民主专政的新政权，实现了梦寐以求的民族独立和人民解放，开创了中国历史新纪元。中国革命的胜利，是具有世界意义的伟大胜利，它是继十月社会主义革命和世界反法西斯战争胜利之后世界历史中最重大的事件。它在一个占全人类近四分之一人口的大国里，冲破帝国主义的东方战线，极大地改变了世界的政治格局，壮大了世界和平、民主和社会主义的力量，极大鼓舞了世界被压迫民族和被压迫人民争取解放的斗争。新中国成立后，党制定和执行独立自主的和平外交政策，坚持走和平发展道路，既争取和平国际环境发展自己，又以自身发展维护和促进世界和平，始终做世界和平的坚定维护者、促进者、实践者，成为维护世界和平的坚定力量。

中国共产党领导中国人民创造了世所罕见的经济快速发展奇迹和社会长期稳定奇迹，为促进共同发展注入了中国动力。新中国成立之初，面对的是一个经历 100 多年战乱、满目疮痍的烂摊子，国家一穷二白，人民生活极端贫困，工农业基础十分薄弱。中国人民求生存、谋发展，难度之大超出想象。党团结带领人民迅速医治好战争的创伤，白手起家、自力更生、艰苦奋斗，建立社会主义基本制度，开展大规模社会主义建设，进行改革开放，干出了一片新天地，经济实力显著增强，人民生活极大改善，国际地位和国际影响力显著提升。党的十八大以来，面对错综复杂的国际形势、艰巨繁重的国内改革发展稳定任务特别是新冠肺炎疫情严重冲击，以习近平同志为核心的党中央统筹推进“五位一体”总体布局、协调推进“四个全面”战略布局，党和国家事业全面开创新局面。我国经济实力、科技实力、综合国力跃上新的大台阶，社会保持和谐稳定，实现了第一个百年奋斗目标，在中华大地上全面建成了小康社会，历史性地解决了绝对贫困问题，创造了人类减贫史上的奇迹，中华民族伟大复兴向前迈出了新的一大步，社会主义中国以更加雄伟的身姿屹立于世界东方。今天，中国经济已经成为世界经济的主要动力源，中国的发展为世界共同发展提供了更多机遇、注入了更多正能量。

中国共产党以人类进步事业为己任，为开辟人类美好未来贡献了中国智慧。中国共产党是为人类进步事业而奋斗的政党。一百年来，党始终关注人类前途命运，同世界上一切进步力量携手前进。在成立之初，党就立志为建立一个和平公正美好的中国和世界而奋斗。新中国成立后，党提出和平共处五项原则，成为国际关系基本准则和国际法基本原则；提出“三个世界”战略思想，作出和平与发展是时代主题政治论断，提出建立公正合理的国际政治经济新秩序、推动建设和谐世界等主张，为人类和平进步事业作出了历史性贡献。习近平总书记强调，中国共产党是具有重大全球影响力的世界第一大执政党，“大就要有大的样子”。面对世界百年未有之大变局，习近平总书记站在人类历史发展进程的高度，正确把握国际形势的深刻变化，顺应和平、发展、合作、共赢的时代潮流，深入思考“建设一个什么样的世界、如何建设这个世界”等关乎人类前途命运的重大课题，提出推动建设新型国际关系，推动构建人类命运共同体，推动共建“一带一路”高质量发展。针对人类面临的共同挑战，习近平总书记指出，要以中国的新发展为世界提供新机遇，弘扬和平、发展、公平、正义、民主、自由的全人类共同价值，坚持合作、不搞对抗，坚持开放、不搞封闭，坚持互利共赢、不搞零和博弈，反对霸权主义和强权政治，推动历史车轮向着光明的目标前进。

这为推动各国携手构建人类命运共同体、开辟人类美好未来贡献了中国智慧，充分彰显了中国共产党作为世界上最大政党的责任担当和使命情怀。

原载《当代世界》2021 年第 7 期

警惕党史领域历史虚无主义的危害

王均伟*

习近平总书记指出，要警惕和抵制历史虚无主义的影响，坚决抵制、反对党史问题上存在的错误观点和错误倾向。在党史学习教育中，树立正确党史观，以坚定的政治自觉坚决反对历史虚无主义，是巩固党的执政地位、实现党的执政使命的必然要求，是应对意识形态领域挑战、抵制西方敌对势力西化、分化图谋的必然要求，是开创党和国家事业发展新局面的必然要求，是关系党和国家长治久安、关系我国社会主义前途命运的大事。过去的经验教训告诉人们，如果对历史虚无主义的谬论放任不管，后果是难以预料的。习近平总书记在谈到苏联共产党垮台的教训时深刻指出："全面否定苏联历史、苏共历史，否定列宁，否定斯大林，搞历史虚无主义，思想搞乱了，各级党组织几乎没任何作用了，军队都不在党的领导之下了。最后，苏联共产党偌大一个党就作鸟兽散了，苏联偌大一个社会主义国家就分崩离析了。这是前车之鉴啊！"

一、党史领域历史虚无主义的主要表现及其危害

有效应对历史虚无主义的挑战，首先要对历史虚无主义的表现及其危害有清醒的认识。在不同的

---

* 作者简介：王均伟，中共中央党史和文献研究院学术和编审委员会主任（副部长级）、研究员。

时期，历史虚无主义的表现是不一样的。党的十八大以来，意识形态领域的工作得到极大加强，经过重重打击，历史虚无主义的欺骗性越来越被人们看清楚了，但也不能不看到，历史虚无主义是不肯轻易退出意识形态战场的，它们改头换面，“逢喜必闹”，我们与历史虚无主义的斗争将是长期的。

从党史领域看，历史虚无主义主要表现在以下几个方面。

一是打着“还原历史真实”的旗号，对中国共产党领导的革命史、建设史、奋斗史进行曲解、贬低，从而达到否定我们党执政合法性、否定中国走社会主义道路的历史必然性的目的。历史虚无主义炮制的种种谬论，否认历史发展的客观性规律性复杂性，竭力抹黑中国革命的必然性和合理性，竭力否定中国人民选择社会主义道路的必然性和自觉性，竭力夸大中国在探索社会主义建设道路中的缺点和个别失误，妄图以个别取代整体，以现象否定本质。

二是毫无底线地通过编造谎言、移花接木、恶意解析等方式，抹黑、污蔑、嘲笑党的领袖和英雄烈士。诋毁领袖人物最大的焦点就是诋毁毛泽东。一些人以国外敌对势力炮制的所谓材料，从人品、作风、能力等方面对毛泽东进行纯粹的人身攻击，无限夸大毛泽东晚年的错误，全盘否定毛泽东和毛泽东思想的历史地位。“一个没有英雄的民族是不幸的，一个有英雄却不知敬重爱惜的民族是不可救药的”。龚自珍曾说过，“欲灭人之国，必先去其史”，而要“去其史”，从领袖人物、英雄人物下手无疑是最便捷最易达到目的的。历史虚无主义无视英雄人物在捍卫民族尊严、服务人民群众、树立精神标杆、推动社会进步中的牺牲奉献，妄图通过贬损解构英雄模范，瓦解社会主义核心价值体系。

三是混淆是非曲直，为已有定论的历史人物鸣冤叫屈。在历史虚无主义者眼里，蒋介石从九一八事变后对日本侵略步步退让的行为变成了“爱惜民族人格，准备与倭寇决一死战”的“忍耐力”，是“中国的救星，甚至是世界的救星”。大汉奸汪精卫“是一个很痛苦的爱国者”，因为“抗日论也好，和平论也好，都是爱国心的表现，都是以不同的形式热爱国家”。汉奸文人胡兰成被包装成才华横溢、情意绵绵的现代偶像。内战悍将、沾满了解放军和解放区人民鲜血的张灵甫被炒作成“抗日名将”“民族英雄”。

四是颠倒黑白，美化北洋军阀、国民党的反动统治，甚至美化日本侵略。有人把1927—1937年间国民党的这段执政称为“黄金十年”，说在此期间，中华民国在政治、外交、军事、经济、文化、教育、社会、边疆民族政策等施政各方面皆取得一定成就，为国民党叫好。殊不知这十年中国丧权辱国到什么程度：1928年济南惨案胶济铁路沿线被日军侵占，1931年九一八事变东北沦丧，1933年塘沽协定丢冀东，1935年何梅协定丢华北，直到1937年七七事变被迫抗战。在日本帝国主义步步紧逼之时，国民党忙于争权夺利相互厮杀：1928年两广战争、1929年蒋桂战争、1930年中原大战、1932年刘湘刘文辉之战、1936年两广事变，连绵内战导致民不聊生。某些“学者”美化日本侵略，妄称“东北建立了现代化的工业体系，这是由于日本对东北的占领”，宣扬日本侵略者“建设东北”“复兴东北”，却看不到3000万同胞在日寇铁蹄下的悲惨命运。

五是攻击马克思主义“过时”“无用”，否定中国共产党和中国人民团结奋斗的思想基础。将马克思主义指导下的历史认识体系称为教条主义，把“五四”以来中国人民选择马克思主义视为“偏离了人类文明主流并走上了歧路”，唯物史观有“根本缺陷”，要用“唯人史观”“选择史观”加以代替，主张取消马克思主义的指导地位。

党史领域的历史虚无主义，其危害是显而易见的。

第一，否定党的历史和领袖，损害党的形象，摧毁党的公信力，动摇党长期执政的群众基础和历史基础。

第二，否定党领导人民进行新民主主义革命和社会主义建设、改革开放的成就，动摇人们对中国特色社会主义道路的信念和信心。

第三，否定马克思主义的科学性真理性，造成信仰迷失和思想混乱，动摇党和人民团结奋斗的共同思想基础。

第四，否定社会主义主流意识形态与核心价值观，宣扬西方的“普世价值”，借自由、民主、人权、民族、宗教等议题制造社会动荡，动摇社会稳定。

第五，否定中华民族共同历史记忆和文明传承，削弱民族自尊心和自信心，造成民族自我矮化和精神依附，动摇文化自信。

二、宣传正确党史观，旗帜鲜明反对历史虚无主义

与历史虚无主义的斗争是长期的、艰巨的、复杂的，既要理直气壮、旗帜鲜明，又要实事求是、注重效果。

第一，必须以习近平总书记关于党的历史的重要论述、党中央关于党的历史的基本结论为指导，不断增强反对历史虚无主义的政治自觉、思想自觉和行动自觉。只有理论上清醒，才能政治上坚定。习近平总书记关于党的历史的重要论述、党中央关于党的历史的基本结论指明了学习、研究、宣传党的历史的正确方向和科学方法，是我们反对历史虚无主义的最锐利的思想武器，为旗帜鲜明反对历史虚无主义提供了根本遵循，必须在“学懂弄通做实”上下功夫，认真学习领会其思想要义和丰富内涵，这也是在党史学习教育中牢固树立“四个意识”的重要体现。有了这个思想武装，才能提高反对历史虚无主义的政治鉴别力，才能以正确的立场、观点、方法对待党的历史，击中历史虚无主义的要害，积极主动打好反对历史虚无主义这场没有硝烟的战争。

第二，必须树立正确党史观，准确把握党的历史发展的主题主线、主流本质。习近平总书记要求全党同志树立正确党史观，这既是党史学习教育应坚持的原则，也是党史学习教育要达到的重要目的之一。我们党的100年，是矢志践行初心使命的100年，是筚路蓝缕奠基立业的100年，是创造辉煌开辟未来的100年。在100年的接续奋斗中，党领导人民创造了伟大历史，铸就了伟大精神，形成了宝贵经验，使中华民族迎来了从站起来、富起来到强起来的伟大飞跃，创造了中华民族发

展史、人类社会进步史上的伟大奇迹。党史的主题和主线，就是 100 年来中国共产党领导人民争取民族独立、人民解放和实现国家富强、人民富裕两大历史任务的不懈奋斗史，也是中国共产党初心和使命的重要体现。只有准确把握党的历史发展的主题主线、主流本质，才能正确认识和科学评价党史上的重大事件、重要会议、重要人物，引导人们从党的历史中汲取奋进新时代的智慧和力量。

第三，努力讲好中国共产党故事、党的领袖故事、新时代故事，以群众喜闻乐见的形式，提高党史宣传内容的传播力、引导力、影响力、公信力。党史学习教育要注重实效，就要紧紧围绕中国共产党为什么“能”、马克思主义为什么“行”、中国特色社会主义为什么“好”，加强传播手段和话语方式创新，把党的百年辉煌成就、伟大精神、宝贵经验、光荣传统讲生动、讲精彩，以理服人，以情感人，从而达到教育、启迪、激励的目的。特别是对于历史虚无主义重点攻击的党的历史中出现的曲折和失误，不要一味回避，而要以实事求是的态度，讲清楚其原因，讲清楚其教训，讲清楚我们党是如何通过自我革命加以纠正的过程，教育党员干部和广大群众辩证地全面地看待这些问题，从而深刻认识到，中国共产党之所以能够经受住各种各样的严峻考验，成为一个伟大的政党，一个重要的原因就是我们党能够正确认识和处理出现的问题，从而始终保持蓬勃生机和强大活力。

第四，努力占领意识形态主阵地，巩固壮大主流意识形态，形成强大主流舆论场，挤压历史虚无主义言论的生存空间和传播渠道。当前，互联网已经成为意识形态斗争的主战场、主阵地、最前沿，各种新技术、新媒体、新平台、新应用层出不穷，我们要高度重视网络技术运用，研究把握网络传播规律，不断提高管网用网治网水平。近年来，历史虚无主义主要是利用网上的各种论坛、博客、微博、微信、视频、社区传播扩散，而网上传播具有碎片性、复杂性和隐蔽性等特征，受众以历史观价值观正在形成中、抵御辨析能力不足的青少年为主，这样易于传播易于制造思想混乱。对此，一方面要加强网络监管，加大惩处力度，净化网络空间；另一方面也要组织力量打造思想性艺术性强、青少年喜闻乐见、便于网络传播的优秀作品，引导青少年树立正确的历史观和价值观。

第五，严肃党的纪律，增强法治思维，把反对历史虚无主义纳入制度化、法治化轨道。《关于新形势下党内政治生活的若干准则》《中国共产党纪律处分条例》等党内法规都明确规定，对一切违背、歪曲、否定党的基本路线的言行，必须旗帜鲜明反对和抵制；对歪曲、丑化、否定党的历史、中华人民共和国历史、人民军队历史的言行，对歪曲、丑化、否定党的领袖和英雄模范的言行，对历史虚无主义的行为，要根据其主观意图、造成后果等，严肃追究党纪责任。《中华人民共和国英雄烈士保护法》也明确规定，对各种形式的恶意歪曲、丑化、否定革命先烈和英雄的错误言行、对为历史虚无主义推波助澜的平台要追究法律责任。各级组织要切实担负起意识形态工作主体责任，不断健全和严格落实反对历史虚无主义工作机制，做到守土有责、守土负责、守土尽责。

党的历史是与党的前途命运紧紧连在一起的。在我们党成立 100 周年之际，历史虚无主义一定不会甘于失败，一定会通过各种方式兴风作浪，当前反对历史虚无主义尤其具有重大而紧迫的现实意义。我们绝不能任由历史虚无主义蔓延甚至泛滥，绝不能任由历史虚无主义瓦解人们对党的领导、对中国特色社会主义道路、对社会主义核心价值观的信心和信念，绝不能任由历史虚无主义砸锅打碗。应当通过党史学习教育，通过大力宣传正确党史观，筑起在意识形态领域抵制历史虚无主义的铜墙铁壁，不给历史虚无主义任何可乘之机，这是全党全社会的共同责任。

原载《中国党政干部论坛》2021 年第 4 期

学党史和把握政治大局

金冲及*

问题的提出

习近平总书记在2020年年底召开的中央政治局民主生活会上，就讲政治问题讲了一段极为重要的话："我们党要始终做到不忘初心、牢记使命，把党和人民事业长长久久推进下去，必须增强政治意识，善于从政治上看问题，善于把握政治大局，不断提高政治判断力、政治领悟力、政治执行力。"

为什么习近平总书记特别提醒全党同志必须"增强政治意识，善于从政治上看问题，善于把握政治大局"，并且着重提出要"不断提高政治判断力、政治领悟力、政治执行力"？因为我们党和国家正处在一个新的历史起点上，无论开启全面建设社会主义现代化国家新征程，还是应对世界百年未有之大变局，都会遇到许多过去从来没有遇到过的新问题。而要正确处理这些问题，最根本、最重要的就是善于把握政治大局。我们遇到的问题多得很，但只要善于把握政治大局，那些具体问题就不难解决。否则就会穷于应付，甚至会因应对不当而付出重大代价。

对于怎样把握政治大局，习近平总书记指出了要点：提高政治判断力、政治领悟力、政治执行力。

---

* 作者简介：金冲及，原中央文献研究室常务副主任、研究员。

学习历史特别是学习我们党的历史，可以更深刻地理解和更好落实习近平总书记这一重要要求。毛泽东同志在《实践论》中指出："一切真知都是从直接经验发源的。但人不能事事直接经验，事实上多数的知识都是间接经验的东西，这就是一切古代的和外域的知识。这些知识在古人在外人是直接经验的东西"。他所说的"古人"，包括所有前人在内，他们的经验对我们十分重要。这就阐明了学习历史的重要意义。

中国共产党的百年历史是一部光辉的历史，有非常丰富的精神财富。在庆祝中国共产党百年华诞的重大时刻，以习近平同志为核心的党中央决定在全党开展党史学习教育，其目的就包括教育全党特别是党的各级领导干部从党的历史中汲取经验和智慧，学会从政治上看问题，学会在应对复杂多变的形势时始终清醒地把握政治大局，不断提高政治判断力、政治领悟力、政治执行力。

提高政治判断力

人们的行动总是基于他们对事物的判断，而要对事物作出正确判断并不容易。事物往往多面而复杂，有时还示人以假象。如果只看到事物的某些现象而没有看清事物的本质，只看到事物的局部而没有看到它的全貌，只看到事物一时的表现而没有看到它未来的发展，只看到这个那个事物而没有看到它们之间的相互联系和相互影响，就匆匆忙忙作出判断，还以为这种判断是有根据的，那就很危险。因为在这种情况下会作出片面的、错误的判断，甚至会导致严重的政治失误。

在认识周围事物和处理重大问题时，只有抱着"如临深渊，如履薄冰"的态度，一切从实际出发，慎重而反复地比较不同选择的利弊得失，才能作出正确判断。

作出正确判断，最重要的是符合实际。这一历史经验，可以从我们党的历史上找到许多例证。其中很著名的例子就是全民族抗日战争爆发后不久，在国内一些人中曾出现"亡国论"和"速胜论"两种判断。作出这些错误判断并不是偶然的，也可以举出一些事实作为论据，但都是片面的事实。毛泽东同志此时写出《论持久战》，具体比较了中日双方的长处和弱点，认为中国的抗战必将取得胜利，但会是持久战，并指出它的发展要经历三个阶段，以及每个阶段所应采取的方针政策。有了这个判断和应对之方，中国人民在抗日战争期间尽管几经曲折，但一直心中有数。事实证明，毛泽东同志的判断完全正确。

科学的预见性，对于提高政治判断力有着重要意义。全国解放战争时期，毛泽东同志在 1947 年 12 月作了《目前形势和我们的任务》的报告。那时候，国民党当局还控制着全国绝大多数地域，包括几乎所有工商业发达、人口众多的大城市；军队人数仍大大超过人民解放军，还有用美式武器装备起来的部队，并且继续得到美国政府的援助。那时，恐怕很少有人会想到，再过一年多，人民解放战争将取得全面胜利，新中国即将诞生。但毛泽东同志对当时的局势明确作出判断："中国人民的革命战争，现在已经达到了一个转折点。""这是一个历史的转折点。这是蒋介石的二十年反革命统治由发展到消灭的转折点。这是一百多年以来帝国主义在中国的统治由发展到消灭的转折点。""这个事变一经发生，它就将必然地走向全国的胜利。"

毛泽东同志这个重大判断，首先是从政治上看问题的结果。他分析：国民党区域的人心动向变了，蒋介石被孤立起来，广大人民群众站到了我们方面。人心向背，这是决定一切的。在军事上，人民解放军已在历史上第一次从防御转入进攻，它同人心的变化联系在一起，是不可逆转的。在经济上，蒋介石集团的问题已经很严重了。有了这个大判断，才能果断地作出随后的重大决策，包括发布"建立民主联合政府"的五一口号、发动三大战略决战等等。这样，打倒蒋介石、建立新中国自然地被提到现实日程上来。

新中国成立后，党中央的重大决策也是建立在对政治大局的正确判断之上。1953 年，党中央看到国民经济已经恢复，第一个五年建设计划已开始实施，社会主义的政治、文化和经济因素在全国已取得重大发展，朝鲜战争的停战协定已经签订。在全国大局发生重大变化的条件下，党中央果断制定以“一化三改”为主要内容的过渡时期总路线，几年内在全国建立起社会主义基本制度。这是中国历史上最深刻最伟大的社会变革，为当代中国一切发展进步奠定了根本政治前提和制度基础。尽管具体工作中有不足之处，但没有当年建立社会主义基本制度，也就没有今天中国特色社会主义事业的发展。

党中央十分关注党和人民事业所处的历史方位和发展阶段，这是政治上始终保持清醒头脑和定力的基本依据。

党的十一届三中全会作出把党和国家工作中心转移到经济建设上来、实行改革开放的历史性决策，使我国社会主义进入新的历史发展时期。经过几年实践探索，到 1987 年党的十三大召开前夕，邓小平同志又对中国的全局作出重要判断：“社会主义本身是共产主义的初级阶段，而我们中国又处在社会主义的初级阶段，就是不发达的阶段。一切都要从这个实际出发，根据这个实际来制订规划。”据此，邓小平同志提出党在社会主义初级阶段的基本路线。他还特别告诫党内同志：“我讲的东西都不是从小角度讲的，而是从大局讲的。”“不能改变这条路线，特别是不能使之不知不觉地动摇，变为事实。”

这些都是大的政治判断和大的政治决策。

上世纪 80 年代末 90 年代初，苏联解体和东欧剧变使世界社会主义陷入低潮。面对当时相当严峻的国际局势，中国该如何应对？有着丰富政治经验的邓小平同志指出：“别人的事情我们管不了，只讲一个道理：中国的社会主义是变不了的。中国肯定要沿着自己选择的社会主义道路走到底。谁也压不垮我们。只要中国不垮，世界上就有五分之一的人口在坚持社会主义。我们对社会主义的前途充满信心。”“总之，对于国际局势，概括起来就是三句话：第一句话，冷静观察；第二句话，稳住阵脚；第三句话，沉着应付。不要急，也急不得。要冷静、冷静、再冷静，埋头实干，做好一件事，我们自己的事。”这是何等的政治气概和责任担当。

学党史，前辈们的那些光辉事迹和政治经验、政治智慧是无法忘却的。

以习近平同志为核心的党中央善于从政治上看问题，善于把握政治大局。习近平总书记在党的十九大上指出："经过长期努力，中国特色社会主义进入了新时代""我国社会主要矛盾已经转化为人民日益增长的美好生活需要和不平衡不充分的发展之间的矛盾"。党的十九届五中全会提出，全面建成小康社会、实现第一个百年奋斗目标之后，我们要乘势而上开启全面建设社会主义现代化国家新征程、向第二个百年奋斗目标进军，这标志着我国进入了一个新发展阶段。党中央强调要准确把握新发展阶段，深入贯彻新发展理念，加快构建新发展格局。这是从国内外大势和全局出发，统筹中华民族伟大复兴战略全局和世界百年未有之大变局作出的政治大判断和政治大决策。

提高政治领悟力

提高政治领悟力，要坚持用党中央精神分析形势、推动工作。做到这一点，就要对"国之大者"了然于胸、深入领悟和准确把握。社会生活异常复杂，为了推进事业发展，必须在众多矛盾中抓住主要矛盾，也就是抓住对全局有重要意义的大事。大事抓住了，小事就迎刃而解。

我们党领导人民进行新民主主义革命时，对于如何选择革命的道路，党内曾发生过严重分歧。毛泽东同志通过深入调查研究，认定在农民占人口绝大多数的半殖民地半封建的中国，只有在解决农民土地问题的基础上，武装农民、在农村建立革命根据地、走农村包围城市的道路，中国革命才能成功。而党内另外一些人，由于不了解农民问题的政治重要性，没有认识、领悟到农民问题是中国革命的中心问题，而是照抄照搬，走城市武装起义的路子，使革命遭受严重挫折。这从反面证明毛泽东同志认识和选择的革命道路是完全正确的。上个世纪50年代末，毛泽东同志在回顾这段历史时说："中国的问题始终是农民同盟军的问题""不抓农民问题就没有政治""中国党内相当多的人，不懂得农民问题的重要性，跌跟斗还是在农民问题上。”

党的十一届三中全会后，广东走在对外开放的前列。广东地接港澳，又是重要侨乡，而且一直有着对外经济交往的传统。1979 年 1 月，一封关于香港厂商要求回广州开设工厂的来信摘要送到邓小平同志的办公室。邓小平同志当即批示：这种事，我看广东可以放手干。同年 4 月，时任广东省委第一书记的习仲勋同志向邓小平同志汇报说：希望中央下放若干权力，让广东对外经济活动有较多的自主权和主动余地，允许在毗邻港澳的深圳、珠海和重要侨区举办出口加工区。邓小平同志表示赞同并说：还是叫特区好，陕甘宁开始就叫特区嘛！中央没有钱，可以给些政策，你们自己去搞，杀出一条血路来。邓小平同志的这些考虑，显然不只是为了广东的发展，而是高瞻远瞩，为对外开放开辟新路。这是何等的远见卓识！而深圳等经济特区就是在深刻领悟“杀出一条血路来”中解放思想、改革创新，大胆试、大胆闯，创造了奇迹。

改革开放以后，我们打破过去的平均主义“大锅饭”，允许和鼓励一部分人一部分地区先富起来，允许搞多种经济成分，地区差距、城乡差距、收入差距在一段时期内势必会拉开。但是，决不能让贫富差距越来越大，决不能在富的人和穷的人之间出现一道不可逾越的鸿沟，那样就违背党的根本宗旨和社会主义的本质要求。习近平总书记强调：“实现共同富裕不仅是经济问题，而且是关系党的执政基础的重大政治问题。”“促进全体人民共同富裕是一项长期任务，也是一项现实任务，必须摆在更加重要的位置，脚踏实地，久久为功，向着这个目标作出更加积极有为的努力。”我们必须按照习近平总书记的重要要求，增强政治意识，真正提高对实现共同富裕的政治领悟力，为促进共同富裕不断作出新贡献。

对于“国之大者”，我们必须深刻领悟。在我们党的历史上时常会看到：党中央处理重要问题时，通常都不是只看到眼前短期的利害、就事论事地对待和处理，而总是从大处着想，想得很远。常有这种情况：短期内看来有利的事，从长远看未必有利，甚至会留下很大的祸根；而一些事短期内看来似乎要付出不小代价，从长远看却是十分有益而必要的。只有悉心领悟，才能始终与党中央保持高度一致。

当前，在以习近平同志为核心的党中央坚强领导下，我们开启了全面建设社会主义现代化国家新征程。在新征程上，继续践行党的根本宗旨，坚持党的集中统一领导，巩固好社会主义制度，维护国家的统一、稳定和安全，促进全体人民共同富裕，实现中华民族伟大复兴，等等，这些都是“国之大者”，也是对各级领导干部是否真正讲政治、真正具备了政治领悟力的新的考验与检验。拿促进全体人民共同富裕来说，这就是我们党和国家在新时代、新发展阶段的大政治。实现这个目标，是社会主义的本质要求。正如邓小平同志在改革开放之初就说过的：“社会主义不是少数人富起来、大多数人穷，不是那个样子。社会主义最大的优越性就是共同富裕，这是体现社会主义本质的一个东西。”

总之，学党史可以帮助人们开阔眼界，胸怀“国之大者”，提高政治领悟力。

提高政治执行力

马克思主义从来都认为:重要的不只是认识世界,更在于改造世界。改造世界，政治判断力、政治领悟力、政治执行力三者缺一不可。

毛泽东同志说过：“我们不但要提出任务，而且要解决完成任务的方法问题。我们的任务是过河，但是没有桥或没有船就不能过。不解决桥或船的问题，过河就是一句空话。不解决方法问题，任务也只是瞎说一顿。”

对中国革命和建设中的重大问题，特别是关键性问题，毛泽东同志不仅作出科学决策，从实际出发写出《论持久战》《抗日游击战争的战略问题》等，而且对执行决策的具体办法、可能遇到的有利和不利情况该如何处理，以及请示报告和检查制度的建立等，都作了细致而周全的规定，并且在执行中抓得紧而又紧。

毛泽东同志对党的政治执行力有一段名言："要'抓紧'。就是说，党委对主要工作不但一定要'抓'，而且一定要'抓紧'。什么东西只有抓得很紧，毫不放松，才能抓住。抓而不紧，等于不抓。""我们有些同志，也抓主要工作，但是抓而不紧，所以工作还是不能做好。不抓不行，抓而不紧也不行。"

大家知道，周恩来同志既有高度的政治判断力和政治领悟力，又有极强的政治执行力。1955 年 4 月，他率团出席亚非会议。参加会议的 29 个国家中，22 个没有同新中国建交，有的人在会上还猛烈攻击中国。周恩来同志当机立断，把原来的发言稿印发给大家，临时在大会上作了补充发言。他一开始就说："中国代表团是来求团结而不是来吵架的。""是来求同而不是来立异的。在我们中间有无求同的基础呢？有的。那就是亚非绝大多数国家和人民自近代以来都曾经受过、并且现在仍在受着殖民主义所造成的灾难和痛苦。""我们并不要求各人放弃自己的见解，因为这是实际存在的反映。但是不应该使它妨碍我们在主要问题上达成共同的协议。"这个补充发言很好体现和贯彻了新中国成立之初党中央在对外工作方面的政治判断、政治决策，博得会场热烈鼓掌。会议取得巨大成功。

新中国成立后，周恩来同志不知处理了多少复杂艰难的工作。他是一位有着远大战略眼光而又能巧妙付诸实施、搞好执行的大政治家。他对身边的人说：我们这样一个大国家，就有那么多具体的事得有一个人管起来。我多做些这样的事，就可以使毛主席有更多时间来考虑那些大问题。邓小平同志说："周总理是一生勤勤恳恳、任劳任怨工作的人。他一天的工作时间总超过十二小时，有时在十六小时以上，一生如此。""他是同志们和人民很尊敬的人。"

提高政治执行力，离不开实干。在十八届中共中央政治局常委与中外记者见面会上，习近平总书记指出："人民对美好生活的向往，就是我们的奋斗目标。人世间的一切幸福都需要靠辛勤的劳动来创造。"习近平总书记强调：空谈误国，实干兴邦。拿刚过去的 2020 年来说，面对新冠肺炎疫情突如其来、世界经济深度衰退等多重严重冲击，在以习近平同志为核心的党中央坚强领导下，全国各族人民顽强拼搏，疫情防控取得重大战略成果，我国在全球主要经济体中唯一实现经济正增长，脱贫攻坚战取得全面胜利，决胜全面建成小康社会取得伟大历史性成就，交出一份人民满意、世界瞩目、可以载入史册的答卷。

回顾党的历史，大量事实说明，妨碍和危害政治执行力的"拦路虎"，从思想方法和工作作风来说，主要是形式主义、官僚主义。这些错误的思想方法和工作作风，要害都是脱离实际、脱离群众。如果党员、领导干部思想上作风上被这几个"主义"缠住了脱不开身，政治执行力就会大打折扣甚至完全丧失，其危害就是党中央的重大决策和方针政策在他那里落不到实处，就会损害党和人民的利益。医治这几种"主义"的良方，像党的历史告诉我们的那样，就是深入实际、深入群众，在实际中、群众中调查研究，集思广益。作决策和执行决策时，都坚持从实际中来又到实际中去，从群众中来又到群众中去。这是提高政治执行力的重要方法。

历史是前人实践记录的汇总。中国共产党一百年的历史太丰富了。我们学习党的历史，不只是为了缅怀前人，更重要的是要从这部内容如此丰富的教科书中吸取丰富的精神营养，包括提高政治判断力、政治领悟力、政治执行力，从而能在新的历史条件下以昂扬姿态奋力开启全面建设社会主义现代化国家新征程，向实现第二个百年奋斗目标进军。

原载《人民日报》2021年5月17日

理论强党一百年

陈　晋*

习近平总书记“七一”重要讲话，立足中国共产党百年华诞的重大时刻和“两个一百年”历史交汇的关键节点，回望光辉历史、擘画光明未来，是一篇马克思主义纲领性文献。讲话强调，“以史为鉴、开创未来，必须继续推进马克思主义中国化”。这一重要论断，充分体现了我们党高度的理论自觉和理论自信，为新时代进一步坚持和发展马克思主义，进一步坚持和贯彻思想建党、理论强党提供了遵循和指南。

一百年前，我们党成立的时候，一切政治的、经济的、军事的资源，都掌握在帝国主义、封建主义、官僚资本主义手里。而我们党当时手无寸铁，看起来没有什么力量，仅有的只是心中装着的“主义”和用理论武装起来的头脑。但是，正是因为我们党理论、纲领、意识形态的科学性、正义性、时代性，因而具有很强的动员力、说服力与凝聚力。这是党的资源和优势，是非常厉害的“武器”。这个武器的名称，就叫马克思主义理论。

一百年来，中国共产党风雨兼程、筚路蓝缕，经历无数磨难，从 50 多名党员的弱小政党，成长为拥有 9500 多万名党员、领导着 14 亿多人口大国、具有重大全球影响力的世界第一大执政党。奥秘在哪里？奥秘就在于，我们党始终把马克思主义理论

---

* 作者简介：陈晋，中共中央党史和文献研究院原院务委员、研究员。

作为自己的行动指南。我们党一路走来，一刻没有离开理论思维，一刻没有离开思想指引，始终坚持理论强党，保持理论上的清醒，带动思想上的自觉、行动上的扎实和政治上的坚定，这就叫“思想伟力”。毛泽东强调，“共产党不靠吓人吃饭，而是靠马克思列宁主义的真理吃饭”。习近平总书记在“七一”重要讲话中指出：“中国共产党为什么能，中国特色社会主义为什么好，归根到底是因为马克思主义行！”他们说的，事实上就是“理论强党”。

理论为什么能够强党？理论是怎样强党的？

第一，理论强党，强在马克思主义理论拥有信仰的力量。真理的力量，就是信仰的力量。习近平总书记深刻指出，对马克思主义的信仰、对社会主义和共产主义的信念，是共产党人的政治灵魂，是共产党人经受住任何考验的精神支柱。马克思主义是中国共产党的灵魂和旗帜。正如毛泽东所说：“主义譬如一面旗子，旗子立起了，大家才有所指望，才知所趋赴。”

一个政党没有理论的凝聚和指引，就会失去灵魂，迷失方向。夏明翰烈士牺牲前，高歌“砍头不要紧，只要主义真。杀了夏明翰，自有后来人”，充分体现了主义和理论的信仰，能够唤起多么震撼人心的凝聚力和战斗力。在中国特色社会主义新时代，马克思主义理论仍然是我们党不可或缺的精神之“钙”，是中国共产党不断强大的思想基因，是统一全党意志和行动的旗帜和方向。

第二，理论强党，强在马克思主义理论拥有实践的力量。实践是理论的基础，科学理论对实践又具有巨大指导作用。在人类社会发展的浩瀚历史中，先进的思想总是与非凡的事业彼此辉映，科学的理论总是与伟大的实践相互激荡。马克思主义理论是中国共产党在改造世界的实践中不断强大起来的科学工具和科学方法，是我们“做好一切工作的看家本领”。在党的历史上，凡是善于用科学理论来解决实际问题，党就兴盛；凡是不善于用科学理论来解决实际问题，就会出现失误。

习近平总书记指出：“马克思主义使我们党拥有了科学的世界观和

方法论，拥有了认识世界、改造世界的强大思想武器。”正是靠这个思想武器，中国共产党才体现出非凡的实践能力，才能克服前进道路上遇到的难以想象的困难。百年来，我们党坚持以马克思主义为指导，运用辩证唯物论和历史唯物论，去认识世界、把握规律，进而有效地改造世界。这当中，就包括正确处理主观与客观、理论与实践、自我革命与社会革命、上层建筑与经济基础、生产关系与生产力、集体与个人、民主与集中、党的领导与人民群众的历史主体地位等一系列重大关系。今天，我们要运用科学理论，进一步深化对共产党执政规律、社会主义建设规律、人类社会发展规律的认识，让真理的光芒照耀前行之路。

第三，理论强党最关键的一招，是不断推进马克思主义中国化时代化。习近平总书记指出，我们党开辟的新民主主义革命道路、社会主义革命道路、社会主义建设道路、中国特色社会主义道路，都是把马克思主义基本原理同中国具体实际相结合的伟大创造。这一伟大创造，深刻改变了中国，也极大地丰富和发展了马克思主义。在这一伟大创造的历史进程中，我们党立足于时代和实践的需要，坚持解放思想和实事求是相统一，从中国实际出发，洞察时代大势，把握历史主动，进行艰辛探索，不断推进马克思主义中国化时代化，不断推进理论创新，先后形成了毛泽东思想、邓小平理论、“三个代表”重要思想、科学发展观，进而指导中国人民不断推进伟大社会革命。

毛泽东说过，“自从中国人学会了马克思列宁主义以后，中国人在精神上就由被动转入主动”。所谓精神上的主动，就是从实践到理论的创新自觉，就是在坚持马克思主义基本原理的基础上，不断发展马克思主义理论的创造能力。马克思主义中国化的理论成果，具有既一脉相承又与时俱进的理论品格。党的十八大以来，以习近平同志为主要代表的中国共产党人，顺应时代发展，从理论和实践结合上系统回答了新时代坚持和发展什么样的中国特色社会主义、怎样坚持和发展中国特色社会主义这个重大时代课题，创立了习近平新时代中国特色社会主义思想。习近平新时代中国特色社会主义思想，是党的十八大以来实践经验的集中总结，是改革开放 40 多年、新中国成立 70 多年、中国共产党成立 100 年来历史经验的深刻凝练，是马克思主义中国化最新成果，是当今时代最现实、最鲜活的马克思主义。

新的征程上，我们必须坚持马克思列宁主义、毛泽东思想、邓小平理论、“三个代表”重要思想、科学发展观，全面贯彻习近平新时代中国特色社会主义思想，坚持把马克思主义基本原理同中国具体实际相结合，用马克思主义观察时代、把握时代、引领时代，继续发展当代中国马克思主义、21 世纪马克思主义！

原载《党建研究》2021 年第 7 期

坚持唯物史观　坚定不移反对历史虚无主义

吴德刚*

习近平总书记在党史学习教育动员大会上的讲话中指出：唯物史观是我们共产党人认识把握历史的根本方法。只有坚持历史唯物主义，我们才能更好认识国情，更好认识党和国家事业发展大势，才能更好认识历史发展规律，更加能动地推进各项工作，不断把对中国特色社会主义规律的认识提高到新的水平，不断开辟当代中国马克思主义发展新境界。

坚持唯物史观，增强反对历史虚无主义的政治自觉

党的十八大以来，习近平总书记反复强调，要"牢牢掌握意识形态工作领导权"，始终以坚定的政治自觉，清醒认识反对历史虚无主义的艰巨性和长期性，坚定反对历史虚无主义的政治自觉，不断提高政治定力、增强政治敏锐性、加强能力建设，切实提高意识形态工作本领。这些重要论述，对于做好党史工作尤其是反对历史虚无主义工作具有重要现实指导意义。

针对党史领域历史虚无主义一度盛行、虚假历史言论混淆视听的现象，习近平总书记指出："'灭

---

* 作者简介：吴德刚，中共中央党史和文献研究院原副院长。本文原标题为《坚持唯物史观　坚定不移反对历史虚无主义——习近平总书记论党史系列学习体会之四》，现标题为编者改。

人之国，必先去其史。’国内外敌对势力往往就是拿中国革命史、新中国历史来做文章，竭尽攻击、丑化、污蔑之能事。”要警惕历史虚无主义的影响，坚决抵制、反对歪曲和丑化党的历史的错误倾向。习近平总书记特别强调，“现在，一些错误倾向要引起警惕：有的夸大党史上的失误和曲折，肆意抹黑歪曲党的历史、攻击党的领导；有的将党史事件同现实问题刻意勾连、恶意炒作；有的不信正史信野史，将党史庸俗化、娱乐化，热衷传播八卦轶闻，对非法境外出版物津津乐道，等等。”面对新时代复杂形势和严峻挑战，我们要始终高举中国特色社会主义伟大旗帜，坚持以习近平新时代中国特色社会主义思想为指导，增强意识形态工作责任意识，牢固树立政治意识、大局意识、核心意识、看齐意识，始终保持更加清醒的头脑，把坚决反对历史虚无主义的要求作为政治任务，不断增强政治自觉，把握正确政治方向，站稳政治立场，增强政治定力，努力坚守好党的理论阵地。

坚持唯物史观，提高反对历史虚无主义的理论自觉

只有理论上清醒，才能政治上坚定。历史虚无主义作为社会意识形态领域的一种现象，其产生具有深刻而复杂的社会经济原因、思想政治原因和历史文化原因。马克思主义认为，现象是事物的外在表现，本质是事物的内在方面，只有透过现象才能抓住本质。一要深刻认识历史虚无主义的本质。在新的历史条件下。尽管历史虚无主义的表现形式各不相同，但从本质上说都是由敌对势力鼓吹和散布，以否定革命、“告别革命”为旗号，以伪造、篡改、歪曲、“恶搞”历史为手段，以推翻中国共产党领导和社会主义制度为目的的政治思潮。正如习近平总书记所说，历史虚无主义的要害，是从根本上否定马克思主义指导地位和中国走向社会主义的历史必然性，否定中国共产党的领导。根本目的“就是要搞乱人心，煽动推翻中国共产党的领导和我国社会主义制度”。二要深刻认识历史虚无主义的政治危害性。历史虚无主义以攻击、丑化、污

蔑为目的，惯用的手法是抹黑英雄模范人物、歪曲党的历史，对党的事业造成严重破坏。在社会意识形态领域，造成以假乱真，混淆视听，甚至以讹传讹的不良后果，特别是在青少年教育中，对受教育者的心灵产生误导，影响对人类历史和社会的正确认知和青少年正确理想信念的形成。三要深刻认识历史虚无主义的虚假性。“虚”和“假”是历史虚无主义最普遍、最常见的特征。历史虚无主义为了达到某种政治目的，故意伪造或编造历史;打着所谓“反思历史”“还原历史真相”“重新审视”等旗号渲染历史，为历史翻案；甚至忽视历史的内在逻辑，对历史进行随意假设。四要深刻认识历史虚无主义的片面性。历史虚无主义以偏概全，不讲历史发展的整体过程，片面肢解历史本来面目，有的混淆主流和支流，任意夸大某些枝节，夸大偶然事件的历史作用；否认历史的连续性和继承性，孤立地、静止地看待历史问题，或是用过去否定现在，或是以现在否定过去；用主观代替客观，不对历史事实和历史资料进行深入研究，凭借主观经验甚至个人主观臆断对严肃历史问题作出简单甚至不负责任的结论。五要深刻认清历史虚无主义的欺骗性。历史虚无主义在历史问题上特别是党的历史问题上的虚假性、片面性，加上不择手段地伪装，其言论和观点必然带有欺骗性，使不少对历史了解不多的人受蒙骗。

新形势下，坚持唯物史观，就是要牢牢把握党的历史发展的主题和主线、主流和本质，善于洞察意识形态领域出现的历史虚无主义动向，坚决反对及时制止任何歪曲和丑化党的历史的错误倾向。要坚持党性和科学性的统一，围绕党的历史上重点、难点问题，开展深入调查研究和学术研究,准确判断和科学区分不同形态的历史虚无主义,分析其表象，挖掘其本质，开展有针对性的斗争。要坚持以我们党关于历史问题的两个决议和党中央有关精神为依据，正确认识和科学评价党史上的重大事件、重要会议、重要人物。要实事求是看待党史上的一些重大问题，既不能因为成就而回避失误和曲折，也不能因为探索中的失误和曲折而否定成就。

坚持唯物史观，增强反对历史虚无主义的行动自觉

习近平总书记指出：要旗帜鲜明反对历史虚无主义，加强思想引导和理论辨析，澄清对党史上一些重大历史问题的模糊认识和片面理解，更好正本清源、固本培元。旗帜鲜明反对和抵制各种错误观点，以踏石留印的决心，主动作为，打好反对历史虚无主义这场没有硝烟的持久战。面对历史虚无主义伪造、篡改、歪曲甚至“恶搞”历史等种种行为，要敢于亮剑，敢于说“不”，并以最坚决的态度、最强硬的手段，对一切心怀叵测、毫无根据的错误论调，给予最坚决最严厉的反击。

面对复杂的反对历史虚无主义斗争形势，不仅要政治态度鲜明，又要本领高强。反对历史虚无主义，不能空喊口号，必须不断提高反对历史虚无主义的实际工作本领，要善于运用思想的武器、真理的武器，捍卫党的革命建设和改革开放乃至新时代的全部历史。一是善于运用马克思主义的立场观点方法观察问题、分析问题、解决问题。要坚持问题导向，正面应对为主，科学把握适时、适度、适当、精准的原则，不断提高反对历史虚无主义的实际成效。二是坚决捍卫党的领导，就是要坚决维护习近平总书记党中央的核心、全党的核心地位，坚决维护党中央权威和集中统一领导，这是反对历史虚无主义的最根本基石，必须坚定不移、始终坚持。三是始终坚定中国特色社会主义文化自信，要努力继承弘扬中华民族的历史和优良传统，打牢反对历史虚无主义的基础工程。四是提高运用法治思维和法治意识反对历史虚无主义的水平和能力。全面系统把握党的历史发展的主题和主线、主流和本质，依靠扎实的研究成果说服人，用真理的力量教育人、启迪人、打动人。要善于运用新兴媒体，通过广大党员干部喜闻乐见的形式，讲好党的生动而鲜活的历史，让真理走进人们的心田，不断放射出理想的光芒，照耀前进的方向。

习近平总书记关于坚定不移反对历史虚无主义的思想，充分展示了马克思主义者追求真理、捍卫真理的理论品格。反对历史虚无主义是每

一个共产党员应该履行的政治责任。要努力增强反对历史虚无主义的政治自觉、理论自觉和行动自觉，不断加强反对历史虚无主义的能力建设，善于用马克思主义立场观点方法观察问题、分析问题、解决问题，坚持实事求是，坚决以神圣的态度对待历史，旗帜鲜明同一切歪曲丑化否定党的历史、党的领袖和英雄模范的言行进行坚决斗争。

原载《人民政协报》2021年4月21日

百年恰是风华正茂

——深刻领会习近平总书记关于『百年大党』重要论述的丰富内涵

张树军*

习近平总书记指出："中国共产党是世界上最大的政党。大就要有大的样子。"党的十九大以来，习近平总书记在多个重要场合对"百年大党"作了深刻论述，这些重要论述思想深刻、内涵丰富，他视野中的中国共产党这个"百年大党"，不在于建党时间上的"老"、党员人数上的"大"，更重要的是这个政党立志于中华民族千秋伟业，百年恰是风华正茂，在执政道路上不断创造辉煌、成就伟业。

始终保持强烈的忧患意识。忧患意识是习近平总书记关于"百年大党"重要论述的现实着眼点。习近平总书记指出，任何一个政权，建立不容易，保持兴旺发达、长治久安，也不容易。如果不自省、不警惕、不努力，再强大的政权都可能走到"霸王别姬"的穷途末路。他分析中国历代王朝更替时说：从我国历史看，朝代存在时间长的有夏朝400多年、商朝约600年、西周约300年、东周500多年、西汉215年、东汉195年、唐朝290年、明朝277年、清朝268年，短的有秦朝15年、三国61年、北宋167年、南宋153年、元朝90年、民国38年，其他小朝代昙花一现、朝生暮死不计其数。秦朝、北宋、元朝都曾经是不可一世的强国，但很快就日薄西山。就是那些时间较长的朝代，后期也都是朝政腐败、

* 作者简介：张树军，中共中央党史和文献研究院原院务委员，研究员。

社会动荡、民怨沸腾、反抗不断，很多都是苟延残喘、奄奄一息了。习近平总书记强调，要走出这个历史的周期率，必须时刻保持忧患意识。曾几何时，苏共何其强大，苏联何其强大，现在早已是“故国不堪回首月明中”了。我们党的历史超过了苏共，我们党掌握全国政权的历史还不及苏联。到本世纪中叶，我们党的历史将接近 130 年，新中国的历史将达到 100 年。习近平总书记指出："党的十八大以来，我多次强调要坚持底线思维，就是要告诫全党时刻牢记‘安而不忘危，存而不忘亡，治而不忘乱’。”

始终践行党的初心和使命。党的十九大报告开篇指出，中国共产党人的初心和使命就是为中国人民谋幸福，为中华民族谋复兴。这个初心和使命是激励一代代中国共产党人不断前进的根本动力。习近平总书记说，我们党从登上中国政治舞台的那一刻起，就初心不改、矢志不渝地为中国人民谋幸福、为中华民族谋复兴。我们党的一百年，就是矢志践行初心使命的一百年。百年征程波澜壮阔，百年初心历久弥坚。不管形势和任务如何变化，不管遇到什么样的惊涛骇浪，我们党都始终锚定奋斗目标，沿着正确方向坚定前行。从石库门到天安门，从兴业路到复兴路，我们党百年来所付出的一切努力、进行的一切斗争、作出的一切牺牲，都是为了人民幸福和民族复兴。正是由于始终坚守这个初心和使命，我们党才能在极端困境中发展壮大，才能在濒临绝境中突出重围，才能在困顿逆境中毅然奋起。他强调，我们党要求全党同志不忘初心、牢记使命，就是要提醒全党同志，党的初心和使命是党的性质宗旨、理想信念、奋斗目标的集中体现，越是长期执政，越不能忘记党的初心使命，越不能丧失自我革命精神，在新时代把党的自我革命推向深入，把党建设成为始终走在时代前列、人民衷心拥护、勇于自我革命、经得起各种风浪考验、朝气蓬勃的马克思主义执政党。

始终坚持共产党人的理想信念。理想信念是一个政党的精神支柱、力量之源，是共产党人精神上的“钙”。习近平总书记反复强调，革命理想高于天。信仰信念任何时候都至关重要。对共产主义的信仰，对中国特色社会主义的信念，是共产党人的政治灵魂，是共产党人经受住任何考验的精神支柱。在新时代，坚定信仰信念，最重要的就是要坚定中国特色社会主义道路自信、理论自信、制度自信、文化自信。党的百年奋斗历程和伟大成就是我们增强“四个自信”最坚实的基础。

始终把握历史发展规律和大势。习近平总书记指出，历史发展有其规律，但人在其中不是完全消极被动的。只要把握住历史发展规律和大势，抓住历史变革时机，顺势而为，奋发有为，我们就能够更好前进。我们党就是顺应十月革命胜利和社会主义兴起的世界发展大势而诞生，并走在时代前列的。在百年奋斗历程中，我们党始终以马克思主义基本原理分析把握历史大势，正确处理中国和世界的关系，善于抓住和用好各种历史机遇。抗日战争时期，我们党分析把握世界反法西斯战争和中国人民抗日救亡强烈愿望的大势，促成了抗日民族统一战线，并最终团结带领人民赢得了抗日战争伟大胜利。中华人民共和国也是顺应“东风压倒西风”的时代大潮诞生并站住了脚的。改革开放的历史性决策也是基于我们党对时代潮流的深刻洞察，对世界大势进行科学判断而作出的。从此，我们实现了党和国家工作中心的转移，一往无前拉开了改革开放的历史大幕。了解历史才能看得远，理解历史才能走得远。习近平总书记指出，全党同志要胸怀中华民族伟大复兴战略全局和世界百年未有之大变局，树立大历史观，从历史长河、时代大潮、全球风云中分析演变机理、探究历史规律，提出因应的战略策略，增强工作的系统性、预见性、创造性。

始终坚持以人民中心。以人民为中心是习近平总书记关于“百年大党”重要论述的出发点和落脚点。习近平总书记指出，我们共产党打江山、守江山，都是为了人民幸福，守的是人民的心。我们党来自人民，党的根基和血脉在人民。为人民而生，因人民而兴，始终同人民在一起，为人民利益而奋斗，是我们党立党兴党强党的根本出发点和落脚点。纵观党的百年历史，我们党始终坚持人民主体地位，从人民群众中汲取无穷的智慧和力量。我们党始终坚持全心全意为人民服务，在任何时候都把群众利益放在第一位。习近平总书记要求全党同志，要永葆蓬勃朝气，永远做人民公仆、时代先锋、民族脊梁；要永不脱离群众，与群众有福同享、有难同当，有盐同咸、无盐同淡；要始终坚持一切为了人民、一切依靠人民，把人民放在心中最高位置，把人民对美好生活的向往作为奋斗目标，推动改革发展成果更多更公平惠及全体人民，推动共同富裕取得更为明显的实质性进展，把14亿中国人民凝聚成推动中华民族伟大复兴的磅礴力量。

始终保持艰苦奋斗的昂扬精神。中国共产党从一个只有50多人的“年幼的小党”，成为拥有9500多万名党员、领导着14亿人口的世界最大的执政党，靠的就是顽强奋斗、艰苦奋斗、不懈奋斗。世界上没有哪个党像我们这样，遭遇过如此多的艰难险阻，经历过如此多的生死考验，付出过如此多的惨烈牺牲。习近平总书记指出，中国走过的历程，中国人民和中华民族走过的历程，是中国共产党人和中国人民用鲜血、汗水、泪水写就的，充满着苦难和辉煌、曲折和胜利、付出和收获，这是中华民族发展史上不能忘却、不容否定的壮丽篇章，也是中国人民和中华民族继往开来、奋勇前进的现实基础。我们党领导的革命、建设、改革伟大实践，是一个接续奋斗的历史过程，是一个救国、兴国、强国，进而实现中华民族伟大复兴的完整事业。经过我们党的不懈奋斗，跨过一道又一道沟坎，取得一个又一个胜利，到1949年，完成了新民主主义革命，建立了中华人民共和国；新中国成立后，完成了社会主义革命，确立了社会主义基本制度，为当代中国一切发展进步奠定了根本政治前提和制度基础；党的十一届三中全会以后，经过改革开放的伟大革命，开辟了中国特色社会主义道路，使中国大踏步赶上时代，实现了中国人民从站起来到富起来、强起来的伟大飞跃。习近平总书记强调：“中国特色社会主义不是从天上掉下来的，是党和人民历尽千辛万苦、付出巨大代价取得的根本成就。”百年奋斗铸就了中国共产党的伟大精神谱系。

这些宝贵精神财富跨越时空、历久弥新，集中体现了党的坚定信念、根本宗旨、优良作风，凝聚着中国共产党人艰苦奋斗、牺牲奉献、开拓进取的伟大品格，深深融入我们党、国家、民族、人民的血脉之中，为我们立党兴党强党提供了丰厚滋养。

始终保持党的先进性和纯洁性。这是习近平总书记关于"百年大党"重要论述中讲得最多的问题，是马克思主义政党的永恒课题，也是新时代亟须破解的时代之问。世界上的一些大党、老党，刚开始执政时也都能够代表那个时代的潮流和人心所向，但是到后来就逐渐地落后于时代，最终被淘汰出局。如何走出这个历史周期率？如何使中国共产党永葆生机活力，永远走在时代前列？习近平总书记指出："党的百年历史，也是我们党不断保持党的先进性和纯洁性，不断防范被瓦解、被腐化的危险的历史。"我们党作为百年大党，如何永葆先进性和纯洁性、永葆青春活力，如何永远得到人民拥护和支持，如何实现长期执政，是我们必须回答好、解决好的一个根本性问题。

始终保持党的团结和集中统一。"堡垒最容易从内部攻破。"把中国共产党建设成为一个坚强的长期执政的马克思主义政党，始终保持党的团结和集中统一十分重要。习近平总书记指出：党政军民学，东西南北中，党是领导一切的。党中央制定的理论和路线方针政策，是全党全国各族人民统一思想、统一意志、统一行动的依据和基础。只有党中央有权威，才能把全党牢固凝聚起来，进而把全国各族人民紧密团结起来，形成万众一心、无坚不摧的磅礴力量。要教育引导全党从党史中汲取正反两方面历史经验，坚定不移向党中央看齐，不断提高政治判断力、政治领悟力、政治执行力，切实增强"四个意识"、坚定"四个自信"、做到"两个维护"，自觉在思想上政治上行动上同党中央保持高度一致，确保全党上下拧成一股绳，心往一处想、劲往一处使。

始终坚持用党的创新理论武装全党。思想就是力量。一个民族要走在时代前列，就一刻不能没有理论思维，一刻不能没有思想指引。

习近平总书记指出，我们党的历史，就是一部不断推进马克思主义中国化的历史，就是一部不断推进理论创新、进行理论创造的历史。回望百年奋斗路，在近代中国最危急的时刻，中国共产党人找到了马克思列宁主义，并坚持把马克思列宁主义同中国实际相结合，用马克思主义真理的力量激活了中华民族历经几千年创造的伟大文明，使中华文明再次迸发出强大精神力量。理论的生命力在于创新。马克思主义深刻改变了中国，中国也极大丰富了马克思主义。100年来，我们党坚持解放思想和实事求是相统一、培元固本和守正创新相统一，不断开辟马克思主义新境界，产生了毛泽东思想、邓小平理论、"三个代表"重要思想、科学发展观，产生了习近平新时代中国特色社会主义思想，为党和人民事业发展提供了科学理论指导，为增进全党全国各族人民团结统一提供了坚实思想基础。我们要从党的非凡历程中领会马克思主义是如何深刻改变中国、改变世界的，感悟马克思主义的真理力量和实践力量，深化对中国化马克思主义既一脉相承又与时俱进的理论品质的认识，坚持不懈用党的创新理论最新成果武装头脑、指导实践、推动工作。

始终注重总结运用党的历史经验。注重运用党的实践创造和历史经验启迪智慧、砥砺品格，是我们党的优良传统和政治优势。中国共产党一步步走过来，很重要的一条就是不断总结经验、提高本领，不断提高应对风险、迎接挑战、化险为夷的能力水平。党的经验不是从天上掉下来的，也不是从书本上抄来的，而是党在历经艰辛、饱经风雨的长期摸索中积累下来的，饱含着成败和得失，凝结着鲜血和汗水，充满着智慧和勇毅。所以，习近平总书记反复强调，"历史是最好的老师""中国革命历史是最好的营养剂""学习党史、国史，是坚持和发展中国特色社会主义、把党和国家各项事业继续推向前进的必修课，这门功课不仅必修，而且必须修好"。按照习近平总书记的要求，我们要抓住建党100周年这个重要节点，从具有许多新的历史特点的伟大斗争出发，总结运用党在不同历史时期成功应对风险挑战的丰富经验，做好较长时间应对外部环境变化的思想准备和工作准备，不断增强斗争意识、丰富斗争经验、提升斗争本领，不断提高治国理政能力和水平，从最坏处着眼，做最充分的准备，朝好的方向努力，争取最好的结果。

原载《新湘评论》2021 年第 7 期

马克思主义与中国共产党

贾高建*

中国共产党建党100年的发展历程，有着极其丰富的历史内涵，可以从各个不同的方面去总结。而其中不可或缺的一个重要方面，便是马克思主义在党的事业发展中的根本指导作用。正如习近平总书记所指出的："马克思主义是我们立党立国的根本指导思想，是我们党的灵魂和旗帜。"[①] 他强调："要教育引导全党从党的非凡历程中领会马克思主义是如何深刻改变中国、改变世界的，感悟马克思主义的真理力量和实践力量。"[②]

一

在几千年的历史进程中，人类对外部世界以及自身的认识经历了一个不断探索和积累的过程。而马克思主义作为一种科学的思想体系，就是在这个长期积累的认识基础上产生和发展起来的。当年马克思和恩格斯创立自己的学说时，首先批判地吸收了以往哲学史特别是德国古典哲学的积极成果，借助新的历史条件创立了被他们自己称为"新唯物主义"的新的哲学。这种新的哲学实现了哲学史上的

---

* 作者简介：贾高建，中共中央党史和文献研究院原副院长、中央编译局原局长、教授。

① 习近平：《在庆祝中国共产党成立100周年大会上的讲话》，人民出版社2021年版，第12页。

② 习近平：《在党史学习教育动员大会上的讲话》，《求是》2021年第7期。

根本变革，使哲学第一次具有了真正科学的性质，成为一种科学世界观和方法论。正是在这样一种科学世界观和方法论的指导下，他们对资本主义社会进行了深入的研究和批判，特别是从政治经济学的层面揭示了资本主义生产方式的内在矛盾及其运动规律；继而以此为基础，深刻阐明了社会主义取代资本主义的客观必然性，使社会主义从空想变成了科学。与此同时，马克思和恩格斯还将他们的科学世界观和方法论应用于社会各领域重大问题的研究，形成了多方面的理论成果。马克思主义不仅具有严谨的科学性质，而且从一开始便有着自己鲜明的价值取向，它坚持人民立场，面向工人阶级和广大劳动群众，将人的自由全面发展和整个人类的解放作为最高价值目标。

这样一种科学的思想体系，为全世界的工人阶级及其政党提供了行动的指南。在马克思主义的指导下，国际共产主义运动风起云涌。以列宁为代表的俄国共产党人首先取得了革命的胜利，建立了世界上第一个社会主义国家；其他许多国家和地区也都先后展开了自己的革命实践。正是在这样一个大的背景下，马克思主义开始传入中国，并与正在兴起的中国工人运动相结合；这一结合的直接结果，便是中国历史上最先进的政党——中国共产党的诞生。正如习近平总书记所描述的："十月革命一声炮响，给中国送来了马克思列宁主义。在中国人民和中华民族的伟大觉醒中，在马克思列宁主义同中国工人运动的紧密结合中，中国共产党应运而生。"①

我们党从成立开始，便十分明确地将马克思主义作为自己的根本指导思想。在这一科学理论指导下，党深刻分析了当时所处的历史方位，明确了所应承担的历史责任，从既定的历史条件出发开始了自己的奋斗历程。结合半殖民地、半封建社会的具体实际，我们创造性地运用了马克思主义关于社会革命的理论，走出了一条"农村包围城市、武装夺取

① 习近平：《在庆祝中国共产党成立100周年大会上的讲话》，人民出版社2021年版，第3页。

政权”的独特道路，取得了新民主主义革命的胜利；继而又以自己的方式完成了生产资料的社会主义改造，实现了由新民主主义到社会主义的转变。社会主义基本制度确立后，我们从各个领域入手开始了建设社会主义的实践，虽然探索中经历了种种曲折，但也为后来的发展提供了宝贵经验、理论准备、物质基础。“文化大革命”结束后，我们党深刻总结了以往的经验教训，重新审视社会主义初级阶段的一系列重大问题，大力倡导解放思想、实事求是，最终开辟了建设中国特色社会主义的新的道路。经过改革开放40多年的不懈努力，我们在各方面取得了举世瞩目的历史性成就，中国特色社会主义呈现出勃勃生机和活力。实践充分证明，马克思主义是指导我们认识世界、改造世界的强大思想武器，坚持以这一科学理论为指导，我们就能战胜各种困难，推动党的事业不断走向成功。

习近平总书记指出：“马克思主义深刻改变了中国，中国也极大丰富了马克思主义。”[①] 在运用马克思主义理论指导中国革命、建设和改革的同时，我们党还在实践基础上推动马克思主义理论的创新发展，促进马克思主义的中国化，先后形成了毛泽东思想和中国特色社会主义理论体系，产生了习近平新时代中国特色社会主义思想。这些重大理论成果与马克思主义的思想传统一脉相承，同样作为我们党的根本指导思想，写在了党的旗帜上。

二

从《共产党宣言》的正式发表算起，马克思主义创立至今已有170多年的时间。在这一时期内，世界上发生了许多事，人类社会发展经历了各种重大变化。然而，马克思主义的基本原理并没有过时，它的科学思想体系仍具有普遍的真理性。首先，在整个马克思主义学

① 习近平：《在党史学习教育动员大会上的讲话》，《求是》2021年第7期。

说体系中处于最深层次、作为它的科学世界观和方法论的马克思主义哲学并不过时，因为这种哲学所揭示的是自然领域、社会领域以及人类思维领域的最一般规律，这些规律在历史发展的各个阶段都普遍存在，并不会因为一百多年的时间就发生改变。其次，虽然当代资本主义与以往相比已经有了很大的不同，世界社会主义运动也出现了许多新的情况，但马克思主义所揭示的资本主义生产方式的运动规律依然存在，社会主义取代资本主义的必然趋势并没有改变，因而马克思主义的政治经济学和科学社会主义也并不过时。再者，无论到了什么时候，马克思主义的人民立场都不能背离，实现人的自由全面发展和人类解放的最高价值目标也不能丢弃。因此，在当代实践中，马克思主义的根本指导地位没有也不应该发生改变，它依然是指引我们前进的灯塔。

从当代中国的情况看，虽然我们已经取得了重大成就，但仍面临着新的艰巨任务。我们党在建设中国特色社会主义的实践中提出了“两个一百年”的奋斗目标，党的十八大将“两个一百年”奋斗目标明确为：在中国共产党成立 100 年时全面建成小康社会；在新中国成立 100 年时建成社会主义现代化国家。如今，随着建党 100 周年的到来，第一个百年奋斗目标顺利实现，全面建成小康社会的历史任务按期完成。而在此基础上，我们又将按照党的十九大作出的战略部署，乘势而上开启全面建设社会主义现代化国家新征程，向第二个百年奋斗目标进军。实现这一新的目标，需要我们付出更大的努力；在新的发展阶段上，还会有更多复杂的问题摆在前面，同时也将面临更大的风险和挑战。对此，我们必须保持清醒的头脑，以更大的智慧和勇气坚定不移地向前推进党的事业。而要做到这一点，就必须继续坚持马克思主义的根本指导地位，将马克思主义的科学理论进一步运用于新的实践。正如习近平总书记所强调的：“我们要赢得优势、赢得主动、赢得未来，必须不断提高运用马克思主义分析和解决实际问题的能力，不断提高运用科学理论指导我们应对重大挑战、抵御重大风险、克服重大阻力、化解重大矛盾、解决重大问题的能力。”[①] 面对新的形势，党要始终坚持把马克思主义作为根本指导思想，作为全党团结前进的精神旗帜。

在继续坚持马克思主义根本指导地位的同时，我们还应以新的实践为基础，不断深化马克思主义理论的创新研究，促进马克思主义的丰富和发展。马克思主义不是僵死的教条，而是在实践基础上不断生长着的活的理论。当代实践中出现的新情况和新问题，为我们提供了宝贵的第一手材料，有待于我们从应有的理论高度进行深入分析和探讨，并对已有的理论作出反思，努力形成新的原创性成果。要把马克思主义基本理论的研究与马克思主义中国化重大成果的研究有机地结合起来，特别是要深入学习和研究习近平新时代中国特色社会主义思想，深刻理解和把握党的创新理论，并推动马克思主义中国化进一步取得新的成果。

习近平总书记指出：“马克思主义指引中国成功走上了全面建设社会主义现代化强国的康庄大道，中国共产党人作为马克思主义的忠诚信奉者、坚定实践者，正在为坚持和发展马克思主义而执着努力。”[②] 应当相信，随着我们党领导的中国特色社会主义事业进一步展开，马克思主义的真理力量和实践力量必将更加充分地显示出来，并在中国大地上书写出更加灿烂的篇章。

原载《党的文献》2021年第4期

---

① 习近平：《在纪念马克思诞辰200周年大会上的讲话》，人民出版社2018年版，第24—25页。

② 习近平：《在纪念马克思诞辰200周年大会上的讲话》，人民出版社2018年版，第15页。

战略视角中的中共百年奋斗历程

——中国共产党战略思维中的天时、地利、人和

张宏志*

伟大的中国共产党即将迎来建党 100 周年。经历了百年来的风霜雪雨、惊涛骇浪，中国共产党始终保持着旺盛的生命力，在不断开拓创新中带领中国人民战胜无数艰难险阻，取得了革命、建设、改革的伟大胜利，迎来了中华民族伟大复兴的曙光。

放眼世界历史，百年政党亦或有之，而历经时代更迭变迁保持长盛不衰之党，则举世罕见。许多人惊叹中国共产党永葆青春之谜。探索中国共产党长寿的奥秘，站在不同角度的人会得出不同的结论，而始终站在时代浪潮的前列，紧随历史前进的步伐，无疑是其中一项重要原因。要做到这一点，需要我们党始终保持清醒敏锐的战略思维，正确判断形势的变化，准确把握机遇和挑战，积极创新思想理论，灵活调整路线方针，努力在困境中迎来转机，不断从胜利走向胜利。中国共产党人坚持运用马克思主义的唯物辩证法，并将之与中华优秀传统文化相结合，成功做到了这一点。正如习近平总书记所说的，我们党站在了历史正确的一边，“时”与“势”在我们方面。

关于增强战略思维能力，习近平总书记在党史学习教育动员大会上对全党提出了明确要求，就是要树立大历史观，从历史长河、时代大潮、全球风云中分析演变机理、探究历史规律，提出因应的战

* 作者简介：张宏志，中共中央党史和文献研究院原院务委员、编审。

略策略，增强工作的系统性、预见性、创造性。这就需要我们党在把握历史规律的基础上，正确判断“时”与“势”，审“时”度“势”，不断调整路线方针政策，以掌握历史主动，顺应时代要求。

中国有几千年风云激荡的文明史，战略文化十分发达，特别是注重对“时”与“势”的把握，其中许多内容与马克思主义的辩证思维相融相通，可以用作创造性转化。孟子曾强调，“虽有智慧，不如乘势；虽有镃基，不如待时”，指出了把握“时”与“势”的重要性，并从天时、地利、人和三个层面论及了对“时”和“势”的判断和运用，提出了“天时不如地利，地利不如人和”的思想，成为中国传统战略文化的宝贵财富，千百年来深入人心。毛泽东同志据此发挥了其中“得道多助”“失道寡助”的思想。而事实上在中国共产党近百年的奋斗史中，许多战略决策都不可避免地带有这一战略文化的基因。

所谓天时，排除传统文化之中的天命观，可以理解为形势与时机，深层次解释可指社会发展的客观规律，即历史发展的大趋势。顺应天时就是运用规律、把握大势，紧跟时代变迁，认清形势发展，作出正确决策，抓住历史机遇。所谓地利，不仅是指地理特点和地缘战略因素，而且可以拓展理解为对一切客观条件的掌握和运用。掌握地利就要坚持实事求是，一切从实际出发，充分利用一切可以利用的条件。所谓人和，不仅是指革命队伍内部的团结，更是指要代表最广大人民的根本利益。实现人和就要坚定站在人民大众的立场上，坚持党的群众路线，努力改善人民生活，建立起广泛的统一战线，团结最大多数人共同奋斗。如果说历史是由人民创造的，历史发展趋势反映的是人类社会的进步潮流，那么，天时与人和本质上是统一的，天时体现了人民的长远利益、总体利益、根本利益，人和则要兼顾群众当前的现实利益、具体利益、切身利益。所以，毛泽东同志讲必须给人民以看得见的物质利益，邓小平同志讲贫穷不是社会主义，江泽民同志讲最大多数人的利益是最具决定性的因素，胡锦涛同志讲群众利益无小事，习近平总书记讲人民对美好生活的向往就是我们的奋斗目标。这些都是要说明远大理想必须与人民群众当前的利益相结合，任何空谈天下大势而忽视人民群众当下疾苦的目标，都是不可能实现的。共产党人必须坚持尊重社会发展规律与尊重人民主体地位的一致性，坚持为崇高理想奋斗与为最广大人民谋利益的一致性。这也恰与“天时不如地利，地利不如人和”的道理相互贯通。

回顾中国共产党的百年奋斗历程，从某种意义上讲就是围绕着掌握天时、地利、人和来谋篇布局，争取胜利。虽然我们党理论上未曾使用过这样的表述，但在实践中确有这样的印记，我们可以借用这一中国传统的战略视角来检视中国共产党百年奋斗历程中的战略思维。

（一）100 年前，在民族灾难最为深重的时刻，在亿万人民苦苦探寻解放道路的求索之中，一部分中国的先进分子把世界上最科学、最先进的思想——马克思主义引进中国，作为诸路皆走不通后的选择，建立了中国共产党。中国共产党的成立，顺天应人，本身就是时代要求和人民愿望的产物。

中国共产党建立之初，年轻的中国共产党人在共产国际的帮助下正确判定了中国社会的性质和当时的革命任务，但对于如何从中国的国情出发，寻找到一条符合中国实际的革命道路，尚在探索之中。可以说，当时的中国具有了革命的形势，但还不知道如何运用当时的客观条件，组织起一支强大的革命队伍，是有了天时而尚缺地利与人和。毛泽东同志通过对中国社会的深刻考察，写出了《中国社会各阶级的分析》和《湖南农民运动考察报告》，明确了中国革命的领导力量、依靠力量和革命对象，特别是发现农民运动的力量势如暴风骤雨，迅猛异常，无论什么大的力量都将压抑不住，进而逐步认识到农民是中国革命必须依靠的主要力量，初步回答了人和的问题。

1927 年大革命失败后，中国共产党人开始独立探索革命道路，从而对中国革命中的天时、地利、人和有了更清晰的认识。首要的问题是如何判断当时的革命形势，“左”倾冒险主义者不承认革命陷入低潮，不顾客观条件地强调进攻；右倾的“取消派”则认为中国的资产阶级民主革命已经完成，需要等待将来中国的资本主义充分发展之后再进行社会主义革命。前者高估了革命形势，盲目冒进，主张在反动统治的中心举行城市工人武装暴动，迅速夺取政权；后者则错判了中国当时的社会性质，否定了革命形势的存在，事实上取消了革命斗争。两者都忽略了中国的基本国情，尤其是中国农村存在的巨大革命力量。这些错误观点表明，由于在革命形势的判断上发生了根本性的失误，在革命道路、革命立脚点、革命主力军以及团结对象等问题的认识上也发生了重大失误，属于既失天时，又失地利，更失人和。以毛泽东同志为代表的中国共产党人则坚持对中国社会半殖民地半封建性质的判断，坚持反帝反封建的历史任务，探索出一条在革命处于低潮时期，深入反动统治薄弱的农村地区特别是数省交汇的边界地区，发动占中国人口绝大多数的农民，开展土地革命，进行武装斗争，建立农村根据地，实行农村包围城市的革命道路。这条道路正确把握了当时的革命形势，解决了中国革命的立脚点和主力军问题，顺天时，得地利，聚人和，实现了三者的完美结合和有机统一，为中国新民主主义革命的胜利打开了通途。

（二）由于王明“左”倾教条主义的错误领导，中央红军第五次反“围剿”失利，被迫实行战略转移，开始了万里长征。中国革命再一次到了生死存亡的关键时刻，正确把握天时、地利、人和成为更加紧迫的问题。此时，日本帝国主义已经侵占了中国东北，正在加紧蚕食华北地区，全面侵华已成不可逆转之势，中日民族矛盾上升为中国社会的主要矛盾，中国人民救亡图存热潮不断高涨。中华苏维埃共和国临时中央政府也早已发表了对日作战宣言。抗日救国可以说是当时最大的天时，也是最大的人和。在这一历史背景下，红军长征高举北上抗日的旗帜，是顺天应人之举，是化军事退却为政治进攻、扭转战略被动局面的关键一着。打出北上抗日的旗帜，绝不仅仅是宣传口号，更不是掩饰退却的烟幕，而是有深远的战略考虑，更是对内凝聚军心、对外发动群众的强大政治武器。没有这样一面旗帜，红军长征必然演变成一场溃败，而有了这面旗帜，长征就真正像毛泽东同志所说的那样，成为了“宣言书”“宣传队”和“播种机”。

由于日本帝国主义侵略矛头的指向，中国北方日益成为中外各种矛盾的聚焦点，也必然会发展为未来中国革命高潮的策源地和对日作战前哨阵地，并将因此而演变成为中国政治、军事的中心舞台。作为一个领导革命的政党，只有占有这样的舞台，才是真正据有地利，才能领导群众斗争，才可掌握战略主动，才有机会大有作为。虽然长征的具体目的地在途中随着形势变化而不断调整，但迎着中国革命未来高潮兴起的方向前进，始终是党中央坚定不移的目标。这也就是为什么说党中央北上路线正确，而张国焘南下路线错误的根本原因。当时坚持北上，虽有靠近苏联边界，取得国际援助的考虑，但中苏边界地区广漠荒凉、人烟稀少，不确定因素很多，北上主要还是希望获得更大的政治、军事回旋余地。首要的考虑是选择有利位置建立根据地，在有了巩固根据地的基础上再谋联通苏联。而南下川康边界，深入少数民族聚居区，政治上缺乏号召力，也没有坚实的群众基础；军事上陷入人口稀少的高原丛山之中，缺少军队发展壮大的足够空间，天时、地利、人和俱失，必将陷全军于绝地。即使避免了重大军事失利，也将使红军困居于偏远地区，远离中国政治中心，成为一支边缘化的政治、军事力量。当毛泽东和党中央决心率中央红军单独北上时，尚不知道陕北还有硕果仅存的一块革命根据地，但仍然决定以数千之众孤军北进，就是预见到北上才有机遇、北上才是活路。这里既有超人的革命勇气，更有非凡的政治判断力和历史主动性。红军北上顺天时、得人和，而在一旦得知陕北尚存有苏区之时就立即改变了在接近苏联的地方建立根据地的设想，决定把长征落脚点放在陕北，这就又补齐了地利，从而开创了中国革命的新局面。如果中共中央不断然北上，就无法与《八一宣言》相配合，掀起以一二九运动为起点的全国的抗日热潮；就不可能实现与东北军、西北军的联合，促成后来的西安事变，建立全国抗日民族统一战线；更不可能有后来的背靠陕北，东渡黄河，建立广大的抗日根据地，中国革命的命运将不堪设想。历史的关节点往往就在这样一个决策之中。而这一正确决策，正是建立在对中国历史发展趋势的准确判断和对人民群众历史推动作用的深刻领悟之上的。

张国焘南下错误路线产生的主要原因是迷惑于眼前的困难而丧失了对历史发展趋势的正确判断。正如中共中央1937年在就张国焘的错误所作的决定中指出的：张国焘对敌人力量估计过高，对于自己力量估计不足，对全国人民抗日的民族运动表示不信任，因而丧失了红军在抗日前线的西北部战胜敌人创造新苏区，使苏维埃红军成为抗日民族革命战争的领导中心的自信心。这里强调的正是战略思维上的错误。毛泽东同志对此特别指出，张国焘错误的哲学根源主要是机械论和经验论。

（三）全国抗战爆发之后，中国共产党成为了全民族抗战的中流砥柱，自身力量得到了极大发展，同时也陷入到敌我友矛盾相互交织的空前复杂的政治、军事斗争局面之中。中国共产党的战略思维在这一时期得到了极大的丰富和发展。毛泽东同志在这期间所写的《论持久战》一文，从时代、国力、民心等多方面，全面分析了中日两国在天时、地利、人和上的盛衰长消和优劣转换，得出中国必胜的结论，提出兵民是胜利之本的思想，为中国夺取抗战胜利指明了方向，成为中国共产党战略思维的经典之作。特别是这一时期，中国共产党在应对抗日阵营内部的矛盾斗争中，不断锤炼自身的战略思维能力和斗争艺术，作为一个革命政党在政治上日益走向成熟。

全民族抗战时期，抗日是民族大义，是最大的民心和大局。中国共产党高举坚持抗战、反对投降，坚持团结、反对分裂，坚持进步、反对倒退的旗帜，始终在抗日民族统一战线中发挥着引领作用，牢牢把握住了天时。同时，抓住国民党军丧师失地、一溃千里的有利时机，挺进敌后开展游击战争，把敌后变为前线，在日伪势力薄弱地区开辟抗日根据地，打开了发展空间，特别是着力经营华北战略屋脊山西，在晋东北、晋东南、晋西北建立起坚强的根据地，进可俯瞰华北平原，退可屏障陕甘宁边区，从而成功占据了地利。更为重要的是，中国共产党实行一条依靠人民大众的全国抗战路线，把民族革命与民主革命有机结合起来，在解放区实行减租减息、合理负担，减轻人民所承受的封建剥削，改善了人民生活；建立了“三三制”的抗日民主政权，使人民初次尝到了当家作主的滋味，有了自己起来抗日并在抗战中改变自身命运的权利和能力。这就极大地调动了广大人民的抗日积极性，使人民不仅看到了抗战胜利的希望，而且看到了未来新社会、新生活的曙光，从而广泛凝聚了人和。正是因为坚定地依靠人民，真正把人和放在了首位，共产党领导的抗日武装在敌后越抗越大、越战越强，并以人民群众为“靠山”，摆脱了对山区的依赖，在地广人众的平原地区建立起巩固的根据地，不断扩大解放区、压缩敌占区，逐步改变敌我力量对比，把游击战争开创性地发展到了战略的规模。这种以人民为“山”的“人山”思想及其战争实践，证明了充分发挥人民群众的力量和创造性，可以在很大程度上弥补条件和环境的不足，深刻揭示了兵民是胜利之本的真理，生动地告诉了我们什么是“天时不如地利，地利不如人和”。

反观抗战中的国民党政权，虽然也坚持了对日作战，可以说是顺应了天时，利用中国广阔领土，以空间换取时间，也算是掌握了地利，只因实行单纯防御的战略，未能充分发挥地利作用，但在最重要的争取人和方面，则完全陷于失败。由于奉行了一条排斥人民大众的片面抗战路线，对人民政治上独裁专制，防民甚于防敌；经济上单纯索取，罔顾民生、竭泽而渔；加之军事上消极抗战，作战不力，国民党政权越来越失去民心。尤其是留在敌后的国民党军队，失去了大后方支援，抗敌不足、扰民有余，甚至为了苟延残喘不惜勾结日寇，制造磨擦，为敌张目，因而不但不能发展壮大，反而最终不是逃跑就是投敌。抗日战争期间国共两党的鲜明对比，事实上已经决定了中国日后命运的走向。

（四）抗日战争胜利之后，中国人民反帝反封建的新民主主义革命进入到最后关头，新旧中国迎来命运的决战。能否把握住战略机遇，赢得胜利，赢得未来，是对中国共产党战略思维能力的又一场考验。当时，经过反法西斯战争的洗礼，争取民族独立、人民解放已经成为世界潮流。对于经历了长期战乱和压迫的中国人民，和平和民主更是成为万众所期、人心所向。只有坚持和平、坚持民主才能顺应时代潮流，赢得人民拥护。正因为如此，毛泽东同志不顾个人安危，毅然赴重庆谈判，在捍卫人民根本利益特别是解放区人民已有民主权利的基础上，不惜在联合政府组成、军队整编数量、解放区的范围等问题上作出极大让步，展现了中国共产党人争取国内和平和实现民主政治的真诚和决心，赢得了全国人民包括各民主党派的热烈拥护，既顺天时，又合民意，占据了政治上的制高点。同时，为应对国民党的内战政策，我们党在军事上也作了积极准备，特别是充分运用了解放区空间和位置的地利，在战略上实行向南防御、向北发展的方针，放弃南方孤立、分散的小块根据地，收拢力量、把握先机、争取东北，抢占有利战略位置，经营可靠战略后方，确保立于不败之地；在战术上不争一城一地的得失，集中优势兵力，利用巩固的老解放区，诱敌深入，在运动中分割歼灭敌人有生力量，逐步扭转敌强我弱的局面。正是由于充分利用了一切有利条件，人民解放军不但粉碎了国民党军的进攻，而且抓住敌人的薄弱环节实施战略反攻，夺得战争主动权，最后断然进行战略决战，彻底夺取了战争胜利。与军事准备相比较，更具决定性作用的是我们党深入开展土地改革运动，充分发动了广大人民群众，为革命战争提供了无穷无尽的后备力量，战场上呈现出解放军在解放区人民支前大军的数百万辆小推车伴随下，一路高歌猛进的壮观景象。与此同时，我们党团结一切可以团结的力量，在国统区建立起反内战、反饥饿的人民革命第二条战线。全中国人民以打倒蒋介石、解放全中国为共同目标，形成了空前的大联合。至此，天时、地利、人和齐聚，为新中国的建立准备了充分的条件。而这一时期的国民党政权，不仅政治上倒行逆施，坚持独裁，发动内战，经济上不择手段，滥发纸币，横征暴敛，脱离了中国最大多数的人民，成为了真正的孤家寡人、人民公敌；在军事战略上也是毫无章法，拘泥于一城一地的得失，进攻时不分主次、分兵冒进，防御时不别轻重、处处固守，决战时不知进退、被动应战，最终一败涂地，可以说是天时、地利、人和全盘皆失，灭亡已经不可避免。国共双方在战略思维、战略决断、战略把控能力上形成了鲜明的对比。国民党政权战略上失败的根本原因在于其反人民的政治本质。

（五）新中国成立不久，一场国际战争不期而遇。抗美援朝成为了新中国的立国之战。这一仗能不能打，能不能打得赢，会不会引火烧身，成为关系到新生人民政权能不能巩固，新建立的人民共和国能不能站稳，刚获得解放的中国人民能不能屹立于世界民族之林的命运攸关之事。如果仅从参战的利益来看，参战对于国家安全、政权稳定、中国的国际地位乃至社会主义阵营的巩固，无疑是有利的。但问题的关键是，参战会不会引发全面战争；中国以刚刚摆脱长期国内战争的贫弱之躯投入国外战争，能不能得到人民的支持，能不能打赢世界上最强大的帝国主义国家——美国。这就需要从战略上进行冷静权衡。毛泽东和中共中央从国力军力、民心士气、国际援助、战场环境各个方面分析中美两国的优劣长短，对战争发展进行研判，最终作出了抗美援朝的重大决策。虽然这一决策的思考酝酿极其艰难复杂，但归纳起来仍可从天时、地利、人和三个方面把握其基本思路。

从天时方面来看，第二次世界大战后，全世界人民包括美国人民在内，对于刚结束不久的大战创巨痛深，强烈反对新的世界战争。早在“二战”结束不久的 1946 年，毛泽东和中共中央就判断，美帝国主义在未经过充分准备，特别是未抢占美苏之间的广大中间地带之前，是不可能发动新的世界大战的，中间地带的人民革命和民族解放运动是制止大战爆发的重要力量。到朝鲜战争爆发之时，美军战线过长，从西欧一直延伸到东亚，而战略重点放在西欧，在东亚的军事投入必将受限。因此，只要我方应对得当，就有可能把战争限制在一定范围之内。从地利方面来看，朝鲜地形狭窄、境内多山，不利于美军机械化大兵团作战，有利于我军发挥在长期革命战争中锤锻出的近战优势；战场背靠我国当时工业最发达的东北地区，且接近苏联，交通运输相对方便，有利于我军后勤保障和获得国际支援。因此，出境作战、御敌于国门之外，比在鸭绿江千里边防被动应付、处处设防更为积极主动。如果新中国要站稳脚跟，必须与美国有一番较量，则在朝鲜交锋显然是比在台湾海峡等其他地方更可取的选择。从最关键的人和方面来看，经过多年战乱之后，中国人民当然热烈祈盼和平建设，但历经百年屈辱后压抑已久的民心，对国家主权、安全和尊严更是高度敏感。美帝国主义在武装干涉朝鲜内战的同时入侵中国领土台湾，阻挠中国统一，激起了中国人民的强烈愤怒，已经站起来的中国人民决不能容忍国家主权再遭侵犯，举国同仇敌忾，民心可恃；中国人民解放军经过 20 多年对内对外战争的淬炼，坚韧不拔，作为胜利之师，更是士气正盛，民心士气均可一战。正是基于这些方面的因素，中共中央有信心赢得战争的胜利，并在决意参战之时，提出了抗美援朝、保家卫国的口号，把国际主义与爱国主义有机结合起来，为争取战争胜利奠定了政治基础。同时，决定采用志愿军的名义入朝参战，避免了与美国正式进入战争状态，确保了战争的有限性。抗美援朝战争的结果表明，中国实现了参战的预定目标。70 年后再看抗美援朝决策，体现了对天时、地利、人和的正确认识和全面掌握，是战略决断与策略运用的成功结合。

（六）进入社会主义建设时期直到改革开放之前，中国共产党从总体上说把握住了世界人民争取民族独立和解放的时代潮流，把握住了中国人民实现民族复兴、国家富强、社会公正、人民幸福的历史追求，在中国建立和巩固了社会主义基本制度，建立了完整的工业体系，取得了包括“两弹一星”在内的科技成就，巩固了国防，捍卫了国家独立、主权和尊严，团结广大发展中国家，打破西方帝国主义的孤立和封锁，使新中国真正站稳了脚跟。但在取得重大成就的同时，也出现了一些失误。在对形势的判断方面，对内一度错判了社会主要矛盾，导致了阶级斗争扩大化，犯了“左”的错误；对外一度高估了爆发大规模战争的危险，影响了经济发展和人民生活改善。在对经济规律和国情条件的认识和运用方面，由于对社会主义建设的长期性和面临的困难估计不足，经济制度片面求纯，管理体制过于求统，建设目标急于求成，导致了发展失衡、欲速不达。这些方面的失误，挫伤了人民群众的积极性，在一定程度上降低了党在人民群众中的凝聚力。这里需要指出的是，即使在出现失误的时期，我们党在对天时、地利的运用上也有非常成功的亮点。一是准确把握美苏争霸的形势，顺势而为，打破了中美关系的僵局，改善了中国的国际环境，为后来的对外开放打开了突破口。二是实施三线建设，拓展了中国的战略纵深,开阔了未来发展空间。此举虽是出于战备考虑，但从长远战略来看，对于调整中国工业布局和经济发展格局发挥了重要作用，为促进西部内陆地区经济发展、缩小地区差距准备了条件。可以说这一时期，我们党在掌握天时、地利、人和方面有得有失，总体上得大于失。

（七）中共十一届三中全会恢复了党的实事求是的思想路线。以邓小平同志为代表的中国共产党人全面总结国际国内正反两方面的历史经验，客观分析国内外形势，先后得出阶级斗争已经不是国内社会主要矛盾、我国处于社会主义初级阶段、和平与发展已经成为当今世界主题等重大结论，作出了工作重心转移和实行改革开放的战略决策，开创了中国特色社会主义道路。以江泽民同志、胡锦涛同志为代表的共产党人，随着社会主义现代化建设实践的发展,继续深化了这条道路。这一时期，我们党正确解决了社会主义与市场经济的关系，积极顺应经济全球化的历史大趋势，勇敢迎接以信息技术为代表的新一轮产业革命，紧紧跟上了时代发展的潮流；我们党正确判断了苏东剧变后的世界发展趋势，不走封闭保守的老路，不走改旗易帜的邪路，坚持走社会主义改革开放的新路，成功应对了世界格局巨变的冲击。这一时期，我们党充分利用沿海地区的有利条件，率先实行对外开放，实施沿海发展战略，发展外向型经济；在东部沿海地区逐步发展起来之后，支持西部地区建设，实施西部大开发战略，进而实现了东中西部地区接续发展、沿海内陆协作发展、区域经济协调发展，成功运用了中国不同地区的区位优势和自然条件。这一时期，我们党以实行农村家庭联产承包责任制为突破口，积极鼓励一部分地区、一部分人先富起来，实行以公有制为主体多种所有制共同发展的基本经济制度，实施按劳分配为主体多种分配方式并存的基本分配制度，让一切劳动、知识、技术、管理和资本的活力竞相迸发。

除经济领域外，我国这一时期在政治、文化、社会和生态文明建设各方面也取得了明显的成就，不断满足中国人民追求幸福生活和公平正义的需要，维护和发展了人民群众各方面的权益。这些努力和成就充分调动了国内外一切积极因素，释放了中国人民巨大的创造力。可以说改革开放以来，中国共产党继中国革命道路的探索之后，在中国社会主义建设道路的探索上再一次实现了天时、地利、人和的完美结合和有机统一，使中国的面貌短时间内发生了天翻地覆的变化，也使苏东剧变后陷入低谷的社会主义事业重新走向了辉煌。

（八）中共十八大以来，中国进入了新的历史阶段。中国社会的主要矛盾发生了变化，由人民日益增长的物质文化需要同落后的社会生产之间的矛盾，转化为人民日益增长的美好生活需要和不平衡不充分的发展之间的矛盾。中国已经从站起来、富起来的阶段迈向了强起来的阶段，前所未有地接近了中华民族伟大复兴的目标。以中国为代表的发展中国家群体的崛起，推动世界进入了百年未有之大变局。在内外因素的交互影响下，形势变化不断加快，特别是在新冠肺炎疫情刺激下，形势发展有了进一步加速的趋势。如何准确判断形势，统筹中华民族伟大复兴战略全局和世界百年未有之大变局，成为新一代中国共产党领导集体面临的重大课题。正是以习近平同志为核心的党中央，敏锐发现了国际国内形势发生的重大变化，对新历史条件下的机遇和挑战作出了科学的判断，得出了中国特色社会主义进入新时代的结论，并提出了一整套相应的战略指导方针。特别是针对国际环境的新变化，党中央明确指出，和平与发展的时代潮流没有变，世界多极化、经济全球化的历史大趋势没有变，我国仍处于重要战略机遇期，“时”和“势”在我们一方；同时指出，国际环境日趋复杂，不稳定性不确定性明显增加，经济全球化遭遇逆流，世界进入动荡变革期，单边主义、保护主义、霸权主义对世界和平与发展构成威胁，我们要增强机遇意识和风险意识，保持战略定力，坚定地站在历史正确的一边，努力做好自己的事情，把握发展规律，准确识变、科学应变、主动求变，在危机中育先机，于变局中开新局。立足于对形势变化作出的判断，党中央坚持稳中求进的工作总基调，先后提出统筹推进“五位一体”总体布局、协调推进“四个全面”战略布局的一系列重要举措，确保了国家在风云变幻的国际环境中稳步前进。尤其是在新冠肺炎疫情发生之后，及时提出了构建以国内大循环为主体、国内国际双循环相互促进的新发展格局，为育先机、开新局指明了方向。习近平总书记和党中央对于形势的精准判断和全盘掌控，可以说是中国共产党正确把握天时的又一成功范例。

除了应对形势变化，及时调整发展思路，习近平总书记和党中央还充分发挥我国改革开放几十年来积累的发展优势，打造新的经济增长极和发展制高点，先后提出了京津冀协同发展、长江经济带、长三角一体化、粤港澳大湾区、海南自贸港等一系列地区发展战略，把中国经济社会发展的地利因素发挥到一个新的高度。特别是习近平总书记利用中国位居东亚中心的地理特点，提出“一带一路”建设构想，把经济因素与地理因素、现实需求与历史文化有机结合起来，政经互动，内外连通，东西呼应，海陆并重，以打造一条横贯欧亚大陆，延伸到非洲、拉美的经济、社会、人文交流纽带，把霸权主义者围堵中国的堡垒、岛链扭转为各国人民交流互鉴、共商共建共享繁荣未来的路径和桥梁。这一构想顺应时代发展潮流，发挥地理区位优势，兼顾各国人民利益，实现了地利与天时、人和内在的统一与融合，超越了西方历史上的任何地缘战略思想，是马克思主义战略思维与中华优秀战略文化相结合得出的丰硕成果。

任何战略的成功实施，都必须得到人民的广泛支持。面对日趋复杂多变的国际环境和新的历史条件下艰巨繁重的改革发展任务，凝聚人心的重要意义更加突出出来。我们前所未有地接近民族复兴的伟大目标，也将面临前所未见的新的风险和挑战，必须实现全体中国人民精神上、意志上的高度统一。党的十八大之后，习近平总书记明确提出了实现中华民族伟大复兴的中国梦，成为新时代凝聚全体中国人民和海内外中华儿女共同奋斗的时代号角。习近平总书记和党中央提出以人民为中心的发展思想和新发展理念，坚定不移地推进并胜利完成了全面建成小康社会的历史任务，在中国大地上首次消灭了存在数千年的绝对贫困，特别是秉持人民至上、生命至上的理念，在西方世界陷入一片混乱之际率先成功控制新冠肺炎疫情，把广大人民群众紧紧团结在中国共产党周围，实现了最大限度的人和，成为我们战胜一切内外挑战的根本保障。这也是我们坚信民族复兴伟大目标一定能够实现的底气所在。

中国共产党的百年历史证明，只要我们党真正掌握了不同历史条件下的天时、地利、人和，就一定能够战胜一切困难和挑战，始终保持应“时”得“势”，不断夺取新的胜利。然而，后人在总结历史经验时评价前人得失容易，而当事人在当时的复杂环境中随时把握前进的方向十分困难。如何确保决策的正确性，是对马克思主义政党战略思维能力的重大考验。中国共产党作为以马克思主义科学理论为指导的革命政党，从本质上说是掌握历史发展规律、代表人民根本利益的，但这并不能保证我们每时每刻都能自动作出正确的决策。实践要求我们党坚持运用马克思主义的立场、观点、方法，从当时当地的客观实际出发，以问题为导向，就具体问题进行具体分析。这就需要共产党人坚持人民立场，坚持实事求是，坚持战略思维、历史思维、辩证思维、系统思维、创新思维、底线思维，在纷乱的诸多因素中，去伪存真、去粗取精，找出关键环节，抓住主要矛盾，掌握此时此地的天时、地利、人和。其中首要的就是坚持人民立场。正如中国古典文献《尚书》所言：“天视自我民视，天听自我民听。”天时最终取决于人心向背，一时的形势顺逆最终还是不敌人和。习近平总书记和党中央在2020年中央经济工作会议上强调，人民至上是作出正确抉择的根本前提。因此，我们党要想在复杂情况下正确判断形势，作出符合天时、地利、人和要求的决策，首先要从人民的利益出发寻找到切入点。这样，才能不为浮云遮眼，不为乱花迷目，永远保持敏锐的战略思维能力；才能始终立于时代潮头，永远站在历史正确的一边。

世界正面临百年未有之大变局，中华民族伟大复兴也将迎来胜利前夜的决战阶段,形势要求我们党更加重视战略思维,更加珍惜历史经验。习近平总书记在2020年中央政治局民主生活会上指出，中国共产党从建党的开天辟地，到新中国成立的改天换地，到改革开放的翻天覆地，再到党的十八大以来党和国家事业取得历史性成就、发生历史性变革，根本原因就在于我们党始终坚守了为中国人民谋幸福、为中华民族谋复兴的初心和使命。这就从根源上阐明了中国共产党长盛不衰的奥秘，也揭示了中国共产党总是能够在关键时刻作出正确抉择，牢牢掌握天时、地利、人和的背后原因。这是历史给予未来的启示。

原载《中共党史研究》2021年第2期

中华民族伟大复兴的理论源泉和思想武器

——深刻感悟『马克思主义行』的奥秘

魏海生*

习近平总书记在庆祝中国共产党成立 100 周年大会上的讲话中指出："中国共产党为什么能，中国特色社会主义为什么好，归根到底是因为马克思主义行！"① 这一重要论断是对我们党百年奋斗历程和历史经验的科学总结，深刻阐明了马克思主义的强大真理力量，明确宣示了中国共产党人对马克思主义的坚定信念。我们要以习近平总书记"七一"重要讲话为指导，深刻感悟"马克思主义行"的奥秘所在，在全面建设社会主义现代化国家新征程上始终坚持和发展马克思主义。

一

马克思主义"行"就行在深刻揭示了人类社会发展规律，指明了资本主义必然灭亡、社会主义必然胜利的人间正道，具有鲜明的科学性。马克思主义是人类历史上的伟大创造，是一个科学完备的理论体系，处处体现着辩证唯物主义和历史唯物主义的科学世界观和方法论，为人类指明了从必然王国向自由王国飞跃的途径，为人民指明了实现自由和解放的道路。在中华民族积贫积弱、任人宰割的时

* 作者简介：魏海生，中共中央党史和文献研究院原副院长、研究馆员。

① 习近平：《在庆祝中国共产党成立100周年大会上的讲话》，人民出版社2021年版，第13页。

期，为了改变内忧外患的悲惨境遇和命运，许许多多爱国先驱前赴后继，不懈探索，但都没能解决中国的道路和命运问题。“十月革命一声炮响，给我们送来了马克思列宁主义”[①]，唤起了苦苦探索救亡图存之路的中国人民的觉醒，找到了前进方向。一百年来，在马克思主义的指引下，中国共产党团结带领中国人民取得了革命、建设、改革的伟大胜利，中华民族迎来了从站起来、富起来到强起来的伟大飞跃，实现中华民族伟大复兴进入了不可逆转的历史进程。正如习近平指出的，马克思主义“使中国这个古老的东方大国创造了人类历史上前所未有的发展奇迹”[②]。这一切充分证明，马克思主义是科学的理论，是实现中华民族伟大复兴的理论源泉和思想武器。

马克思主义“行”就行在坚持以人民为中心的价值原则和政治底色，始终代表最广大人民根本利益，具有鲜明的人民性。马克思主义强调历史活动是群众的活动，人民是历史的创造者。强调“过去的一切运动都是少数人的，或者为少数人谋利益的运动。无产阶级的运动是绝大多数人的，为绝大多数人谋利益的独立的运动”[③]。因此，“人民”始终是马克思主义的政治底色，以人民为中心始终是马克思主义的本质要求，人民立场始终是马克思主义的根本立场，为人类求解放、为人民谋幸福始终是马克思主义者毕生的追求。以马克思主义武装起来的中国共产党自成立之日起，就把人民对美好生活的向往作为自己的奋斗目标，把为人民谋幸福作为自己的初心使命，把全心全意为人民服务作为自己的根本宗旨，在百年征途中，始终与人民心连心、同呼吸、共命运。正如习近平所讲的那样，“中国共产党根基在人民、血脉在人民、力量在人民。中国共产党始终代表最广大人民根本利益，与人民休戚与共、生死相依，

① 毛泽东：《论人民民主专政》（1949年6月30日），《毛泽东选集》第4卷，人民出版社1991年版，第1471页。

② 习近平：《在纪念马克思诞辰200周年大会上的讲话》，人民出版社2018年版，第14页。

③ 马克思、恩格斯：《共产党宣言》，《马克思恩格斯文集》第2卷，人民出版社2009年版，第42页。

没有任何自己特殊的利益，从来不代表任何利益集团、任何权势团体、任何特权阶层的利益”[①]。2020年，一家国际知名公关公司发布信任度调查显示，中国民众对本国政府信任度达95%，在受访国家中高居第一。这一切充分证明，“江山就是人民、人民就是江山”，只要始终坚持以人民为中心，马克思主义就将永远“行”。

马克思主义“行”就行在始终坚持以问题为导向、理论联系实际，在改变世界的实践中不断丰富和发展，具有鲜明的实践性。马克思指出，“全部社会生活在本质上是实践的”[②]，“哲学家们只是用不同的方式解释世界，而问题在于改变世界”[③]。毛泽东说：“马克思列宁主义并没有结束真理，而是在实践中不断地开辟认识真理的道路。”[④]实践是理论之源。马克思主义不是书斋里的学问，它具有鲜明的实践品格和问题意识，致力于积极“改变世界”，是人民实践的产物。一百年来，中国共产党将马克思主义博大精深的科学理论与波澜壮阔的中国革命、建设、改革实践相结合，不断深化对共产党执政规律、社会主义建设规律、人类社会发展规律的认识，极大地丰富和发展了马克思主义，产生了毛泽东思想、邓小平理论、“三个代表”重要思想、科学发展观、习近平新时代中国特色社会主义思想等一系列中国化的马克思主义理论成果，指引中国人民接续奋斗，成功走上了中华民族伟大复兴的康庄大道。这一切充分证明，马克思主义是实践的理论，只有在鲜活丰富的实践中才能不断发展，才能永葆旺盛生命力。

马克思主义“行”就行在与时俱进、不断创新，具有鲜明的时代性。

---

① 习近平：《在庆祝中国共产党成立100周年大会上的讲话》，人民出版社2021年版，第11页。

② 马克思：《关于费尔巴哈的提纲》，《马克思恩格斯选集》第1卷，人民出版社1995年版，第56页。

③ 马克思：《关于费尔巴哈的提纲》，《马克思恩格斯选集》第1卷，人民出版社1995年版，第61页。

④ 毛泽东：《实践论》（1937年8月），《毛泽东选集》第1卷，人民出版社1991年版，第296页。

时代是思想之母。理论的生命力在于不断创新。顺应时代潮流，紧扣时代主题，体现时代精神，回应时代挑战，始终与时代发展同步伐，与人类文明共进步，是马克思主义能够永葆其美妙之青春的奥秘所在。恩格斯指出，马克思主义理论“是一种历史的产物，它在不同的时代具有完全不同的形式，同时具有完全不同的内容”[①]，“马克思的整个世界观不是教义，而是方法。它提供的不是现成的教条，而是进一步研究的出发点和供这种研究使用的方法”[②]。毛泽东也曾指出，“我们历史上的马克思主义有很多种，有香的马克思主义，有臭的马克思主义，有活的马克思主义，有死的马克思主义”[③]，“我们所要的是香的马克思主义，不是臭的马克思主义；是活的马克思主义，不是死的马克思主义”[④]。在百年历程中，中国共产党人始终将马克思主义基本原理同中国所处的历史时代相结合，不断推进马克思主义时代化，形成了具有鲜明时代特征的“活的马克思主义”。习近平新时代中国特色社会主义思想是顺应时代发展创立的当代中国马克思主义、21世纪马克思主义，是新时代最鲜活的马克思主义。党的十八大以来，党和国家事业取得历史性成就、发生历史性变革，推动中国特色社会主义进入新时代，根本在于以习近平同志为核心的党中央坚强领导，在于习近平新时代中国特色社会主义思想科学指引。这一切充分证明，坚持既一脉相承、又与时俱进，不断推进理论创新、理论创造，是马克思主义鲜明的理论品质和活的灵魂，是中国共产党不断从胜利走向新的胜利的重要法宝。

马克思主义“行”就行在广采博纳、包容互鉴，善于吸收借鉴人类社会创造的一切优秀文明成果，具有鲜明的开放性。习近平指出，

---

① 恩格斯：《自然辩证法》，《马克思恩格斯选集》第4卷，人民出版社1995年版，第284页。

② 恩格斯：《恩格斯致韦尔纳·桑巴特》（1895年3月11日），《马克思恩格斯文集》第10卷，人民出版社2009年版，第691页。

③ 毛泽东：《在中国共产党第七次全国代表大会上的口头政治报告》（1945年4月24日），《毛泽东文集》第3卷，人民出版社1996年版，第331—332页。

④ 毛泽东：《在中国共产党第七次全国代表大会上的口头政治报告》（1945年4月24日），《毛泽东文集》第3卷，人民出版社1996年版，第332页。

一部马克思主义发展史，“是不断吸收人类历史上一切优秀思想文化成果丰富自己的历史”[①]。马克思主义之所以具有巨大的真理力量和强大生命力，就在于马克思主义是一个开放的不断丰富和发展的理论体系，善于以宽广视野和胸怀吸收人类创造的一切优秀文明成果；自我封闭僵化、隔膜排斥其他文明成果是与马克思主义格格不入的。中华民族具有 5000 多年连绵不断的文明历史，创造了博大精深的中华文化，为人类文明进步作出了不可磨灭的贡献。一百年来，生于斯、长于斯的中国共产党人努力将马克思主义深深植根于中国优秀传统文化沃土之中，发芽、开花、结果，实现了马克思主义基本原理同中华优秀传统文化的紧密结合，为推进马克思主义中国化奠定了深远厚重的文化基础。同时，中国共产党人科学对待世界各国文化，积极用人类创造的一切优秀思想文化成果滋养和丰富当代中国马克思主义、21 世纪马克思主义，开辟了马克思主义新境界，领航中国特色社会主义巨轮破浪前行、行稳致远，同时为解决人类问题贡献了中国智慧、提供了中国方案。这一切充分证明，马克思主义是开放的理论，只有海纳百川、包容互鉴，在开放中博采众长、完善自己，马克思主义才能生机盎然、“放之四海而皆准”。

二

毛泽东指出：“主义譬如一面旗子，旗子立起了，大家才有所指望，才知所趋赴。”[②] 正是因为深刻认识到“马克思主义行”，中国共产党自诞生之日起，就把马克思主义鲜明地写在自己的旗帜上，确立为自己的

① 习近平：《在纪念马克思诞辰200周年大会上的讲话》，人民出版社2018年版，第9页。

② 中共中央文献研究室编：《毛泽东年谱（1893—1949）》（修订本）上卷，中央文献出版社2013年版，第70页。

根本指导思想，“无论是处于顺境还是逆境，我们党从未动摇对马克思主义的信仰”[①]，让马克思主义真理光芒照亮前行之路，引领中国人民走过了风雨兼程的百年历程，取得了彪炳史册的伟大成就。

正是因为深刻认识到“马克思主义行”，中国共产党人始终高度重视马克思主义传播，强化理论武装。习近平指出，“我们党是高度重视理论建设和理论指导的党”[②]，“我们党之所以能够不断历经艰难困苦创造新的辉煌，很重要的一条就是我们党始终重视思想建党、理论强党，坚持用科学理论武装广大党员、干部的头脑，使全党始终保持统一的思想、坚定的意志、强大的战斗力”[③]。回望中国共产党大力推进马克思主义在中国传播的伟大历程，我们对此会有更加深刻的感悟。一部中国共产党百年史，就是一部马克思主义在中国传播的历史。无论在战争环境还是在和平年代，无论在革命时期还是在建设、改革时期和新时代，我们党都始终高度重视马克思主义传播。中国共产党的早期组织不畏艰险，在神州大地播撒马克思主义真理的火种，为建党做了充分的思想理论准备。1921 年 9 月，建党仅仅两个月后，党中央就在上海成立人民出版社，负责人是李达，他拟订了丰富的出版计划，包括“马克思全书”15 种，“列宁全书”14 种，等等。1923 年 11 月，党中央组建了上海书店，毛泽民曾担任经理，组织翻译出版了一批重要的马克思主义经典著作。同年底，党中央在汉口建立了长江书店，在瞿秋白领导下，不到一年的时间出版马克思主义书籍 40 多种。大革命失败后，白色恐怖笼罩中华大地，共产党人冒着被关押、被杀头的危险，秘密创办了华兴书局、上海神州国光社、北方人民出版社等，翻译出版了大量马克思主

---

① 习近平：《在庆祝中国共产党成立95周年大会上的讲话》，人民出版社2016年版，第8页。

② 习近平：《高举中国特色社会主义伟大旗帜，为决胜全面小康社会实现中国梦而奋斗》（2017年7月26日），《习近平谈治国理政》第2卷，外文出版社2017年版，第62页。

③ 习近平：《继续推进马克思主义中国化时代化大众化》，《习近平谈治国理政》第2卷，外文出版社2017年版，第67页。

义经典著作。中央红军长征到达陕北后，为提高全党的理论水平，党中央成立了马克思列宁主义学院（简称马列学院），所辖编译部在张闻天主持下开始系统编译马列主义著作，先后编译出版了《马克思恩格斯丛书》《列宁选集》等，对提高全党马列主义理论水平起了极其重要的作用。1943 年 5 月，毛泽东主持中央书记处会议，作出了关于翻译工作的决定，指出马列主义经典著作的翻译工作“是党的重要任务之一”[①]，决定由何凯丰、博古、洛甫、杨尚昆、师哲等组成翻译校阅委员会，重新校阅马恩列斯著作的中译本，以提高译文质量。1949 年 2 月，党中央重新编审一套包括《共产党宣言》在内的 12 种重要马克思主义著作，经毛泽东审定送交党的七届二中全会，成为新中国成立前后的“干部必读”书目。新中国成立后，党中央组建了专门的马克思主义经典著作编译机构——中共中央马克思恩格斯列宁斯大林著作编译局，开始大规模地、系统地、有计划地翻译马克思主义全部著作。改革开放以来，马克思主义经典著作编译工作开创了新的局面，特别是党中央组织实施马克思主义理论研究和建设工程，有力推动了马克思主义经典著作的编译和传播。党的十八大以来，以习近平同志为核心的党中央立足中华民族复兴大业，高度重视理论强党，推动马克思主义经典著作编译事业进入新时代，取得新辉煌。习近平多次主持中央政治局专题学习马克思主义理论，并要求“加大经典著作编译力度，坚持既出成果又出人才，培养一支新时代马克思主义经典著作编译骨干队伍。要深化经典著作研究阐释，推进经典著作宣传普及”，“让理论为亿万人民所了解所接受，画出最大的思想同心圆”[②]。目前我国已成为世界上翻译出版马克思主义经典著作最多、最全的国家，逐步形成了种类齐全、形式多样、完整系统、准确可靠的经典著作版本体系，建立起全球最大

---

① 中共中央文献研究室编：《毛泽东年谱（1893—1949）》（修订本）中卷，中央文献出版社2013年版，第442页。

② 习近平：《论党的宣传思想工作》，中央文献出版社2020年版，第316页。

的马克思主义理论宝库，为马克思主义中国化时代化提供了源源不竭的思想理论资源，充分彰显了中国共产党人对马克思主义科学真理的坚定信仰。

正是因为认识到马克思主义“行”，我们党的老一辈无产阶级革命家纷纷在马克思主义的影响下走上革命道路，并成为坚定的马克思主义者。毛泽东早年通过《共产党宣言》《阶级斗争》《社会主义史》，建立起对马克思主义的信仰，成为一名马克思主义者。在长征途中，毛泽东丢弃了很多物品，但马列著作却一直带在身边。他曾说道：“马列主义的书要经常读。《共产党宣言》，我看了不下 100 遍，遇到问题，我就翻阅《共产党宣言》，有时只读一两段，有时全篇都读，每读一次，我都有新的启发。”① 后来的几十年里，他自己说仍然“每年都把《共产党宣言》读几遍”②。直到逝世时，身边还放着好几种版本的《共产党宣言》。周恩来曾在 1936 年对斯诺说：“在赴法国之前，我从译文中读过《共产党宣言》。”③ 1975 年 1 月，全国人大四届一次会议在北京召开期间，病重的周恩来总理见到《共产党宣言》中文本译者陈望道，仍然关心着《共产党宣言》最早中译本的下落。他深情地说：“这是马列老祖宗在我们中国的第一本经典著作，找不到它，是中国共产党人的心病啊！”④ “当年长征的时候我就把《共产党宣言》当作‘贴身伙伴’，如果能找到第一版本的《共产党宣言》，我真想再看一遍。”⑤ 刘少奇回忆说，早年“我把《共产党宣言》看了又看，看了好几遍……从这本书中，我了解共产党是干什么的，是怎样的一个党，我准不准备献身于这个党所从事的事业，经过一段时间的深思熟虑，最后决定参加共产党，同时也准

---

① 本书编辑组：《缅怀毛泽东》上册，中央文献出版社1993年版，第400页。

② 徐中远：《毛泽东读〈共产党宣言〉的启示》，《红旗文稿》2015年第16期。

③ 费虹寰：《周恩来与初心使命》，《学习时报》2018年7月6日。

④ 王玉强：《毛泽东周恩来等革命家如何读〈共产党宣言〉》，《中国纪检监察报》2020年9月7日。

⑤ 费虹寰：《周恩来与初心使命》，《学习时报》2018年7月6日。

备献身于党的事业”。[①] 他一生常以列宁“学习、学习、再学习”的号召自勉，利用一切空余时间研读马列著作。朱德始终以“革命到老，学习到老，改造到老”鞭策自己。20 世纪 60 年代中期，他坚持研读党中央规定高级干部学习的 32 本马列著作，写下了许多学习笔记。在临终前不到两个月，他看到《共产党宣言》新译本后，不顾年高体弱，到中央党校看望译者成仿吾，称赞他做了一件很有意义的工作。邓小平同志 18 岁在法国勤工俭学时，就开始学习《共产党宣言》，并接受了马克思主义。他后来回忆说 ：“我的入门老师是《共产党宣言》和《共产主义 ABC》。”[②] 面对苏东剧变、世界社会主义运动遭受的严重挫折，“马克思主义过时论”一度甚嚣尘上，邓小平向全党全国人民振聋发聩地说：“不要认为马克思主义就消失了，没用了，失败了。哪有这回事 !”[③]“我坚信，世界上赞成马克思主义的人会多起来的，因为马克思主义是科学。”[④] 从老一辈无产阶级革命家身上我们感受到了马克思主义真理的力量和魅力，看到了他们对马克思主义的坚定信仰和不懈追求。

正是因为认识到马克思主义“行”，无数马克思主义“播火者”前赴后继、义无反顾。习近平指出 ：“对马克思主义的信仰，对社会主义和共产主义的信念，是共产党人的政治灵魂，是共产党人经受住任何考验的精神支柱。”[⑤] 一百年来，一批批马克思主义“播火者”坚守信仰、坚定信念，不畏艰难、不怕牺牲，在神州大地上播撒真理的火种，照亮

---

① 王玉强：《毛泽东周恩来等革命家如何读〈共产党宣言〉》，《中国纪检监察报》2020年9月7日。

② 邓小平：《在武昌、深圳、珠海、上海等地的谈话要点》（1992年1月18日—2月21日），《邓小平文选》第3卷，人民出版社1993年版，第382页。

③ 邓小平：《在武昌、深圳、珠海、上海等地的谈话要点》（1992年1月18日—2月21日），《邓小平文选》第3卷，人民出版社1993年版，第383页。

④ 邓小平：《在武昌、深圳、珠海、上海等地的谈话要点》（1992年1月18日—2月21日），《邓小平文选》第3卷，人民出版社1993年版，第382页。

⑤ 习近平：《坚持和巩固党对意识形态工作的领导》（2015年5月18日—2016年5月17日），《习近平谈治国理政》第2卷，外文出版社2017年版，第326页。

前行之路，谱写了马克思主义传播史上的壮丽史诗。中国共产党的主要创始人、马克思主义在中国传播的先驱李大钊，面对敌人的绞刑架，他“实践其所信，励行其所知，为功为罪，所不暇计”[①]，从容就义。中国共产党早期领导人蔡和森，也是著名的马克思主义传播者，留学法国时，不顾严重的哮喘疾病，废寝忘食地翻译马克思主义著作，回国后创作《社会进化论》一书，是中国人以马克思主义唯物史观写就的第一部社会发展史，后被国民党反动派残酷杀害。马克思主义早期传播者瞿秋白，“在青年时期走上了马克思主义的初步，无从改变”[②]，立誓“取得火种，把它点燃在中国的黑暗的大地”，被俘后唱着自己翻译的《国际歌》走向刑场、慷慨就义。中国共产党的主要创始人陈独秀，也是中国早期传播马克思主义的主要代表人物，为了自己的理想和追求曾经五度入狱，以自己一生的“直接行动”实现着“出了研究室便入监狱，出了监狱便入研究室”[③]的铮铮誓言。《共产党宣言》第一个中文全译本的翻译者陈望道，呕心沥血，食不知味，用真理的甘甜哺育灾难深重的中国，照亮了中国共产党的百年前行路，而自己长期受到反动当局的监视和迫害。著名马克思主义传播者吴亮平，在遭受王明的打击和国民党的白色恐怖下，夜以继日地翻译恩格斯的《反杜林论》，首次把这部马克思主义重要著作介绍给中国人民，后被国民党关进监狱，历经磨难。人们熟知的郭沫若，也是一位马克思主义传播者，先后翻译了《政治经济学批判》《德意志意识形态》第一章等，曾立志全文翻译《资本论》，表示“为翻译《资本论》而死，那也是死得光荣的”[④]。这样的马克思主义“播火者”还有很多很多，他们为信仰而生，为信仰而死，用汗水、鲜血乃至生命谱写了一部部马克思主义传播史的动人篇章，生动诠释了“理想之光不

① 李大钊：《李大钊全集》第5卷，人民出版社2013年版，第301页。

② 瞿秋白：《瞿秋白文集：政治理论编》第7卷，人民出版社2013年版，第706页。

③ 李大钊：《李大钊全集》第5卷，人民出版社2013年版，第340页。

④ 韦建桦：《用生命擎起思想的火炬——马克思主义经典著作编译事业百年回顾》，《马克思主义与现实》2010年第6期。

灭、信念之光不灭”[①]的深刻含义。

恩格斯指出：“一个民族要想站在科学的最高峰，就一刻也不能没有理论思维。”[②]中华民族要实现伟大复兴，也同样一刻不能没有理论思维。在全面建设社会主义现代化国家新征程上，我们要坚定不移做马克思主义的忠诚信奉者、坚定实践者，坚持把马克思主义基本原理同中国具体实际相结合、同中华优秀传统文化相结合，既要坚持“老祖宗”不能丢，又要不断说新话，以习近平新时代中国特色社会主义思想为指导，不断开辟马克思主义发展新境界，让马克思主义永葆生机活力，绽放出更加灿烂的真理光芒！

原载《马克思主义与现实》2021 年第 5 期

① 习近平：《不忘初心，继续前进》（2016年7月1日），《习近平谈治国理政》第2卷，外文出版社2017年版，第35页。

② 恩格斯：《自然辩证法》，《马克思恩格斯文集》第9卷，人民出版社2009年版，第437页。

深刻总结全面建成小康社会的成功经验，更好开启全面建设社会主义现代化国家新征程

陈　理*

经过几代人的长期努力，全面建成小康社会的第一个百年奋斗目标即将如期实现，中华民族千百年来“民亦劳止，汔可小康”的愿景即将变为现实。这在实现中华民族伟大复兴的历史进程中具有里程碑的意义。如期实现第一个百年奋斗目标、全面建成小康社会的重大意义，怎么评价都不为过。但中华民族复兴前行的征程还远未结束，在此基础上还要乘势而上开启全面建设社会主义现代化国家新征程，继续进行具有许多新的历史特点的伟大斗争。我们生逢其时。同全国人民一样，广大理论工作者既是这一伟大实践历程的参与者、见证者，同时担负着对这一伟大实践历程进行研究和阐释的重大职责。总结、研究的角度有很多，但很重要的一条，是通过总结经验，更好地继往开来，开启全面建设社会主义现代化国家新征程。习近平总书记指出：“今天，我们回顾历史，不是为了从成功中寻求慰藉，更不是为了躺在功劳簿上、为回避今天面临的困难和问题寻找借口，而是为了总结历史经验、把握历史规律，增强开拓前进的勇气和力量。”全面建成小康社会既是我们党团结带领全国人民不屈不挠长期奋斗取得的辉煌成就，更是我们起航新征程、扬帆再出发的新动员。党的十八大以来，以习近平同志为核心的党中央，自觉把“两个一百年”奋斗目标

---

* 作者简介：陈理，中共中央党史和文献研究院学术和编审委员会原主任（副部长级）、编审。

作为紧密联系、相互衔接和逐步递进的目标任务来进行总体谋划和扎实推进，把全面建成小康社会作为实现中华民族伟大复兴中国梦的关键一步。在迎来全面建成小康社会的第一个百年奋斗目标即将如期实现的历史时刻，我们还要始终清醒地牢记第二个百年全面建设社会主义现代化国家的大目标。新中国成立前夕，毛泽东同志在七届二中全会上指出："夺取全国胜利，这只是万里长征走完了第一步"，"中国的革命是伟大的，但革命以后的路程更长，工作更伟大，更艰苦"。毛泽东同志由此提出"两个务必"的重要思想，对我们依然有着十分重要的启示和指导意义。我们今天正站在"两个一百年"奋斗目标历史交汇点这样一个承前启后、继往开来的重要阶段，按照党的十九大对新时代中国特色社会主义所作的战略安排，无论是2035年基本实现社会主义现代化，还是本世纪中叶把我国建成富强民主文明和谐美丽的社会主义现代化强国，我们的使命都更光荣、任务都更艰巨。在这样一个时刻，通过深入学习领会习近平总书记关于全面建成小康社会的重要论述，认真总结全面建成小康社会的重要启示、重要经验，要着眼于更好地继续推进中国特色社会主义事业，更好向着基本实现现代化、全面建设社会主义现代化强国的宏伟目标迈进。

一、要深刻总结全面建成小康社会所充分彰显的中国共产党坚强领导的核心作用，进一步坚持和加强党的全面领导，为更好开启全面建设社会主义现代化国家新征程提供更加坚强有力的政治保证。

在中国特色社会主义道路上实现中华民族伟大复兴，是一项无比壮丽的事业，需要一代又一代中国共产党人带领人民接续奋斗。在这个总目标下，我们党在不同历史时期，总是根据人民意愿和事业发展需要，提出富有感召力的奋斗目标，团结带领全国人民一棒接一棒为之接续奋斗。回顾全面建成小康社会伟大历程不难发现，这一伟大实践始终是在中国共产党坚强领导下进行的。全面建成小康社会能够如期实现，原因是多方面的、但根本在于中国共产党始终发挥了领导核心作用，提供了坚强有力的根本保证。

第一，全面建成小康社会的政治前提和制度基础，是中国共产党团结带领人民创造的。“民亦劳止，汔可小康”，是中华民族千百年来的愿景，代表着对安定宽裕生活的追求和向往。但在过去阶级社会里，这始终只是一个桃花源和乌托邦式的梦想。尤其是近代以来，中国陷入内忧外患的黑暗境地，甚至到了濒临亡国灭种的地步。为了实现民族复兴，无数仁人志士前仆后继，顽强奋斗，各种主义、主张也轮番登场，但都没有能够改变旧中国悲惨屈辱的命运。十月革命一声炮响，给我们送来了马克思列宁主义，中国先进分子找到了解决中国问题的正确道路。中国共产党领导中国人民经过 28 年浴血奋战，建立新中国，完成了中华民族有史以来最为广泛而深刻的社会变革，为实现中华民族伟大复兴、实现人民对美好生活的向往，奠定了根本前提和制度基础。

第二，小康社会的目标和实现路径，是中国共产党创造性提出并不断丰富发展的。早在 1944 年，毛泽东同志就明确提出“共产党是要努力于中国的工业化的”重要主张，强调“中国社会的进步将主要依靠工业的发展”。新中国成立后，社会主义工业化提上了重要日程。毛泽东同志提出“准备以二十年时间完成中国的工业化”的宏伟目标，并制定把我国建设成为一个强大的社会主义国家的战略思想，计划分“两步走”，全面实现我国农业、工业、国防和科学技术的现代化。十一届三中全会后，以邓小平同志为主要代表的中国共产党人，进一步成功探索出一条中国社会主义现代化建设的正确道路，并创造性地借用“小康”这个富有中国传统文化意味的概念来表述“中国式的现代化”的重要思想，采取“翻两番”、分“三步走”战略来实现这一宏伟目标。党的十六大在小康总体实现的基础上进一步提出全面建设小康社会的目标，党的十七大提出全面建设小康社会新要求，党的十八大明确提出全面建成小康社会。党的十八大后，我国进入到决胜全面建成小康社会的新阶段。在党的十八届五中全会上，习近平总书记进一步指出，现在，全面建成小康社会“到了需要一鼓作气向终点线冲刺的历史时刻”，“今后五年党和国家各项任务，归结起来就是夺取全面建成小康社会决胜阶段的伟大胜利，实现第一个百年奋斗目标”。党的十九大报告对决胜全面建成小康社会、开启全面建设社会主义现代化国家新征程作出全面部署，强调要突出抓重点、补短板、强弱项，特别是要坚决打好防范化解重大风险、精准脱贫、污染防治的攻坚战，使全面建成小康社会得到人民认可、经得起历史检验。

第三，全面建成小康社会目标的如期实现，是中国共产党团结带领全国人民艰苦奋斗的结果。再美好的蓝图，再美好的梦想，也要经过奋斗才能变为现实。中国共产党百年奋斗历程，就是中国共产党人怀着初心使命，团结带领全国人民克服种种艰难困苦，把千百年来人民对美好生活的愿景、把人民对美好生活的向往逐步变为现实的奋斗历程。经过长期努力，今天我们比历史上任何时期都更接近、更有信心和能力实现中华民族伟大复兴的目标。但行百里者半九十，中华民族伟大复兴，绝不是轻轻松松、敲锣打鼓就能实现的，全党必须准备付出更为艰巨、更为艰苦的努力。党的十八大以来，面对中华民族伟大复兴战略全局和世界百年未有之大变局同步交织、相互激荡、交融交汇，面对我国发展的内部条件和外部环境的深刻复杂变化，面对党面临的重大风险考验和党内存在的突出问题，以习近平同志为核心的党中央，以巨大的政治勇气和强烈的责任担当，进行伟大斗争，建设伟大工程，推进伟大事业，实现伟大梦想，提出一系列新理念新思想新战略，出台一系列重大方针政策，推出一系列重大举措，推进一系列重大工作，解决了许多长期想解决而没有解决的难题，办成了许多过去想办而没有办成的大事，推动党和国家事业取得历史性成就，发生历史性变革，为如期全面建成小康社会奠定了坚实基础。特别是面对新冠肺炎疫情这场新中国成立以来发生的传播速度最快、感染范围最广、防控难度最大的一次重大突发公共卫生事件，在以习近平同志为核心的党中央的坚强领导下，我们用一个多月的时间初步遏制了疫情蔓延势头，用两个月左右的时间将本土每日新增病例控制在个位数以内，用三个月左右的时间取得了武汉保卫战、湖北保卫战的决定性成果，目前我国在疫情防控和经济恢复上都走在世界前列，决胜全面建成小康社会取得决定性成就。

历史已经并将进一步证明，没有中国共产党的领导，中华民族复兴必然是空想，全面建成小康社会和全面建设社会主义现代化国家也不可能成功。全面建成小康社会的成功奥秘，千条万条归结到一点，根本在于党中央的坚强领导，在于党的创新理论的科学指引。这是我们回顾总结全面建成小康社会伟大实践得出的基本结论和基本经验。

二、要深刻总结全面建成小康社会所充分彰显的中国特色社会主义道路的重大意义，进一步坚定中国特色社会主义道路自信，进一步坚定全面建设社会主义现代化国家新征程的正确方向，坚定不移地沿着中国特色社会主义道路实现中华民族伟大复兴。

我们是在农民占人口绝大多数、半殖民地半封建的东方大国取得新民主主义革命胜利的基础上进行社会主义革命和建设的。社会主义现代化建设究竟应该怎么搞，如何治理这样一个全新国家，是一个新课题，没有现成答案，只能靠自己积极探索。回顾中国共产党百年奋斗历程，中国革命、建设、改革成功的根本原因在于，把马克思主义基本原理同中国具体实际相结合，弄清楚了在中国进行社会主义现代化建设必须牢牢立足于社会主义初级阶段这个最大实际，找到了一条适合中国的正确道路。十年内乱结束后，以邓小平同志为主要代表的中国共产党人，正确总结新中国成立以来探索的经验教训，不断思考什么叫现代化、什么叫适合中国的现代化的问题。邓小平同志指出："过去搞民主革命，要适合中国情况，走毛泽东同志开辟的农村包围城市的道路。现在搞建设，也要适合中国情况，走出一条中国式的现代化道路。"他反复强调，我们要实现的四个现代化，是中国式的四个现代化。过去一段时间，一些人总以为实现现代化，只有西方一种模式，只有西方一条道路。这显然并不符合客观实际。中国共产党立足中国国情对社会主义现代化的成功探索，有力证明了发展中国家现代化可以打破对西方的"路径依赖"，走出一条符合自身实际的现代化道路。我们用几十年时间走完发达国家几百年走过的工业化进程，创造了世所罕见的经济快速发展和社会长期稳定两大奇迹。实践证明，这条现代化道路我们不仅走对了，而且越走越宽广，越走前景越光明。中国特色社会主义这条道路，我们看准了、认定了，必须坚定不移走下去。

三、要深刻总结全面建成小康社会所充分彰显的中国特色社会主义制度的显著优势，进一步坚持和完善中国特色社会主义制度，并把制度优势更好地转化为国家治理效能，为更好开启全面建设社会主义现代化国家新征程、实现中华民族伟大复兴提供更加有力的制度保证。

中国特色社会主义制度，是具有明显制度优势的制度。党的十九届四中全会对我国制度建设方面的探索历程、显著成就、基本经验进行了很好的总结，首次全面系统地概括了我国国家制度和国家治理体系 13 个方面显著优势。在如期实现全面建成小康社会的伟大实践中，这些显著优势得到了集中充分的彰显。比如，把编制和实施国民经济和社会发展五年规划作为治国理政的重要方式，是其中很重要的经验。在领导中国现代化伟大实践中，我们党胸怀大局、勇于担当，志存高远、规划长远，善于进行长远战略思维，一张蓝图干到底。这是我国现代化建设的一个制度优势，是“马克思主义为什么行、中国共产党为什么能、中国特色社会主义为什么好”的一个重要原因。西方国家受政治制度特别是选举制度的限制，不可能像我们国家、我们党这样对几十年上百年、几代人十几代人的事情进行长远规划和战略思维，绵绵用力，久久为功，实现既定目标。经过一代又一代人的接续奋斗，中国共产党团结带领全国人民把中华民族千百年来“民亦劳止，汔可小康”的愿景最终变为现实，并将乘势而上，开启全面建设社会主义现代化国家新征程，向第二个百年奋斗目标进军。

再比如，在全面建成小康社会伟大实践中，坚持全国一盘棋，调动各方面积极性，集中力量办大事的制度优势，同样体现得十分充分。全面建成小康社会、实现第一个百年奋斗目标，最艰巨最繁重的任务在农村，特别是在贫困地区，这是全面建成小康社会最大的“短板”。农村贫困人口全部脱贫是全面建成小康社会的一个标志性指标，是我们党的庄严承诺。全面建成小康社会，强调的不仅是“小康”，而且更重要的也是更难做到的是“全面”。不仅要解决“小康”这个发展水平问题，同时也要解决好“全面”这个发展的平衡性、协调性、可持续性问题。全面小康覆盖的领域要全面，是“五位一体”全面进步；覆盖的人口要全面，是惠及全体人民的小康；覆盖的区域要全面，是城乡区域共同的小康。习近平总书记一再强调，小康不小康，关键看老乡。没有农村的小康，特别是没有贫困地区的小康，就没有全面建成小康社会。全面建成小康社会，一个也不能少；共同富裕路上，一个也不能掉队。党的十八大以来，以习近平同志为核心的党中央把脱贫攻坚摆在治国理政的突出位置，作出一系列重大部署和安排，突出抓重点、补短板、强弱项，坚决打好精准脱贫攻坚战，脱贫攻坚力度之大、规模之广、影响之深，前所未有，以确保如期实现现行标准下农村贫困人口全部脱贫、贫困县全部摘帽，确保到 2020 年贫困人口和贫困地区同全国一道全面建成小康社会。第一个百年奋斗目标全面建成小康社会即将如期实现，坚决打赢脱贫攻坚战即将取得全面胜利，这是中国特色社会主义制度优越性的集中体现。

四、要深刻总结全面建成小康社会所充分彰显的人民是历史创造者的伟大力量，进一步坚持以人民为中心，为更好开启全面建设社会主义现代化国家新征程提供更多源源不竭的力量保证。

人民是历史的创造者，坚持以人民为中心，坚持人民主体地位，坚持一切为了人民、一切依靠人民，是马克思主义唯物史观的基本观点。全面建成小康社会成功实践充分证明，党的根基始终在人民、党的力量始终在人民，坚持一切为了人民、一切依靠人民，充分发挥广大人民群众积极性、主动性、创造性，我们就能不断把为人民造福的事业推向前进。全面建成小康社会伟大实践，集中体现了坚持以人民为中心的发展思想，体现了我们党立党为公、执政为民的理念，体现了中国共产党为人民谋幸福、为民族谋复兴的初心和使命。回顾中国共产党百年奋斗历程，我们党之所以得到人民拥护和支持，从根本上说，是由于我们党能始终代表中国最广大人民的根本利益，始终为中国人民谋利益，为中华民族谋复兴。马克思、恩格斯在《共产党宣言》中宣告：“过去的一切运动都是少数人的或者为少数人谋利益的运动。无产阶级的运动是绝大多数人的，为绝大多数人谋利益的独立的运动。”中国共产党自成立起，就把为中国人民谋幸福、为中华民族谋复兴的初心和使命鲜明地写在自己的旗帜上，并以此作为激励中国共产党人不断前进的根本动力。习近平总书记指出：“我们的目标很宏伟，但也很朴素，归根结底就是让全体中国人都过上更好的日子。”

与此同时，中国共产党始终坚持人民主体地位，坚持群众是真正的英雄，尊重人民首创精神，最广泛动员和组织人民投身到党领导的伟大事业中来，获得源源不竭的力量源泉。中国共产党刚成立的时候，还只是一个拥有五十几个成员的小团体。在各种政治力量较量中，中国共产党之所以能够脱颖而出，不断发展壮大，成为拥有 9100 多万党员、460 多万个基层党组织的世界第一大党，不断从一个胜利走向一个胜利，根本原因在于，我们有先进的马克思主义作指导，找到了中国问题的出路，也找到了中国革命的力量所在。从党的一大纲领中可以清楚发现，我们党从一开始就将“把工农劳动者和士兵组织起来”作为“推翻资本家阶级的政权”“消灭资本家私有制”的力量所在。中国共产党百年奋斗历程充分证明，人民群众是胜利之本、力量之源。毛泽东同志指出：“真正的铜墙铁壁是什么？是群众，是千百万真心实意地拥护革命的群众。”淮海战役中，光是支援部队作战的民工，就多达 540 多万。如果把运粮小车摆成五路，可以从北京一直排到南京。陈毅元帅当年曾十分感慨地说过：“淮海战役的胜利，是人民群众用小车推出来。”我国改革首先从农村开始，实行家庭联产承包后，极大调动广大农民积极性，人还是那些人，地还是那些地，一年就有大的变化，三年大见成效，并带动城市其他领域的改革，拉开了我国改革开放的大幕。习近平总书记指出，人民是我们党执政的最大底气，是我们共和国的坚实根基，是我们强党兴国的根本所在。党的十八大以来，我们党顺应人民的期待和愿望，进一步提出以人民为中心的发展思想，坚持人民主体地位，坚持发展为了人民、发展依靠人民、发展成果由人民共享。全面建成小康社会、第一个百年奋斗目标得以如期实现，归结到一点，这一伟大成就不是天上掉下来的，更不是别人恩赐施舍的，而是在中国共产党领导下全党全国各族人民用勤劳、智慧、勇气干出来的！这是我们今天深入学习领会习近平总书记关于全面建成小康社会的重要论述，认真研究总结全面建成小康社会伟大实践得到的一个基本结论。

原载《党的文献》2020 年第 5 期

习近平反对历史虚无主义的思想结构与启示

乔茂林　刘　旸*

习近平以政治家的气度，以纵观世界发展大势的广度，以实现中华民族伟大复兴的高度，以捍卫党和国家政治安全的深度，把马克思主义理论与我国反对历史虚无主义实践相结合，深刻分析了我国反对历史虚无主义面临的新形势，科学回答了我国反对历史虚无主义的一系列方向性、根本性的重大问题。学界关于习近平反对历史虚无主义的重要论述研究，从解读时代背景、思想传承、理论内容逐步深入到考察思想效应、方法论体系的层次，取得了一系列理论成果。随着党和国家反对历史虚无主义实践的推进和相关研究的深化，新的研究需要探究习近平反对历史虚无主义的思想结构与启示，从而将对这一理论体系的解读进一步推向深入，立体展现习近平的思想洞察力与前瞻力，最终提供一个关于这一问题深刻论述得更为完备的认识图景。

一、“三个否定”：历史虚无主义的政治本质

习近平指出：“历史虚无主义的要害，是从根本上否定马克思主义指导地位和中国走向社会主义的

* 作者简介：乔茂林，中国社会科学院哲学研究所助理研究员；刘旸，中共河南省委党校哲学教研部讲师。

历史必然性，否定中国共产党的领导。”[①] 以历史虚无主义割裂改革开放前后中国社会主义实践史为例证，习近平深刻指出，“这个重大政治问题处理不好，就会产生严重政治后果”[②]，进一步明确地将历史虚无主义的性质提升到了危害党和国家长治久安以及我国社会主义前途命运的政治高度。习近平对历史虚无主义政治本质的科学界定，为开展反对历史虚无主义伟大斗争所必需的政治自觉、理论自觉和实践自觉，奠定了坚实的思想基础。

历史虚无主义的“三个否定”中的第一个否定是“从根本上否定马克思主义指导地位”。习近平的这一判断具备深厚的理论基础。探究主流意识形态的功能，可以发现，主流意识形态反映了社会发展的内在要求，代表着占主导地位的阶级的根本利益，发挥着规范思想行为、稳定社会秩序、提供精神动力的作用。正因如此，马克思指出，“如果从观念上来考察，那么一定的意识形式的解体足以使整个时代覆灭”[③]。在共产党领导的社会主义国家，主流意识形态的作用是更为显著和深层次的，它稳定而又恒久地影响着个体、社会和国家的思想观念和价值取向，是一种能够确保党和国家的制度体系合法化和持久化运转的信仰体系。马克思主义在我国的意识形态领域居于核心指导地位，对它的否定就是对我们主流意识形态的否定。而历史虚无主义就是要潜移默化地向民众灌输一套完全不同于主流意识形态的话语体系，企图颠覆民众对马克思主义的认同，从而逐步瓦解党和国家的意识形态阵地，最终实现其政治野心。

习近平的这一判断还具备坚实的史学根据。考察现当代世界历史，可以看到，社会主义国家和政党如果在意识形态领域丧失了主导权和话语权，就将不可避免地被引入西方精心设计的“和平演变”歧途。历史

① 中共中央党史研究室：《历史是最好的教科书——学习习近平同志关于党的历史的重要论述》，《人民日报》2013年7月22日。

② 中共中央文献研究室编：《十八大以来重要文献选编》（上），中央文献出版社2014年版，第113页。

③ 马克思：《政治经济学批判》，《马克思恩格斯文集》第8卷，人民出版社2009年版，第170页。

虚无主义泛滥是苏东剧变的重要原因之一，这是一个发人深省的历史教训。20 世纪中后期，西方敌对势力利用社会主义国家普遍存在困难和进行改革的时机，加紧意识形态渗透，通过炮制各种马克思主义“过时论”，打着“思想解放”的旗号，掀起了一股股否定马克思主义指导地位的思想浪潮，在思想领域造成了极大的混乱，对苏东剧变起到了推波助澜的作用。正是以 20 世纪后半叶以来社会主义国家的政权兴衰史为镜鉴，习近平指出，苏共垮台和苏联解体的“一个重要原因就是意识形态领域的斗争十分激烈，全面否定苏联历史、苏共历史，否定列宁，否定斯大林，搞历史虚无主义”①。

否定“中国走向社会主义的历史必然性”，是习近平对历史虚无主义政治本质的另一个重要论断。这一论断深刻地启示我们，与历史虚无主义的斗争，归根到底就是主义之争、道路之争。历史虚无主义的精神实质是要推行全盘西化，将西方资本主义道路视为唯一的出路，例如其“告别革命”旗号背后隐藏的却是推行“颜色革命”之实。关于这一点，恩格斯早就指出过，“把革命的发生归咎于少数煽动者的恶意那种迷信的时代，早已过去了。现在每个人都知道，任何地方发生革命动荡，其背后必然有某种社会要求”②。苏东剧变之后，中国坚定走中国特色社会主义道路，成为世界社会主义运动的一面旗帜，但也同时成为西方反共势力实行“西化”“分化”战略的重点目标，历史虚无主义也一度甚嚣尘上，来势汹汹。对此，习近平指出，“中国特色社会主义道路是……中国人民对其他救国途径的尝试全部碰壁之后作出的历史性选择，是中国共产党和人民历尽千辛万苦、付出巨大代价取得的根本成就”③。

---

① 中共中央文献研究室编：《十八大以来重要文献选编》（上），中央文献出版社2014年版，第113页。

② 恩格斯：《德国的革命和反革命》，《马克思恩格斯文集》第2卷，人民出版社2009年版，第351页。

③ 习近平：《在纪念中国人民抗日战争暨世界反法西斯战争胜利69周年座谈会上的讲话》，人民出版社2014年版，第16页。

这就启示我们，回击历史虚无主义，必须用事实进一步阐述清楚，中国特色社会主义道路的开辟是寓于中国历史发展的必然性之中的。习近平明确指出，中国特色社会主义道路“用事实宣告了‘历史终结论’的破产，宣告了各国最终都要以西方制度模式为归宿的单线式历史观的破产”①。习近平的这一论断有着坚实的事实依据和深刻的实践基础。中国特色社会主义道路的必然性源自中华文明5000多年的文化传承与发展，根植于中华民族近代100多年由衰转盛的历史演进，奠基于中国共产党领导中国人民进行伟大社会革命的百年奋斗历程，内蕴于新中国成立70多年的不断探索和改革开放40多年的伟大实践之中。历史已经证明并将继续证明，中国除了走社会主义道路，没有走别的道路的可能，也没有走别的道路的必要。实践将继续证明，中国特色社会主义道路不是封闭僵化的老路，更不是改旗易帜的邪路，而是一条符合中国国情的新路。方向决定前途，道路决定命运。坚持中国特色社会主义道路，是对人民和历史选择的尊重，也是实现中华民族伟大复兴的必然要求。

“否定中国共产党的领导”，是习近平对历史虚无主义政治本质的又一个科学论断。习近平深刻指出，“国内外敌对势力往往就是拿中国革命史、新中国历史来做文章，竭尽攻击、丑化、污蔑之能事，根本目的就是要搞乱人心，煽动推翻中国共产党的领导和我国社会主义制度”②。习近平从关乎党的执政地位的高度出发，揭示了历史虚无主义的政治本质，展现出强烈的历史担当和马克思主义政治家的深刻洞察力与高度敏锐性。历史虚无主义就是通过从根本上背离中国近现代的历史进程，着力抹黑和解构中国共产党带领中国人民实现

① 中共中央文献研究室编：《习近平关于社会主义政治建设论述摘编》，中央文献出版社2017年版，第7页。

② 中共中央文献研究室编：《十八大以来重要文献选编》（上），中央文献出版社2014年版，第113页。

从站起来、富起来到强起来的历史性飞跃这一伟大事实，其根本目的就在于从根基上动摇党的执政地位，使党的领导失去基本的历史依据。

这就启示我们，必须深刻认识并系统阐述中国共产党的执政地位源自历史和人民的选择，是建立在为国家、为人民长期奋斗的历史之上的。中国共产党在革命的狂风暴雨中经受住了考验，在血与火的历史中不断成长，在社会主义建设和改革的坎坷历程中经受了锻炼，在波澜壮阔的岁月里不断前行，夜以继日地出色完成了历史和人民交付的光荣任务。可以说，党的执政地位与党的历史已经融为一体，虚无党的历史就是否定党的执政地位。习近平这一重要论述启示我们，如果放任历史虚无主义的精神污染不管，它就会逐步瓦解人民对中国共产党的认同和信任。回顾历史，可以清醒地看到，历史虚无主义在一些社会主义国家意识形态领域泛滥，最终成为西方敌对势力颠覆共产党政权的重要武器。在新中国历史上，尤其是改革开放以来，历史虚无主义妄图否定中国共产党的领导、颠覆社会主义制度的一贯险恶政治用心愈发明显，手段愈发花样翻新。因此，我们必须及时识破和有力遏止历史虚无主义借夸大党在实践探索中的失误、污蔑党的主要领导人等伎俩来否定中国共产党对国家和人民的丰功伟绩的图谋。

二、科学评价：反对历史虚无主义的哲学方法

习近平反对历史虚无主义的重大理论贡献之一，就是系统阐述了评价党史、新中国史、改革开放史和社会主义发展史的科学方法，开辟了运用马克思主义历史评价原则的新境界，从而为反对历史虚无主义提供了哲学方法。

关于历史的科学评价问题，习近平强调，“要坚持实事求是的思想路线，分清主流和支流，坚持真理，修正错误，发扬经验，吸取教

训，在这个基础上把党和人民事业继续推向前进”[①]。这一科学论述启示我们，正确的历史评价必须以尊重历史事实为前提，以实事求是的思想路线为指导。这里所说的“事实”，是历史规律性的事实，既包括了具体历史知识，又超越了具体历史知识，更非随意剪裁或者拼凑的历史材料所能比拟。把握了历史本质也就是把握了历史的主流和支流，而混淆历史的支流与主流、现象与本质恰恰是历史虚无主义惯用的手法。习近平提出的科学的历史评价体系，继承了马克思主义超越朴素唯物主义和唯心主义的传统，因而超越了经验直观和主观臆断。在 2016 年哲学社会科学工作座谈会上，习近平进一步指出，“只有真正弄懂了马克思主义……才能更好识别各种唯心主义观点、更好抵御各种历史虚无主义谬论”[②]，一语中的地揭穿了所有历史虚无主义的唯心主义哲学本质，并指明了要以马克思主义哲学反对这一错误哲学的研究方向。

如何辩证地对待党和国家的历史教训，是一个在反对历史虚无主义的过程中必须妥善应对和解决的重要问题。习近平创造性地提出的“三个态度”，即“我们党对自己包括领袖人物的失误和错误历来采取郑重的态度，一是敢于承认，二是正确分析，三是坚决纠正，从而使失误和错误连同党的成功经验一起成为宝贵的历史教材”[③]，是解决这一问题的指导思想。一个马克思主义政党，在对待自身所犯的错误时，是否能够抱以科学的态度，通常是检验该政党是否对人民真正负责的试金石。习近平创造性地提出的“三个态度”启示我们，反对历史虚无主义不是要把党美化成为一个没有任何污点和错误的政党，也不是听不得别人的意见、建议，而是要树立实事求是的思想路线，这样才是符合马克思主义基本原理的。具体而言，必须充分认识到没有政党不会犯错误，

① 中共中央文献研究室编：《十八大以来重要文献选编》（上），中央文献出版社2014年版，第112页。

② 习近平：《在哲学社会科学工作座谈会上的讲话》，人民出版社2016年版，第11页。

③ 中共中央文献研究室编：《十八大以来重要文献选编》（上），中央文献出版社2014年版，第694页。

能够完全承认错误、深刻分析错误、彻底改正错误，从而将错误转化为带领人民绕过暗礁、激流勇进、稳健前行的宝贵经验和成熟智慧，是马克思主义政党与非马克思主义政党的重要区别。因此，首先要勇于承认自己的错误，不仅要主动发现错误，而且要以开放的心态、严谨的态度吸取别人批评的有益成分；其次要以科学的方法深入分析错误产生的原因，找到产生错误的主客因素；再次要坚决纠正错误的思想和行为，最大限度地消除错误带来的负面影响；最终要将曾经的错误转换成为党和国家一笔可贵的精神财富，为党和国家事业的发展提供宝贵的历史借鉴。

“两个不因”和“六个不能”创造性地为解决评价党史、新中国史、改革开放史和社会主义发展史中历史人物的功过是非问题提供了基本遵循，是习近平反对历史虚无主义的又一理论贡献。重要历史人物已经与党史、新中国史、改革开放史和社会主义发展史融为一体，因此如何评价前者关乎能否正确看待后者的问题。“两个不因”要求实事求是地看待历史人物，“不能因为他们伟大就把他们像神那样顶礼膜拜，不容许提出并纠正他们的失误和错误；也不能因为他们有失误和错误就全盘否定，抹杀他们的历史功绩，陷入虚无主义的泥潭”[①]。“两个不因”闪烁着唯物辩证法的光辉，承认世界上矛盾无处不在、无时不有，启示我们在评价历史人物时，要采用两点论和重点论相统一的认识方法，分清楚主要矛盾和次要矛盾、矛盾的主要方面和次要方面，把握历史人物对历史产生影响的主流与支流，科学认识历史人物的功过是非。

习近平提出的“六个不能”，继承了历史唯物主义的思想精髓，突出强调具体问题具体分析的方法，并将其运用于历史人物的评价之中，从而丰富了马克思主义历史评价原则。列宁曾指出，“在分析任何一个社会问题时，马克思主义理论的绝对要求，就是要把问题提到一定的历

① 中共中央文献研究室编：《十八大以来重要文献选编》（上），中央文献出版社2014年版，第693页。

史范围之内”[①]。习近平丰富发展了这一马克思主义的观点，深刻指出，“对历史人物的评价，应该放在其所处时代和社会的历史条件下去分析，不能离开对历史条件、历史过程的全面认识和对历史规律的科学把握，不能忽略历史必然性和历史偶然性的关系。不能把历史顺境中的成功简单归功于个人，也不能把历史逆境中的挫折简单归咎于个人。不能用今天的时代条件、发展水平、认识水平去衡量和要求前人，不能苛求前人干出只有后人才能干出的业绩来”[②]。这启示我们，正是因为任何事物都是处于历史发展的某一个具体阶段之中，都是特定历史条件的产物，所以评价历史人物时，必须还原其所处的时代条件，回到其所处的社会历史环境，才可能得出科学的结论。我们以“六个不能”为探照光，可以清晰透视历史虚无主义的方法论错误。具体而言，历史虚无主义无视特定历史条件对历史人物的制约，无视历史车轮滚滚向前，今天的社会历史条件已经比从前优越，以今天的标准苛求前人。这种不承认社会历史发展的根本动力，片面夸大历史人物作用的错误方法论，本质上属于已经被马克思主义所批倒的英雄史观。

“两个不能否定”是习近平对马克思主义历史评价原则的又一重大理论贡献。他指出，“不能用改革开放后的历史时期否定改革开放前的历史时期，也不能用改革开放前的历史时期否定改革开放后的历史时期”[③]。这一论断是围绕改革开放前后两个时期的具体关系而展开的，在反对历史虚无主义问题上，不仅具有针对具体问题的理论价值，而且具有普遍意义上的理论价值。“两个不能否定”对前者的意义在于，批判了历史虚无主义人为夸大两个时期在理论、路线、方针、政策上的差异，甚至将两者的关系放大为分裂的乃至对立的做法。“两个不能否定”对

① 列宁:《论民族自决权》,《列宁选集》第2卷,人民出版社2012年版,第375页。

② 中共中央文献研究室编:《十八大以来重要文献选编》(上),中央文献出版社2014年版,第693页。

③ 中共中央文献研究室编:《十八大以来重要文献选编》(上),中央文献出版社2014年版,第112页。

后者的价值在于，揭露了历史虚无主义割裂社会历史发展延续性的惯用手法。关于这一点，习近平指出，“一切伟大的成就都是接续奋斗、接力探索的结果，一切伟大的事业都需要在承前启后、继往开来中推进”[①]。这就启示我们，必须以马克思主义过程性方法论反对历史虚无主义的片段性手法，充分认识并宣传党和国家的各个历史时期虽然存在差异，但本质上都属于党带领人民继往开来、勇于创新的历史环节。应当说，发现党和国家历史各个阶段的差异，比只看到连续性而看不到差异性已经前进了一步，但只停留在发现差异性阶段仍然没有把握到本质，必须进入发现包含了差异性的连续性阶段，这个从“看山不是山”到“看山仍是山”的认识过程才真正完成了。

三、立体多维：反对历史虚无主义的实践路径

习近平不仅对历史虚无主义的巨大政治危害和隐秘的唯心主义本质作出了深刻论断，而且给出了反对历史虚无主义的马克思主义的历史评价原则。这启示我们必须要清醒地认识到，反对历史虚无主义是一场持久的斗争，不能依赖“一阵风式”的应对，而应该做好打持久战的准备。与此同时，还必须清醒地认识到，反对历史虚无主义是一场复杂的斗争，是一场意识形态领域的综合较量，决不能单靠某一个或某几个部门单打独斗、靠个别措施来被动应对，而要动员和凝聚全社会各个领域和各种力量，坚持立体多维的实践路径，从而深入贯彻实施习近平关于反对历史虚无主义的重要论述，形成反对历史虚无主义的强大合力。

首先，习近平所指出的“三个否定”启示我们，必须认识到“反对历史虚无主义是一场严肃的政治斗争……是一项艰巨复杂的而又具体细

① 习近平：《在纪念胡耀邦同志诞辰100周年座谈会上的讲话》，人民出版社2015年版，第13页。

致的政治任务”[①]。这就要求我们不断提高政治站位，增强“四个意识”，坚定“四个自信”，做到“两个维护”，以巩固党的执政地位，捍卫马克思主义指导地位，坚持从中国走向社会主义历史必然性的政治高度，来完成反对历史虚无主义这一重大政治任务。第一，要不断提高反对历史虚无主义的政治理论素养，学深悟透习近平关于反对历史虚无主义重要论述的思想结构、丰富内涵和启示意义，提高运用这一科学理论体系指导反对历史虚无主义实践的能力。第二，要不断提高反对历史虚无主义的政治责任感，将反对历史虚无主义的思想和行动统一到党中央的决策部署上来，贯彻落实党中央反对历史虚无主义的战略安排，切实肩负起反对历史虚无主义这一重大责任。第三，要不断提高反对历史虚无主义的政治鉴别能力，在历史虚无主义纷繁复杂的所谓“揭秘”“真相”“纪实”等形式之中，深刻透视其混淆视听、颠倒黑白、扰乱民心的观念内核，敏锐把握其“三个否定”的政治意图。

其次，要持续推进反对历史虚无主义的法治化进程。习近平在中国人民抗日战争胜利 70 周年之际指出：“一个有希望的民族不能没有英雄，一个有前途的国家不能没有先锋。”[②]崇尚英雄、捍卫英雄、学习英雄，理应成为全社会共同的价值追求和精神风貌。这是弘扬和践行社会主义核心价值观的应有之义和重要一环，是批判和抵制历史虚无主义借西方价值理念来虚无我们党和国家文化传统的关键一招。为此，必须采取更有力的措施来遏制历史虚无主义，捍卫英雄烈士，捍卫我们的价值观念。而要想真正实现这一点，就必须要像习近平所指出的那样，“不仅要靠思想教育、实践养成，而且要用体制机制来保障”，“要把社会主

① 曲青山：《深入学习贯彻党的十九大精神，旗帜鲜明地反对历史虚无主义》，《湘潮》2018年第1期。

② 习近平：《在纪念中国人民抗日战争暨世界反法西斯战争胜利70周年系列活动上的讲话》，人民出版社2015年版，第19页。

义核心价值观的要求转化为具有刚性约束力的法律规定”。[①]

在习近平讲话精神的指引下，法治力量已经逐步成为打击历史虚无主义诋毁、污蔑、丑化英雄烈士的有力手段。2016 年 10 月 19 日，最高人民法院召开新闻发布会，通报人民法院依法保护英雄人物名誉权等人格权益典型案例，维护狼牙山五壮士、邱少云等英雄名誉。2018 年 5 月，《中华人民共和国英雄烈士保护法》颁布实施。与此同时，在全面从严治党的大形势下，新修订的《中国共产党纪律处分条例》公布，将丑化党和国家形象，诋毁、污蔑党和国家领导人、英雄模范，或者歪曲党史、新中国史、改革开放史、社会主义发展史的行为，列为严重违反党的纪律的行为。2020 年 6 月 28 日提请全国人大常委会会议审议的《中华人民共和国刑法修正案（十一）（草案）》，更是将侮辱、诽谤英烈的行为明确规定为犯罪。上述科学的立法、立规旗帜鲜明地维护了英雄烈士的荣誉，展现了党和国家对英雄烈士丰功伟绩的长久缅怀。这说明我国已经初步形成了一个较为完善的捍卫英雄烈士荣誉的法治体系。在此基础上，应当进一步推动反对历史虚无主义的法治化进程，实现科学立法、严格执法、公正司法、全民守法，从而不断增强打击历史虚无主义的法治能力。

再次，要以文化自信作为反对历史虚无主义的精神堤坝。党的十八大以来，习近平在多个重要场合将文化自信与道路、理论、制度三大自信并提。他深刻指出，“我们不是历史虚无主义者，也不是文化虚无主义者，不能数典忘祖、妄自菲薄”[②]。这启示我们，必须认识到文化自信的缺失是历史虚无主义产生的深层次根源，文化自信是破除历史虚无主义的有力精神武器，是抵制历史虚无主义的强大精神堤坝。习近平强调，

---

① 中央文献研究室编：《习近平关于全面深化改革论述摘编》，中央文献出版社2014年版，第89页、90页。

② 中央党校组织编写：《以习近平同志为核心的党中央治国理政新理念新思想新战略》，人民出版社2017年版，第74页。

“坚定文化自信，离不开对中华民族历史的认知和运用”[①]，并指出，“中国革命历史是最好的营养剂”[②]，“学习党史、国史，是坚持和发展中国特色社会主义、把党和国家各项事业继续推向前进的必修课”[③]。这就启示我们，对文化的自信也就是对历史的自信，文化和历史息息相关，文化就是历史的载体和魂魄，历史则是文化的根基、传承和扩展，是人类文明的轨迹。正如钱穆所言，“若一民族对其已往历史无所了知，此必为无文化之民族”[④]。

习近平所强调的文化自信的内容包括两个方面。第一，反对历史虚无主义，必须要坚定对中华优秀传统文化的自信。中华优秀传统文化中所蕴含的积极价值理念和规范体系具有悠久的历史传承和独特的发展逻辑，是中华民族的根脉和灵魂。筑牢反对历史虚无主义的精神堤坝，需要我们推动中华优秀传统文化的创造性转化、创新性发展，实现传统文化的现代化。真正的自信建基于事物本身的生生不息的活力，我们必须超越文化封闭状态，激发出中华优秀传统文化面向世界、面向未来的旺盛生命力。第二，党领导人民在革命、建设、改革中创造的先进文化，是一种新的独特的文化形态，是党带领人民从胜利走向胜利的精神支柱。历史虚无主义对我们党的领袖人物、英雄人物和先进人物的直接否定和虚无，显然就是对我们党领导人民长期以来所形成的革命文化和社会主义先进文化的否定和虚无，从而间接、隐晦地宣扬资产阶级和西方文化的价值观念。可以肯定，如果没有对党领导人民在革命、建设、改革中创造的先进文化的自信，我们在这一过程中确立起来的高尚精神与

---

① 中共中央党史和文献研究院编：《十八大以来重要文献选编》（下），中央文献出版社2018年版，第476页。

② 《党面临的“赶考”远未结束——习近平总书记再访西柏坡侧记》，《人民日报》2013年7月14日。

③ 《习近平在中共中央政治局第七次集体学习时强调，在对历史的深入思考中更好走向未来，交出发展中国特色社会主义合格答卷》，《人民日报》2013年6月27日。

④ 钱穆：《国史大纲》上册，商务印书馆1991年版，第2页。

理想信念就会被虚无掉，为中国人民谋幸福、为中华民族谋复兴的使命感就会丧失。因此，必须将文化自信内化为广大党员干部和全国人民的心理认同，为破除历史虚无主义提供精神支持，并将其外化为反对和抵制历史虚无主义的自觉行动，从而切中历史虚无主义的要害，揭露其根本谬误。

复次，必须全面提升党史、新中国史、改革开放史和社会主义发展史的研究层次与宣传水平。历史虚无主义在党史、新中国史、改革开放史和社会主义发展史领域的泛滥，与研究和宣传工作没有紧跟时代发展和满足人民群众学习历史的需求密切相关。正如习近平所指出的，“准确、权威的信息不及时传播，虚假、歪曲的信息就会搞乱人心；积极、正确的思想舆论不发展壮大，消极、错误的言论观点就会肆虐泛滥”[①]。因此，必须提高重大历史事件的研究水平，把握其研究脉络，透视其历史本质，确定其在党史、新中国史、改革开放史和社会主义发展史中的地位。必须提升重要历史人物的研究层次，细致深入地掌握研究对象的相关史料，并以历史唯物主义方法来透视这些材料。要从历史人物全部的社会实践入手分析其思想变化，从思想根源来考察其实践活动，将其置于历史发展的大背景下把握其思想和行动的社会基础，最终从党史、新中国史、改革开放史和社会主义发展史的高度，通观并评判其一生的功过是非。

研究为宣传奠定基础，宣传为研究展示效用。在取得扎实研究成果的基础上，要全面提升宣传党史、新中国史、改革开放史和社会主义发展史的能力，创新宣传手段。习近平指出，“在信息生产领域，也要进行供给侧结构性改革，通过理念、内容、形式、方法、手段等创新，使正面宣传质量和水平有一个明显提高”[②]。第一，在内容上要注重突出党的伟大功绩。“我们就是要理直气壮地让人民知道党团结带领全国各族

① 习近平：《加快推动媒体融合发展，构建全媒体传播格局》，《求是》2019年第6期。

② 习近平：《加快推动媒体融合发展，构建全媒体传播格局》，《求是》2019年第6期。

人民推动我们党和国家事业取得了哪些历史性成就，发生了哪些历史性变革。”[①] 第二，要坚持宏观与微观相结合的写作手法，既能够深刻展现历史发展规律，又能够以丰富翔实的史料来展现历史细节与人物特点，从而把党史、新中国史、改革开放史和社会主义发展史写深刻、写准确、写生动。第三，要加快推动历史知识数字化进程，丰富党史、新中国史、改革开放史和社会主义发展史宣传工作现代化手段。可以邀请权威专家深度参与，确保宣传内容的科学性，与此同时，借助档案、影像等媒介，利用虚拟实现技术，采取设置悬念的讲述手法，增加对观众的吸引力和感染力，在寓教于乐之中筑牢反对历史虚无主义的宣传阵地。

最后，必须牢牢把握历史虚无主义在互联网时代下的新特点、新表现，与时俱进地丰富应对网络历史虚无主义的措施。2013 年，习近平在全国宣传思想工作会议上强调，“根据形势发展需要，我看需要把网上舆论工作作为宣传思想工作的重中之重来抓”[②]。众所周知，互联网的兴起颠覆了人类加工和传播信息的手段，极大地提高了人类传播和利用信息的能力。但与此同时，互联网新媒体也在很大程度上具备了强大的“公共话语规范生成力”，能够“利用强大的媒介社会化的技术渗透力将广大受众深度卷入和裹挟在高度媒介化的社会网络里”。[③] 这种新变化对于党和国家在新时代加强意识形态治理、凝聚主流意识形态共识带来了巨大的挑战。对此，习近平指出，“谁掌握了互联网，谁就把握住了时代主动权；谁轻视互联网，谁就会被时代所抛弃”[④]。历史虚无主义在新媒体上泛滥，也就是所谓网络历史虚无主义，是我们必须警惕的一

---

① 陈理：《讲好中国故事，让世界更好了解中国》，《党的文献》2020年第1期。

② 中共中央文献研究室编：《习近平关于全面深化改革论述摘编》，中央文献出版社2014年版，第83页。

③ 刘艳娥：《新媒体流行文化中意识形态的隐性线路及问题检视》，《云梦学刊》2020年第2期。

④ 中央宣传部编：《习近平新时代中国特色社会主义思想学习纲要》，学习出版社、人民出版社2019年版，第151页。

种历史虚无主义新形态，其“呈现出标题化、碎片化、隐蔽性、弱辨析性和时机针对性等特征”[①]。在上述反对历史虚无主义的路径基础上，必须“尽快掌握这个舆论战场上的主动权”[②]，有针对性地提出及时性的、直接性的应对策略，多管齐下，最终构筑反对历史虚无主义的坚强的网络堡垒。

原载《马克思主义与现实》2021 年第 1 期

① 杨建义：《历史虚无主义的网络传播与应对》，《思想理论教育导刊》2016年第1期。

② 中共中央文献研究室编：《习近平关于全面深化改革论述摘编》，中央文献出版社2014年版，第83页。

历史虚无主义透视

班永杰*

历史虚无主义的本质，是通过虚无历史颠覆价值观念、颠覆政权和社会基础，是一种攻击的武器和斗争的手段。习近平在 2010 年 7 月召开的全国党史工作会议上强调："历史虚无主义的要害，是从根本上否定马克思主义指导地位和中国走向社会主义的历史必然性，否定中国共产党的领导。"有效开展与历史虚无主义的斗争，必须掌握研究党史国史军史的科学方法，认清历史虚无主义者的现实依托、论证方式等。

透析历史虚无主义的现实依托

历史虚无主义之所以存在，除了政治因素，还有社会、文化及心理等方面的原因。

以"不识庐山真面目，只缘身在此山中"来形容少部分人对历史问题不能正确认识和把握的站位，是很贴切的。一则身处其中，与个人利益紧密联系，若以一己得失来衡量历史则大多走向虚无，掉进个人主义的藩篱。二则由于我们党在历史上出现过政策或决策失误，给个人利益带来了不同程度的损伤，甚至危及生命，一些人难以释怀，从个人创伤心理出发，怀疑党的组织，诋毁党的形象，沦为历史虚无主义者的帮凶。

我们的改革，我们的中国特色社会主义现代化

---

* 作者简介：班永杰，中共中央党史和文献研究院第七研究部副主任。

建设事业，是前无古人的事业，没有任何经验可循。在前进发展中不可避免地会有这样或那样的失误或曲折，这就成了一些人攻击现行政策的借口。比如，物质生产极大发展，相应的精神文化发展相对滞后；在党内出现消极腐败现象，社会上出现个人至上、享乐主义、奢靡之风等问题，有人便据此完全否定市场经济、否定改革开放，这无疑是错误的。问题是时代的先声。发现问题、分析问题，然后解决问题，之后是新的问题出现，如此循环往复，螺旋上升，才是推动事物发展的必经之旅。苛求完美，不容许出现任何失误，本身就不符合事物发展的客观规律。这样的人，这样的思想，也会成为历史虚无主义存在的土壤。

在西方文化渗透和大众消费文化的推动下，文化领域出现了消费一切、解构崇高、虚化历史价值的社会现象。一些人在利益和感官欲望的驱动下，将社会责任和社会效益抛之脑后，将拜金主义、享乐主义作为唯一价值追求，娱乐至死、玩世不恭，导致一个时期以消费历史、娱乐历史的方式解读历史、恶搞历史的“雷剧”“神剧”“宫斗剧”充斥荧屏。任何文化作品都是历史价值、社会价值或文化价值的传播载体，打着价值中立的幌子解构历史、消费历史，颠倒价值观，客观上是在为“颜色革命”铺路奠基，是十分荒谬甚至违法的。对此，我们必须高度警惕。

明辨历史虚无主义者的论证方式

历史虚无主义带有明显的攻击性。政治上，对颠覆社会主义制度情有独钟、对美化西方宪政民主制度用情专一；思想上，鼓吹马克思主义“过时论”、社会主义“破产论”，推崇西方所谓“民主、自由”的“普世价值”；行为上，诋毁丑化领袖、英烈和我党我军的正面形象，美颜西方列强的殖民侵略历史；价值观上，为西方鼓吹的“人性化、个性化”的个人英雄主义涂脂抹粉，刻意贬低社会主义的集体主义。具体表现为以下几种形态：一是打着“还原历史”的幌子，贬低党的形象；二是否认革命，支持殖民；三是篡改历史，美化反动形象；四是臆造史料，中伤英雄；

五是低俗宣讲，诋毁英雄。以上表现形态虽然形式各异，但却有共同的政治诉求，那就是反对四项基本原则这一立国之本。要揭穿历史虚无主义的本质，必须明辨历史虚无主义者的论证方式和手段。

真理具有相对性，脱离一定的条件、环境或阶段，在另一个场所或时空，真理就有可能变为谬误。历史虚无主义者恰恰利用了这一点，以当代普通人的眼光、视角去“还原”历史，引发舆论话题，达到抹黑目的。最典型的莫过于抹黑邱少云、黄继光等英雄人物，他们用当代普通人难以忍受的烈火、机枪扫射，来否认英雄的无畏与牺牲。我们说，共产党员的意志是用钢铁做的，没有任何人任何困难可以难得倒、压得垮，这也是我们党取得革命、建设、改革巨大成功的核心原因之一。事物是普遍联系的，只有把握住各种历史因素的普遍联系和相互作用，才能把握事物的一般性质，这是史学研究的基本常识，而历史虚无主义者对此根本无视。

历史在一万个人眼中，会有一万种色彩、一万种描摹。一些人假借研究之名，通过有选择的个案或口述历史，片面夸大或放大某一阶段、某一事件或某个人的某一行为，来达到以偏概全虚化历史的目的。最典型的莫过于散布“饿死 3000 万”的谣言。客观地讲，彼时在遭灾严重的地区，饿死人是有的，但绝不是按照所谓“科学方法”统计和推断出来的 3000 万。对于我们党在探索社会主义现代化建设道路过程中经历的曲折和所犯错误，我们从未遮掩，而是将其作为前行的镜子、苦口的良药。也正因为如此，一个没有任何私利的中国共产党才能在历经磨难后，始终赢得最广大人民群众的拥护。一叶障目终究是自欺欺人，谣言终将被历史所遗弃。

研究要充分占有材料，以便去粗取精、去伪存真；研究必须分清主次，把握矛盾的主要方面。事无完美，月盈则亏。历史虚无主义者正是通过抓住白璧微瑕、颠倒主次的方式，实现对历史的解构和虚化。典型的是用改革开放后的历史否定改革开放前的历史，或用改革开放前的历史否定改革开放后的历史，把“前 30 年”和“后 40 年”完全对立起来。这种打着为“前30年”或“后40年”正名的旗号，行撕裂社会主义发展之实的虚无主义方法，是典型的“低级红、高级黑”。在探索社会主义建设和改革开放的过程中，无论是“前30年”还是“后40年”，都存在失误或曲折，但不能因此而否定“前30年”或“后40年”取得的巨大成就。失误或曲折恰恰为我们更好地前行提供了成长和成功的启迪。毛泽东指出：“错误一方面损害党，损害人民；另一方面是好教员，很好地教育了党，教育了人民，对革命有好处。”学会辩证地看问题，把握事物发展的主流主线，这是研究者必备的基本功，但历史虚无主义者却似乎没有掌握这一基本功。

这是最低级，却也是流行最广的一种虚无方式。历史虚无主义者污蔑狼牙山五壮士、诋毁方志敏烈士、抹黑刘胡兰等，用的都是这种伎俩。更有甚者，为抹黑领袖人物的历史功绩而篡改党史、新中国史，把某一时期的偶然失误归结于领袖人物个人的独断专行。习近平在纪念毛泽东120周年诞辰座谈会上就从唯物史观角度出发讲道：“革命领袖是人不是神。尽管他们拥有很高的理论水平、丰富的斗争经验、卓越的领导才能，但这并不意味着他们的认识和行动可以不受时代条件限制。不能因为他们伟大就把他们像神那样顶礼膜拜，不容许提出并纠正他们的失误和错误；也不能因为他们有失误和错误就全盘否定，抹杀他们的历史功绩，陷入虚无主义的泥潭。”因此，有效有力地回击历史虚无主义者“凭空想象，无中生有”的谣言，需要扩大正面宣传力度，依托有理、有据、有逻辑的论证，开展有针对性的批驳。对于触犯法律的造谣行为要严格执法，以儆效尤。2018年4月，《中华人民共和国英雄烈士保护法》应时而生，这是对历史虚无主义者造谣诽谤的有力震慑。

掌握党史、新中国史、军史的科学研究方法

以史为鉴，可以知兴替，前提是要能够科学把握历史，学会运用马克思主义的立场观点方法分析研究历史。历史虚无主义者就是从主观出

发，捏造臆断史实，带来的只能是激化矛盾，挑起争端，制造混乱。对此，我们必须掌握科学的研究方法，以期真正发挥历史资政育人作用。

历史是后人书写，用来启迪今人智慧的。客观把握人类社会的历史现实，应知时下仍处于阶级社会的范畴，因此我们所能接触到的历史，都是由持特定政治立场和价值观念的人书写的。明白了这一点，就更应该明白所谓的“价值中立”在阶级社会是不存在的，如果有，也只是用来掩藏真相的幌子和旗号。因此，研究党史、新中国史、军史，首先要旗帜鲜明地站稳人民立场，以维护党和国家利益为己任。当然，这并非是要用立场来裁剪一切。正确区分学术问题与政治问题，既是我们汲取历史教训得出的结论,也是推动社会科学发展的前提条件。习近平指出：“以正确的立场、观点、方法对待党的历史，是巩固党的执政地位、实现党的执政使命的必然要求，是应对意识形态领域挑战，抵制西方敌对势力西化、分化图谋的必然要求，是开创党和国家事业发展新局面的必然要求，关系党和国家长治久安，关系我国社会主义前途命运。”抵制和反对历史虚无主义是一场严肃的政治斗争，唯有用历史唯物主义的历史观和方法论分析党的历史、新中国的历史、解放军的历史，旗帜鲜明地反对历史虚无主义，以正确的历史观正本清源、去伪存真，揭穿历史虚无主义制造的种种谎言和迷雾，才能引导广大群众正确认识和对待历史，维护中国革命、建设、改革的伟大成果，坚定不移地走中国特色社会主义道路，正确对待党在前进路上的失误和挫折。

历史虚无主义思潮滋生的土壤和依仗，就是肆意夸大党的历史中出现的各种失误，无限放大社会主义探索实践的种种挫折，把前进路上的沟沟坎坎解读为印证党的领导力不足的直接证据。因此，党史研究者要全面地、科学地对待党的历史。

一是从客观角度对待失误和挫折。一个国家、一个民族乃至一个团体都存在于历史过程中，在面对客观事物、认识客观事物的过程中，都难免会犯错误，中国共产党也不例外。但是，我们的党对自己包括领袖人物的失误和错误历来采取郑重的态度：一是敢于承认；二是正确分析；

三是坚决纠正。这些失败和挫折，成为党吸取经验教训的基础，使得中国共产党在失败中查找根源，总结经验，自我革命，从而不断从胜利走向胜利。

二是从时代角度看待失误和挫折。我们要从历史的角度，以时代的眼光来客观分析党在发展历程中遇到的挫折和失误，既不能无限夸大，也不能过于轻视，更不能因为有失误和错误就全盘否定党的历史功绩，这样才能还历史一个更加客观公正的结论。

三是从发展角度对待失误和挫折。以史为鉴，可以知兴替。习近平指出，把握党的历史发展的主题和主线、主流和本质的要求，是“必须遵循的党性原则”。我们党也是善于借助历史教训来总结经验，改进工作的。

马克思主义的唯物史观是被历史和实践证明了的科学的思维方法和研究方法。正如习近平指出的：“马克思主义揭示了事物的本质、内在联系及发展规律，是‘伟大的认识工具’，是人们观察世界、分析问题的有力思想武器。”学会运用历史的、辩证的观点分析研究历史，才能在浩如烟海的史料中，抽象出一般的规律和结论；学会用联系的、全面的、发展的方法看问题，才能跳出一时一事的得失，透过现象看本质，正确对待失误和挫折、经验与教训；掌握了实践与认识的辩证关系，才能把握推动史学研究的根本动力，把握历史发展的主题和主线、主流和本质，找到研究的真正价值所在。例如在评价历史人物时，习近平指出：“应该放在其所处时代和社会的历史条件下去分析，不能离开对历史条件、历史过程的全面认识和对历史规律的科学把握，不能忽略历史必然性和历史偶然性的关系。不能把历史顺境中的成功简单归功于个人，也不能把历史逆境中的挫折简单归咎于个人。不能用今天的时代条件、发展水平、认识水平去衡量和要求前人，不能苛求前人干出只有后人才能干出的业绩来。”坚持用历史唯物主义的视角来认识历史、了解历史，必须掌握科学方法。

一是要用发展的眼光对待党的历史。新生事物的发展是一个长期、艰难、曲折的过程，中华民族追寻民族复兴中国梦的历程一样是艰难曲折的，而中华民族追求复兴的过程就是党领导全国各界各族群众的抗争史、建设史、发展史。正确认识社会主义实践探索阶段为改革开放积累了宝贵经验和基础，正确理解改革开放是对社会主义实践探索阶段的坚持、改革和发展，从而认识到坚持实事求是思想路线的重要性，坚持四项基本原则和改革开放有机地统一的必要性。

二是要用全面的观点对待英雄人物。金无足赤，人无完人，任何历史人物都不可能绝对完美。我们的党史研究和史学研究，必须跳出完美主义的影响，抓住主流，抓住关键，抓住大局，以全面的眼光来看待历史人物，给出正确的评价和准确定位。

三是要用整体的眼光对待社会主义道路。习近平指出，近代以来，中国人民面临着争取民族独立、人民解放和实现国家富强、人民富裕这两大历史任务。党的百年历史，就是围绕这个主题和主线，领导和带领全国各族人民进行新民主主义革命、进行社会主义革命和开展大规模社会主义建设、进行改革开放和社会主义现代化建设并取得伟大胜利的历史。我们只有在中国近现代的历史中，在中华民族的奋斗历程中整体、全面地看待中国特色社会主义道路，才能时刻保持清醒，坚决抵制历史虚无主义思潮的侵蚀，坚定不移地走好中国道路、与时俱进地拓展中国道路。

四是要用翔实史料讲好党史故事。历史是最好的教科书，也是最好的清醒剂。党史研究工作者,不仅要坚持用唯物史观来认识和记述历史，更要把历史结论建立在翔实准确的史料支撑和深入细致的研究分析的基础之上，通过深入挖掘党史资料，把党在革命、建设、改革各个历史时期领导人民所取得的伟大胜利和辉煌成就，与筚路蓝缕、艰难困苦的一穷二白，独立自主、艰苦奋斗的良好作风，实事求是、解放思想的思想路线等紧密结合起来，使人们能够在更加全面、翔实的史料基础上，准确了解和认识中国共产党的历史，深度认可党领导人民走中国特色社会主义道路、风雨兼程的资格。

从历史发展的规律来看，历史虚无主义及历史虚无主义者将在一定阶段、一定范围内突出地表现出来。我们必须掌握历史虚无主义的本质、表现及传播方式，把握历史虚无主义者的现实依托，在从根本上解决现实问题的基础上，运用马克思主义唯物史观的研究方法，科学研究党史、新中国史、军史，讲好中国故事。在意识形态领域，我们要有自己的话语体系，不能失声失语，要增强历史自信、文化自信、党史自信。面对历史虚无主义来势凶猛的攻击，我们要坚持用辩证唯物主义的世界观和方法论研评历史，砥砺敢于斗争、善于斗争的品质，争做敢于斗争、善于斗争的战士，坚决与历史虚无主义斗争到底，彻底消除历史虚无主义的危害，让真理走进人们的思想田野。

原载《湘潮》2020 年第 1 期

唯物史观视域内历史虚无主义的现代性批判

韩 升*

历史虚无主义以一种花样不断翻新的碎片化手法肢解了人类历史进程的整体性，遮蔽了人类历史发生的事实与真相，影响人类自觉历史意识的形成，消解人们的精神信仰和时代的自我确证，干扰人们对过往经历的正确认知、对现实境况的理性判断和对未来图景的积极筹划。根据唯物史观，历史虚无主义的各种言说形式完全脱离人类社会发展实践的“自然历史过程”，不过是基于某种外在尺度而形成的主观臆断和自我玄想而已，就其实质而言是一种割裂了社会发展客观规律与主体价值选择辩证统一关系的虚幻的意识形态话语。唯有站在唯物史观的高度给予深刻的现代性批判，才能揭示历史虚无主义解构人类历史客观性和整体性的历史唯心主义实质，才能在历史观问题上匡正认知、呈现史实、澄明本真，才能恢复历史言说的严肃、真实与客观。

一、存在脱域：遮蔽历史整体性的碎片化叙事

从生存论的角度来看，历史不是有待我们认知和把控的对象和客体，而是基于马克思意义上的“物质生活过程本身”的人类生活世界的开显与生成。

* 作者简介：韩升，山东大学马克思主义学院教授、博士生导师。

唯物史观“这种考察‘历史’的方法表明，它表达的是一个流动状态，是一个正在生成的状态，是一个发生的状态，而不只是那个发生的结果。或者，比拟地说，不是流动出来的冲积平原，而是过程加结果全有”①。可以说，历史是人类鲜活生存经验的自觉沉淀和理性反思，是作为命运共同体的人类生命历程的自然呈现和文化延展。历史虚无主义正是忽视、遗忘或掩盖了唯物史观的这种整体性视野和生存论意蕴，片面地在人类经验的割离和断裂中表达自我生存认知的只言片语和现代性生存境遇的深层困惑，呈现为一种遮蔽历史整体性的碎片化叙事。

历史虚无主义解构宏大叙事的思想倾向在一定程度上契合了现代性生存语境的流动性特质。德国哲学家雅斯贝尔斯早在1930年就指出：“我们生活在一种运动、流动和过程之中。变化着的认识造成了生活的变化；反之，变化着的生活也造成了认识者意识的变化。这一运动、流动和过程把我们投入了无休止的征服与创造、丧失与获得的漩涡之中。”② 这是一种无根化的现代性存在脱域状态，原本稳固的生活秩序被彻底打破，文化传统不再是生活意义得以确立的参照系而是沦为被急于抛弃的历史故纸堆，偶然、变化、模糊、延异成为现代社会生活的常态，现代性个体以自我解放的名义让绝对消极自由的随心所欲成为可能——而这正是历史虚无主义话语的现时代症候。

历史虚无主义高举立异求新的旗帜否定一切根据、理由和节律，将纯粹偶然、毫无规则、不可预见的历史无序性推向了极致：“历史中任何时间所发生的任何事件，过去都从未发生过或者将来不会再次发生；它是独一无二的、绝无仅有的。当然它可以和别的事件相似，但这不是它的本质特征，它的本质特征是它的独特性和新奇性。时间和历史就是

---

① 张文喜：《重建历史唯物主义历史总体观》，中国人民大学出版社2013年版，第25页。

② ［德］雅斯贝尔斯：《时代的精神状况》，王德峰译，上海世纪出版集团2003年版，第2页。

这样永远地向处女地进军，就是不断地揭示和发现新奇事物。”[①]历史虚无主义的这种猎奇心态折射出的正是人在现代性极致发展语境中遭遇的流动性生存状态。当历史言说的自由变成了无所依凭的主观臆断，也就被彻底形式化、空心化和抽象化了。唯有实现了自由与必然辩证统一的处境化自我才能构成历史演绎的真正主体，才能书写人类社会文明进步的客观进程。

在列奥·施特劳斯看来，历史虚无主义的发生始于现代性的“彻底历史主义”观念，那就是以“新”取代“好”作为衡量和评价历史进步与否的标准，结果便是客观、永恒、不朽等传统历史观念被转瞬即逝的情绪体验所取代，最终造成人类生活失去了原有的广度、深度和厚度，现实生活世界的平面化、空洞化、碎片化预示了虚无主义的发生：“历史主义的顶峰就是虚无主义。要使得人们在这个世界上有完完全全家园感的努力，结果却使得人们完完全全地无家可归了。”[②]在从解放政治到生活政治的社会近现代化过渡中，自我存在的个体化甚至原子化倾向得到张扬，彻底摆脱人身依附关系的努力伴随着技术进步带来的时空压缩催生了诸多存在脱域的流浪者。对于历史虚无主义而言，过分强调生存处境的特殊性与自我言说的个体性最终遮蔽了真正的历史创造主体及其通过社会交往所开启的命运共同体视域，最终陷入了历史言说的碎片化叙事之中：“历史之为历史，它所呈现给我们的是这样一幅让人沮丧的画面：各种思想和信仰五花八门，最要命的是，种种人们曾有过的思想和信仰不断地烟消云散。”[③]

就其实质而言，历史虚无主义将历史视为一种无主体的偶然结果，

① ［英］格鲁内尔：《历史哲学——批判的论文》，隗仁莲译，广西师范大学出版社2003年版，第17页。

② ［美］施特劳斯：《自然权利与历史》，彭刚译，生活·读书·新知三联书店2016年版，第19页。

③ ［美］施特劳斯：《自然权利与历史》，彭刚译，生活·读书·新知三联书店2016年版，第20页。

强调和突出的是碎片化的个体性叙事，缺少宏大的历史视野和高远的历史境界，肢解历史演进的整体性，否认历史发展内涵的进步性，把个别历史现象的独特性与客观历史规律的发展性割裂对立起来。“历史虚无主义，一般是指不承认历史及文化传统的继承性与连续性，把传统文明向现代文明的过渡看成是彻底的断裂，否定历史发展的内在逻辑，轻率地对待各种历史和文化遗产，漠视人文精神传统的内在传承及其教化意义。”[①] 历史虚无主义看不到人在历史创造中的交互主体作用，看不到由生产关系所衍生的各种社会关系对人的实践主体地位的历史证成，更看不到历史辩证法的实质是客观辩证法与主观辩证法统一基础上的实践辩证法，而仅仅以非理性的自由意志作为触发历史的偶然性因素，将螺旋式上升的人类历史发展过程主观臆断为杂乱无章的历史碎片。

从更深层次来看，历史虚无主义“虚无”的是积极的现实社会生活，与真正的人类历史进程格格不入、背道而驰。真正的历史不是脱离现实社会生活的旁观者，不会静静地沉睡在典籍之中等待人们去唤醒。真正的历史会自觉融入我们的现实生活，成为教导和引领我们通过积极实践行动达致美好生活的儒雅长者，蕴涵着一种“明确地改变自身的力量，那种将过去、陌生的东西与身边的、现在的东西融为一体的力量，那种治愈创伤、弥补损失、修补破碎模型的力量”[②]。历史蕴含的这种创生力量正是通过“现实的个人”及其物质实践充分展现出来的。因此，真正的历史就是大写的人，是人类实践活动及其生活世界的自然展开过程，是在反思中实现自我确证和自我成长的过程；真正的历史言说氤氲着浓厚的人文气息，散发着温暖的人性光芒，本身就是促进人类不断走向文明教化进步的基本构成。

实践是人与世界遭遇的方式，也是人类历史的正确打开方式。唯物

---

① 邹诗鹏：《虚无主义研究》，人民出版社2016年版，第254页。

② ［德］尼采：《历史的用途与滥用》，陈涛、周辉荣译，上海人民出版社2005年版，第4—5页。

史观正是马克思意义上的“现实的个人”及其生产生活实践的理性表达，是作为“自然历史过程”的人类社会发展进程的自觉呈现。在唯物史观的视野内，人是历史发展的绝对在场者，人类历史发展的进程是由“现实的个人”在不断的社会实践中向前推进的，承载着每一个参与创造性活动的历史主体的传统记忆、现实考量、实践行动、价值判断和未来期许。“历史什么事情也没有做，它‘并不拥有任何无穷无尽的丰富性’，它并‘没有在任何战斗中作战’！创造这一切、拥有这一切并为这一切而斗争的，不是‘历史’，而正是人，现实的、活生生的人。‘历史’并不是把人当作达到自己目的的工具来利用的某种特殊的人格。历史不过是追求着自己的目的的人的活动而已。”① 每一个马克思意义上的“现实的个人”都既是历史的“剧中人”，也是历史的“剧作者”，都在被历史规定着也在参与着历史的创造。对历史虚无主义而言，人游离于历史之外，是真实历史发展进程的缺席者。由此来看，历史虚无主义看不到“现实的个人”及其社会实践的积极创造作用是造成其陷入遮蔽历史整体性之碎片化叙事的根本原因，而这也正反映了现代性的极端发展中出现的人之存在脱域的问题。

二、话语封闭：释放历史诠释权的主观化言说

历史虚无主义以释放历史诠释权为名对正统权威的史实陈述发起挑战，最终陷入带有强烈唯我论色彩的彻底主观化的历史言说之中。历史诠释者自身的生存境遇、知识储备、价值期许等会内化为其历史言说的特有视角，也就是诠释学所说的“先见”。尊重诠释学的“合法的先见”，就是尊重人的历史性文化存在，就是尊重人打开未知的生活经验和自觉行动。如果以诠释过程的多元开放为由放任这种“先见”就会造成历史

① 马克思、恩格斯：《神圣家族》，《马克思恩格斯全集》第2卷，人民出版社1957年版，第118—119页。

诠释的意外、偶然、生疏和困惑，加剧理解历史、认识现实和判断未知的紧迫感,从而造成伽达默尔所说的“盲目的前见”。这种“盲目的前见”在历史诠释问题上无视人类社会发展的客观规律和人类历史演进的客观事实，完全从自我主观的一己喜好出发对历史演进的整体进程进行盲目而无情的剪裁，而这也正是历史虚无主义发生的内在机理。

对于历史虚无主义而言，“我们所能看到的不过是经过世世代代的历史学家、官员、编辑、作家等经过层层增加、删减、转换、创造出来的语言沉积物，我们所能把握到的除了‘文本之外，别无他物’，用后现代主义者经常援引的尼采的名言就是:不存在事实，只存在解释，‘我就是历史的一切名字’”[①]。历史虚无主义以所谓形式上的话语开放性和多元包容性放逐了历史诠释的“客观性告诫”，最终遮蔽了能够达成视域融合的“有意义的他者”,从而陷入“怎么都行”的各自为政、孤芳自赏、自我迷恋的话语封闭状态之中。也就是说，历史虚无主义毫无历史诠释的自由空间，仅仅从自我主观价值偏好出发对社会历史发展的客观进程进行博取眼球之饶舌调侃、肆意曲解。

有关历史的主观性书写在意大利历史学家克罗齐“一切历史都是当代史”的论断中已有所显现 :“我们要求对准备叙述的历史事件应有生动的体验，这导致事件精心加工后作为直觉或想象出现 ; 若缺乏这种想象重构或想象补充，既不能撰写历史，也不能阅读并理解历史。”[②]克罗齐深刻批判了各种“伪历史”和“普遍史”，赋予了历史事实以自由的思想价值，他坚信唯有当代史才是直面并引领现实生活的积极的活历史。深受克罗齐影响的英国历史学家柯林武德指出 :“一切历史都是当代史 ; 但并非是在这个词的通常意义上，即当代史意味着为期较近的过去的历史，而是在严格的意义上，即人们实际上在完成某种活动时对自

① 张兴成:《虚无主义与现代性批判》, 人民出版社2017年版, 第225页。

② ［意］克罗齐:《历史学的理论和历史》, 田时纲译, 中国社会科学出版社2005年版, 第26页。

己的活动的意识。因此，历史就是活着的心灵的自我认识。”[①] 对于克罗齐和柯林武德而言，历史不是僵死事实的简单机械叠加，而是在活生生的生活经验中获得的自身的内在思想规定性,只有在“事实”与“思想”的张力中实现历史与哲学的联姻，才能对当时深受自然科学方法影响的实证主义史学和自然主义史学构成实质上的批判。

在克罗齐和柯林武德那里，尽管历史诠释的主体性因素已经被凸显出来，但他们并没有走向彻底相对主义的历史言说，而是对完全主观化的历史话语采取了断然拒绝的态度：“真实的历史对纯属或然的，或者纯属可能的东西是不留余地的；它允许历史学家所肯定的一切，就只是他面前的证据所责成他去肯定的东西。”[②] 由此来看，厚重的历史画卷向我们徐徐展开的过程，就是我们带着时代烙印走进历史、反思历史、创造历史的过程。在这样的意义上,历史诠释的开放性意味着人类的过去、当下与未来的积极勾连，意味着人类不断深入的自我观照、自我反思和自我超越。历史诠释就是与“古人”对话，就是在古今视域融合中传承智慧、推进文明。这正是一种存在论意义上的“我注六经”的诠释学态度，也就是冯友兰先生说的“接着讲”。而历史虚无主义则无限放大了历史诠释的主体性因素，对历史采取的则是一种机械肢解和主观曲解的强硬态度，放弃了对基本历史事实和客观历史规律的承认与尊重，完全陷入一种自说自话的主观臆断和虚构捏造之中。

历史虚无主义由于过分强调历史阐释的主体性而彻底放弃了历史言说的“真实性”追求，完全陷入了自说自话的主观化泥沼之中。在历史虚无主义看来，“真实的历史”无法还原，有的仅仅是充满了意识形态幻象的“书写的历史”。“‘真实性’始终只是历史书写的理想，关键问题不在于什么样的内容是‘真实的’，而在于怎样的表述才被人认

① ［英］柯林武德：《历史的观念》，何兆武、张文杰译，商务印书馆1997年版，第286页。

② ［英］柯林武德：《历史的观念》，何兆武、张文杰译，商务印书馆1997年版，第289页。

为是‘真实的’。”[①] 由此来看，历史虚无主义彻底放弃了对历史事实的承认和尊重，完全陷入一种放任主观价值偏好的花哨破碎的语言游戏之中。

释放历史诠释权不是为了宣泄个人非理性情绪，更不是要在泛娱乐化的大众文化传播中使严肃的历史沦为被调侃戏弄的小丑。那些漠视历史发展主流、贬低历史伟人地位、抹黑历史英雄人物、妄断历史客观事件的尝试不过是黑白颠倒、前后脱节、自相矛盾的历史虚无主义的伎俩而已，要么是别有用心的意识形态企图，要么是头脑浅薄的愚昧无知，完全背离了人类历史发展的客观化进程。历史诠释必须要遵从最基本的“客观性告诫”，为历史诠释权的释放确立客观性的边界与限度，才能使历史言说在克服遮蔽与越界中达到“由自身便已在”。中国史学传统历来追求“信以传信，疑以传疑”的“春秋笔法”，客观真实之历史进程是不容置疑更是不容亵渎的。唯有志在求实的历史书写才是人类社会自我认知的重要自觉形式，才能引领人类实践不断从自在走向自为。

要对历史虚无主义的彻底主观化言说进行深入批判，必须坚持唯物史观物质实践的基本原则：“不是在每个时代中寻找某种范畴，而是始终站在现实历史的基础上，不是从观念出发来解释实践，而是从物质实践出发来解释观念的形成。”[②] 历史虚无主义看不到人类的物质实践及其生成的社会现实是一切社会观念的发源地，而是从片面的主观臆断出发来剪裁物质实践所开创的现实社会生活的整体视域，是彻底的历史观上的唯心主义。历史虚无主义体现为一种完全脱离现实的纯粹的“主观思想”，即“完全撇开事情本身的实体性内容，可以根本不顾及这种内容在展开过程中的必然性，而仅只根据自己的主观想象、偏好、任意和武断来发表有关精神走向的各种各样的意见，并且‘自由地’设计出各种

① 张兴成：《虚无主义与现代性批判》，人民出版社2017年版，第229页。

② 马克思、恩格斯：《德意志意识形态》，《马克思恩格斯选集》第1卷，人民出版社1995年版，第92页。

各样的方案来”[①]。这是一种完全脱离“客观性告诫”的“外部反思”,是将一种“抽象空疏的形式”强加在丰富真实的生活历史之上，并对之进行主观随意化的剪裁和阉割，由此呈现出来的“历史”已经失掉了社会历史的实体性内容而沦为大众文化“泛娱乐化”蔓延的产物或纯粹的意识形态话语衍生品。

要真正在历史观上坚持唯物主义，就必须从“现实的个人”及其物质实践出发来展开历史诠释。“现实的个人”及其物质实践构成了唯物史观历史诠释的现实前提和逻辑起点：“它的前提是人，但不是处在某种虚幻的离群索居和固定不变状态中的人，而是处在现实的、可以通过经验观察到的、在一定条件下进行的发展过程中的人。只要描绘出这个能动的生活过程，历史就不再像那些本身还是抽象的经验主义者所认为的那样，是一些僵死的事实的汇集，也不再像唯心主义者所认为的那样，是想象的主体的想象活动。”[②] 由此来看，“现实的个人”的物质实践活动使我们的生活世界敞开了无限的可能性，真实而具体的社会历史处境、不断拓展的社会交往关系网络为历史诠释设定了基于社会现实的边界和限度，为一种真正的历史诠释确立了客观定向。在这样一层意义上，真正的历史诠释学应该是一种实践诠释学，即历史生成发展于社会实践活动之中，包含着认知、实践、价值、审美之间的复杂张力关系，诠释历史就是要自觉呈现人类社会实践基础上生成的以生活关系为主的各种社会关系。

三、意义迷失：剥离历史厚重感的世俗化困惑

从现代性发展意义上来说，历史虚无主义是社会彻底世俗化发展的

---

① 吴晓明：《论中国学术的自我主张》，复旦大学出版社2016年版，第37页。

② 马克思、恩格斯：《德意志意识形态》，《马克思恩格斯文集》第1卷，人民出版社2009年版，第525—526页。

产物。近现代以来，科学技术的飞速发展契合了现代性启蒙的社会变奏，知识的增长与世界的祛魅带来了人类社会生活日新月异的变化，原本意义丰富的实践理性降格为效用最大化的工具理性，“日常生活的肯定”使严肃审慎的积极行动被轻佻嬉戏的娱乐化心态所左右，个体的原子化发展以主体解放的名义最终放逐了自我存在的伦理本真。社会的彻底世俗化发展，意味着传统社会的生活秩序被解构，意味着人类借以获得自我确证的文化系统被打破，意味着人类通过感知和理解历史来建构意义世界不再可能。历史虚无主义反映了社会世俗化发展背景下人类历史言说的表面化和肤浅化，这种轻浮随意的历史书写剥离历史应有的厚重感，折射了人类现代性世俗生活的吊诡与悖谬，透析着现时代人类深层次的生存困惑。历史虚无主义以一种强制的主观意识割断了人类世界过去—现在—未来的有机联系，必然会造成人在世俗化的自我放逐中迷失生活的意义。

历史带着沉甸甸的文化记忆向我们敞开自身，不断校正和规划着人类发展的未来方向。历史是人类以实践开启生活世界历程的真实记叙，是人类在实践创造中获得自我确证的重要方式，是一切人类生活意义的根据与源泉。“历史要求赋予意义，但历史的意义内涵及其深层结构就寓于历史之中，历史就是一切意义之根源。但后现代主义的目标则是要将一切意义内涵从历史中剥离出来，夷平历史的深度，呈现后现代的虚无世界。”[①] 历史虚无主义正是反映了作为现代性极致发展结果的世俗社会隐含着意义虚无的深层次生存困惑。意义是历史发展演进的附着物，是人类在对世代变迁的历史经验中感知和确证自我存在的呈现方式。“意义是某种历史性的东西；它是整体对部分的某种关系，它是我们从给定的立场、在一定的时间以及为了一种给定的诸部分之联结中所观察到的那种关系。”[②] 因而，意义不可能脱离历史，更不能超越历史，而只能在历史为我们所提供的生存联系中得到显现。

---

① 邹诗鹏：《虚无主义研究》，人民出版社2017年版，第424页。

② ［美］帕尔默：《诠释学》，潘德荣译，商务印书馆2014年版，第154页。

回望历史，我们才能建构一个意义丰盈的生活世界，才能彰显自我与他者、自我与社会的有机联系，并在其中获得准确的自我认同、价值依据和生存定位。历史构成了一张意义之网，每个人都是这张意义之网上的纽结。每个人都在创造着历史的意义，也在被历史所提供的意义系统所规定。历史虚无主义言说割断了整体性的意义之网，抽离了人与历史意义共生的和谐关系，使我们悬浮飘摇在居无定所的意义虚空之中，沉迷在忽此忽彼的碎片化叙事中，无法在回望过去中定位当下，无法在镜鉴历史中开启未来，以一种虚妄无知、盲目随意的方式造成了世代延续的整体文化传统的断裂，掩盖了充盈人性应有的生命光辉，限制了人类应有的高远精神境界。

要进一步批判历史虚无主义话语并剖析其反映的世俗化生存困惑，还需要从唯物史观那里来发掘思想资源。马克思创立唯物史观的时代正是社会世俗化高速发展的时代："一切固定的僵化的关系以及与之相适应的素被尊崇的观念和见解都被消除了，一切新形成的关系等不到固定下来就陈旧了。一切等级的和固定的东西都烟消云散了，一切神圣的东西都被亵渎了。"[①] 在马克思看来，这是一个被资本逻辑彻底世俗化的世界，是一个包括人的存在在内的一切都可以变成交换价值的世界。马克思所创立的唯物史观正是要为生活在这样一个世界中的人们的自我解放指明道路，正是要通过展现人与历史的复杂关系来重建世俗社会的精神信仰和意义世界。

在唯物史观视野内，历史首先是"现实的个人"的物质生产活动创造史，然后才是政治史、观念史和文化史，唯有从社会存在与社会意识的辩证统一关系出发，才能把握人类历史展开的本质。唯物史观深刻批判了德国观念论和古典政治经济学的思想片面性："德国人从来没有这样做过，所以他们从来没有为历史提供世俗基础，因而也从未拥有过一

① 马克思、恩格斯：《共产党宣言》，《马克思恩格斯选集》第1卷，人民出版社1995年版，第275页。

个历史学家。法国人和英国人尽管对这一事实同所谓的历史之间的联系了解得非常片面——特别是因为他们受政治意识形态的束缚——，但毕竟作了一些为历史编纂学提供唯物主义基础的初步尝试，首次写出了市民社会史、商业史和工业史。”①唯物史观直面资本主义社会生产力与生产关系、经济基础与上层建筑之间的固有内在矛盾，揭示了人类获得自我解放的现实道路，呈现了人类物质生产活动及其展开对历史创造的决定性作用。由此来看，历史虚无主义言说正是抽离了这种一切思想观念得以确立的社会现实根基，使自身陷入思想迷乱和意义缺失之中。

因此，正确理解人的实践活动是正确理解历史的前提，这也正是揭批历史虚无主义的关键所在。“‘历史’是人的有目的的活动过程，是实现人的目的的过程。在‘历史’过程中，人以自己的生活活动去实现自己的生活目的，把不会主动满足人的世界变成满足人的要求的世界，也就是把不符合人的理想的现实变成人所要求的理想的现实。正是在这样的‘历史’过程中，人不断地使自己的生活获得了新的‘意义’，从而实现了人自身的‘发展’。”②在这样的意义上，人的实践创造性活动过程就是自在世界不断转化为自为世界的过程，这也正是历史不断生成与发展的过程。从人的物质生产实践出发，以一种发展的眼光将人类经济生活、政治生活和精神生活有机联系起来，就会形成唯物史观的整体性历史视野。由此来看，人类的物质实践史就是人类意义世界的建构史，人的成长发展史就是社会的文明进步史。

四、结语

历史虚无主义无视人类历史整体发展的宏大视野，割裂了历史合规

---

① 马克思、恩格斯：《德意志意识形态》，《马克思恩格斯文集》第1卷，人民出版社2009年版，第531页。

② 孙正聿：《马克思与我们》，中国人民大学出版社2018年版，第52页。

律论与历史合目的论之间的辩证统一关系，以一种不负责任的主观随意性态度将历史偶然性进行了无限放大，是一种彻头彻尾的历史唯心主义论调。对历史唯心主义而言，“历史的本质并非历史本身的客观性和历史自身的规律性，而是支配历史的观念和思想的至上性，所谓客观历史只不过是观念和思想的投射”[①]。唯有立足唯物史观的整体性视域，才能深入现代性社会发展境遇之中，对作为一种文化现象的历史虚无主义的历史唯心主义实质进行彻底批判，才能真正建构一种符合社会发展规律和人民价值诉求的历史话语形态。

原载《马克思主义与现实》2020 年第 2 期

① 陈先达：《论历史的客观性》，《贵州师范大学学报》2018年第1期。

自觉抵制历史虚无主义

杨中华*

中国共产党的百年征程波澜壮阔，如何认识把握党的历史，不仅是方法问题，也是立场问题、态度问题，从根本上说，是历史观问题。党的十八大以来，习近平总书记关于党的历史的一系列重要论述，特别是在党史学习教育动员大会上发表的重要讲话，深刻回答了党史领域许多带有根本性、全局性、战略性的重大理论和实践问题，为我们正确认识和科学看待党的历史提供了根本遵循。认真学习习近平总书记的重要论述，深入领会贯穿其中的立场、观点、方法，我们才能准确把握党的历史发展的主题主线、主流本质，才能深刻领悟中国共产党为什么能、马克思主义为什么行、中国特色社会主义为什么好的历史逻辑、理论逻辑、实践逻辑，才能拨开历史虚无主义的迷雾，正本清源，增强党员干部和人民群众的历史自觉和历史自信。

历史虚无主义产生的根源

历史虚无主义以否定客观存在的历史、罔顾历史事实为基本特征，本质上是通过虚无历史颠覆价值观念、颠覆政权和社会基础，是一种错误的思潮。历史虚无主义的要害，是从根本上否定马克思主义指导地位和中国走向社会主义的历史必然性，否定中国共产党的领导。历史虚无主义之所以存在，除

* 作者简介：杨中华，中共江苏省委党史工作办公室副主任。

了政治因素，还有社会、文化及心理等方面的原因。

历史场景的不可重复性。历史是一种客观性存在，但由于历史真实已经发生并永远地过去了，历史和当下之间的时空距离决定了我们所掌握的历史很难与历史真实完全吻合。历史虚无主义迎合人们希望了解历史全景的心理和愿望，否认历史认知中既有的真理性，打着还原历史真相的旗帜，以所谓“重新评价”或者利用所谓“新资料”“新观点”大做翻案文章，假设历史、揣摩历史，误导舆论。

认识和评价历史的主体差异性。由于受信息采集条件、个人视野和思想方法等主客观条件的影响和制约，人们对历史事实的理解和认识总会打上个体的印记，体现主体的差异。在历史研究中我们既要努力求知探索，但也必须反对借口历史认知存在相对性，以学术研究为幌子，抓住一点、不及其余，只见树木、不见森林，随意歪曲历史真相，使历史成为一种可以随意涂鸦的工具。

历史与现实的高度相关性。历史是昨日的现实，现实是明天的历史，过去、现在和将来是连续的、不可分割的。对历史人物、历史现象、历史事件的褒贬，必然影响到对当下有关情况的评价。在一个国家、一个民族、一个政党的历史发展进程中，抑或在一个历史人物的成长过程中，总是伴随着成功和失败、经验与教训。历史虚无主义“醉翁之意不在酒”，其歪曲历史的真正目的是为了歪曲现实，如果立场和观点不正，只看支流、不看主流，只盯问题、不看成绩，只看枝节、不顾大势，就会得出片面的甚至是错误的结论。

历史虚无主义的危害

清代龚自珍在《定庵续集》里说：“欲知大道，必先为史。灭人之国，必先去其史。”一些别有用心的人以所谓“学术研究”“还原历史”“重新评价”为幌子，歪曲党史国史军史，在社会上造成一定程度的思想混乱。

消解对当代社会主流价值观的认同。历史的传承，从一定意义上说就是文化的传承、价值的传承。近年来，随着互联网和信息技术的迅猛发展，历史虚无主义借机插上信息化的翅膀，以娱乐化庸俗化方式渗入日常生活，以隐蔽化碎片化形式进行传播，带来的危害和影响更大。有的以一孔之见、一己之欲遮蔽历史真相，为已有定论的历史人物、历史事件翻案，为反面人物叫屈，为侵略者正名，哗众取宠，混淆视听，颠覆中华民族的整体记忆；有的以戏说、恶搞的态度对待革命领袖、民族英雄、爱国志士、红色经典，在“吸粉”“吸睛”、制造“看点”“笑料”中制造对历史的错误认识；有的以所谓常识、常理、常情来污蔑特定历史情境中英雄人物的行为，或者以不切实际的标准和要求评判英雄人物的思想和行为，从而抽空革命英烈超越时空的家国情怀和精神力量。忘记历史，意味着背叛，亵渎历史也就损害了中华民族团结奋斗的思想基础。诚如习近平总书记指出的，“我们不是历史虚无主义者，也不是文化虚无主义者，不能数典忘祖、妄自菲薄”。

消解对社会主义道路的认同。“告别革命”曾是历史虚无主义喧嚣一时的观点,如今的许多错误论调滥觞于此。这种论调竭力贬损和否定革命，诋毁和嘲弄中国人民为争取民族独立和人民解放而进行的反帝反封建斗争，诋毁和否定近现代中国社会发展的社会主义方向。而新中国的诞生和社会主义制度的确立，正是中国共产党领导人民革命的产物，如果这个前提被否定了，社会主义制度也就失去了存在的基础。近代以来，中国之所以最终选择革命之路，如果回看历史就会发现，这是在诸多选择均告失败之后的一种必然。提出“告别革命”，用假设代替历史，以臆测代替事实，其根本用意是混淆视听，否定中国走上社会主义道路的历史必然性。

消解对坚持党的领导的认同。中国共产党的百年征程并非坦途，其间有危难之际的绝处逢生，有挫折之后的毅然奋起，有失误之后的拨乱反正，有磨难面前的百折不挠，对此，应实事求是地对待，既不能因为成就而回避失误和曲折，也不能因为探索中的失误和曲折而否定成就。近些年来，历史虚无主义极力夸大党史上的失误和曲折，极力攻击党的领袖人物，混淆视听。对此，习近平总书记以苏联为鉴，强调指出，“苏联为什么解体？苏共为什么垮台？一个重要原因就是意识形态领域的斗争十分激烈，全面否定苏联历史、苏共历史，否定列宁，否定斯大林，搞历史虚无主义，思想搞乱了，各级党组织几乎没任何作用了，军队都不在党的领导之下了”。这是多么沉痛的历史教训！

坚持以正确党史观认识把握历史

习近平总书记指出，“唯物史观是我们共产党人认识把握历史的根本方法。如果历史观错误，不仅达不到学习教育的目的，反倒会南辕北辙，走入误区”。树立并坚持正确的党史观，既是党史学习教育应坚持的原则，也是党史学习教育应达到的目的。

坚持客观性原则。实事求是，是马克思主义的根本观点，也是我们对待党的历史应有的态度。习近平总书记指出，“历史就是历史，事实就是事实，任何人都不能改变历史与事实”。中国共产党的百年征程，是中国近现代史上最为壮丽的篇章。我们要以全党开展党史学习教育为契机，用生动鲜活、无可辩驳的史实反映党所走过的光辉历程，展示党所取得的伟大成就；用客观全面、鞭辟入里的分析讲清历史事件的真相和来龙去脉，澄清对党史上一些重大历史问题的模糊认识和片面理解；用情真意切、感人肺腑的故事讲述中国共产党人的崇高精神风范和优良传统作风，引导党员群众从党走过的风云激荡的历史中、从党开创和不断推进的伟大事业中、从党全心全意为人民服务的根本宗旨和长期实践中，感悟中国共产党人的奋斗精神和对人民的赤子之心，不断增强对中国共产党和中国特色社会主义的政治认同、思想认同、理论认同、情感认同，让历史虚无主义不攻自破。

坚持整体性原则。用全面联系而非片面的观点来考察历史，是正确认识历史的方法论原则。针对有的人把改革开放前后两个历史时期割裂开来、对立起来，或厚此薄彼，或以此非彼，习近平总书记明确指出，“虽然这两个历史时期在进行社会主义建设的思想指导、方针政策、实际工作上有很大差别，但两者决不是彼此割裂的，更不是根本对立的”。并指出，“正确处理改革开放前后的社会主义实践探索的关系，不只是一个历史问题，更主要的是一个政治问题”。从而为解决这两个历史时期关系问题提供了根本遵循，也为如何用系统全面的观点看待历史问题提供了光辉典范。历史虚无主义不是从整体上、从联系中去把握历史事实，不是从错综复杂的各种关系、各种因素相互作用中去把握历史的潮流，没有充分占有历史材料，而是用一些片面的材料来立论，普遍存在以点概面、以偏概全的偏向。坚持整体性原则，我们才能在全面详细地掌握历史材料基础上弄清客观存在的历史事实，在把握历史活动的全貌中确定历史发展方向，得出正确的结论。

坚持历史性原则。人类历史处于永恒的发展之中，一切历史事物都处于某一具体的历史发展阶段上，都是特定历史条件下的产物。对于历史事件、历史人物，只有从特定的历史条件、历史背景出发，对具体问题进行具体分析，才能够形成正确的认识。习近平总书记指出：“对历史人物的评价，应该放在其所处时代和社会的历史条件下去分析，不能离开对历史条件、历史过程的全面认识和对历史规律的科学把握，不能忽略历史必然性和历史偶然性的关系。不能把历史顺境中的成功简单归功于个人，也不能把历史逆境中的挫折简单归咎于个人。不能用今天的时代条件、发展水平、认识水平去衡量和要求前人，不能苛求前人干出只有后人才能干出的业绩来。”这段话指出了看待历史问题的逻辑起点，丰富了马克思主义历史评价原则，为科学认识历史人物的功过是非提供了重要指引。坚持这“六个不能”，我们就会看清历史虚无主义罔顾历史、以今律古的荒谬，真正理解历史和正确解读历史。

心有所信，方能行远。坚持正确党史观，我们就会从纷繁复杂的历史现象中把握党的历史发展的规律和大势，从百年党史中感悟党的初心使命，进一步增强坚持党的领导的思想自觉、政治自觉和行动自觉，坚定中国特色社会主义的道路自信、理论自信、制度自信、文化自信。

原载《红旗文稿》2021 年第 8 期

高举唯物史观的锐利武器 旗帜鲜明反对历史虚无主义

张艳芳*

习近平总书记在党的十九大报告中深刻指出，实现伟大梦想，必须进行具有许多新的历史特点的伟大斗争，强调全党要更加自觉地坚持党的领导和我国社会主义制度，坚决反对一切削弱、歪曲、否定党的领导和我国社会主义制度的言行。这一重要论述深刻指出了当前意识形态领域斗争之尖锐，形势之严峻。而以消解、歪曲中国共产党领导人民进行革命、建设和改革的历史真实为手段，从而削弱、否定党的领导和我国社会主义制度的历史虚无主义，就是当前意识形态领域斗争的重要方面。历史虚无主义对党的领导和我国社会主义事业危害严重，是一场严肃的政治斗争，必须以唯物主义历史观为武器，旗帜鲜明地进行反对和抵制。

一、反对历史虚无主义是一场没有硝烟的战争

历史虚无主义由来已久。它是 20 世纪 30 年代与“全盘西化”论相呼应出现的一种错误思潮。“全盘西化”论认为，中国文化一切皆不如西洋文化，主张“彻底西化”。民族文化虚无主义,即发端于此。这是历史虚无主义的最初形态。由于它与中国近代历史发展方向相背，理所当然受到了抵制和批判。

* 作者单位：中共山东省委党史研究室。

随着中国共产党领导人民革命不断取得胜利，民族自尊心、自信心和自豪感不断增强，这种历史虚无主义在很长一段时期内受到抵制。进入改革开放新时期，随着党对“文化大革命”的批判和反思，以及对毛泽东同志晚年错误的纠正，历史虚无主义再次沉渣泛起。一些人以“反思历史”“解放思想”“重新评价”为名，披着学术的外衣，推出了一些似是而非、非常具有迷惑性和煽动性的论调。如，否定社会主义制度建立的必要性，认为社会主义搞早了，应该让资本主义充分发展；全盘否定毛泽东的历史地位和毛泽东思想，对毛泽东和毛泽东思想肆意抹黑；否定中国革命的历史必然性，认为中国共产党领导的民族民主革命具有破坏性，阻碍了中国现代化的进程；等等。近年来，借助门户网站、微博、微信等新媒体传播的力量，历史虚无主义出现新的抬头，通过捏造史实，夸大碎片信息，编制搞笑视频、低俗段子肆意抹黑历史伟人、丑化人民英雄，企图通过这种方式打击中国共产党的威信，动摇人们对中国特色社会主义的信仰。

“灭人之国，必先去其史”。自新中国成立以来，国内外敌对势力一天也没有停止对中国共产党历史的诋毁和否定。今天的历史虚无主义虽然披着学术的外衣，打着娱乐的幌子，但背后隐藏的依然是国内外敌对势力欲置中国共产党和中国特色社会主义事业于死地的险恶用心。历史虚无主义以唯心史观为理论基础，以主观代替客观、以细节代替整体、以臆想代替史实，貌似客观的学术争论，实际上代表的并不是一个学术流派或学术观点，而是带有强烈的政治倾向和政治意图，本质上是一种政治思潮。其目的，就是想通过肆意肢解、歪曲中国共产党的光辉历史，从根本上否定马克思主义的指导地位和中国走向社会主义的历史必然性，否定中国共产党的领导，阻拦中华民族伟大复兴中国梦的实现。

历史虚无主义对中国特色社会主义事业危害甚巨。苏联一夜之间分崩离析，历史虚无主义起了关键作用。戈尔巴乔夫上台以后，斯大林时期遭到了全盘否定，斯大林本人被极度妖魔化，国家工业化、农业集体化被极度诟病，“大清洗”运动的错误被无限放大，使得苏联社会主义制度和苏联共产党执政的合法性遭到质疑，进而全面瓦解。前车之鉴，教训深刻。如果任由历史虚无主义滋生蔓延，我们党和国家也可能会步其后尘，不仅党的执政地位岌岌可危，党近百年来开创的革命和建设事业会被葬送，中华民族伟大复兴的历史进程也会被迫中断，中国梦终将成为黄粱一梦。因此，我们一定要认清历史虚无主义的本质和危害，与历史虚无主义做坚决的斗争。

二、反对历史虚无主义要旗帜鲜明、务实有效

抵制和反对历史虚无主义是一场严肃的政治斗争，关系着党的领导和社会主义国家政权的安全，党中央对此极为重视。党的十八大以来，习近平总书记适应意识形态斗争新要求，发表一系列重要讲话，强调“要警惕和抵制历史虚无主义的影响，坚决抵制、反对党史问题上存在的错误观点和错误倾向”。这为反对历史虚无主义指明了方向。我们要认真学习习近平总书记关于党史和党史工作特别是反对历史虚无主义的重要论述，充分认识反对历史虚无主义对于我们党维护自身历史、巩固意识形态领导权、巩固国家政治安全的重要意义，旗帜鲜明、理直气壮地对历史虚无主义错误观点和论调予以批驳和反击，坚决捍卫党的历史。

反击历史虚无主义要迅速有力。现在，网络新媒体已经成为历史虚无主义的主阵地，各种错误观点因为颠覆传统、耸人听闻，传播速度非常惊人。如果不给予及时有力地反击，拖的越久，越难以澄清，造成的危害越大。据统计，造谣抹黑黄继光、邱少云、董存瑞、刘胡兰等英雄人物的历史虚无主义话题被抛出后，虽然也有辟谣的信息，但其传播覆盖率仅达到谣言传播覆盖率的10%。因此，要提高对历史虚无主义的警惕性，加强网络舆情监控。一经发现错误观点或错误倾向的苗头，应立即组织相关部门和专家学者以雷霆之势展开反击，撰写批判文章，针锋相对地予以批驳、反击。绝不能犹疑、等待、观望，绝不能态度模糊、语焉不详，打击必须迅速有力，击中要害，防止错误思潮被过度热炒，

造成更为严重的社会影响。

反击历史虚无主义要充分发挥合力作用。习近平总书记在十九大报告中强调："要树立大宣传的工作理念，动员各条战线各个部门一起来做宣传思想文化工作，形成强大合力。"反对历史虚无主义是意识形态工作的一项重要任务，是全党的工作。要坚持"组织起来、形成合力"的方针，动员各条战线各个部门，发动社会各方面力量，形成应对反击历史虚无主义的合力，实现效果最大化。尤其需要加强宣传队伍建设，要敢于和善于培养、发现和使用一批政治立场坚定、历史知识丰厚、熟悉网络传播的"意见领袖"，利用新媒体作为传播正史、信史，反驳错误历史言论的新阵地，以历史事实和历史规律来激浊扬清。

反击历史虚无主义要运用法律、制度手段。以制度相约束，以法律为准绳，是有效规范社会行为的根本手段。意识形态领域也不例外。可喜的是，针对新一波历史虚无主义的泛滥，我们党和国家已经在探索运用法律、制度手段进行应对反击。《中国共产党纪律处分条例》《关于新形势下党内政治生活的若干准则》已经把诋毁、诬蔑党和国家领导人、歪曲党史、军史列为严重违反党的纪律的行为，强调对一切违背、歪曲、否定党的基本路线的言行，必须旗帜鲜明地反对和抵制。2016 年 10 月，最高人民法院发布了人民法院依法保护"狼牙山五壮士"等英雄人物人格权益的典型案例，这是我国首次利用法律手段反击历史虚无主义。2017 年 4 月，我国启动英雄烈士保护立法工作。2017 年 12 月 22 日，草案首次提请全国人大常委会审议，在利用法律手段反击历史虚无主义方面迈出了坚实的一步。

反击历史虚无主义，要区别不同情况，采取不同措施。要将海内外敌对势力有目的的鼓吹历史虚无主义，实施西化、分化图谋，与普通民众无目的的受历史虚无主义的影响区别开来。对于别有用心的敌对势力，必须进行揭露、批判和驳斥。而对于那些无目的性的受众，要发挥正面教育和引导作用，教育引导他们提高政治敏锐性和政治判断力，深刻认识历史虚无主义的本质和要害，不要被一些标新立异的观点所迷惑。

三、反对历史虚无主义要以唯物史观筑牢党史宣传阵地，增强党史认同

抵制历史虚无主义的最根本方法，是在人们心中筑起反对历史虚无主义的“堤坝”，也就是确立对历史的正确认知。这就要求我们，必须以马克思主义唯物史观为指导，以正确的立场观点方法研究和宣传党的历史，用真正的历史史实占领人们的思想领地，引导人们树立正确的历史观，最大限度地统一思想、凝聚力量，维护国家意识形态安全。

反对历史虚无主义，要牢牢掌握唯物史观这个武器。历史虚无主义建立在唯心史观的理论基础之上，用孤立、片面、曲解的方法分析、观察历史，得出的结论必然是片面的、歪曲的、不客观的。事实是击碎谎言的利器，抵制历史虚无主义必须用有说服力的历史史实说话。而马克思主义唯物史观，主张以史实为依据，实事求是、理性客观，是应对历史虚无主义最有效的理论武器。习近平总书记也告诉我们，“以正确的立场、观点、方法对待党的历史，是巩固党的执政地位、实现党的执政使命的必然要求，是应对意识形态领域挑战，抵制西方敌对势力西化、分化图谋的必然要求。”“要坚持用唯物史观来认识和记述历史，把历史结论建立在翔实准确的史料支撑和深入细致的研究分析的基础之上。”这一重要论述深刻阐明了历史研究坚持马克思主义唯物史观的重要性，告诉我们抵制历史虚无主义，争夺党史舆论的主动权和领导权，必须站稳马克思主义立场，运用科学的理论方法。

反对历史虚无主义，要在加强和深化党史、国史研究上下功夫。客观、全面、准确地书写历史和评价历史，是抵制和反对历史虚无主义的前提。党史国史之所以成为历史虚无主义泛滥的主要领域，一个重要原因是，我们的相关研究还不能满足人民群众的需要。官方修史过于线条化、框架化，宏观上研究历史发展过程及其规律多，对于历史事件和历史人物的微观研究不够，对历史的记述不够细致、不够透彻、不够鲜活。

这就给历史虚无主义提供了可乘之机。因此，我们要加强重大历史事件和重要历史人物研究，以更加扎实客观、更加丰富细致、更多角度、更多层面的微观研究和历史细节，织密历史认识防护网，抵制和反对历史虚无主义的进攻。

反对历史虚无主义，要加强党史国史宣传教育，使广大人民群众能够“知史爱党”“知史爱国”。抵制和反对历史虚无主义，赢得意识形态领域的这场斗争，最终要靠党史国史的宣传教育，解决“进头脑”问题。一要加大党史国史宣传教育力度，扩大宣传教育队伍，进一步推进党史国史进机关、进企业、进社区、进农村、进学校、进军营工作。二要切合时代特点，创新工作思维和工作方法，积极运用微视频、动漫等群众喜闻乐见的形式进行宣传。三要针对不同受众，提高宣传教育的针对性、有效性。面向高级知识分子、党员干部和普通群众、青少年等不同受众，要采取不同的宣教形式，提供不同内容层次的教材和读物。如面向普通群众，内容需要浅显易懂；面向青少年，形式需要活泼时尚。

历史虚无主义作为意识形态领域斗争的重要方面，短期内不会消亡。我们要深入学习贯彻党的十九大精神，以习近平新时代中国特色社会主义思想为指导，以马克思主义唯物史观为理论基础，深化党史国史研究，加强党史国史宣传教育，使人民群众进一步坚定道路自信、理论自信、制度自信、文化自信，筑牢思想堤坝，旗帜鲜明地与历史虚无主义做坚决斗争。相信，历史就是历史，最后的胜利一定属于人民。

原载齐鲁网 (2018-02-08)

捍卫唯物史观 坚定理论自信

——兼驳历史虚无主义的哲学历史观

祁 霄 王晓文*

唯物史观是中国共产党认识历史发展规律、推进各项工作的重要指导。牢固树立唯物史观，是坚定理想信念的必要前提。习近平总书记指出："一些人认为共产主义是可望而不可及的，甚至认为是望都望不到、看都看不见的，是虚无缥缈的。这就涉及是唯物史观还是唯心史观的世界观问题。我们一些同志之所以理想渺茫、信仰动摇，根本的就是历史唯物主义观点不牢固。"① 可见，唯物史观不巩固，会直接导致信仰的动摇或丧失。当下，一些人在理想信念方面存在认识误区，被历史虚无主义利用，借以攻击、否定马克思主义。对此，必须足够警惕并采取措施，全面巩固唯物史观的指导地位，确保理想信念的坚定清醒。

历史虚无主义对唯物史观的歪曲

习近平总书记对党员干部丧失共产主义信仰的警示，反映了一些人在哲学历史观上存在"缺口"。例如，有人认为共产主义社会是现实世界的"彼岸"。"彼岸"是康德的用语，他认为事物的本体和现象之间存在不可逾越的鸿沟，人只能认识处于鸿沟"此

---

* 作者简介：祁霄，中共北京市委党史研究室、北京市地方志编纂委员会办公室编辑、政工师；王晓文，北京语言大学国际关系学院副教授。

① 习近平：《关于坚持和发展中国特色社会主义的几个问题》，《求是》2019年第7期。

岸”的事物现象，而不能认识处于鸿沟“彼岸”的事物的本体。“彼岸”也是宗教系统的组成部分，意指与“尘世”相对的“天堂”“极乐世界”等。一些人受唯心史观的影响，认为实现共产主义诉诸于道德水平的普遍提高，然而由于人具有的“经济人”属性，两者截然对立，共产主义就成了“彼岸”。这是典型的唯物史观不牢固所导致的认识误区。

党的十八大以来，历史虚无主义思潮转变策略，其中，一些人将矛头对准唯物史观，进行各种歪曲、污蔑。历史虚无主义提出，所有历史观都是“终结论”的，区别是终结在现实还是设想、终结在现在还是未来。历史虚无主义认为，启蒙思想主张将历史终结在现在，它之所以是科学的，是因为“树立了一个现实标准的原则，它指出美好的事物就存在于人们眼前的现实世界中，是可以实证检验的而不是靠凭空设想的，社会进步应该在现实中的先进单位为参照系”；相较而言，马克思主义和各种宗教历史观将历史“终结在一个设想的未来阶段”。历史虚无主义宣称，马克思“原始共产主义——阶级社会——共产主义”的历史图式与基督教“伊甸园——堕落——最后拯救”，都是“用两头否定中间”，“在他（马克思——引者注）的历史观中，从奴隶社会、封建社会到资本主义社会都是‘阶级社会’，是人的本性堕落；资本主义无论取得了怎样的成就也是异化的，它的政治制度、经济制度、社会组织与道德观念等等都将要被彻底抛弃。这显然脱离了启蒙的思想路线，陷入历史虚无主义了。”[①] 上述观点是历史虚无主义的集中体现。其迷惑性在于：它以历史必将终结为前提，对比各种历史观，将马克思主义认定为“未来终结论”；它刻意误导人们，污蔑马克思主义只肯定原始共产主义与共产主义两个阶段，否定阶级社会；它积极回应人性自私论，极力推崇启蒙思想的“理性精神”，将“天赋人权”“市民社会”等价值观及其衍生的“宪政民主”“自由经济”视为“现代性的一致性”。它强调，达到这种一致性，历史就可以终结了。

---

① 尹保云：《要警惕什么样的历史虚无主义》，《炎黄春秋》2014年第5期。

这种观点严重扰乱了思想理论界，干扰正常学术研究，毒害了青少年和党员干部。更要警惕的是，历史虚无主义之所以乘虚而入，客观上是因为唯物史观在贯彻过程中存在不足，导致人们不能科学看待人类历史发展规律，出现了思维链条的缺口。因此，反击历史虚无主义，坚定理想信念，必须不断完善唯物史观贯彻方法，巩固指导地位。这是新时代意识形态领域斗争的重中之重。

唯物史观教育中的几点不足

对马克思主义核心概念的表述不够均衡。当前理论教育对历史唯物主义基本原理的阐述，存在着对一些核心概念有所忽视的现象。在经典著作中，马克思频繁使用“资本主义生产方式”“社会化生产（或社会化大生产、生产社会化）”等概念。生产方式的矛盾运动是历史发展的根本动力。资本主义生产方式中，社会化生产与生产资料私人占有的矛盾是基本矛盾。它有两种表现形式：阶级矛盾、个别工厂生产的有组织性和整个社会生产的无政府状态之间的对立。私有制无法统一调节社会生产，导致生产过剩，经济危机周期性爆发。只有由社会共同占有生产资料并有计划生产，才能消除经济危机，这就是社会主义。两种社会的共同点是“社会化生产”，不同点是所有制关系。马克思强调“社会化生产”是资本主义产生、发展和灭亡的根本原因。当社会化生产能够充分满足所有人全面发展的需要时，人类就进入共产主义社会。马克思当时认为西欧已经达到迈向社会主义的临界点，于是将精力转移到阶级斗争、无产阶级革命的研究。落后国家的无产阶级政党在严酷的革命环境中，对“社会化生产”这一必要前提，根本来不及深入思考，更没有现实条件去实践。当前的思想理论教育有了较大改观，但仍然存在阶级矛盾着墨过多、基本矛盾比重不够的问题。阶级矛盾当然是革命爆发的直接原因，但阶级矛盾是基本矛盾的表现形式。如果抽离生产力水平，只遵循阶级矛盾，社会主义与资本主义就是简单的善恶对立关系，革命的伟大意义也会打折扣。历史虚无主义就是利用这一逻辑链条中的薄弱环节，攻击唯物史观“用两头否定中间”，并将共产主义定位于“彼岸”。

对马克思主义发展史有所淡化。马克思主义始终伴随着自我调适和与现实的互动，是一个从相对真理不断走向绝对真理的过程。长期以来，理论教育对马克思主义发展史不够重视，突出表现在：第一，马克思当年的个别判断后来被证明是错误的；第二，一些观点在当时是正确的，但后来随着时代的发展变化不再适用；第三，一些领域被列宁、毛泽东、邓小平、习近平等不断丰富发展。这些重要发展变化，当时的时代背景、经典作家为什么会作出这样的判断、如何评价这些判断等，很多理论教育教材、课程的篇幅比重是不够的。举例来说，马克思论述剩余价值理论采用的是自由资本主义时代个体工厂的案例，用产品的成本、售价、利润对照工人的必要劳动时间和工资，揭露资产阶级的剥削性。我们的理论教育沿用了这些素材，在根据时代的变化及时更新、充分丰富方面，做得不够。当代资本主义经济体系远比当年复杂得多，仅凭这些上百年前的素材无法揭示资本主义的现状，甚至还会引起对社会主义市场经济的疑问，对我们走的是不是社会主义道路产生疑问。其他还有诸如列宁“一国胜利论”对“同时胜利论”的扬弃，列宁“帝国主义是垂死的资本主义”的判断，都符合当时的时代背景，且客观推动了世界社会主义运动的发展，但是后来已经不适用了。这些都是需要使用更大的篇幅来充分体现、客观评价的，而不能简单“宣布”这些论断。否则，人们就会在观念上与现实产生尖锐冲突，进而怀疑唯物史观。

思想理论界“西方中心主义”的影响。西方中心主义源自工业革命以来西方国家的领先地位，至今仍然在政治、经济、文化等各领域影响着其他国家。当前，思想理论界存在西方中心主义价值观单向流入世界各地的趋势，由此造成发达资本主义国家的相关研究成果非常丰富、但对整个资本主义世界体系和广大发展中国家研究不够深入的失衡状况。对中国特色社会主义道路过程中出现的各种问题，解决的有效途径是以习近平新时代中国特色社会主义思想为根本指导，坚持问题导向，立足调查研究，提出解决方案。但是，国内一些学者将引进西方的各种概念、范式视为最高标准或终极方案，用各种西方思潮来解释、分析、指点中国问题。其中比较典型的表现有：在传统政治学领域，充斥着各种非马克思主义的理论框架，解释国内外的政治现实；在政党政治领域，无视政党根本属性（阶级性）的判断，群众型政党、全方位型政党、卡特尔政党等各种关于政党类型学进入国内；在历史研究领域，以微观研究、"碎片化"研究掩盖历史发展的主题主线、主流本质，宣扬唯心主义、多样性、历史偶然性；在国际政治学领域，否定国家的阶级属性，以"博弈论""文明冲突论""均势论"等理论分析国际关系问题等。必须指出，基于西方中心主义前提的各种思潮，多数宣扬的都是唯心史观，并都带有历史终结论的色彩。批判地吸收外来的学术成果是有益的，但如果不能坚守历史唯物主义的立场，这些理论带来的"新奇感"很容易让人丧失政治方向。知识结构的西方化倾向，也是冲击唯物史观、动摇信仰的重要因素。

科学看待马克思主义，强化唯物史观指导

推动思想理论教育内容全面均衡，还原唯物史观全貌。改革开放以来，国内外个别学者打着马克思主义的旗号，从唯生产力论出发，搞"告别革命"那一套，否定十月革命和新民主主义革命，对此要保持足够警惕。全面完整地呈现唯物史观，是维持其指导地位、坚定共产主义信仰的重要保证。因此，必须浓墨重彩地表述"生产方式""社会化生产"等核心概念。在马克思看来，划分历史时代的依据是生产方式（生产力和生产关系的总和）。完整呈现唯物史观，必须全面均衡地介绍生产方式、生产力、生产关系、社会化生产、阶级等核心概念，对各概念之间的相互关系、它们合力构成历史发展规律的动力机制，进行明确系统的阐述。同时，要将这些核心概念与中国特色社会主义相关内容结合起来。一些人对中国特色社会主义是不是社会主义存有疑问，正是因为忽略了

“生产方式”这一概念，仅从生产关系的角度看待历史。邓小平一针见血地指出：“现在虽说我们也在搞社会主义，但事实上不够格。”[①]“不够格”就是有矛盾，这个矛盾就是生产方式的基本矛盾。我们过去、现在面临的矛盾，都是这一矛盾的表现。对此有深刻、清醒的认识，就能够理解中国特色社会主义的伟大意义，增强道路自信，自觉抵制历史虚无主义。

高度重视马克思主义发展史，树立“马克思主义的态度”。直面马克思主义发展史上的理论扬弃，不会影响马克思主义的真理性，且有助于用“马克思主义的态度”看待其本身。这对深刻把握历史发展规律，从更高的、更科学的角度认识共产主义的必然性，能够起到关键作用。第一，要将马克思主义发展史内容及早列入。多年来的经验教训表明，如果受教育者一开始接受的是过度凝练化的理论灌输，枯燥性就会成为第一印象，将来很难重拾兴趣。高校思政课效果不够好就与这种认识偏见有关。因此，必须将马克思主义发展史内容充分纳入基础教育课程，与基本原理同步呈现，让马克思主义初次进入青少年头脑中时，就是鲜活的、生动的，逐步促成学习研究的良性循环。第二，要大幅提升马克思主义发展史内容的比重。与一些重大判断相比，用马克思主义方法分析具体的时代背景作出这些判断的逻辑推演，更为重要。每一个重大判断的提出，后人对前人观点的补充、完善或者扬弃，都有什么样的时代背景，对此必须用生动的案例、翔实的数据立体展示。此外，还要具备宏观视野，善于用普遍联系和比较的方法，将马克思主义与时代的互动充分体现出来，牢固树立“马克思主义的态度”，指导形成正确历史观。

深刻剖析资本主义世界体系，消除西方中心主义的影响。批判的武器不能代替武器的批判，理论观点也需要靠研究现实来破解。近年来，资本主义世界体系出现一系列深刻复杂的变化，为进一步认识资本主义

---

① 邓小平：《社会主义必须摆脱贫穷》（1987年4月26日），《邓小平文选》（第3卷），人民出版社1993年版，第225页。

的前景提供了现实素材。习近平总书记强调，要“加强对当代资本主义的研究，分析把握其出现的各种变化及其本质，深化对资本主义和国际政治经济关系深刻复杂变化的规律性认识”。[①] 资本主义经济危机周期性爆发的痼疾始终无法治愈，在危机的冲击下，全球经济屡次出现衰退迹象。底层人口、边缘人群的比例递增。发展中国家受制于不平等的国际规则，长期徘徊在国际产业链末端，只能充当原材料、半成品和廉价劳动力的供应来源，经济增长缓慢。无差别“嫁接”所谓民主制度导致很多国家局势动荡，地缘冲突、族群冲突不断。一些国家因内部冲突和西方国家的干涉，极端宗教势力抬头，恐怖主义肆虐。对于这些变化，必须以马克思主义全面、发展、联系的眼光，避免孤立、片面地看问题，深入观察上述变化的相互关系、内在机制、未来趋势，将相关研究的最新成果及时、充分地转化为思想理论教育的内容，对历史终结论开展更深层次的批判，彻底消除西方中心主义的影响，坚定对“两个必然”的信心。

原载《前线》2019 年第 10 期

① 习近平：《继续推动马克思主义中国化时代化大众化》（2017年9月29日），《习近平谈治国理政》（第2卷），外文出版社2017年版，第67页。

中国共产党百年意识形态建设的基本经验

张志丹*

中国共产党百年历史是一个充满坎坷磨难的伟大胜利史，其中既有“器物层面”的辉煌，也有包括意识形态在内的“精神层面”的伟业。总结党的意识形态建设的基本经验，需要抛弃唯心主义“概念运动史”理路，抛弃形而上学的孤立观点，坚持历史唯物主义观点，从历史中把握其基本规律和经验。质言之，中国共产党百年意识形态建设的基本经验有：坚持党管宣传、党管意识形态；坚持在党的坚强领导下与时俱进、守正出新地推进意识形态建设；围绕中心、服务大局、把握方向，不断推进马克思主义中国化时代化大众化；坚持不懈用党的理论创新成果武装全党、教育人民，以此推进党的事业发展。这些经验集中体现为“六个坚持”。

一、坚持党性和人民性相一致：从政治高度和战略层面重视意识形态建设，始终把准意识形态工作的政治方向

意识形态工作说到底是立党立国之本，是具有政治意义和战略意义的工作，因此，坚持党性原则是党的意识形态工作的根本原则。其内容主要包括：坚持正确政治方向，站稳政治立场，坚定宣传党的理论和路线方针政策，坚决同党中央保持高度一致，

* 作者简介：张志丹，上海师范大学马克思主义学院院长、教授。

坚决维护党中央权威，牢牢掌握意识形态工作的领导权和话语权。

党成立百年来，无论历史如何嬗变，经济社会如何发展，坚持意识形态工作的党性原则始终如初。现实地说，坚持意识形态工作的党性原则,是与意识形态领域始终形势复杂、充满斗争的“常态”密不可分的。无论是在革命、建设、改革时期还是进入新时代，意识形态领域从来都不是“世外桃源”或者“一片净土”。党成立之后,围绕着“主义之争”“道路之争”的意识形态纷争始终伴随着革命进程。同样，无论改革开放之前还是改革开放期间，意识形态斗争也都非常激烈。20 世纪 90 年代初苏东剧变，社会主义阵营发生了“大雪崩”，西方右翼势力借机兜售形形色色的“历史终结论”。21 世纪以来，“普世价值”、市场原教旨主义和民主原教旨主义“变戏法”似地层出不穷,各种歪曲历史、颠覆崇高、抹黑英雄的历史虚无主义一度铺天盖地，对党的意识形态建设产生很大冲击。党在百年奋斗历程中认识到，坚持意识形态工作的党性原则，就是要抓牢其领导权不放松。为防止领导权旁落，党在百年历程中做到了以下几点：一是旗帜鲜明讲党性，坚定政治方向，站稳政治立场，确保意识形态工作不偏离党的基本路线和方针政策；二是坚持正确的舆论导向，唱响主旋律，不断增强主流意识形态的魅力和立心铸魂的作用；三是树立坚守意识形态的阵地意识，严格落实意识形态工作责任制。

在坚持意识形态工作的党性原则的同时，党把人民性作为意识形态工作的根本导向。人民立场是中国共产党的根本政治立场。坚持人民性，就是把实现好、维护好、发展好最广大人民根本利益作为一切工作的出发点和落脚点，坚持以民为本、以人为本。无论何时，党的事业要想取得成功，人民群众的赞成支持拥护是根基。正如习近平指出：“我们党来自人民、植根人民、服务人民，党的根基在人民、血脉在人民、力量在人民。失去了人民拥护和支持，党的事业和工作就无从谈起。”[①] 意识

① 习近平:《群众路线是党的生命线和根本路线》（2013年6月18日），《习近平谈治国理政》，外文出版社2014年版，第367页。

形态工作亦复如此。

做好意识形态工作，必须解决好“为了谁、依靠谁”这个根本问题，牢固树立以人民为中心的工作导向，把实现人民幸福生活作为根本追求，服务于人民群众的利益。习近平指出：“从根本上说，没有扎扎实实的发展成果，没有人民生活不断改善，空谈理想信念，空谈党的领导，空谈社会主义制度优越性，空谈思想道德建设，最终意识形态工作也难以取得好的成效。”[①] 党非常重视“为了谁”，始终深深扎根于人民群众搞好意识形态工作，一方面重视做好党的宣传思想工作，努力在理论宣传的通俗化大众化上下功夫，推动党的指导思想“飞入寻常百姓家”；另一方面积极深入群众，了解群众所想所急所困，化群众的期望为改革发展契机，从而凝聚起勠力同心推动民族复兴的磅礴力量，实现意识形态工作之“虚”和人民群众现实生活之“实”的有机对接。除此之外，党十分重视“依靠谁”这一问题，重视依靠人民群众来搞好意识形态工作，始终发挥着“总揽全局、协调各方”的作用，树立“大意识形态工作”概念，整合全社会凝聚意识形态建设合力，依靠全社会抓好意识形态工作。

党在百年意识形态工作中深刻认识到：“党性和人民性从来都是一致的、统一的。……从本质上说，坚持党性就是坚持人民性，坚持人民性就是坚持党性，党性寓于人民性之中。”[②] 要言之，党在百年的意识形态工作中坚持党性和人民性相统一，主要做到了以下三点：加强党对意识形态工作的领导与坚持以人民为中心的工作导向相统一；宣传党的主张和反映人民心声有机统一；坚持党对意识形态的领导和依靠人民搞好意识形态工作有机统一。

---

① 中共中央文献研究室编：《习近平关于社会主义经济建设论述摘编》，中央文献出版社2017年版，第5页。

② 中共中央文献研究室编：《习近平关于社会主义文化建设论述摘编》，中央文献出版社2017年版，第23页。

二、坚持一元性与多样性相统一：坚持马克思主义一元指导地位的同时保持文化的多样性，保持“指导的统一”与“共生的多样”的辩证张力

党百年意识形态建设始终坚持指导思想的一元主导与多元文化并存的方针，既强调马克思主义指导地位，拒斥和批判错误思潮，同时又保持文化的多样性，坚持“百花齐放、百家争鸣”“洋为中用、古为今用”的原则，主张不同文明、不同文化之间的互学互鉴。其经验主要体现为以下两个方面。

其一，始终高举马克思主义旗帜，坚持马克思主义在意识形态领域的指导地位。中国共产党的先进性在于把马克思主义作为其“内在基因”，坚持马克思主义指导攸关党的生死存亡、国家事业发展成败。中国革命史从多种维度共同证明了一个道理，马克思主义是唯一适合回应中国问题、解决中国矛盾的科学理论，此外别无第二个理论。“马克思主义是我们党的根本指导思想，这就决定了马克思主义是社会主义意识形态的旗帜。”[①]苏东剧变、社会主义阵营发生“大雪崩”，其中重要原因就是没有一以贯之地坚持马克思主义指导。因此，“如果动摇和取消马克思主义，全党全国人民就会失去最根本的思想准则。如果在意识形态领域不能巩固马克思主义的指导地位，东一个主义，西一个主义，在指导思想上搞多元化，搞得五花八门，最终必然由思想混乱导致社会政治动荡”[②]。

再者，没有马克思主义一元指导，多元文化不可能健康发展。毛泽东曾指出：“由于现时中国革命不能离开中国无产阶级的领导，因而现

① 中共中央文献研究室编：《十六大以来重要文献选编》（下），中央文献出版社2008年版，第788页。

② 江泽民：《关于坚持四项基本原则》（2001年4月2日），《江泽民文选》第3卷，人民出版社2006年版，第228页。

时的中国新文化也不能离开中国无产阶级文化思想的领导，即不能离开共产主义思想的领导。”[①] 只有坚持马克思主义的理论武器，才能对多元文化进行必要的引领和规范。如果没有马克思主义指导，“不加批评，看着错误思想到处泛滥，任凭它们去占领市场，当然不行”[②]。在改革开放时期，针对历史虚无主义、文化虚无主义等错误社会思潮，邓小平旗帜鲜明地指出，“思想战线不能搞精神污染”[③]，否则“足以祸国误民”[④]。

其二，始终坚持多样文化并存，保持文化繁荣发展。文化多样性是文化的客观事实，有了多样性，世界才会丰富多彩，社会才有发展活力。多样性必须以有序性为前提，必须在一定的规则下进行。如果一个社会缺乏统一的指导思想和价值导向，社会运转就会陷入混乱。所以，需要在多样化中确立主导地位，在多样化中寻求共识；以主导扩大共识，以共识巩固主导。合理地坚持多样文化并存有助于意识形态建设。从历史上来看，无产阶级政党的指导思想都是在与各种思潮“唇枪舌剑”式交锋，甚至是“枪林弹雨”式博弈中“杀出一条血路”，脱颖而出并成长壮大起来的，正如毛泽东所指出的，“真理是同谬误相比较而存在、相斗争而发展的”[⑤]。可见，交锋和角力是理论建设的必要条件。

总的来说，党的指导思想与文化并非水火不容的关系，而是一元指导、多元共生的关系。在百年实践中，中国共产党人认识到，无论任何时候都不能以经济成分多样化为理由推行指导思想多元化。究其原因是，“占统治地位的思想不过是占统治地位的物质关系在观念上的表现，

① 毛泽东：《新民主主义论》（1940年1月），《毛泽东选集》第2卷，人民出版社1991年版，第705页。

② 毛泽东：《关于正确处理人民内部矛盾的问题》（1957年2月27日），《毛泽东文集》第7卷，人民出版社1996年版，第232—233页。

③ 邓小平：《党在组织路线和思想路线上的迫切任务》（1983年10月12日），《邓小平文选》第3卷，人民出版社1993年版，第39页。

④ 邓小平：《党在组织路线和思想路线上的迫切任务》（1983年10月12日），《邓小平文选》第3卷，人民出版社1993年版，第44页。

⑤ 中央文献编辑委员会编：《毛泽东著作选读》上册，人民出版社1986年版，第10页。

不过是以思想的形式表现出来的占统治地位的物质关系”[①]。可以说，党的百年意识形态建设力求在多元多样中立主导，在交流交融中谋共识，主旋律是主导，多样文化不可或缺，二者统一于新民主主义社会主义文化建设的伟大实践中。

三、坚持理论性与实践性相结合：围绕党的中心工作加强意识形态建设，坚持以马克思主义中国化时代化大众化为理论创新方向

坚持理论性与实践性结合，是党的意识形态建设的基本经验。一方面，党始终围绕中心工作加强意识形态建设，加强理论指导。从历史上看，马克思主义为党和人民所接受，就是为了解决近代中国的突出矛盾和中国革命进程中的紧迫问题。马克思曾说："问题就是公开的、无畏的、左右一切个人的时代声音。问题就是时代的口号，是它表现自己精神状态的最实际的呼声。"[②]中国共产党成立之初的近代中国，一盘散沙、四分五裂，"民族得解放，人民求幸福"是1840年鸦片战争以来中国的"时代之问"。为了回答这一问题，无数仁人志士抛头颅、洒热血，然而都无果而终。中国共产党成立之后，马克思主义作为党的指导思想，成为破解"时代之问"的锐利武器。就是说，"共产党不靠吓人吃饭，而是靠马克思列宁主义的真理吃饭，靠实事求是吃饭，靠科学吃饭"[③]。

另一方面，党始终坚持在实践中进行意识形态创新。坚持以问题为导向，不断推进马克思主义中国化时代化大众化，是党的意识形态永

① 马克思、恩格斯：《德意志意识形态》，《马克思恩格斯文集》第1卷，人民出版社2009年版，第550—551页。

② 马克思：《集权问题》，《马克思恩格斯全集》第40卷，人民出版社1982年版，第289—290页。

③ 毛泽东：《反对党八股》（1942年2月8日），《毛泽东选集》第3卷，人民出版社1991年版，第836页。

葆旺盛生命力的密码。马克思主义之所以能成为无产阶级的科学意识形态，关键就在于把理论创新作为其本质要求和内在品格。正如习近平指出："问题是创新的起点，也是创新的动力源。只有聆听时代的声音，回应时代的呼唤，认真研究解决重大而紧迫的问题，才能真正把握历史脉络、找到发展规律，推动理论创新。"①

中国共产党人经过艰辛探索，"摸着石头过河"，得出把马克思列宁主义同中国实际相结合的结论，努力推进马克思主义中国化时代化大众化。关于马克思列宁主义应该与中国实际相结合的观点，中国共产党领导人在不同历史时期进行了多角度的论述。比如1963年，毛泽东在同印度尼西亚共产党主席艾地谈话时说道："马列主义普遍真理与中国具体实践相结合，这个口号就是在延安整风时提出的。"② 又如，邓小平认为意识形态问题上首要的一条，就是"老祖宗不丢"，敢于"说新话"。邓小平指出："马克思列宁主义的普遍真理与本国的具体实际相结合，这句话本身就是普遍真理。它包含两个方面，一方面叫普遍真理，另一方面叫结合本国实际。我们历来认为丢开任何一面都不行。"③ 今天，面对新时代"两个大局"，党的意识形态创新不仅围绕为民族谋复兴、为人民谋幸福展开，还在积极回应为世界谋大同这一要求，努力构建人类命运共同体，并将此作为新时代党的创新理论的亮点。可见，中国共产党的意识形态创新做到了始终紧紧围绕实践问题、社会矛盾和时代主题展开。

总之，既围绕党的中心工作加强意识形态建设，又坚持在实践中创新和发展马克思主义，这是党百年意识形态建设的基本经验，也是党的百年大业取得巨大成功的基本经验。

---

① 习近平：《在哲学社会科学工作座谈会上的讲话》，《人民日报》2016年5月19日。

② 毛泽东：《革命和建设都要靠自己》（1963年9月3日），《毛泽东文集》第8卷，人民出版社1996年版，第339页。

③ 邓小平：《马列主义要与中国的实际情况相结合》（1956年11月17日），《邓小平文选》第1卷，人民出版社1994年版，第258—259页。

四、坚持继承性与发展性相耦合：高度重视意识形态建设的理论思考，积极发挥党的主流意识形态对于社会实践的全面引领作用

马克思主义经典作家的意识形态建设思想是中国共产党意识形态建设思想的理论源头。党在百年意识形态工作实践中，始终坚持和发展马克思主义意识形态工作的思想，积极发挥党的主流意识形态对于社会实践的全面引领作用。这主要体现在两方面。

其一，继承和发展了马克思主义经典作家关于意识形态工作的重要性思想。在马克思主义经典作家看来，为了人类解放，需要革命者自我革命，因而理论创新和理论武装十分重要。百年来中国共产党人结合不同时代背景、党的中心工作，多维度地坚持并发展了马克思主义关于意识形态工作的地位和价值的思想。比如毛泽东强调："一定的文化（当作观念形态的文化）是一定社会的政治和经济的反映，又给予伟大影响和作用于一定社会的政治和经济。"[①] 这里的"文化"就是指意识形态。毛泽东认为，意识形态影响的不仅仅是社会存在中的经济关系，而且影响了其中的政治关系。改革开放之后，面对各种错误思潮，邓小平指出："我们一定要把思想政治工作放在非常重要的地位，切实认真做好，不能放松。"[②] 党的十八大以来，习近平进一步强调意识形态工作的"极端重要性"，他指出，"能否做好意识形态工作，事关党的前途命运，事关国家长治久安，事关民族凝聚力和向心力"[③]，再次重申了意识形态领导

① 毛泽东：《新民主主义论》（1940年1月），《毛泽东选集》第2卷，人民出版社1991年版，第663—664页。

② 邓小平：《党和国家领导制度的改革》（1980年8月18日），《邓小平文选》第2卷，人民出版社1994年版，第342页。

③ 中共中央文献研究室编：《习近平关于全面建成小康社会论述摘编》，中央文献出版社2016年版，第103页。

权之于党的工作的全局性、根本性的指导意义。

其二，继承和发展了马克思主义经典作家关于如何推进意识形态工作的思想。马克思主义经典作家具有丰富的意识形态工作经验，诸如在意识形态工作中始终坚持党的领导、从战略高度和政治层面推进意识形态工作等。中国共产党人继承和发展了这些思想和实践经验，积极发挥党的意识形态对于社会实践的全面引领作用。

中国共产党人深刻认识到，马克思主义作为党的指导思想的历史，本质上就是一部不断解放思想、与时俱进、开拓创新的思想理论建设史。中国共产党人在历史上坚决反对教条化地对待马克思主义，做到了与时俱进，同时，积极推动意识形态工作理论与实践的开拓创新，推进党的意识形态建设的思维方法和工作机制创新，在宣传思想工作方面重点“抓好理念创新、手段创新、基层工作创新”[①]。进入新时代，习近平在继承与发展的基础上对意识形态工作进行了论述，这些论述可以总结为“十一论”[②]。其中重点从地位论视角强调了“意识形态工作是党的一项极端重要的工作”，从根本任务论视角强调了两个“巩固”即“巩固马克思主义指导，巩固思想基础”，以及从内容论视角强调了如何搞好新时代意识形态工作，即要“把理想信念作为意识形态工作的核心”、要“学习、研究、宣传马克思主义”等。

五、坚持建设性与批判性相铆接：不断加强理论武装、推进社会整合和主体建构，在理论创新、理论学习与武装的同时时刻注意反对各种错误思潮

百年来党一直非常重视加强对广大党员干部和人民群众的理论武装，同时时刻注意防止各种错误思潮的侵袭。那么，为什么中国共产党

---

① 中共中央文献研究室编：《习近平关于社会主义文化建设论述摘编》，中央文献出版社2017年版，第31页。

② 参见张志丹：《意识形态功能提升新论》，人民出版社2017年版，第41—42页。

坚持以建设性与批判性相铆接的方式来推进意识形态建设？其主要原因有二。

其一，坚持建设性和批判性相铆接，符合马克思主义基本原则。马克思主义坚持唯物辩证法，以批判眼光看待世界，看待自身。马克思指出："辩证法在对现存事物的肯定的理解中同时包含对现存事物的必然的否定的理解，即对现存事物的必然灭亡的理解……按其本质来说，它是批判的和革命的。"[①] 辩证否定的实质是"扬弃"，就是新陈代谢，既保留又克服，"建设性"就是保留并发展积极因素，"批判性"就是克服消极因素，建设性和批判性相统一的过程，正是在对旧事物"扬弃"的基础上构建、发展新事物的过程。作为一种革命学说，马克思主义要求批判旧世界的同时建构新世界，坚持建构性与批判性的统一。

其二，坚持建设性和批判性相铆接，是由意识形态建设的本质和特点决定的。党的意识形态建设的任务是以党的创新理论武装全党，教育人民，作为建设性之"立"是其根本。同时，党的创新理论的确立是在同错误思潮较量中进行的，作为批判性之"破"是其必须。试想，一种意识形态如果不能发挥自己的批判作用，无法维护政治合法性和思想统治，必定会丧失其统治思想的资格，所以，发挥自身的批判作用是由意识形态所固有的本性决定的。可以说，理论建设内在包含着批判，批判是为了建设。没有批判性的建设，就没有建设性的批判。同时，"没有建设性的批判，是不完善的批判。批判必须与合理化建议结合，才是建设性的批判，创造性的批判"[②]。这对于马克思主义来说亦是如此。"马克思主义必须在斗争中才能发展，不但过去是这样，现在是这样，将来也必然还是这样。"[③]

① 马克思：《资本论》，《马克思恩格斯全集》第43卷，人民出版社2016年版，第848页。

② 叶剑英：《坚持实事求是的学习态度》（1956年10月19日），《叶剑英选集》，人民出版社1996年版，第292页。

③ 毛泽东：《关于正确处理人民内部矛盾的问题》（1957年2月27日），《毛泽东文集》第7卷，人民出版社1993年版，第230页。

坚持批判性和建设性相统一是被党的百年意识形态建设的实践反复证明的。不论是在新民主主义革命时期批判非无产阶级思潮，还是在新中国成立之后面临“两条道路”“两个阶级”的斗争，还是社会主义建设时期面对极“左”思潮的冲击，以及在改革开放时期面对“左”和右两种错误倾向的冲击，党始终能准确把握意识形态领域的“立”与“破”，遵循意识形态工作中“立”与“破”的辩证统一，坚持以立为本、立破并举的原则。一方面，坚定马克思主义立场，牢牢把握正确舆论导向，通过正面教育宣讲，传导主流意识形态，唱响主旋律，传播正能量，同时做好内宣和外宣工作；另一方面，旗帜鲜明坚持真理、批驳谬误，与不良社会思潮和错误舆论斗争到底，破除不良社会思潮造成的思想迷雾，破解国际舆论中对中国特色社会主义的误判误读和对中国共产党的恶意抹黑。

具体来说，“破立结合”体现在党百年来加强和推进意识形态建设的一系列举措中。新中国成立之初，为了搞好意识形态建设，毛泽东强调，一方面要搞好意识形态工作和文化建设，另一方面要注重批判各种错误思潮。他提出：“实行百花齐放、百家争鸣的方针，并不会削弱马克思主义在思想界的领导地位，相反地正是会加强它的这种地位。”[①]改革开放以来，针对有人对党的意识形态工作不加分析地一概拒斥和否定的情况，以及“淡化意识形态”“消解主流意识形态”“非意识形态化”“去意识形态化”的论调在学术界和社会上滋生蔓延的现象，党中央深刻认识到错误社会思潮会祸及全党全社会，把打好“预防针”同做好疑难杂症的攻关治疗工作协同开展，打好“组合拳”，采取一系列措施坚决抵制错误观点。正如习近平指出：“我们必须坚持以立为本、立破并举，不断增强社会主义意识形态的凝聚力和引领力”[②]。

---

① 毛泽东：《关于正确处理人民内部矛盾的问题》（1957年2月27日），《毛泽东文集》第7卷，人民出版社1993年版，第232页。

② 习近平：《自觉承担起新形势下宣传思想工作的使命任务》（2018年8月21日），《习近平谈治国理政》第3卷，外文出版社2020年版，第311页。

六、坚持价值性与制度性相链接：坚持“刚柔并济”，在以社会主义价值观建设引领精神文明和先进文化建设中涵养意识形态建设，以制度化保障意识形态建设

坚持“刚柔并济”，将价值性与制度性相链接，在以社会主义价值观建设引领精神文明和先进文化建设中涵养意识形态建设，夯实意识形态建设的价值根基，同时以制度规范保障意识形态建设，是百年来党的意识形态建设的又一基本经验。价值观建设渗透于思想政治教育工作、社会主义先进文化建设、社会主义核心价值体系和社会主义核心价值观建设等各个方面。

一方面，以价值观建设为抓手，筑牢意识形态建设的价值根基。当代中国社会主义核心价值观是在我国革命、建设与改革的伟大实践中形成与发展起来的，其中以人民为中心的价值观为主线、以爱国主义为核心的民族精神和以改革创新为核心的时代精神为两翼，内容十分丰富。“为人民服务”“实现人的自由而全面发展”“以最广大人民群众的根本利益为本”“满足人民群众日益增长的美好生活需要”“实现中华民族伟大复兴的中国梦”等，已经成为党坚持的价值理念和价值追求。

在党的历史上，以毛泽东同志为主要代表的党的第一代中央领导集体首先对社会主义价值观进行了探索，并取得了丰硕成果。毛泽东在1944年提出了“为人民服务”的价值观，对中国共产党人的世界观、价值观、人生观和事业观作了最精辟、最明确、最集中的论述。“全心全意为人民服务”由此成为党的根本宗旨和中国共产党人一切工作的根本出发点与落脚点。党的十六届六中全会通过的《中共中央关于构建社会主义和谐社会若干重大问题的决定》首次明确提出建设社会主义核心价值体系的命题和任务。党的十八大对社会主义核心价值观进行了高度凝练和科学概括。党的十八大以来，党加大了培育和践行社会主义核心

价值观的力度。2013年12月23日，中央办公厅印发《关于培育和践行社会主义核心价值观的意见》，指出了社会主义核心价值观培育和践行的重要意义、指导思想、坚持原则以及具体路径，成为培育和践行社会主义核心价值观的根本遵循。至此，以核心价值观建设来引领精神文明和先进文化建设，已成为党的意识形态建设的成功经验。

另一方面，从战略高度推进意识形态指导下的制度建设，同时重视推进意识形态工作的制度化和法治化。党从成立之初就重视马克思主义意识形态宣传、教育和学习，使之走上制度化、常态化、规范化之路，并将此作为当务之急的工作来抓。1921年党的一大明确规定："一切书籍、日报、标语和传单的出版工作，均应受中央执行委员会或临时中央执行委员会的监督。"[①] 党中央于1923年颁布了《教育宣传问题议决案》、1925年颁布了《对于宣传工作之决议》、1926年颁布了《职工运动中之宣传问题草案》等一系列重要的思想教育宣传工作的专门性文件，以制度形式推进马克思主义理论的宣传普及。1929年，红四军第九次党的代表大会通过的《古田会议决议》更是把肃清非无产阶级思想作为重要原则，对红四军做好政治工作做了大量细节性、操作性的规定和指导。[②] 党在延安时期进一步推进意识形态建设的制度化。新中国的成立为把党和军队的意识形态教育工作制度推向全国创造了条件，各行各业陆续开始推进马克思主义教育和学习的制度化。改革开放后，党领导了拨乱反正，恢复了党在长期的意识形态建设中形成的正确原则，优化了意识形态工作的方法，加强了相关组织领导和队伍建设，强化了马克思主义在意识形态领域的指导地位，并通过"坚持四项基本原则"使意识形态建设制度逐渐成熟。

① 中央文献研究室、中央档案馆编：《建党以来重要文献选编（1921—1949）》第1册，中央文献出版社2011年版，第4页。

② 参见中央文献研究室、中央档案馆编：《建党以来重要文献选编（1921—1949）》第6册，中央文献出版社2011年版，第726页。

党的十八大以来，习近平从政治和战略高度明确了新时代意识形态工作的极端重要性，把坚持马克思主义在意识形态领域的指导地位作为“根本制度”，而这一根本制度已经写入党章和宪法。党的十九届四中全会提出，“坚持马克思主义在意识形态领域指导地位的根本制度”，这在党的历史上是第一次，也是中国社会主义制度建设的重大创新和重要成果。中国共产党百年来坚持制度化推进意识形态工作，为进一步推进意识形态建设，当前还需要继续坚持和完善以下具体制度：坚持和完善党管意识形态工作的制度；建立意识形态研究智库支撑制度；建立新闻发布制度和重大社会舆情研判制度；建立健全以意识形态工作为统领的教育法、信息法和知识产权法等法律保障，等等。

可以说，在意识形态建设中实现价值性与制度性的“刚柔并济”，充分彰显了社会主义意识形态建设的鲜明特征与独特优势。“价值”丰富和创新了意识形态建设的内容体系、引导意识形态建设的方向，“制度”规范和约束了意识形态建设的实践要求和工作指向。只有继续坚持价值性与制度性的有机结合，党的意识形态建设才能行稳致远，基业长青。

我们要进一步深入理解中国共产党带领人民创造的惊天动地伟大奇迹的“关键密码”，构建具有强大凝聚力和引领力的社会主义意识形态，使全体人民在理想信念、价值理念、道德观念上紧紧团结在一起。

原载《马克思主义与现实》2021 年第 4 期

新时代中国特色社会主义制度优势话语体系的建构

陈金龙*

制度是人类社会存在和发展的基本形式，也是社会发展程度和发展状况的显著标志。中国特色社会主义制度的优势是什么？如何概括和表达这种优势？这是国内民众和国际社会普遍关心的问题，也是讲好中国故事、传播好中国声音不可回避的问题。中共十八大以来，习近平在治国理政的实践中，对国家制度优势多次进行阐释，集中回答了国家制度优势是什么、为什么，如何推进国家制度完善和发展等问题，建构了国家制度优势话语体系，产生了多方面的积极效应。

一、新时代建构制度优势话语体系的缘由

话语是时代问题的表达，时代是话语形成的基础。中国特色社会主义进入新时代，国家制度日渐成熟并经受了实践检验，制度自信与国家凝聚力需要制度优势话语支撑，国际社会的制度竞争日趋激烈。基于这样的背景，习近平建构了中国特色社会主义制度优势话语体系。

新中国成立之初，毛泽东就开始诠释我国的制度优势，以建构新中国的国家形象。1951 年 10 月，他在全国政协一届三次会议的开幕词中指出：事实证明，“人民民主专政的制度，较之资本主义国家的政治制度具有极大的优越性。在这种制度的基础上，

---

*　作者简介：陈金龙，华南师范大学马克思主义学院教授。

我国人民能够发挥其无穷无尽的力量”[①]。毛泽东在这里从人民地位、人民作用的维度，说明了我国政治制度的优势。此后，随着新中国的发展进步，他又从政治、经济、文化和制度取向等方面，对社会主义制度的优越性进行了阐释。但由于时代、实践、认知局限和制度自身发展的过程性，毛泽东对社会主义制度优势的论述较为分散，他还不可能完成建构制度优势话语体系的任务。[②]

改革开放之初，为论证改革开放何以必要，邓小平对社会主义制度应有的优势多次进行了阐释。1978 年 9 月，他在听取中共吉林省委常委汇报工作时指出 ："社会主义制度优越性的根本表现，就是能够允许社会生产力以旧社会所没有的速度迅速发展，使人民不断增长的物质文化生活需要能够逐步得到满足。”[③] 这是从发展生产力的角度对社会主义制度优势进行的诠释。也就是说，改革开放的旨趣即在于通过消除旧的体制机制弊端，促进生产力发展，满足人民物质文化生活需要，以彰显社会主义制度优势。随着改革开放的推进和国家制度的完善、综合国力的提升，江泽民、胡锦涛对国家制度优势分别进行了阐释，涉及党的领导、政治制度、经济制度、集中力量办大事等方面，但集中的论述并不多见。

新中国成立以来制度优势话语建构的实践，为新时代制度优势话语体系建构奠定了重要基础。中共十八大以来，建构制度优势话语体系的条件日渐成熟，国内形势发展和国际格局变化对制度优势话语体系建构提出了明确的诉求。

经过新中国 70 年的建设和发展，国家制度日渐成熟定型。新中国成立初期，在确立党的领导地位、马克思主义指导地位的同时，我们建

---

① 中共中央文献研究室编:《建国以来毛泽东文稿》第2册, 中央文献出版社1988年版, 第483页。

② 参见陈金龙、邹芬:《毛泽东与新中国制度优势话语的建构》,《现代哲学》2020年第2期。

③ 邓小平:《高举毛泽东思想旗帜, 坚持实事求是的原则》(1978年9月16日),《邓小平文选》第2卷, 人民出版社1994年版, 第128页。

立了人民代表大会制度、中国共产党领导的多党合作和政治协商制度、民族区域自治制度、生产资料公有制，这为新中国的正常运行和发展进步提供了制度支撑。改革开放以来，在坚持原有制度框架的同时，国家制度得到完善和发展，形成了根本制度、基本制度、重要制度相衔接的制度体系。依据中共十九届四中全会的概括，党的领导制度、人民代表大会制度、马克思主义在意识形态领域指导地位，分别构成根本领导制度、根本政治制度和根本文化制度；中国共产党领导的多党合作和政治协商制度、民族区域自治制度、基层群众自治制度，构成基本政治制度；公有制为主体、多种所有制经济共同发展，按劳分配为主体、多种分配方式并存，社会主义市场经济体制，构成基本经济制度。各领域的基础性制度则是重要制度的主体部分。根本制度、基本制度、重要制度的成熟定型，为制度优势话语体系建构奠定了重要基础。

改革开放以来，中国经济保持了长期高速增长，经济总量在国际上的排名稳步上升，2010 年成为世界第二大经济体。2019 年国内生产总值接近 100 万亿元，占世界经济的比重超过 16%，对世界经济增长的贡献率超过 30%。我国在发展经济的同时，不断改善民生、加强社会治理，长期保持社会和谐稳定，成为国际社会公认的最有安全感的国家之一。中共十九届四中全会指出，“新中国成立七十年来，我们党领导人民创造了世所罕见的经济快速发展奇迹和社会长期稳定奇迹”[①]。“两大奇迹”的背后是国家制度优势的支撑。通过改革，我们使各方面制度更加完善，实现了国家、社会事务治理的制度化、规范化、法治化，既解放和发展了生产力，又激发了社会活力，保持了社会稳定。国家制度是否具有优势，实践是最好的试金石。任何一种话语体系的建构都是由实践所激发的，改革开放以来创造的“两大奇迹”使国家制度优势经受了检验，为建构制度优势话语体系提供了实践支撑。

---

① 《中共中央关于坚持和完善中国特色社会主义制度推进国家治理体系和治理能力现代化若干重大问题的决定》，《人民日报》2019年11月6日。

制度自信是“四个自信”的构成要素，作为一种积极的心理状态，它是建立在制度优势认同基础上的，没有制度优势认同就难有制度自信的生成。坚定制度自信必须把制度优势讲清楚，让全党全社会明白国家制度优势何在、国家制度优势是如何形成的、国家制度优势的效能是什么，这样才能为制度自信提供学理支撑。习近平指出，“系统总结我国国家制度和国家治理体系的发展成就和显著优势，目的就是推动全党全国各族人民坚定制度自信”[①]。在国家制度体系中，政治制度处于关键环节，制度自信首先来自政治制度自信。因此，习近平对我国政治制度的优势阐释得比较多，对政治制度优势的具体表现、评价标准进行了具体说明。

实现中华民族伟大复兴，不是一件轻而易举的事情，将面临不少困难和障碍，需要凝聚各方面力量和智慧。制度优势具有激励、凝聚功能，一旦得到人民认同，就会转化为发展的力量、凝聚的纽带，从而彰显制度的效能。习近平指出：“越是接近目标，越是形势复杂，越是任务艰巨，越要发挥中国共产党领导的政治优势和中国特色社会主义的制度优势，把各方面智慧和力量凝聚起来，形成海内外中华儿女心往一处想、劲往一处使的强大合力。”[②]发挥制度优势激励、凝聚功能的前提是建构制度优势话语体系，扩大制度优势话语体系的影响力，形成制度优势共识。

当今世界面临百年未有之大变局，大国之间的博弈和较量日趋激烈，而国家之间的竞争归根结底是制度竞争。在不同时代，主导世界格局的力量不同，占主导地位的话语也随之发生变化。谁的综合国力强，谁能引导世界发展趋势，谁就能掌握更多话语权。制度优势话语关系国家形象和国际地位，影响国际社会对国家的认知和评价，甚至影响国家的走向和命运。习近平指出：“制度优势是一个国家的最大优势，制

---

① 习近平：《坚持和完善中国特色社会主义制度　推进国家治理体系和治理能力现代化》，《求是》2020年第1期。

② 习近平：《在中央政协工作会议暨庆祝中国人民政治协商会议成立70周年大会上的讲话》，《人民日报》2019年9月21日。

度竞争是国家间最根本的竞争。”[①] 随着中国综合国力和国际地位不断提升，掌握国家制度优势话语权乃是势所必然。将国家制度优势展现出来，既有利于增进国际社会对中国的认知和了解，消除其对中国的误解和偏见，也有利于提升中国制度优势话语体系的影响力。

二、新时代制度优势话语体系的演进

中共十八大以来，习近平对国家制度各方面的优势从不同维度进行了论述，其对我国制度优势内涵的阐释经过了从分散、集中到系统的演进过程。

就国家和政党的关系而言，西方国家是先有国家后有政党，政党是在国家政治生活实践中产生的；中国是先有政党诞生后有国家建立，中国共产党是现代国家建设的主体力量。同时，中国是一个超大规模的国家，需要强有力的政党来领导。新中国成立初期，党和国家领导人就开始强调党的最高领导地位。1953 年 12 月，毛泽东在听取卫生部副部长贺诚等汇报时指出，“党必须领导一切，领导我们的各种工作”，“我们是依靠政治来领导，离开了政治就谈不上领导”[②]。这不仅明确了党在国家和社会生活中的领导地位和领导方式，而且是新中国强调党领导一切的开始。改革开放过程中，在重申坚持党的领导的同时，人们一度比较强调党政分开。但是，没有前提的党政分开容易弱化党的领导。有鉴于此，习近平明确指出：“中国特色社会主义最本质的特征是中国共产党领导，中国特色社会主义制度的最大优势是中国共产党领导。”[③] 这就明确了党的领导在我国制度优势中的地位。中共十九届四中全会在总结我

---

① 习近平：《坚持和完善中国特色社会主义制度　推进国家治理体系和治理能力现代化》，《求是》2020年第1期。

② 中共中央文献研究室编：《毛泽东年谱（1949—1976）》第2卷，中央文献出版社2013年版，第205页。

③ 中共中央党史和文献研究院编：《十八大以来重要文献选编》（下），中央文献出版社2018年版，第355页。

国制度优势时，将党的集中统一领导放在首位。这是从党的领导、党与国家关系维度对国家制度优势作出的准确阐释。

新中国成立后，人民摆脱被奴役的地位，成为国家主人。国家权力来自人民，人民代表大会制度为人民当家作主提供了制度平台，体现了人民的意志，表达了人民的诉求，保证了人民的主体地位。习近平指出："人民代表大会制度是符合中国国情和实际、体现社会主义国家性质、保证人民当家作主、保障实现中华民族伟大复兴的好制度。"[①] 这是人民代表大会制度的优势，也是人民代表大会制度的功能。在习近平看来，"人民代表大会制度之所以具有强大生命力和显著优越性，关键在于它深深植根于人民之中"[②]。国家权力不仅属于人民，而且由人民掌握和行使，人民是掌握国家权力的力量。这是从人民当家作主、发展人民民主方面对国家制度优势的总结。

协商民主是以人民广泛多层次参与为基础，通过公平、公开和规范的沟通与协商，创造有序公共生活的民主政治形式，也是我国人民民主的重要实现形式[③]。协商民主的实践，在酝酿、筹备成立新中国的过程中就已经开始了。随着实践的发展，协商民主由政党、政协拓展到人大、政府、人民团体、基层及社会组织，这为实现人民当家作主提供了多元化的政治资源和政治空间。习近平指出："社会主义协商民主，是中国社会主义民主政治的特有形式和独特优势，是中国共产党的群众路线在政治领域的重要体现。"[④] 协商民主是人民民主通过协商形式得以有效运行与实现的重要形式，也是党和政府与广大群众进行制度化协商对话的

---

① 中共中央文献研究室编：《十八大以来重要文献选编》(中)，中央文献出版社2016年版，第53页。

② 中共中央文献研究室编：《十八大以来重要文献选编》(中)，中央文献出版社2016年版，第58页。

③ 林尚立：《论人民民主》，上海人民出版社2016年版，第128—129页。

④ 中共中央文献研究室编：《十八大以来重要文献选编》(中)，中央文献出版社2016年版，第72页。

制度体系，是我国政治制度的优势之一。

集中力量办大事是我国国家制度的独特优势，新中国成立后的一系列核心技术突破、重大工程建设，都是集中力量办大事的结果。集中力量办大事的前提是党的集中统一领导，基础在于通过广泛动员调动各方面积极性、汇聚全社会力量，条件在于集中使用优势资源，其结果则往往是发展的高效率。习近平指出："我们最大的优势是我国社会主义制度能够集中力量办大事。这是我们成就事业的重要法宝。"[①]在谈到科技创新等问题时，他要求发挥集中力量办大事的制度优势，通过集中力量实现技术攻关，将核心技术掌握在自己手中。

制度的确立并不等于制度的定型，随着时代发展、社会变迁，国家制度需要相应作出调整和变革。中国特色社会主义制度具有自我完善、自我发展的能力，可以通过改革使自己日渐走向成熟定型。特别是中共十八大以来的全面深化改革，"充分显示出我国国家制度和国家治理体系的强大自我完善能力"[②]。这种自我完善能力使得国家制度能够与时俱进、因时而新，及时补短板、强弱项，增强系统性、整体性和协同性，提升治理效能。

以上所述是习近平在不同场合对我国制度优势分别进行的阐释。与此同时，他开始对我国制度优势进行集中概括。2012 年 11 月，习近平在十八届中央政治局第一次集体学习时指出，坚持把根本制度、基本制度同具体制度有机结合，坚持把国家层面民主制度同基层民主制度有机结合，坚持把党的领导、人民当家作主、依法治国有机结合，"符合我国国情，集中体现了中国特色社会主义的特点和优势"[③]。"三个有机结

① 中共中央党史和文献研究院编：《十八大以来重要文献选编》（下），中央文献出版社2018年版，第336—337页。

② 习近平：《坚持和完善中国特色社会主义制度 推进国家治理体系和治理能力现代化》，《求是》2020年第1期。

③ 中共中央文献研究室编：《十八大以来重要文献选编》（上），中央文献出版社2014年，第75页。

合”的概括，着眼国家制度优势的总体特征，道出了我国制度优势的根本所在。2019 年 9 月，习近平在十九届中央政治局第十七次集体学习时，针对国家制度和法律制度的优势，从坚持党的领导、保证人民当家作主、坚持全面依法治国、实行民主集中制四个方面进行了总结[①]。这是我国政治制度优势的集中体现，为中共十九届四中全会对国家制度优势进行系统概括作了准备和铺垫。

中共十九届四中全会从 13 个方面对国家制度的显著优势进行了系统总结和概括，这在党的历史上是第一次。从制度优势领域来看，涉及党的领导、政治、经济、文化、社会、国防、祖国统一、外交等方面；从制度优势层次来看，涉及根本制度、基本制度、重要制度三个层次；从制度优势功能来看，蕴含制度取向、制度构架、制度运行、制度发展四个方面。中共十九届四中全会从不同维度对国家制度显著优势的阐释，是国家制度优势的集成性表达，也是新时代建构国家制度优势话语体系的集中体现。

三、新时代建构制度优势话语体系的方法

话语建构需要借助一定的方法，这样才能提升话语的解释力和说服力。习近平在建构中国特色社会主义制度优势话语体系时，通过社会主义与资本主义比较、用事实说话、揭示制度优势形成机理、确立制度优势评价标准等方法，彰显了我国的制度优势。

社会主义是与资本主义相比较而存在的，社会主义制度优势是相对于资本主义制度所具有的比较优势。毛泽东、邓小平在阐释社会主义优越性时，通常采用比较的方法，通过与资本主义进行比较，彰显社会主义的制度优势。习近平在建构国家制度优势话语体系时，依然采用这一

① 参见习近平：《坚持、完善和发展中国特色社会主义国家制度与法律制度》，《求是》2019年第23期。

方法，他所说的国家制度优势，更多是指与资本主义竞争的比较优势[①]。在习近平看来，全面深化改革的目的在于“使中国特色社会主义在解放和发展社会生产力、解放和增强社会活力、促进人的全面发展上比资本主义制度更有效率”[②]。这是从效率方面对社会主义和资本主义进行的比较，而社会主义之所以“更有效率”，是因为在追求效率的过程中兼顾公平，实现了效率与公平的统一。对全体人民积极性、主动性、创造性的激发，使得社会主义“更能在竞争中赢得比较优势，把中国特色社会主义制度的优越性充分体现出来”[③]。改革开放的目的是促进社会主义制度的完善和发展，以彰显其较之资本主义的比较优势。具体到政治制度优势方面，习近平指出，我国社会主义制度保证人民当家作主、依法治国的主体地位，“这是我们的制度优势，也是中国特色社会主义法治区别于资本主义法治的根本所在”[④]。社会主义民主是全面而真实的民主，人民不仅拥有各方面的民主权利，而且拥有直接参与国家事务管理的途径。民主从一种制度形式、制度理想发展成为一种生存方式与生活方式。就经济制度而言，习近平指出：“之所以说是社会主义市场经济，就是要坚持我们的制度优越性，有效防范资本主义市场经济的弊端。”[⑤]我国在强调发挥市场在资源配置中的决定性作用的同时，重视发挥政府调控作用，将有效市场与有为政府结合起来，通过政府调控来矫正西方自由市场经济存在的弊端，使市场经济成为我国基本经济制度的重要内容之一。

① 参见中共中央文献研究室编：《十八大以来重要文献选编》（上），中央文献出版社2014年版，第508页。

② 习近平：《切实把思想统一到党的十八届三中全会精神上来》（2013年11月12日），《习近平谈治国理政》第1卷，外文出版社2018年版，第93页。

③ 习近平：《切实把思想统一到党的十八届三中全会精神上来》（2013年11月12日），《习近平谈治国理政》第1卷，外文出版社2018年版，第93页。

④ 习近平：《加快建设社会主义法治国家》（2014年10月23日），《习近平谈治国理政》第2卷，外文出版社2017年版，第115页。

⑤ 中共中央党史和文献研究院编：《十八大以来重要文献选编》（下），中央文献出版社2018年版，第6页。

实践是话语的根基，事实最有解释力和说服力。习近平在建构制度优势话语体系时，注意结合事实来说明问题，基于事实来诠释国家制度优势。除中共十九届四中全会通过“两大奇迹”展示我国制度优势外，习近平还结合其他具体事实对国家制度优势进行了说明。改革开放以来，特别是中共十八大以来，通过精准扶贫、精准脱贫，我国有七亿多人摆脱贫困，成为世界上减贫人口最多的国家，对全球减贫贡献率超过 70%，赢得国际社会的广泛赞誉和认可。习近平指出，这个成就足以载入人类社会发展史册，也足以向世界证明“中国共产党领导和中国特色社会主义制度的优越性”[①]。在应对重大自然灾害、防治重大传染病方面，我国的制度具有明显优势。新冠肺炎疫情防控的实践充分证实了这一点。习近平指出：“我国疫情防控和复工复产之所以能够有力推进，根本原因是党的领导和我国社会主义制度的优势发挥了无可比拟的重要作用。”[②] 结合具体事实、实践效果来建构制度优势话语体系，民众容易理解、接受和认可。

制度形成的内在机理也是展示制度优势的重要方面。习近平在不同场合对国家制度优势的形成进行了阐释，揭示了我国制度优势形成的基础和底蕴。2014 年 2 月，他在省部级主要领导干部学习贯彻十八届三中全会精神全面深化改革专题研讨班上指出：“我国今天的国家治理体系，是在我国历史传承、文化传统、经济社会发展的基础上长期发展、渐进改进、内生性演化的结果。”[③] 这里强调了历史传承、文化传统、经济社会发展水平对制度优势形成的影响。2019 年 9 月，习近平在十九届中央政治局第十七次集体学习时指出，中国特色社会主义国家

① 中共中央党史和文献研究院编：《十八大以来重要文献选编》（下），中央文献出版社2018年版，第31页。

② 《深化改革健全制度完善治理体系　善于运用制度优势应对风险挑战冲击》，《人民日报》2020年4月28日。

③ 习近平：《不断提高运用中国特色社会主义制度有效治理国家能力》（2014年2月17日），《习近平谈治国理政》第1卷，外文出版社2018年版，第105页。

制度“植根于中华民族5000多年文明史所积淀的深厚历史文化传统，吸收借鉴了人类制度文明有益成果，经过了长期实践检验”[①]。这里强调了历史文化传统、人类制度文明成果、实践经验积累对国家制度优势形成的作用。习近平在中共十九届四中全会第二次全体会议上的讲话，再次论及国家制度优势形成问题，涉及马克思主义理论指导、中国社会土壤、中华优秀文化传统、人民主体作用等因素对国家制度优势形成的作用。综合这些论述可以看出，我国制度优势的形成主要基于以下因素：一是马克思主义的理论指导。马克思主义的人民立场为制度建设提供了基本价值取向，马克思主义从实际出发、辩证分析等方法为制度建设提供了方法指引，马克思主义关于国家治理主体、原则、方式、职能的理论为制度建设提供了具体指导。二是历史文化传统的奠基作用。中华优秀传统文化倡导的大一统传统、德治主张、民本思想、平等观念、正义精神、用人标准、改革精神、外交之道，在国家制度建构过程中得到创造性转化和创新性发展，成为我国制度优势的文化底蕴。三是社会性质和经济发展水平。社会主义初级阶段的基本国情、发展中国家的国际地位，决定了中国的国家制度既要体现社会主义制度的优越性，符合社会主义的本质要求，又要同社会主义初级阶段的生产力发展水平、国际地位相适应。其中，我国的基本经济制度充分体现了社会性质和经济发展水平对国家制度建设的决定性作用。四是社会实践积累和人民的拥护支持。我国的制度体系是在新民主主义革命时期制度建设实践和新中国成立后制度建设实践的基础上形成的，是长期实践经验积累的结果。“中国特色社会主义制度好不好、优越不优越，中国人民最清楚，也最有发言权。”[②]我国制度体现了以人民为中心的价值取向，因

① 习近平：《坚持、完善和发展中国特色社会主义国家制度与法律制度》，《求是》2019年第23期。

② 习近平：《坚持和完善中国特色社会主义制度　推进国家治理体系和治理能力现代化》，《求是》2020年第1期。

而能得到人民的拥护和支持。五是对人类制度文明的借鉴。我国在制度建构的过程中秉持兼容并蓄的态度，适应时代发展潮流，汲取人类制度文明的合理成分，例如社会主义市场经济就是借鉴人类制度文明的成果。阐明国家制度的形成机理，有利于理解国家制度优势形成的深厚基础。

建构国家制度优势话语体系，关键在于确立制度优势的评价标准。习近平围绕评价政治制度是否民主有效，提出了“八个能否”的标准，包括领导层能否依法有序更替，人民能否依法参与管理，人民能否畅通表达诉求，社会各方面能否参与国家政治生活，国家决策能否做到科学化和民主化，各方面人才能否通过公平竞争进入国家管理体系，执政党能否依法执政,权力运用能否得到制约和监督[①]。这里主要是从法治化、民主化的维度来评价国家政治制度。用这一标准来衡量和评价，我国的政治制度优势自然能够显现出来。在十九届中央政治局第十七次集体学习时，习近平提出：“衡量一个社会制度是否科学、是否先进，主要看是否符合国情、是否有效管用、是否得到人民拥护。”[②]制度建构必须从国情出发，不能照搬照抄他人的制度；制度制定的目的在于执行，通过执行发挥其国家治理效能；人民是制度的制定者，也是制度的实践者和评价者，制度要发挥作用，必须得到人民的拥护和认同。这一评价标准实现了科学性与价值性、理想性与现实性的统一。依据这一评价标准，“中国特色社会主义国家制度和法律制度是一套行得通、真管用、有效率的制度体系”[③]。习近平在中共十九届四中全会第二次全体会议上的讲话，再次论及制度评价标准：“看一个制度好不好、优越不优越，要从

① 参见中共中央文献研究室编:《十八大以来重要文献选编》(中),中央文献出版社2016年版,第60—61页。

② 习近平:《坚持、完善和发展中国特色社会主义国家制度与法律制度》,《求是》2019年第23期。

③ 习近平:《坚持、完善和发展中国特色社会主义国家制度与法律制度》,《求是》2019年第23期。

政治上、大的方面去评判和把握。”[①] 从政治上、大的方面，尤其是从取向和功能方面评价制度能否保证国家的社会主义性质，能否促进社会生产力发展，能否维护社会公平正义，能否保障和实现人民利益，这是评判制度的最高标准。制度优势评价标准的确立，使制度优势话语体系建构有了参照和坐标。

四、新时代建构制度优势话语体系的意义

新时代中国特色社会主义制度优势话语体系的建构，揭示了中国成功的制度密码，既有利于发挥国家制度优势的治理效能，推进国家制度的完善和发展，又赢得了国际社会对我国制度优势的认同。

中国特色社会主义为什么能够成功？中国成功的制度密码是什么？国内民众尽管有切身感受，却难以言表。建构制度优势话语体系，实际上诠释了中国成功的制度原因，解开了中国发展稳定的制度密码。中国特色社会主义制度已经成为“具有显著优越性和强大生命力的制度”，我国创造出了“经济快速发展、社会长期稳定的奇迹”[②]。建构制度优势话语体系，有利于增进民众对国家制度优势的理解和认同，可以使人们在强化制度自信的同时，深化对人类社会发展规律的认识，认清社会制度更替的内在逻辑。

建构制度优势话语体系，有利于发挥制度优势的国家治理效能。制度优势是国家正常运转的基础，只有将制度优势具体运用到国家治理实践中，才能发挥制度的国家治理效能。建构制度优势话语体系，确立制度权威，强化制度认同，有利于增强全党全社会敬畏制

① 习近平：《坚持和完善中国特色社会主义制度　推进国家治理体系和治理能力现代化》，《求是》2020年第1期。

② 习近平：《坚持、完善和发展中国特色社会主义国家制度与法律制度》，《求是》2019年第23期。

度、执行制度的自觉性，从而发挥制度规范、激励、约束的治理效能。党员干部担负国家治理的任务，是国家治理的具体实践者。中共十九届四中全会要求各级领导干部“切实强化制度意识，带头维护制度权威，做制度执行的表率，带动全党全社会自觉尊崇制度、严格执行制度、坚决维护制度”①。这样做有利于充分发挥国家制度的治理效能。

制度的完善、发展、成熟、定型是一个动态的实践过程。习近平在肯定我国制度优势的同时，实事求是地承认，我国制度“还不是尽善尽美、成熟定型的”。他指出：“中国特色社会主义事业不断发展，中国特色社会主义制度也需要不断完善。”②全面深化改革的目的就是完善和发展中国特色社会主义制度。制度自信“不是要固步自封，而是要不断革除体制机制弊端，让我们的制度成熟而持久”③。攻坚期和深水区的改革，主要任务是制度建设，即通过全面深化改革使各方面制度更加成熟更加定型。在庆祝改革开放40周年大会上，习近平提出了完善各方面制度的任务：“我们要坚决破除一切妨碍发展的体制机制障碍和利益固化藩篱，加快形成系统完备、科学规范、运行有效的制度体系，推动中国特色社会主义制度更加成熟更加定型。”④制度优势话语体系的建构，为促进制度完善和发展提供了动力和压力。

国际社会出于意识形态偏见和国家利益之争，讳言我国制度优势，甚至对我国制度作了不少负面、歪曲的解读。习近平提出，要“讲好中国制度故事，扩大中国制度的影响力和感召力，增进国际社会对我国制

① 《中共中央关于坚持和完善中国特色社会主义制度 推进国家治理体系和治理能力现代化若干重大问题的决定》，《人民日报》2019年11月6日。

② 中共中央文献研究室编：《十八大以来重要文献选编》（上），中央文献出版社2014年版，第75页。

③ 习近平：《不断提高运用中国特色社会主义制度有效治理国家的能力》（2014年2月17日），《习近平谈治国理政》第1卷，外文出版社2018年版，第106页。

④ 中共中央党史和文献研究院编：《十九大以来重要文献选编》（上），中央文献出版社2019年版，第733页。

度的认识和认同”[①]。讲好中国制度的故事，一方面可以增进国际社会对我国制度优势的认知，减少其对我国制度优势的误解和偏见；另一方面可为人类探索建设更好的制度贡献中国智慧和中国方案。通过制度优势话语体系建构，国际社会已逐渐认识到我国制度的优势。英国肯特大学教授戴维·麦克莱伦认为，“中国的体制有一个巨大优势，那就是高效”[②]。印度发展中国家研究和信息系统机构顾问苏伯莫伊·巴塔查吉表示，新中国成立以来始终坚持中国共产党的领导，70 年发展成就充分显示出中国现有的制度优势，制度优势带来的政策延续性使得中国经济拥有巨大韧性[③]。国际社会在评价我国新冠肺炎疫情防控经验时，也多从国家制度优势方面来立论。这表明我国制度优势话语体系逐步赢得了国际社会的理解和认同。

中国话语是中国声音的话语呈现，也是中国故事的话语表达。建构中国话语体系是我们在新时代面临的紧要任务。从新时代建构我国制度优势话语体系的实践来看，建构中国话语体系要合理设置议题，选择国内外普遍关心、亟须回答的现实问题，把中国的发展优势转化为话语优势；建构中国话语体系要选择恰当的方法，围绕设置的议题进行多维度阐释，力求使话语具有较强的解释力和渗透力；建构中国话语体系要尊重国际传播规律，发挥话语的舆论引导、形象建构作用。

原载《中共党史研究》2020 年第 4 期

① 习近平：《坚持、完善和发展中国特色社会主义国家制度与法律制度》，《求是》2019年第23期。

② 谷棣、谢戎彬主编：《我们误判了中国——西方政要智囊重构对华认知》，华文出版社，2015年版，第143页。

③ 《中国选择了符合自身国情的发展道路》，《人民日报》2019年11月3日。

党史学习教育必须树立正确党史观

齐　彪*

在党史学习教育动员大会上的重要讲话中，习近平总书记明确提出了“树立正确党史观”的要求。这抓住了党史学习教育正本清源、固本培元的根本问题，如果历史观错误，不仅达不到党史学习教育的目的，反倒会南辕北辙、走入误区。习近平总书记在建党百年提出这一重大问题，标志着中国共产党对自身历史认识达到新境界，值得认真学习理解。

正确党史观是“观”党史的根本前提

任何实践活动都是主观指导客观并见之于客观的过程，任何党史活动也都贯穿着如何“观”的问题。欲“观”党史，必须树立正确党史观。党史观是在党史学习、党史研究、党史宣传教育、党史资料收集、党史经验总结等一切党史活动中所持的基本立场观点方法。

中国共产党是马克思主义执政党，是中华民族复兴的领导力量，是中国特色社会主义事业的核心力量。中国共产党在当代中国的重要地位，是以其历史上发挥的决定作用为依据的。现实是历史的延续。如何认识和对待党的历史，即以什么样的党史观“观”党史，不是一个单纯的历史及学术问题，而是一个事关党的执政基础巩固的重大政治问题，

* 作者简介：齐彪，中共中央党史和文献研究院教授，原中央党史研究室第二研究部副主任。

具体可以从以下方面把握。

尊重基本历史事实。习近平总书记强调，坚持用唯物史观认识历史。“历史就是历史，事实就是事实，任何人都不可能改变历史和事实。”[①] 每个人因多方面因素对历史认知尽管不同，“横看成岭侧成峰，远近高低各不同”“一百个人眼中有一百个哈姆雷特”，但决不能不顾基本的历史事实。不能把高山看成洼地，把白的说成黑的；不能摸到一根象尾巴，就说是整个大象，不能把历史的一个片段说成是历史全部。

珍惜国家取得的根本成就及民族复兴的光明前景。要从巩固和发展已经取得的成就出发认识历史，总结经验，不断推动中华民族伟大复兴中国梦的实现。中外历史经验反复证明，建设很难，垮起来容易。“垮”的因素多种多样，但如何对待自身历史，是巩固和发展的一个重大前提性问题。灭人之国，必先去其史。习近平总书记深刻地指出：“苏联为什么解体？苏共为什么垮台？一个重要原因就是意识形态领域的斗争十分激烈，全面否定苏联历史、苏共历史，否定列宁，否定斯大林”。[②] 这一教训值得高度重视。

认同、维护党和国家的指导思想及发展道路。中国共产党在马克思主义指导下领导人民走上了社会主义发展道路，党的历史就是马克思主义在中国的发展史、中国道路的探索史。巩固住和发展好这100年来党领导人民取得的辉煌成就，最根本的就是坚持和发展中国特色社会主义理论和道路，在当代中国，就是要坚持马克思主义中国化的最新成果——习近平新时代中国特色社会主义思想。这是指导当代中国意识形态工作的根本遵循，也是认识党的历史的基本政治立场。赞成、拥护党的理论和正确道路，必然对党和人民的奋斗历史持肯定态度，反之亦然。

---

① 习近平：《在纪念全民族抗战爆发七十七周年仪式上的讲话》，《人民日报》2014年7月8日。

② 中共中央文献研究室编：《十八大以来重要文献选编》（上），中央文献出版社2014年版，第113页。

坚定站在维护党的领导、国家统一、民族团结的立场。“国家的统一，人民的团结，国内各民族的团结，这是我们的事业必定要胜利的基本保证。”[①]中国共产党100年的历史，是领导人民推进国家走向高度统一、促进民族走向团结和谐的奋斗史，以爱国主义为核心的中华民族精神被空前唤醒，由此构建了当代中国人对国家和民族认同的历史基础。正确的党史观是以正确历史观为基础的。维护国家统一和民族团结，必须珍惜党领导人民团结奋斗的光辉历史。

正确历史观及党史观的形成，是由多方面因素决定的，一个最根本的问题，就是要把学习理论与学习历史结合起来，即古人倡导的“先读经后读史”与“既读史复读经”，处理好“读经”和“读史”的关系。党的理论是对党的历史经验的科学总结，党的最新科学理论是党站在历史新高度对历史经验的最新科学总结，只有对党的理论深入理解，真正武装头脑，才能树立对党的历史认知的正确立场观点方法，才能提高对历史认识的水平；只有对党的历史深入学习，才能更深入理解作为党的历史经验科学总结的党的理论，提高“四个自信”的自觉性。这次党史学习教育下发的材料，既有理论原著，又有权威党史，较好地体现了理论学习与历史学习的关系，对于树立正确党史观，将产生重要的积极影响。

准确把握党史发展的主题主线、主流本质

党的100年的历史丰富多彩，在任何一个点上都有说不尽的话题。如果沉浸及局限于某一细节、某一片段或某一现象，就难以把握历史全貌和理解历史发展逻辑，这不符合树立正确党史观的基本要求。“观”党史与认识其他事物一样，要分清主要和次要、主流和支流；分清本质和表象、根本与枝节。即以正确党史观“观”党史，必须观“主”观“本”、

① 中共中央文献研究室编：《毛泽东文集》（第7卷），人民出版社1999年版，第204页。

抓“主”抓“本”，不能主次不分、舍本求末。习近平总书记提出了“准确把握党的历史发展的主题主线、主流本质”要求。

早在2010年7月21日，在中央分管党史工作的习近平同志在全国党史工作会议上的重要讲话，就已对党的历史发展的主题主线、主流本质作出过全面的论述和界定。什么是党的历史发展的主题主线？近代以来，中国人民面临着争取民族独立、人民解放和实现国家富强、人民幸福这两大历史任务。团结带领全国各族人民为实现这两大历史任务而不懈奋斗，这就是党的历史发展的主题和主线。什么是党的历史发展的主流本质？党围绕这个主题和主线，领导人民进行新民主主义革命、社会主义革命和开展大规模社会主义建设、进行改革开放和社会主义现代化建设并取得伟大胜利的历史，是党把马克思主义基本原理同中国具体实际相结合，实现马克思主义中国化，形成、丰富、发展毛泽东思想和中国特色社会主义理论体系伟大成果的历史，是党自觉加强自身建设、保持和发展先进性、经受住各种风险考验而不断发展壮大的历史。这就是党的历史发展的主流和本质。树立正确党史观，最根本的就是要把握实现中华民族伟大复兴的“两大历史任务”这一党的历史的主题主线，把握“不懈奋斗史”“理论探索史”“自身建设史”这些党的历史的主流本质；党的全部历史，可以通过这“两大历史任务”“三个方面历史”的关键词总体把握。

树立正确党史观，必须树立高度自觉的主题主线、主流本质意识，善于以此来把握党的全部历史，善于由此来观察、认识党史重大问题。对党史人物、重要事件、重大问题的评价，要以党史发展的主题主线、主流本质为根本出发点，主要看其在实现中华民族伟大复兴“两大历史任务”中的历史地位，看其在党的“三个方面历史”中发挥的历史作用。只有这样，才能“不畏浮云遮望眼”，从纷繁复杂的历史现象中、从众说纷纭的历史评说中，把握历史真谛。如对中国共产党、中国人民解放军、中华人民共和国的主要缔造者毛泽东的评价，放在近代以来中华民族复兴历史进程考察，我们可以清楚地看到，他是伟大的马克思主义者，伟大的无产阶级革命家、战略家、理论家，是马克思主义中国化的伟大开拓者，是近代以来中国伟大的爱国者和民族英雄，是党的第一代中央领导集体的核心，是领导中国人民彻底改变自己命运和国家面貌的一代伟人；[①] 毛泽东晚年特别是在“文化大革命”中的错误是一个伟大的革命家、一个伟大的马克思主义者所犯的错误，也是一个伟大探索者所犯的错误；他的历史功绩永远是第一位的，错误是第二位的。[②] 再如对于改革开放前历史时期即社会主义革命和建设时期的评价，我们党尽管在这一时段出现了一些失误，但作为一个从革命向现代化建设过渡的历史阶段，不仅为当代中国一切发展进步奠定了根本政治前提和制度基础，也为改革开放新的历史时期开创中国特色社会主义提供了宝贵经验、理论准备、物质基础。不能因为这一时期发生一些失误就否定整个历史时期，乃至否定党的全部历史。

党的历史在发展，人们对党史的认识也在不断升华，对党的历史发展的主题主线、主流本质认识也是这样。深入学习习近平总书记关于党史的论述，有必要从党史发展主流本质的高度认识党的“精神传承史”。党的十八大以来，习近平总书记高度重视中国共产党的精神传承，不仅结合新时代要求不断概括新的精神形态，也不断回望和总结历史，对其他历史阶段的精神形态及内涵作出新的概括、新的论述。这就为构建中国共产党精神谱系准备了必要条件。精神谱系就是精神传承的历史记录。习近平总书记提出构筑中国共产党人精神谱系的要求，实际上也就提出了构建中国共产党精神传承史的要求。“精神传承史”虽与体现党史发展主流本质的“不懈奋斗史”“理论探索史”“自身建设史”这三个方面历史不可分割，但无法归类于其中任一范畴。如延安精神，涵盖着延安时期对敌斗争、理论探索、党自身建设多方面的历史内容，不能把

① 习近平：《论中国共产党历史》，中央文献出版社2021年版，第49页。
② 习近平：《论中国共产党历史》，中央文献出版社2021年版，第56页。

其简单归为其中任何一类。党的精神传承有必要单独成史，作为体现党史发展主流本质的一条重要历史线索。

自觉抵制错误历史观的侵蚀影响

树立正确党史观，必须抵制和反对错误历史观的侵蚀影响。习近平总书记在不同语境条件下，提出了抵制和反对唯心史观、英雄史观、历史虚无主义等错误历史观，以及否认和美化侵略战争的错误言论。其中，与正确党史观形成直接对立面的，就是党史上的历史虚无主义。

习近平总书记一向旗帜鲜明地反对党史上的历史虚无主义。他在2010年7月发表的重要讲话中，代表中央对反对历史虚无主义问题作出了全面阐释和部署，指出：历史虚无主义以所谓“重新评价”为名，歪曲近现代中国革命历史、党的历史和中华人民共和国历史；历史虚无主义的要害，是从根本上否定马克思主义指导地位和中国走向社会主义的历史必然性，否定中国共产党的领导。习近平总书记还列举了历史虚无主义在当时的主要表现，要求旗帜鲜明地予以批驳，[①] 由此吹响了反对历史虚无主义的号角。

党的十八大以来，以习近平同志为核心的党中央把反对历史虚无主义提到议事日程，中央印发的每个关于意识形态的文件都结合新的形势，列举历史虚无主义的最新动向，提出回击的明确要求和切实可行的措施。在这次党史学习教育工作部署中，习近平总书记在提出树立正确党史观的同时，要求旗帜鲜明地反对历史虚无主义。这是树立正确党史观的应有之义。

反对历史虚无主义是一场严肃的政治斗争。从根本上讲，这是由斗争对象的政治性质所决定的。党所反对的历史虚无主义，本质上是一种

---

① 齐彪：《深入理解和全面把握反对历史虚无主义的重大课题》，《中共党史研究》2016年第4期。

政治思潮，要害是“否定马克思主义指导地位和中国走向社会主义的历史必然性，否定中国共产党的领导”，企图照搬西方发展道路和模式。这就像是一个硬币的正反两面，一面是否定党的历史和中国所走的正确道路，另一面就是主张走西方的道路，两面实为一体。

反对历史虚无主义是一场特殊的政治斗争。这种特殊性表现在多个方面：就表现形态来说，属于思想即意识形态范畴，与大量思想认识问题交织在一起；就表现领域来说，属于历史这一具有较强专业性质的特殊领域；更为突出的特殊性，就是斗争目标所具有的特殊指向性。习近平总书记的讲话和党的文献关于历史虚无主义的界定，是判断历史虚无主义的根本标尺，不要把这一重大政治问题泛化到一切历史学术领域中去。对于在研究国家、民族历史和传统文化过程中出现的不同意见，不能轻率地上纲上线；对于在中国近现代历史、中国共产党历史和新中国历史研究中发生的不同看法，必须正确区分哪些是属于政治问题，哪些是属于学术问题，始终保持反对历史虚无主义的正确方向。

原载《前线》2021 年第 5 期

正确处理马克思主义与中华优秀传统文化的关系

何中华*

正确处理马克思主义与中华优秀传统文化的关系，是党的百年奋斗历程中的一个重大理论与实践问题。习近平指出："文化是一个国家、一个民族的灵魂"，"中华优秀传统文化是中华民族的精神命脉"。[①] 中华民族是有着悠久历史和灿烂文化的伟大民族，在长期的历史发展中形成了自己独特的精神世界和思维方法，积淀了深厚的特质禀赋和文化基因。这是影响中华民族生存和发展的深层因素，也是我们党不断进行理论创新的文化沃土。中国共产党作为马克思主义政党，在成立之后，坚持把马克思主义的普遍真理同包括历史文化在内的我国具体实际相结合，不断推进马克思主义中国化。在革命、建设和改革进程中，中国共产党人不断深化对马克思主义与中华优秀传统文化关系的认识，"把坚持马克思主义同弘扬中华优秀传统文化有机结合起来"[②]，不仅推进了马克思主义中国化进程，而且传承、弘扬、光大了中华优秀传统文化，积累了宝贵历史经验。

---

* 作者简介：何中华，山东省中国特色社会主义理论体系研究中心特约研究员。

① 习近平：《坚定文化自信，建设社会主义文化强国》，《求是》2019年第12期。

② 《在服务和融入新发展格局上展现更大作为　奋力谱写全面建设社会主义现代化国家福建篇章》，《人民日报》2021年3月26日。

一、扎根中国文化土壤，结合中国文化实际，推进马克思主义中国化

马克思指出："理论在一个国家实现的程度，总是决定于理论满足这个国家的需要的程度。"[①] 马克思主义在中国的成功传播和实践，充分地证明了这一论断。

首先，马克思主义必须植根于中国文化土壤才能真正实现中国化并有效指导中国革命、建设、改革实践。恩格斯强调指出："在我看来，马克思的历史理论是任何坚定不移和始终一贯的革命策略的基本条件；为了找到这种策略，需要的只是把这一理论应用于本国的经济条件和政治条件。"[②] 所谓"本国的经济条件和政治条件"，也就是最基本的国情，而这些"条件"又必然植根于深厚的文化土壤，毋宁说它就是在特定文化背景下经过长期的历史的发展和积淀孕育而成的。习近平指出："中华传统文化源远流长、博大精深，中华民族形成和发展过程中产生的各种思想文化，记载了中华民族在长期奋斗中开展的精神活动、进行的理性思维、创造的文化成果，反映了中华民族的精神追求，其中最核心的内容已经成为中华民族最基本的文化基因。"[③] 中国共产党成立后，在带领人民进行革命、建设和改革的过程中，立足中国国情，坚持把马克思主义基本原理同中国的具体实际相结合，把马克思主义厚植于中国文化的沃土，创造性地丰富和发展了马克思主义。可以说，中华优秀传统文化是马克思主义中国化的重要背景因素之一，也是中国共产党领导人民

---

① 马克思：《〈黑格尔法哲学批判〉导言》，《马克思恩格斯选集》第1卷，人民出版社1995年版，第11页。

② 《恩格斯致维·伊·查苏利奇》，《马克思恩格斯选集》第4卷，人民出版社1995年版，第669页。

③ 《牢记历史经验历史教训历史警示　为国家治理能力现代化提供有益借鉴》，《人民日报》2014年10月14日。

进行伟大社会革命取得辉煌成就、进行理论创新取得累累硕果背后的重要文化滋养。毛泽东指出："中国革命斗争的胜利要靠中国同志了解中国情况"，中国共产党人"不但要懂得中国的今天，还要懂得中国的昨天和前天"，要"对于国内和国际的政治、军事、经济、文化"有深入的研究。[①] 这里的"中国情况"，既包含了中国的现实状况，也包含着中国的历史和文化传统。改革开放后，中国共产党带领全国人民解放思想、实事求是，大胆地试、勇敢地闯，成功开创了中国特色社会主义。邓小平强调："把马克思主义的普遍真理同我国的具体实际结合起来，走自己的道路，建设有中国特色的社会主义，这就是我们总结长期历史经验得出的基本结论。"[②] 党的十八大以来，习近平深刻指出："每个国家和民族的历史传统、文化积淀、基本国情不同，其发展道路必然有着自己的特色。""我们开辟了中国特色社会主义道路不是偶然的，是我国历史传承和文化传统决定的。"[③] 从世界范围看，各个国家都有自己的实际情况和文化禀赋，世界社会主义运动在各国的不同实践也充分说明，马克思主义只有与该国实际相结合才能落地生根。并且，这个结合的过程并不是单向和静态的，而是双向和动态的。中国共产党通过把马克思主义与中华优秀传统文化相结合，不仅使马克思主义获得了丰富和发展，而且使中华优秀传统文化实现了创造性转化、创新性发展，在新的历史条件下发扬光大。

其次，中华优秀传统文化与马克思主义的融通契合之处，为二者的有机结合提供了可能性和有利条件。中国共产党是在近代中国社会和文

---

① 毛泽东：《反对本本主义》（1930年5月），《毛泽东选集》第1卷，人民出版社1991年版，第115页；毛泽东：《改造我们的学习》（1941年5月19日），《毛泽东选集》第3卷，人民出版社1991年版，第796页、801页。

② 邓小平：《中国共产党第十二次全国代表大会开幕词》（1982年9月1日），《邓小平文选》第3卷，人民出版社1993年版，第3页。

③ 《牢记历史经验历史教训历史警示 为国家治理能力现代化提供有益借鉴》，《人民日报》2014年10月14日。

化的深刻激荡中、在新文化运动和五四运动的洗礼下应运而生的，其产生和发展有着深刻的思想文化因素。近代以后，西方各式各样的学说和理论都曾传入我国，在国内的思想政治舞台上竞相出场，但最后只有马克思主义胜出，这决不是偶然的。马克思主义以其科学性和真理性不仅揭示了人类社会的发展规律，而且指明了中国的发展方向和奋斗目标，为苦苦寻求救国救民道路的国人点亮了指路明灯。与此同时，中华优秀传统文化与马克思主义的融通契合之处，也是中国人选择马克思主义和马克思主义能够扎根中国大地并深刻影响中国社会发展进程的重要因素。习近平指出："马克思主义传入中国后，科学社会主义的主张受到中国人民热烈欢迎，并最终扎根中国大地、开花结果，决不是偶然的，而是同我国传承了几千年的优秀历史文化和广大人民日用而不觉的价值观念融通的。"[①] 比如，中国传统文化极为看重"践履"，注重"知行合一"，有"经世致用"的悠久传统，这与马克思主义注重理论与实践相结合有相通之处。更为重要的是，俄国十月革命的成功实践不仅证明了马克思主义的科学性和有效性，也为看重"效验"和"明证"的中国人带来了强烈的思想冲击。陈独秀、李大钊、毛泽东等优秀的中国共产党人都是有着深厚传统文化素养的先进知识分子，他们不仅从理论上认识到了马克思主义的真理性，而且从实践的"效验"中坚定了对马克思主义的信仰。这也是为什么早在十月革命爆发之前马克思主义就已经传入中国，而毛泽东却说"十月革命一声炮响，给我们送来了马克思列宁主义"[②] 的原因之一。可以说，中华优秀传统文化作为先在的精神性的中国元素，不仅影响着马克思主义在中国的接受和传播，也在马克思主义中国化的整个过程中始终发挥着潜移默化的作用。

---

① 习近平：《坚持和完善中国特色社会主义制度　推进国家治理体系和治理能力现代化》，《求是》2020年第1期。

② 毛泽东：《论人民民主专政》（1949年6月30日），《毛泽东选集》第4卷，人民出版社1991年版，第1471页。

二、推动马克思主义在与中华优秀传统文化的结合中呈现出鲜明的民族特色

1938年，毛泽东在《中国共产党在民族战争中的地位》一文中讲到学习马克思主义问题时说，“指导一个伟大的革命运动的政党，如果没有革命理论，没有历史知识，没有对于实际运动的深刻的了解，要取得胜利是不可能的”。他要求中国共产党人一方面加强对马克思主义基本理论的学习，以其指导革命的行动；另一方面，还要“学习我们的历史遗产，用马克思主义的方法给以批判的总结”。他说：“我们这个民族有数千年的历史，有它的特点，有它的许多珍贵品。对于这些，我们还是小学生。今天的中国是历史的中国的一个发展；我们是马克思主义的历史主义者，我们不应当割断历史。”他深刻指出：“马克思主义必须和我国的具体特点相结合并通过一定的民族形式才能实现”，“离开中国特点来谈马克思主义，只是抽象的空洞的马克思主义。因此，使马克思主义在中国具体化，使之在其每一表现中带着必须有的中国的特性，即是说，按照中国的特点去应用它，成为全党亟待了解并亟须解决的问题。”①

毛泽东这里非常清晰和辩证地讲明了马克思主义中国化的科学内涵，也指明了中国共产党人对待中国历史和文化的科学态度。据此而论，马克思主义倘若不和我们民族的文化形式和具体特点相结合，就不可能真正地“具体化”和“中国化”；马克思主义要变成扎根中国土壤并在中国大地上开花结果的“活的马克思主义”，就必须与中国的现实国情和文化传统相结合，使马克思主义以特有的民族形式呈现出来，否则就是教条主义和僵死的马克思主义。毛泽东指出，“洋八股必须废止，空

① 毛泽东：《中国共产党在民族战争中的地位》（1938年10月14日），《毛泽东选集》第2卷，人民出版社1991年版，第534页。

洞抽象的调头必须少唱，教条主义必须休息，而代之以新鲜活泼的、为中国老百姓所喜闻乐见的中国作风和中国气派”[①]。所谓具有中国作风和中国气派，就是马克思主义在与中华优秀传统文化真正结合后呈现出具有中国特色的理论形态。在马克思主义中国化的理论创新成果中，许多经典的思想创造和理论表达都带有鲜明的中国风格。比如，毛泽东的重要哲学著作《实践论》就以“论认识和实践的关系——知和行的关系”为副标题，其中“知和行的关系”显然是借用了中国传统哲学中的概念和表述。还有，对于唯物辩证法的对立统一规律，毛泽东也用“矛盾”或“一分为二”等中国式的概念来概括和表述。这些无疑都是具有中国作风和中国气派的理论形态。

在推进马克思主义中国化、赋予马克思主义以民族形式方面，最为经典和具有代表性的还是毛泽东对于实事求是以及邓小平对于小康社会的创造性解释。1941 年，在《改造我们的学习》一文中，毛泽东对《汉书》中的“实事求是”一词作了创造性的解释，指出：“‘实事’就是客观存在着的一切事物，‘是’就是客观事物的内部联系，即规律性，‘求’就是我们去研究。我们要从国内外、省内外、县内外、区内外的实际情况出发，从其中引出其固有的而不是臆造的规律性，即找出周围事变的内部联系，作为我们行动的向导。”[②]这一解释既把马克思主义的精髓讲得生动透彻，又使“实事求是”这一中华传统文化中的概念得到了质的升华，包含着丰富的马克思主义思想内涵。1979 年，邓小平在会见来访的日本首相大平正芳时，第一次用《礼记》中的“小康”一词来阐释“中国式的现代化”，赋予社会主义现代化理论以鲜明的中国风格。后来，小康社会的理论不断丰富和发展，“小康社会”也成为建设中国特

① 毛泽东：《中国共产党在民族战争中的地位》（1938年10月14日），《毛泽东选集》第2卷，人民出版社1991年版，第534页。

② 毛泽东：《改造我们的学习》（1941年5月19日），《毛泽东选集》第3卷，人民出版社1991年版，第801页。

色社会主义和实现社会主义现代化的一个经典表达。

总之，中国共产党在推进马克思主义中国化的过程中，始终注重把马克思主义的基本原理同中国的具体实际相结合，努力使马克思主义的理论和实践具有鲜明的中国特色、中国风格。经过长期实践，马克思主义在中国呈现出勃勃生机，成为深深植根于中国社会和文化沃土的“活的马克思主义”。

三、对中华传统文化“坚持有鉴别的对待，有扬弃的继承”，并结合时代特点和现实需要发扬光大

2014 年 9 月，习近平在纪念孔子诞辰 2565 周年国际学术研讨会暨国际儒学联合会第五届会员大会开幕会上的讲话中指出：“传统文化在其形成和发展过程中，不可避免会受到当时人们的认识水平、时代条件、社会制度的局限性的制约和影响，因而也不可避免会存在陈旧过时或已成为糟粕性的东西。这就要求人们在学习、研究、应用传统文化时坚持古为今用、推陈出新，结合新的实践和时代要求进行正确取舍，而不能一股脑儿都拿到今天来照套照用。要坚持古为今用、以古鉴今，坚持有鉴别的对待、有扬弃的继承，而不能搞厚古薄今、以古非今，努力实现传统文化的创造性转化、创新性发展，使之与现实文化相融相通，共同服务以文化人的时代任务。”[①] 在漫长的历史进程中，中华民族创造了独树一帜的灿烂文化。在马克思主义指导下，中国共产党秉持辩证唯物主义和历史唯物主义的科学态度，“对传统文化进行科学分析，对有益的东西、好的东西予以继承和发扬，对负面的、不好的东西加以抵御和克服，取其精华、去其糟粕”，同时“加强对中华优秀传统文化的挖掘和阐发，使中华民族最基本的文化基因与当代文化相适应、与现代社会相

① 习近平：《在纪念孔子诞辰2565周年国际学术研讨会暨国际儒学联合会第五届会员大会开幕会上的讲话》，《人民日报》2014年9月25日。

协调，把跨越时空、超越国界、富有永恒魅力、具有当代价值的文化精神弘扬起来”。[①]

中国共产党以马克思主义为指导，对于传统文化一贯秉持一分为二的辩证态度。一方面，中国共产党重视历史，强调尊重和继承我们民族的传统文化，同时又秉持辩证的态度，强调必须是有批判地继承，不能全盘肯定或否定；另一方面，对于传统文化，中国共产党还坚持发展的观点，根据时代发展不断进行改造，赋予其新的内涵，让其更好地为人民服务。

新民主主义革命时期，毛泽东强调，要批判吸收传统文化中的有益因素，并加以改造后为革命事业和人民群众服务。1942 年 5 月，毛泽东在延安文艺座谈会上指出，“我们必须继承一切优秀的文学艺术遗产，批判地吸收其中一切有益的东西”，“对于过去时代的文艺形式，我们也并不拒绝利用，但这些旧形式到了我们手里，给了改造，加进了新内容，也就变成革命的为人民服务的东西了”。[②]

改革开放后，中国共产党根据时代和实践的发展，不断强调要从传统文化中挖掘有益资源，为社会主义精神文明建设服务，努力建设中国特色社会主义文化。1979 年 10 月，邓小平在中国文学艺术工作者第四次代表大会上的祝词中指出：“我国历史悠久，地域辽阔，人口众多，不同民族、不同职业、不同年龄、不同经历和不同教育程度的人们，有多样的生活习俗、文化传统和艺术爱好”，对于“我国古代的和外国的文艺作品、表演艺术中一切进步的和优秀的东西，都应当借鉴和学习”。[③]1991 年 7 月，在庆祝中国共产党成立 70 周年大会上，江泽民指出：“有中国特色社会主义的文化，必须以马克思列宁主义、毛泽东思想为

① 习近平：《坚定文化自信，建设社会主义文化强国》，《求是》2019年第12期。

② 毛泽东：《在延安文艺座谈会上的讲话》（1942年5月），《毛泽东选集》第3卷，人民出版社1991年版，第855页、860页。

③ 邓小平：《在中国文学艺术工作者第四次代表大会上的祝词》（1979年10月30日），《邓小平文选》第2卷，人民出版社1994年版，第210页。

指导”，“必须继承发扬民族优秀传统文化而又充分体现社会主义时代精神”。“中华民族是有悠久历史和优秀文化的伟大民族。我们的文化建设不能割断历史。对民族传统文化要取其精华、去其糟粕，并结合时代的特点加以发展，推陈出新，使它不断发扬光大。”[①] 2007 年 10 月，胡锦涛在党的十七大报告中指出：“中华文化是中华民族生生不息、团结奋进的不竭动力。要全面认识祖国传统文化，取其精华，去其糟粕，使之与当代社会相适应、与现代文明相协调，保持民族性，体现时代性。”[②]

党的十八大以来，习近平对社会主义文化建设进行了系统思考和深刻论述，在对待传统文化的科学态度、中华优秀传统文化的时代价值、中国特色社会主义文化与中华优秀传统文化的关系等方面，都有精辟阐述和明确要求。习近平指出：“中国共产党人是马克思主义者，坚持马克思主义的科学学说，坚持和发展中国特色社会主义，但中国共产党人不是历史虚无主义者，也不是文化虚无主义者。我们从来认为，马克思主义基本原理必须同中国具体实际紧密结合起来，应该科学对待民族传统文化，科学对待世界各国文化，用人类创造的一切优秀思想文化成果武装自己。在带领中国人民进行革命、建设、改革的长期历史实践中，中国共产党人始终是中国优秀传统文化的忠实继承者和弘扬者，从孔夫子到孙中山，我们都注意汲取其中积极的养分。”“传承中华文化，绝不是简单复古，也不是盲目排外，而是古为今用、洋为中用，辩证取舍、推陈出新，摒弃消极因素，继承积极思想，‘以古人之规矩，开自己之生面’，实现中华文化的创造性转化和创新性发展。”他还明确指出，“中国特色社会主义文化，源自于中华民族 5000 多年文明历史所孕育的中华优秀传统文化”，强调中华优秀传统文化是“涵养社会主义核心价值

① 中共中央文献研究室编：《十三大以来重要文献选编》（下），中央文献出版社2011年版，第1643—1645页。

② 胡锦涛：《高举中国特色社会主义伟大旗帜，为夺取全面建设小康社会新胜利而奋斗》（2007年10月15日），《胡锦涛文选》第2卷，人民出版社2016年版，第640—641页。

观的重要源泉，也是我们在世界文化激荡中站稳脚跟的坚实根基”，要求“结合新的时代条件传承和弘扬中华优秀传统文化”。[1]

在历史的长河中，中华民族形成了伟大民族精神和优秀传统文化，这是中华民族生生不息、长盛不衰的文化基因，也是实现中华民族伟大复兴的重要精神力量，要结合新的实际发扬光大。回顾和总结中国共产党认识和处理马克思主义与中华优秀传统文化关系的历史经验，既是坚定文化自信、传承和弘扬中华优秀传统文化、实现中华优秀传统文化创造性转化和创新性发展的题中之义，又是在新的历史条件下继续深化和拓展马克思主义中国化、不断开辟马克思主义新境界的内在要求。在全面建设社会主义现代化国家新征程上，在持续推动马克思主义中国化、时代化、大众化进程中，我们要坚持中国特色社会主义文化发展道路，“推动中华优秀传统文化创造性转化、创新性发展，以时代精神激活中华优秀传统文化的生命力”[2]，不断铸就中华文化新辉煌，为建设社会主义文化强国和实现中华民族伟大复兴提供强大精神动力。

原载《党的文献》2021 年第 3 期

---

① 习近平：《在纪念孔子诞辰 2565 周年国际学术研讨会暨国际儒学联合会第五届会员大会开幕会上的讲话》《人民日报》2014年9月25日；习近平：《坚定文化自信，建设社会主义文化强国》，《求是》2019年第12期。

② 《在服务和融入新发展格局上展现更大作为 奋力谱写全面建设社会主义现代化国家福建篇章》，《人民日报》2021年3月26日。

正确辨析中国共产党百年史上的中国特色社会主义

——中国特色社会主义若干等式论驳议

王　刚*

习近平在庆祝中国共产党成立100周年大会上指出："中国特色社会主义是党和人民历经千辛万苦、付出巨大代价取得的根本成就，是实现中华民族伟大复兴的正确道路"。[①] 改革开放以来，"中国特色社会主义"是党和国家一以贯之的重大命题。正是在中国特色社会主义的引领下，中国共产党领导中国人民"推动物质文明、政治文明、精神文明、社会文明、生态文明协调发展，创造了中国式现代化新道路，创造了人类文明新形态"[②]。因此，对"中国特色社会主义"的理解，本来不应该成为问题，然而国内外一些人，由于受意识形态固有偏见和新自由主义、历史虚无主义等错误思潮的影响，认为中国特色社会主义已从根本上"变质"，它或等于中国特色资本主义，或等于国家资本主义，或等于民主社会主义，或等于儒家社会主义……由此形成了若干所谓的"等式论"。针对这些"等式论"，我们必须予以辨析和澄清，理直气壮地以中国特色社会主义续写第二个百年的新篇章。

---

* 作者单位：南京师范大学马克思主义学院。

① 习近平：《在庆祝中国共产党成立100周年大会上的讲话》，人民出版社2021年版，第13页。

② 习近平：《在庆祝中国共产党成立100周年大会上的讲话》，人民出版社2021年版，第13—14页。

一、中国特色社会主义等于中国特色资本主义?

改革开放初期，国外一些学者就提出，中国逐渐偏离了正统的社会主义，它既区别于发达国家的自由资本主义，也区别于欠发达国家的资本主义,有人称之为所谓的“中国特色资本主义”。他们之所以有此认识，其原因归结起来主要有两点：一是中国形成了社会主义市场经济。在他们看来，市场经济是资本主义制度的特有属性和范畴，计划经济才是社会主义制度的特有属性和范畴，市场经济和计划经济之间泾渭分明，计划经济只能与社会主义相联系，而不能与资本主义相联系，否则社会主义就会成为一种“变相资本主义”。一美国学者曾说：“中国的市场社会主义改革并未将该国导向一种新型的社会主义，而是导向了一种日渐分化和残忍的资本主义形态。”二是非公有制经济和混合所有制经济在中国特色社会主义制度下受到鼓励和支持，有人便污蔑说“市场经济，就是取消公有制”，其实质就是承认和鼓励私有化，在这样的经济体制下，私有制必然超过公有制，最终结果将导致“彻底的资本主义复辟”。

针对中国将走向资本主义的观点，邓小平早就指出，要消除人们的担心,必须“要拿事实来解除他们的这个忧虑”[①]。这里所说的“事实”，实质上就是要厘清“什么是社会主义,怎样建设社会主义”的基本问题。实际上，在马克思主义经典作家那里，他们曾设想未来社会应实行有计划的经济，即在共产主义社会，“生产者不交换自己的产品；用在产品上的劳动，在这里也不表现为这些产品的价值，不表现为这些产品所具有的某种物的属性”[②]，所以，社会可以有计划地进行生产和消费。但需

① 邓小平:《一靠理想二靠纪律才能团结起来》(1985年3月7日),《邓小平文选》第3卷,人民出版社1993年版,第111页。

② 马克思:《哥达纲领批判》,《马克思恩格斯选集》第3卷,人民出版社2012年版,第363页。

要强调的是，马克思、恩格斯所提出的未来社会实行有计划的经济是在生产力高度发达的共产主义社会，而对于在共产主义社会的初级阶段如何做，他们并没有给出明确具体的答案。虽然在《共产党宣言》中，马克思、恩格斯曾提出了无产阶级专政后迅速发展生产力的十条措施，但这十条措施的适用条件也是“最先进的国家”①,而不是对所有国家都普遍适用。

其实，就国际共运史而言，最早把“计划经济等同于社会主义、市场经济等同于资本主义”的是斯大林。受当时美苏“冷战”局势的影响，意识形态的斗争和冲突十分严峻。立足于这样的国际大背景，斯大林不免过于简单化和教条化地对社会主义进行解释。在他看来，社会主义所有制越大越公就越优越，社会主义只能实行计划经济。斯大林的这种诠释，曾引起以毛泽东为主要代表的中国共产党人的反思和批评，如1956年底毛泽东就指出，社会主义“可以消灭了资本主义，又搞资本主义”②。但遗憾的是，随着“左”的错误逐渐占上风，毛泽东等人并没有将这一正确观点坚持下去，而是反过来愈益认同斯大林的观点，由此在全党普遍形成了“计划经济等于社会主义、市场经济等于资本主义”的思维定式，并产生了深刻影响。

从本质上看，这种对社会主义的理解，是从生产关系的单维度视角出发的。在生产关系的框架下，计划经济和市场经济自然具有鲜明的价值理性，即它们反映了各自所代表的意识形态，二者之间存在根本的冲突，自然也就成为两种制度区别的重要标识。党的十一届三中全会后，基于对社会主义建设时期经验教训的反思，邓小平等中国共产党人在坚持解放思想和实事求是相统一的基础上，把市场经济和计划经济从浓厚

---

① 马克思、恩格斯:《共产党宣言》,《马克思恩格斯选集》第1卷，人民出版社2012年版，第421页。

② 毛泽东:《同民建和工商联负责人的谈话》(1956年12月7日),《毛泽东文集》第7卷，人民出版社1999年版，第170页。

的意识形态中剥离出来，不再将它们视为制度范畴和价值理性，而是赋予其工具理性的深刻意蕴。即计划和市场只是调节经济、发展生产的具体手段和工具，把资本主义国家的一些好方法用来发展社会生产力，既不会影响社会主义，更不会导致向资本主义复归，“计划经济不等于社会主义，资本主义也有计划；市场经济不等于资本主义，社会主义也有市场”[①]。

事实上，列宁早就提出，一个真正的马克思主义者，应该懂得要充分利用资本主义的先进技术和文化来促进社会主义发展的道理，“既然我们还不能实现从小生产到社会主义的直接过渡……所以我们应该利用资本主义（特别是要把它纳入国家资本主义的轨道）作为小生产和社会主义之间的中间环节，作为提高生产力的手段、途径、方法和方式”[②]。基于这样的理论逻辑，邓小平作了进一步的发展。在他看来，社会主义的优越性并不单纯地体现为实行公有制，更重要是在于它具有比资本主义更高的生产力。必须充分吸取人类文明成果，大力提高和发展生产力。由此，邓小平从生产力和生产关系的辩证维度，得出了“解放生产力，发展生产力，消灭剥削，消除两极分化，最终达到共同富裕”[③]的社会主义本质认识。毋庸讳言，邓小平的这些新论断，不仅突破了僵化教条主义的束缚，同时也打破了国际社会对计划经济和市场经济属性的惯性认知。

在邓小平等一代又一代中国共产党人的接续推动下，社会主义市场经济体制作为一种基本经济制度被确定下来。这一经济体制的根本特征，就在于它不仅鼓励、支持和引导非公有制经济的发展，更坚定支持

① 邓小平：《在武昌、深圳、珠海、上海等地的谈话要点》（1992年1月18日—2月21日），《邓小平文选》第3卷，人民出版社1993年版，第373页。

② 列宁：《论粮食税（新政策的意义及其条件）》（1921年4月21日），《列宁全集》第41卷，人民出版社2017年版，第217页。

③ 邓小平：《在武昌、深圳、珠海、上海等地的谈话要点》（1992年1月18日—2月21日），《邓小平文选》第3卷，人民出版社1993年版，第373页。

公有制主体地位，发展国有经济主导作用。实践充分证明，社会主义市场经济体制有助于生产要素的合理流动与优化配置，推动了社会生产力的不断解放和发展。据统计，1978 年，我国 GDP 总值只有 3679 亿元，全球排名第十位，占全球份额仅 1.4%；而在 2020 年，我国 GDP 总值高达 1015986 亿元，稳居全球第二位，占全球份额 17%。[①] 可以说，我们在仅仅 40 多年的时间里能够取得如此巨大的成就，一个重要原因就在于实行社会主义市场经济。尤其是随着非公有制经济的发展，其在对外直接投资、固定资产投资、高新技术投资、国内生产总值增加、税收、新增就业等方面的贡献率均越来越显著，甚至在个别领域的贡献率达到 90% 以上，充分体现了非公有制经济在发展生产力方面的独特优势。

需要指出的是，大力发展非公有制经济，其目的并非要削弱或取消公有制经济的主体和支配地位，也不是要搞经济私有化，更不是回过头去“补资本主义的课”，而是在充分尊重社会发展规律的基础上，将人类优秀的文明成果拿来为我所用，从而促进中国特色社会主义发展。也就是说，在领导上坚持党的集中统一领导，在所有制上坚持以公有制为主体，在国家政权上坚持人民民主专政，这就保证了我国的基本经济制度的社会主义方向，马克思把它称为“普照的光”，即“在一切社会形式中都有一种一定的生产决定其他一切生产的地位和影响，因而它的关系也决定其他一切关系的地位和影响。这是一种普照的光，它掩盖了一切其他色彩，改变着它们的特点。这是一种特殊的以太，它决定着它里面显露出来的一切存在的比重”[②]。根据这一理论，就社会主义公有制生产关系而言，它本身就是一种“普照的光”，映射出我国社会主义初级阶段公有制经济和非公有制经济的各自地位和作用。实际上，改革

① 张翼：《统计数据反映70年沧桑巨变》，《光明日报》2019年7月2日。

② 马克思：《〈政治经济学批判〉导言》，《马克思恩格斯选集》第2卷，人民出版社2012年版，第707页。

开放以来，尽管非公有制经济发展十分迅速，而且所涉领域愈益拓展，但影响国计民生的重要关键领域，始终由国有经济牢牢掌控。这就意味着，在社会主义市场经济发展的过程中，虽然国有经济相比于原来计划经济体制下的占比有所下降，但这“有利于国有资本放大功能、保值增值、提高竞争力，有利于各种所有制资本取长补短、相互促进、共同发展”[①]。

因此，我们不能简单地认为中国特色社会主义是中国特色资本主义。当前大多数资本主义国家也经常对自由市场经济进行一定的政府干预和宏观调控，难道能说它们在实行社会主义吗？在社会主义市场经济中，只要国有经济始终牢牢控制着国民经济命脉，在有关重要行业和关键领域占主导和支配地位，党和政府就完全可以通过强有力的宏观调控有效规避与克服社会经济发展过程中出现的问题，不至于出现社会主义性质改变、贫富差距急剧拉大、公平正义严重缺失等局面。而且，“一旦发现偏离社会主义方向的情况，国家机器就会出面干预，把它纠正过来”[②]。对此，有学者指出，中国特色社会主义可以有效地“防止资本逻辑以现代性建设为掩护对国家逻辑进行附魅的资本权力化和权力资本化趋势，始终以强有力的国家权力来驾驭资本逻辑，避免资本逻辑所导致的现代性危机”[③]。

二、中国特色社会主义等于国家资本主义？

近年来，西方一些别有用心的知识分子和政要把中国特色社会主义取得的历史性成就，说成是国家资本主义的成功。在他们看来，中

① 中共中央文献研究室编：《十八大以来重要文献选编》（上），中央文献出版社2014年版，第515页。

② 邓小平：《改革是中国发展生产力的必由之路》（1985年8月28日），《邓小平文选》第3卷，人民出版社1993年版，第139页。

③ 陈进华：《治理体系现代化的国家逻辑》，《中国社会科学》2019年第5期。

国特色社会主义的本质其实就是国家资本主义，是一种“国家和市场相结合、国家控制市场并在其中扮演主要角色、以内部垄断和外部扩张为特征、旨在牟取国内外政治利益的经济体系”[①]。如有人指出，中国政府给予国有企业大量的优惠政策，以便支持其在全球开展有关业务，这些国有企业的目标并不在于获取经济利润，而是服从于国家战略目标的需要；也有人认为，中国的一些民营龙头企业在名义上虽是私人所有，但实际上却是高度依赖政府并为政府搜集和提供情报的“权力掮客”。质言之，这些人都错误地将中国特色社会主义等同于国家资本主义。

那么，什么是国家资本主义？中国特色社会主义为什么不等于国家资本主义呢？列宁曾指出：“如果要进行讨论，就必须把概念弄清楚。”[②]针对一些西方人士蓄意以“国家资本主义”来曲解中国特色社会主义的做法，我们自然要首先搞清楚这一概念的来龙去脉。事实上，“国家资本主义”本是科学社会主义文献中的一个概念术语，最初是由列宁提出来的。早在“一战”进行正酣时，列宁通过对德国战时计划经济的观察，认为资本主义世界已经出现了一种新的经济形态——国家资本主义。在他看来，国家资本有利于克服资本主义市场自身的弊端，能够在短时期内迅速集中各种资源，是德国经济实现迅速发展并最终走上工业化道路的关键所在。面对俄国革命的成功和比较落后的基本国情，列宁在党内破天荒地提出了俄共（布）要向德国学习的任务。他指出，国家资本主义并不仅仅是资产阶级政权的专利品，无产阶级政权同样也可以利用，“国家垄断资本主义是社会主义的最充分的物质准备，是社会主义的前阶，是历史阶梯上的一级，在这一级和叫做社会主义的那一级之间，没

① 转引自陈志恒等：《美国“反国家资本主义”思潮：缘起、政策实践及战略意图》，《国外社会科学》2015年第5期。

② 列宁：《论面目全非的马克思主义和“帝国主义经济主义”》（1916年8—9月），《列宁全集》第28卷，人民出版社2017年版，第133页。

有任何中间级”[①]。这意味着，国家资本主义和社会主义并非同一物，而是相互衔接和次第演进的，“真正革命民主国家中的国家垄断资本主义，必然会是走向社会主义的一个或一些步骤”[②]，是俄国人民实现美好愿望的“救星”。根据列宁的理解，国家资本主义经济形态主要呈现出“高科技+国家管控经济”的模式，这是实现社会主义的两个必备要件，“没有建筑在现代科学最新成就基础上的大资本主义技术，没有一个使千百万人在产品的生产和分配中严格遵守统一标准的有计划的国家组织，社会主义就无从设想”[③]。

需要注意的是，列宁并没有对国家资本主义这一概念模糊化使用和处理，而是进行了严格的区分。他认为，在无产阶级政权下，国家资本主义是个崭新的概念，它“不是资本主义下有过的那一种，而是新的概念，因为是新的现象。国家=工人阶级，它的先锋队，它凝结成的组织力量和文化力量”[④]。换言之，从性质上看，在当时苏俄诸多的经济成分中[⑤]，国家资本主义虽然属于资本主义，却不过是一种接受无产阶级政权领导并为其服务的特殊国家资本主义，即国家资本主义企业在生产、流通、分配等各个环节都不是盲目的，而是由国家对其进行“干涉、计算和监督”，是一种加以限制的资本主义。因此，得益于列宁国家资本主

① 列宁：《论粮食税（新政策的意义及其条件）》（1921年4月21日），《列宁全集》第41卷，人民出版社2017年版，第202页。

② 列宁：《大难临头，出路何在？》（1917年9月10—14日〔23–27日〕）《列宁全集》第32卷，人民出版社2017年版，第217页。

③ 列宁：《论粮食税（新政策的意义及其条件）》（1921年4月21日），《列宁全集》第41卷，人民出版社2017年版，第199页。

④ 《俄共（布）第十一次代表大会材料》（1922年3月），《列宁全集》第43卷，人民出版社2017年版，第402页。

⑤ 在《论粮食税》一文中，列宁曾将当时国内的经济成分区划为五种类型：一是宗法式的，即在很大程度上属于自然经济的农民经济；二是小商品生产（这里包括大多数出卖粮食的农民）；三是私人资本主义；四是国家资本主义；五是社会主义。参见列宁：《论粮食税（新政策的意义及其条件）》（1921年4月21日），《列宁全集》第41卷，人民出版社2017年版，第196页。

义思想的指引，苏俄自1921年开始实施包括“粮食税”“合作社”“租借制”“租让制”“商品自由贸易”等一系列措施在内的新经济政策。尽管这一政策随着列宁的去世而提前结束，但它对于保证社会主义制度的实现、巩固苏维埃政权以及刺激苏俄的经济增长起到了十分重要的作用。

根据列宁的国家资本主义思想，中国共产党对新民主主义经济进行了深刻的认识和辨析。早在解放战争时期，张闻天即指出，新民主主义经济的构成形式并不是单一的，而是包括多种经济形式。其中，所谓的“国家资本主义经济”，主要是指“在国家管理下，使私人资本向着我们所需要的方向发展……私人工厂、公家定货、我们支给他加工钱，原料由公家供给，生产出的产品归公家支配……凡是我们管不了的，都可以租给资本家去经营。因为我们与资本家订好互利条件，易为我们管理与控制。这种经济形式对于新民主主义经济很有好处，也有发展前途”[①]。新中国成立后，我们党对国家资本主义的内涵、性质、形式以及功能等有了更为明确的认识和定位。为了更好地指导社会主义改造，毛泽东专门写了《关于国家资本主义经济》一文。该文指出，当下中国的资本主义经济绝大部分都受到政府的管理和工人的监督，“这种资本主义经济已经不是普通的资本主义经济，而是一种特殊的资本主义经济，即新式的国家资本主义经济。它主要地不是为了资本家的利润而存在，而是为了供应人民和国家的需要而存在”[②]。在社会主义改造中，关于资本主义工商业的改造，毛泽东等人普遍认为，社会主义制度不可能一下子就实现，而是要经历一个由私人资本主义到国家资本主义再到社会主义的转变过程。首先，要把自由独立的私人资本主义转变为受政府管理和限制的、不独立的国家资本主义，“逐步地（争取尽可能快些）适合国家的

① 陈伯村主编：《张闻天东北文选》，黑龙江人民出版社1990年版，第185页。

② 毛泽东：《关于国家资本主义经济》（1953年7月），《毛泽东文集》第6卷，人民出版社1999年版，第282页。

方针政策”[①]。“要使他们认识到,中国的私人工商业如能按照国家的方针政策办事，就基本上是为国计民生服务，部分地为资本家谋利，这样就走上国家资本主义的轨道了”[②]。其次，要采取国家资本主义的形式，运用和平赎买而非暴力没收的政策，逐步采取初级形式（委托加工、计划订货、经销代销等）和高级形式（公私合营）的国家资本主义，最终实现对资本主义工商业的社会主义改造。

由此，不难看出，在俄、中两国的社会主义过渡时期，国家资本主义概念主要呈现出如下几个特征：一是国家资本主义并不具有独立性，而是需要与一定的国家政权相结合。当它与资产阶级政权相结合，便具有资本主义性质，而当与无产阶级政权相结合，则又“带着很大的社会主义性质”[③]。二是国家资本主义仅仅是一种经济形式，在无产阶级政权的领导下，它具有鲜明的工具理性而不具有价值理性，从列宁到中国共产党人，他们在对待国家资本主义时，往往将其视为一种实现社会主义的“入口”，其根本目的并非为了资本家获取利润，而是为了建立社会主义制度的需要以及保障广大人民群众的利益。三是由于无产阶级政权的严格监督、管理和控制，“国家资本主义”带有明显的计划经济意味，即国家资本主义企业生产什么、如何生产和销售等，都并非根据市场原则自主决定，而是由国家的需要统一安排。

党的十一届三中全会以来，邓小平对以往社会主义建设的经验教训进行了深刻总结。他指出：“社会主义究竟是个什么样子，苏联搞了很多年，也并没有完全搞清楚。可能列宁的思路比较好，搞了个新经济政

① 毛泽东:《改造资本主义工商业的必经之路》(1953年9月7日),《毛泽东文集》第6卷,人民出版社1999年版,第292页。

② 中共中央文献研究室编:《建国以来重要文献选编》第4册,中央文献出版社1993年版,第359页。

③ 毛泽东:《关于国家资本主义经济》(1953年7月),《毛泽东文集》第6卷,人民出版社1999年版,第282页。

策。”[①] 在当前，无论是公有制经济，还是非公有制经济，并不像西方一些人所说的国家干涉和控制市场。这是因为，自党的十四大到十八届三中全会，市场在资源配置方面从原来“基础性作用”的定位进一步被提升到了“决定性作用”的新定位，包括国有企业在内的绝大多数企业，其在生产、流通、分配等环节完全按照市场化运作，以保障市场经济平稳发展，而“由国有经济掌控国民经济的重要部门，特别是国防，是为了确保国家安全和人民利益，保证社会主义本质的贯彻，而不属于‘垄断’市场的范畴”[②]，这与西方资本主义国家一些金融寡头操纵和垄断市场有着根本区别。事实上，在西方，从来就不存在所谓真正意义上的自由主义市场经济，而总是或显或隐地受到国家权力的干预，如鸦片战争的爆发，正是英国皇室借助东印度公司推介其殖民政策的结果，“自从19 世纪后期开始，在北美和西欧几乎所有的国家中，政府在经济中的作用稳步增加”[③]。

承上而论，一段时期以来，面对包括中国在内的新兴经济体的崛起，西方一些别有用心之人把中国特色社会主义等同于“国家资本主义”，其根本企图是要歪曲和攻击中国特色社会主义。习近平曾多次强调，中国特色社会主义绝不是其他什么主义，也绝不是教条主义地照抄照搬理论，而是灵活运用科学社会主义基本原则的产物，其“最本质的特征是中国共产党领导”[④]。持中国特色社会主义等同于“国家资本主义”的一些人，其基本的逻辑错误就在于混淆了中国特色社会主义中现象与本质、部分与整体的辩证关系。

---

① 邓小平：《改革是中国发展生产力的必由之路》（1985年8月28日），《邓小平文选》第3卷，人民出版社1993年版，第139页。

② 参见杨承训：《马克思主义“国家资本主义”理论正本清源》，《经济纵横》2018年第11期。

③ ［美］保罗·萨缪尔森、威廉·诺德豪斯：《经济学》（上册），中国发展出版社1992年版，第67页。

④ 习近平：《不忘初心，继续前进》（2016年7月1日），《习近平谈治国理政》第2卷，外文出版社2017年版，第43页。

三、中国特色社会主义等于民主社会主义?

有学者曾把中国当下的改革模式等同于瑞典模式，认为保护私有财产、鼓励非公有制经济发展等，都属于民主社会主义的范畴，只是为了规避“修正主义”的指摘，才称之为中国特色社会主义。那么，什么是民主社会主义呢？它与科学社会主义、中国特色社会主义有什么区别呢？

所谓民主社会主义，是当代资本主义国家的一些社会党、社会民主党、工党的思想理论体系的总称。就民主社会主义这一概念本身而言，它在不同历史时期经历了名称的更迭和语义的流转。要搞清楚民主社会主义，首先需要搞清楚它的前身——社会民主主义。社会民主主义这一概念最早出现于 19 世纪中叶的欧洲革命时期，其追随者主要是法、德等国的一些小资产阶级社会主义者和其他具有社会主义色彩的小团体。1869 年，在倍倍尔和李卜克内西的直接领导下，德国社会民主工人党成立，这是最早将社会民主主义作为自己指导思想的政党。随后该党与拉萨尔派合并，这使其笼罩了一层机会主义色彩的外纱。晚年恩格斯曾长期致力于将自己同社会民主主义者划清界限，他决不把自己称为“社会民主主义者”，并指出：“对马克思和我来说，选择如此有伸缩性的名称来表示我们特有的观点，是绝对不行的……对于经济纲领不单纯是一般社会主义的而直接是共产主义的党来说，对于政治上的最终目的是消除整个国家因而也消除民主的党来说，这个词还是不确切的。”[①] 然而，随着恩格斯的去世，第二国际内部出现了分裂，以伯恩施坦为代表的修正主义者对马克思主义进行了重大修正。他们认为，在当时的社会条件下，无产阶级不应再继续进行暴力革命，不再需要“炸毁”资本主义“外

① 恩格斯:《〈《人民国家报》国际问题论文集（1871—1875）〉序》,《马克思恩格斯选集》第4卷，人民出版社2012年版，第305页。

壳”了，而应该转为和平与合法议会斗争，以和平而不是暴力的方式长入社会主义。对此，坚持暴力革命思想的列宁等，同坚持社会民主主义的伯恩施坦等人作了激烈的斗争，其斗争的结果，就是进一步净化了科学社会主义，而社会民主主义则沦为修正主义的代名词。

“二战”以后，资本主义的威信和荣誉遭受普遍质疑，而以苏联为代表的社会主义则受到了亚非拉等地区人民的热烈欢迎。在这种形势下，西方各国的社会党人既想利用“社会主义”的名号来扩大自己的影响力，同时又想区别于他们称为苏联式的“专制社会主义”。因此，在1951年召开的社会党国际成立大会上，他们将原来的社会民主主义改为民主社会主义，以便凸显其所坚持的社会主义才是“民主”的和“正统”的。如德国社会民主党人奥托·延森就指出："必须用民主社会主义作为战斗口号来与布尔什维主义相对抗。"[①] 但20世纪90年代以来，由于东欧剧变、苏联解体，世界范围内的社会主义运动陷入低谷，许多人对社会主义及其前景充满了怀疑和动摇，甚至有人还提出了所谓的历史终结论。面对这样的舆论压力，西方的民主社会主义者感到十分被动，为了回避被资产阶级妖魔化的“社会主义”对自己的影响，经过内部复杂而激烈的讨论后，他们决定把自己所信奉的思想的名称，从民主社会主义再恢复成社会民主主义。总之，伯恩施坦以后的西方各国社会民主党人，在社会民主主义和民主社会主义的名称使用上虽然经历了反复修改和争论，但无论是社会民主主义，还是民主社会主义，其理论本质都是一样的，社会党国际内部也常常将二者混合使用，所不同的只是由于国际形势的变化而强调的重点不同而已。

通过对民主社会主义概念历史演变的简要梳理，我们发现民主社会主义概念自形成以来，就屡屡产生争议，它虽然在一定时期内与科学社会主义存在一定的重叠，但这并不意味着两者就曾是“同义语”或“同

① 转引自殷叙彝:《社会民主主义和民主社会主义(下)》,《当代世界社会主义问题》2001年第4期。

源”，而是始终存在一定的殊异。尤其是经过伯恩施坦“修正”以后，民主社会主义和科学社会主义更是彻底分道扬镳。因此，中国特色社会主义与民主社会主义（社会民主主义）存在根本区别。

第一，指导思想有根本区别。应该说，早期的民主社会主义者虽然曾一度服膺和信奉马克思主义，但由于受拉萨尔主义、蒲鲁东主义等错误思潮的浸淫和影响，民主社会主义者的思想信仰始终左右摇摆。尤其是在伯恩施坦以后，民主社会主义者更是愈益倾向于指导思想的多元化和意识形态“中立”，以便体现他们思想理论的开放性和包容性。在他们看来，基督教教义、黑格尔哲学、马克思主义哲学、凯恩斯主义、自由市场经济理论以及工人运动的经验等都可以作为他们的思想基础。如德国社会民主党人卡尔·考茨基曾指出：“社会民主党对每一个愿意为无产阶级的解放斗争，为反对任何压迫和剥削进行斗争的人都是开放的，而不管哪个人在理论上如何来论证他的这种意见，是根据唯物主义、康德主义、基督教义或别的什么学说。”[①] 可见，在这些社会民主党人看来，只要思想理论对于他们有用，就来者不拒，这俨然是一种“有用即真理”的实用主义心态。

与此相反，中国特色社会主义的内核，始终是以马克思主义为最高准则，中国共产党坚决反对指导思想的多元化。改革开放以来，中国共产党反复强调要始终坚持马克思主义不动摇，即使是在东欧剧变和苏联解体之后，邓小平仍不失信心，他说：“世界上赞成马克思主义的人会多起来的，因为马克思主义是科学，它运用历史唯物主义揭示了人类社会发展的规律。”[②] 特别是党的十八大以来，以习近平为代表的中国共产党人不仅提出要始终“坚持马克思主义指导地位不动摇”[③]，而且还将这

① 转引自汪恩键：《民主社会主义与科学社会主义比较研究》，中央编译出版社1998年版，第224页。

② 邓小平：《在武昌、深圳、珠海、上海等地的谈话要点》（1992年1月18日—2月21日），《邓小平文选》第3卷，人民出版社1993年版，第382页。

③ 习近平：《在庆祝改革开放40周年大会上的讲话》，人民出版社2018年版，第11页。

一思想进一步升华为“根本制度”，充分体现了党对指导思想和意识形态工作的重视。

第二，民主观有根本区别。随着伯恩施坦及其以后的民主社会主义者在策略手段上放弃了暴力革命而选择利用议会方式，他们在民主目标的追求上也发生了根本转变。在他们看来，民主应该是社会主义的本质属性，没有民主的社会主义是不可思议的，这一点的确与中国特色社会主义存在相似之处。如我们党主张：“人民民主是社会主义的生命。没有民主就没有社会主义，就没有社会主义的现代化，就没有中华民族伟大复兴。”[①]但是，民主社会主义者却反对马克思主义经典作家所倡导的在无产阶级专政基础上所实现的民主。如考茨基就曾提出：“按字义来讲，专政就是取消民主……意味着不受任何法律约束的个人独裁。”[②]不难看出，在民主社会主义者那里，社会主义的民主和专政俨然成了相互对抗的矛盾体，他们只承认民主，而否认专政。其实，列宁早就明确提醒道，“只有承认阶级斗争、同时也承认无产阶级专政的人，才是马克思主义者”，“必须用这块试金石来检验是否真正理解和承认马克思主义”。[③]而在拉萨尔主义、资本主义国家观等改良思想的影响下，社会民主党人一味地强调民主的形式，提倡“纯粹民主”“全民民主”“社会民主”，却忽视和抹杀了民主的内容和实质，淡化了民主的阶级属性。民主社会主义者以选举民主来代替无产阶级专政基础上的民主，无疑是一种不触动资本主义根基的抽象的、超阶级的、“人道主义”的民主。

与民主社会主义的民主性质不同，中国特色社会主义中提出的民主精髓和要义，无疑是人民民主专政。马克思、恩格斯早在《共产党宣言》

① 中共中央宣传部：《习近平新时代中国特色社会主义思想学习纲要》，学习出版社、人民出版社2019年版，第123页。

② 中共中央马克思恩格斯列宁斯大林著作编译局资料室编：《考茨基言论》，生活·读书·新知三联书店1966年版，第269页。

③ 列宁：《国家与革命》，《列宁全集》第31卷，人民出版社2017年版，第32页。

中就提出："工人革命的第一步就是使无产阶级上升为统治阶级，争得民主。"[①]遵循这一思想，毛泽东则根据中国具体实际，明确提出要坚持人民民主专政的主张。这一主张是一以贯之的，邓小平等人也认为"依靠无产阶级专政保卫社会主义制度，这是马克思主义的一个基本观点"[②]。只有民主而没有专政，就会严重动摇和威胁到社会主义现代化事业的开展。党的十八大以来，习近平提出，要"践行以人民为中心的发展思想，发展全过程人民民主，维护社会公平正义"[③]。因此，中国特色社会主义始终坚持人民民主专政，并不是一件"输理"的事情，而是应该公开亮明这一旗帜。

第三，所有制性质有根本区别。改革开放以来，虽然社会主义市场经济体制在我国得以确立，但这并不意味我们党改弦易辙实行生产资料私有制了。马克思主义认为，资本主义生产资料私有制是造成无产阶级贫困的总根源，只有消灭私有制，广大无产阶级才能实现自身的解放，"共产党人可以把自己的理论概括为一句话：消灭私有制"[④]。对于民主社会主义而言，它们在理解社会主义时，认为社会主义"并不以所有生产资料的公有为先决条件。它同重要生产领域内，如农业、手工业、零售业和中小型工业内私有制的存在是可以相容的"[⑤]。这表明，民主社会主义已不再将生产资料公有制作为社会主义和资本主义的根本区别，而是将其视为一个可有可无的手段，"生产资料私有制，只要它不妨碍建

① 马克思、恩格斯：《共产党宣言》，《马克思恩格斯选集》第1卷，人民出版社2012年版，第421页。

② 邓小平：《在武昌、深圳、珠海、上海等地的谈话要点》（1992年1月18日—2月21日），《邓小平文选》第3卷，人民出版社1993年版，第379页。

③ 习近平《在庆祝中国共产党成立100周年大会上的讲话》，人民出版社2021年版，第12页。

④ 马克思、恩格斯：《共产党宣言》，《马克思恩格斯选集》第1卷，人民出版社2012年版，第414页。

⑤ 社会党国际文件集编辑组：《社会党国际文件集》，黑龙江人民出版社1989年版，第6页。

立一个公正的社会制度，就有资格获得保护和促进”[①]。可以说，由于指导思想的多元化，以及反对无产阶级民主和无产阶级专政，民主社会主义已经放弃马克思主义所主张的生产资料公有制理论。

此外，在政党类型、国家性质、价值观、民主监督等方面，民主社会主义与中国特色社会主义也都有根本的区别，决不能将两者混为一谈。总体而言，在指导思想上怎么对待马克思主义，要不要坚持马克思主义为指导思想；在政治上怎样对待民主，要不要实行无产阶级专政；在经济上怎样对待公有制，要不要存在和发展社会主义公有制，是区别科学社会主义和民主社会主义的基本标志。

四、中国特色社会主义等于儒家社会主义?

所谓“儒家社会主义”，“是儒家学者以孔子的‘大同’社会为理想模式，主张实现天下为公、实现社会和谐公正，实现人类平等发展问题的社会理想模式和意识形态”[②]。在当代，主要是指“海外学者对日本、韩国、新加坡、中国香港和中国台湾等东亚地区工业文明体系的社会经济政治制度及思想文化体系的总称和概括”[③]。

改革开放以来，在治国理政的具体实践中，中国共产党先后提出和运用了“小康”“以人为本”“以德治国”“和谐”“初心”等具有传统意蕴的概念。以此为凭据，一些人便把中国特色社会主义说成是“儒家社会主义”，认为中国取得世所罕见奇迹的奥妙在于儒家文化与社会主义的结亲，甚至还宣称“没有儒家文化就不可能有马克思主义的传入与中国化”。特别是随着中国共产党提出要大力弘扬和发展中华优秀传统文化，以及实现中华民族伟大复兴的目标，一些人认为，要复兴中国就要

① 张世鹏译：《德国社会民主党纲领汇编》，北京大学出版社2005年版，第75页。

② 王博识：《马克思主义中国化视域下的儒家社会主义研究》，《兰州学刊》2011年第1期。

③ 陈曙光：《中国道路：西方话语的另类解读》，《江汉论坛》2014年第8期。

复兴中华文化，复兴中华文化的核心是复兴儒家文化，复兴儒家文化的捷径莫过于把儒教确立为国教。有人甚至断言，中国特色社会主义愈是发展，愈是趋同于儒家社会主义，届时中华人民共和国的实际含义也将变成“儒家社会主义共和国”。

中国特色社会主义是否等同于儒家社会主义，从本质上看是马克思主义和儒学的关系问题。早在 1853 年，马克思、恩格斯就明确指出：“中国社会主义之于欧洲社会主义，也许就像中国哲学之于黑格尔哲学一样。”[①] 正是基于这样的共同点，19 世纪末 20 世纪初，在中国早期先进分子传播社会主义思想时，他们大多选择将社会主义与中国本土传统的儒家思想相比附，用美国学者费正清的话说，就是“从传统中找真理”[②]。如梁启超认为,“中国古代井田制度正与近世之社会主义同一立脚点”[③]；景定成把《礼运》上所描述的“大同之世，天下为公，选贤与能”这些话，认定是“共产主义”的“神髓”[④]。从本质上看，他们这样做的目的在于拉近人们对这一异域思想的情感，从而减少马克思主义传播过程中的阻力。尽管如此，马克思主义并不等同于儒家思想，它们虽然在某些理念上相近，但整体而言却相差甚远，两者在哲学基础、主体动力、实现路径以及价值目标等方面存在根本殊异，这已是众所周知的事情。

诚然，马克思主义在中国的传播，既有的儒家思想确实为人们了解和认识这一理论提供了思想铺垫，然而，并不能因此就简单地认为没有儒家思想，就没有马克思主义在中国的传播及发展，这俨然是一种“文化决定论”的观点。其实，就文化的品格而言，“任何一种文化都

① 中共中央马克思恩格斯列宁斯大林著作编译局编：《马克思恩格斯论中国》，人民出版社1997年版，第144页。

② ［美］费正清：《剑桥中华民国史（上）》，中国社会科学出版社1994年版，第490页。

③ 梁启超：《梁启超选集》，上海人民出版社1984年版，第203—204页。

④ 景定成：《罪案》，葛懋春等编：《无政府主义思想资料选》（下册），北京大学出版社1984年版，第909页。

会有其保守的一面，对外来文化总有某种抗拒性，因此外来文化往往首先要适应原有文化的某些要求，依附于原有文化，其中与原有文化相近的部分比较容易传播”[①]。从这个意义上说，马克思主义之所以能够在中国传播及中国化，文化确实是一个重要的影响因素，但它并非最终的决定性因素。事实上，马克思主义之所以能够在中国和世界上广泛传播，其根本原因有两点：一是这一理论是科学真理；二是世界各国的客观实践对这一理论产生了需求。这诚如毛泽东所观察的："马克思列宁主义来到中国之所以发生这样大的作用，是因为中国的社会条件有了这种需要，是因为同中国人民革命的实践发生了联系，是因为被中国人民所掌握了。"[②]

一些人之所以坚持认为中国特色社会主义等同于儒家社会主义，其主要目的和诉求在于，通过对二者的比较来提高传统儒家思想的政治地位，并在此基础上，以儒学解构和重构马克思主义，即"所谓'中国化'，在一定意义上就是马克思主义的儒家化"。取消马克思主义意识形态的指导地位，从而重新确立儒学的意识形态统治地位，无疑是马克思主义儒学化的实质。在价值理性层面，儒学长期以来之所以成为封建统治阶级的意识形态，一个基本原因就在于它有利于封建统治阶级借助这些美好的愿景和理念来教化和安抚民众，从而起到巩固自身统治地位的目的；在工具理性层面，要实现这些美好愿景，儒学思想家或者寄希望于君主实行"仁政""德治"，或者要求人们反求诸已、提高自我的内心修养。因此，从本质上而言，儒家社会主义就是一种建立在农耕文明基础上，具有封建性和空想性的社会主义。而早在1848年的《共产党宣言》中，马克思、恩格斯就严厉批判了封建社会主义和空想社会主义，认为

---

① 汤一介：《面对中西文化》，中国人民大学出版社2016年版，第313页。

② 毛泽东：《唯心历史观的破产》（1949年9月16日），《毛泽东选集》第4卷，人民出版社1991年版，第1515页。

它们都属于“反动的社会主义”[①]。

事实上，就中国特色社会主义而言，尽管它吸收了儒家社会主义中的有关概念，但这些概念早已实现了自身语义的流变。比如，“小康”这一概念在古代的内涵，虽然主要是指社会比较稳定、家庭经济比较富裕殷实，但其前提却是封建的纲常，诚如《礼记·礼运》所描述：“礼义以为纪，以正君臣，以笃父子，以睦兄弟，以和夫妇，以设制度，以立田里……是谓小康。”[②]不难看出，传统意义上的“小康”概念蕴含着浓厚的等级意识。但在中国特色社会主义中，“小康”这一概念不仅指传统意义上的社会稳定和经济富裕，而且还涉及权利、教育、医疗、安全、公平、尊严、生态等各领域。这表明，在中国特色社会主义新时代，“小康”这一概念不仅过滤掉了传统意义上的等级意识，凸显了人人平等的思想，而且还从原来的社会经济方面拓展到人们日常生活领域的方方面面，成为“美好生活”的同义语。

在改革开放进程中，尤其是党的十八大以来，中国共产党在重视经济发展的同时，也反复强调要大力弘扬和发展中华优秀传统文化。如在习近平看来，对于任何一个民族和国家而言，要实现自身的强盛不衰，必须以文化的兴盛作为支撑条件。中华优秀传统文化是全体中华儿女的情感纽带和精神家园，是“一个国家、一个民族传承和发展的根本，如果丢掉了，就割断了精神命脉”[③]。中华民族在实现伟大复兴中国梦的进程中，必然在国际上面临着激烈的竞争和挑战，而要实现国际竞争力的不断增强，不仅仅要在科技、经济等物质领域发力，而且还要着重提高国家的文化软实力，它“不仅关系我国在世界文化格局中的定位，而且关系我国国际地位和国际影响力，关系‘两个一百年’奋斗目

---

① 马克思、恩格斯：《共产党宣言》，《马克思恩格斯文集》第2卷，人民出版社2009年版，第54页。

② 戴圣编：《礼记》，北京联合出版社2015年版，第54页。

③ 习近平：《努力实现传统文化创造性转化、创新性发展》（2014年9月24日），《习近平谈治国理政》第2卷，外文出版社2017年版，第313页。

标和中华民族伟大复兴中国梦的实现”[①]。需要指出的是，新时代，中国共产党虽然前所未有地重视中华传统文化，但这并不意味着是儒学的“全盘复归”，更不意味着是儒学在意识形态领域的“重新复位”。其实，以习近平为主要代表的中国共产党人提倡弘扬和发展中华传统文化，并不是不加甄别地对其简单地继承，而是“对历史文化特别是先人传承下来的价值理念和道德规范，要坚持古为今用、推陈出新，有鉴别地加以对待，有扬弃地予以继承”[②]，从而实现中华传统文化的“双创”，即创造性转化和创新性发展，使之符合新时代中国特色社会主义的实践需要。

因此，中国特色社会主义尽管与儒家社会主义存在一定的关联，但二者之间存在根本的区别，我们决不能因为中国特色社会主义吸收和容纳了儒家社会主义的有关概念和思想，就将二者画等号。持“等同论”观点的人，既严重遮蔽了马克思主义对儒家社会主义相关概念和思想的科学改造，也严重错估了中国共产党对待中华传统文化和儒学的态度，更严重忽视了儒家社会主义存在和发展的特殊历史语境。

总而言之，中国特色社会主义的实质在于“既坚持了科学社会主义基本原则，又根据时代条件赋予其鲜明的中国特色”[③]，合理论、历史、实践和价值于一体。在这里，我们不能因为“中国特色”而抹杀中国特色社会主义的“社会主义”属性，诚如习近平总书记所说，中国特色社会主义首先是社会主义。而中国特色资本主义、国家资本主义、民主社会主义、儒家社会主义等，从根本上说则是要取消中国共产党的领导。

① 中共中央文献研究室编：《习近平关于社会主义文化建设论述摘编》，中央文献出版社2017年版，第198页。

② 中共中央文献研究室编：《习近平关于社会主义文化建设论述摘编》，中央文献出版社2017年版，第140页。

③ 中共中央宣传部：《习近平新时代中国特色社会主义思想学习纲要》，学习出版社、人民出版社2019年版，第26页。

同时，我们也不能因为中国特色社会主义是社会主义而过于夸大这一理论光谱的普遍性，它是中国共产党将马克思主义基本原理和中国具体实际相结合的特殊产物和创新性版本，而“不是简单延续我国历史文化的母版，不是简单套用马克思主义经典作家设想的模板，不是其他国家社会主义实践的再版，也不是国外现代化发展的翻版”[①]，对此，我们应有清醒的认识。

原载《当代世界与社会主义》2021 年第 5 期

① 习近平:《在纪念马克思诞辰200周年大会上的讲话》，人民出版社2018年版，第26—27页。

“普世价值”话语霸权的生成路径及逻辑矛盾批判

范宝舟 焦 悦*

“普世价值”话语霸权批判必须超越概念批判走向现实批判。“普世价值”话语自诩的宇宙普遍法则、西方文明绝对优越性、资本主义制度终极性等逻辑预设，通过与资本主义国家的经济、政治、文化、媒介、军事等力量的结合获得霸权地位。然而，在世界百年未有之大变局中，“普世价值”话语在社会发展的普遍性与特殊性、形式平等与事实不平等、理性自由与人的主体性丧失，以及理论逻辑的贯通性等方面都表现出不可调和的矛盾。这证明了“普世价值”话语的虚幻性、历史局限性和非现实性。消解“普世价值”话语霸权，要清醒地认知其危害性，以“全人类共同价值”作为构建人类命运共同体的精神坐标，以社会主义现代化建设成功实践证伪西方现代化模式的普世性和唯一性，以构建中国话语和中国叙事体系，提升我国话语说服力和国际舆论引导力。

一、“普世价值”话语霸权的逻辑预设

“普世价值”话语霸权预设自身具有真理性的宇宙普遍法则，由此披上所谓客观真理的外衣；预设自身在现代文明中具有绝对优越性，由此戴上所谓价值合理性的光环；预设资本主义制度的终极性，

---

* 作者简介：范宝舟，上海财经大学人文学院教授；焦悦，上海财经大学马克思主义学院博士研究生。

由此作为在实践中推行的现实载体。实际上，"普世价值"话语霸权逻辑预设是资产阶级价值主张的世界观基础和合法性辩护，更是适应西方霸权主义在全球扩张而产生的精神"卫道士"。

其一，"普世价值"话语预设自身为真理性的普遍法则。"普世价值"话语不仅是资产阶级价值主张的世界观基础和合法性依据，而且被预设为具有真理性的普遍法则。尽管世界观中的世界并非客观世界本身，并不具有支配人的客观力量。但是，"普世价值"话语，作为一定历史条件下人们对客观世界的总体认知，是带有人的主体性偏好的客观世界。历史地来看，"普世价值"话语萌发于对基督教神权意志及其现实代表的贵族意志的颠覆，即以人权对抗神权独断，打破神学对人的统治，以理性、科学对抗迷信、信仰的现实需求，是为资本实现扩张意志而进行合法性辩护的理论体系。但问题在于："普世价值"话语体系把服从于资本扩张意志的理论辩护抽象化为一种客观的普遍"自然状态"或"自然秩序"，即不仅把自身设定为对客观世界的本质反映，而且设定为自然与社会都必须遵循的普遍法则，以此建构资本主义社会的理性知识体系，从而成为资本主义制度的意识形态基础。比如，在社会契约论那里，启蒙学者认为存在人的本性的"自然状态"，抽象出人的一般特征，即合乎理性的人都有追求自由、平等的需要。为此，这种"自然状态"就要求国家和政府在个人权利保护上，必须遵循"自由、民主、平等、人权"这种价值取向和思维路径。又如，西方经济学认为，追求利益最大化的理性人是人的"自然状态"，经济活动要严格遵循这一"自然秩序"。这一"自然状态"和"自然秩序"先验地规定了实行体现"私有财产神圣不可侵犯"的私有化、"看不见的手"的市场化以及自由化等精神的体制机制的必然性。这样，资本意志的所指经过理性的能指而产生价值变形，形成一套关于"自由、民主、平等、人权"等的理性主义概念体系，从而把客观力量理论化，使人们相信和信仰理性这一理论体系并反过来把它当作建构现实世界的蓝图和方案。这不仅使其所构造的抽象世界越来越具有"真理性"的力量，而且使现实世界沦为理性世界的表象，并将这种关于社会制度的价值意志图画为客观世界规律在社会中的必然体现，从而“普世价值”话语便具有了巨大的权力。实际上，这种权力是物质化的资本主义社会权力在人类精神上的反映，是物质权力的镜像。

其二,“普世价值”话语预设自身在现代文明中具有绝对优越性。“普世价值”话语，相对于基督教的话语体系而言，由于其对生产力发展、生产关系变革以及人的解放起着积极的推动作用，从而具有其社会历史的进步意义。马克思恩格斯在《共产党宣言》中充分肯定“资产阶级在历史上曾经起过非常革命的作用”[①]。然而,“普世价值”话语却抽离掉自身具有进步意义的具体性和历史性的语境，以现代文明的发动者和创造者自居来贬低其他文明或文化存在的意义和价值。“普世价值”话语预设的优越性表现为：一方面自视为现代文明的起源和现代世界进步的引领者,以及世界文明意义和价值的界定者,把其他文明或文化视为野蛮、落后，并赋予其必然追随西方文明的历史宿命，为西方发达资本主义国家在全球的殖民主义行径和霸权主义行为进行合法性辩护；另一方面把西方文明凌驾于其他文明之上,赋予其具有考量不同的文化、历史传统、制度模式、价值理念等的普遍意义。马克思恩格斯指出，资产阶级统治时期，资产阶级像过去的所有统治阶级一样，“赋予自己的思想以普遍性的形式，把它们描绘成唯一合乎理性的、有普遍意义的思想”[②]，即资产阶级为把自己的利益妄称为社会全体成员的共同利益而赋予自己的思想以普遍性的形式。基辛格也指出：“美国自建国以来笃信自己的理想具有普世价值，声称自己有义务传播这些理想。这一信念常常成为美国的驱动力。”[③] 所以，我们不难理解美国推动的“颜色革命”、拉美的西

① 马克思、恩格斯:《共产党宣言》,《马克思恩格斯选集》第1卷，人民出版社2012年版，第402页。

② 马克思、恩格斯:《德意志意识形态》,《马克思恩格斯选集》第1卷，人民出版社2012年版，第180页。

③ ［美］基辛格:《论中国》,胡利平等译,中信出版社2012年版,第517页。

方化等措施以及西方的现代化理论、全球化理论、“人权高于主权”论调等的出现,都是“普世价值”话语自视具有优越性的现实体现,也是“普世价值”话语对其他文明或文化采取傲慢与偏见态度的典型反映。习近平指出:“如果居高临下对待一种文明，不仅不能参透这种文明的奥妙，而且会与之格格不入。”①

其三，“普世价值”话语预设资本主义制度的终极性。“普世价值”话语不仅是资本扩张意志的产物，而且把围绕资本扩张而建立起来的制度永恒化。比如，庸俗经济学把“资本创造利润”“土地产生地租”“劳动取得工资”的“三位一体”看作是遵循严格“自然秩序”的永恒铁律，从而抽离资本关系的历史性特点而赋予其自然的必然性和永恒的合理性。又如,资本主义政治学的“主权在民”“天赋人权”“权力制衡”“社会契约论”等思想，把资本主义政治制度看作符合人性发展要求的制度，从而把“三权分立”“普选制”等政治体制泛化为符合人的普遍自然本性的永恒的制度模式。即使是在当代对资本主义进行批判的学者那里，他们尽管认识到资本主义社会的种种弊病，但依然不是从否定资本主义制度而是从改良资本主义制度的视角出发来不断完善资本主义制度。比如，托马斯·皮凯蒂在《21 世纪资本论》中尽管对资本主义社会贫富差距问题做了基于大量历史数据的深刻分析，但他指出，“我一向对‘反对资本主义’那些传统而粗糙的论调免疫，有些论调直接忽略了共产主义运动在历史上的失败，很多则与超越它所必需的理性手段背道而驰。我没有兴趣去谴责不平等和资本主义本身”②。应该说，皮凯蒂深刻揭示了不加制约的资本主义加剧了财富不平等现象，但他也仅仅只是把这种不平等现象归结为分配问题，而不是生产资料私有制的问题，因而给出的药方——全球征收遗产税——就是不切实际的一种幻想。比皮凯蒂走得更远的是弗朗西斯·福山。福山一度把美国的自由市场经济

① 习近平:《习近平谈治国理政》,外文出版社2014年版,第259页。

② ［法］皮凯蒂:《21世纪资本论》,巴曙松等译,中信出版社2014年版,第32页。

和民主政治制度看作人类社会最完美的制度，是人类政治制度的终极模式。尽管从 2008 年全球金融危机以及 2020 年美国总统竞选出现的政治撕裂中，福山认识到美国政治正在加速衰败，但他并不是要否定资本主义制度本身，而是把美国的党派斗争、政治两极分化、身份认同斗争、文化认同分歧等归结为两点：一方面，技术削弱了主流媒体或政府等老牌机构塑造公众信仰的能力；另一方面，推进体制更加民主的改革导致法治走过了头、民主走过了头，以至于国家能力没有相应得到提升，等等。①

二、“普世价值”话语霸权生成的现实路径批判

“普世价值”话语是资本权力关系的观念反映。资本成为“普世价值”话语霸权的经济基础。不仅如此，思想上层建筑还依赖政治上层建筑获得强制性的现实权力。在资本主义社会，“普世价值”话语进一步与政治体制结合生成政治权力、与文化教育结合生成控制人的精神权利、与宣传舆论操控结合生成社会话语权力、与军事行动结合生成强制性暴力等等,从而使“普世价值”话语产生霸权效应。因此,“普世价值”话语霸权批判不能停留于揭示其逻辑预设以及话语批判，而必须深入批判其权力生成的社会现实条件。

其一，资本是“普世价值”话语霸权生成的经济力量。马克思恩格斯在《共产党宣言》中深刻揭示自由资本主义时代资本不仅开辟了世界市场，而且还形成了“世界文学”。当代国际经济被国际垄断资本所主导。国际垄断资本依靠国际产业链、金融链吸纳全球生产力。国际垄断资本扩张，一方面需要一套“普世价值”话语为其辩护，来掩盖其全球扩张的真实面目；另一方面对不遵循“普世价值”话语的国家、民族进行种种经济制裁。比如，西方资本主义国家对于“非市场经济”国家的

① 参见［美］福山:《特朗普时代美国政治加速衰败》,《参考消息》2021年2月2日。

经济制裁，体现了对蕴含市场化、自由化、私有化等“普世价值”话语价值的维护，从而“普世价值”话语与资本力量相结合产生现实的霸权效应。

其二，“普世价值”话语与政治体制相结合生成控制和支配人的政治权力。在资产阶级兴起时期，他们以“天赋人权”和“私有财产神圣不可侵犯”为武器进行政治斗争、限制王权，为实现资本利益提供政治权力保障。资本主义的现代政治是赤裸裸的金钱政治。马克思恩格斯指出：“国家不外是资产者为了在国内外相互保障各自的财产和利益所必然要采取的一种组织形式。”[①]比如，普选制形式上赋予选民以选举权，给人一种现实的自由、民主、平等、人权的幻象，使“普世价值”话语对人产生权力支配。但从具体过程来看，所谓普选制则完全是由资本主导的一场与政治权力紧密结合的游戏。比如，美国的两党竞选，先由政党推选代表其集团利益的人为总统候选人。总统候选人在金钱的支持下阐发各种政策意见，以此游说选民以获得选票。选民通过自由投票选举总统，不过是在两党推出的总统候选人之间进行选择。尤其是，2020年美国总统选举闹剧更是暴露了自由、民主的虚伪性。从本质上来讲，普选制下的选民不过是被资本操控的玩偶而已。其背后是不同资本势力之间的利益博弈和政治权力竞争。形式上自由平等的普选制成为“普世价值”话语转化成现实政治权力的通道。

其三，“普世价值”话语通过教育体系、学术研究、学术评价等载体，侵蚀乃至瓦解人的思想，生成控制与支配人的精神权利。美国、欧洲等发达资本主义社会有发达的教育体系和丰厚的教育资源，成为世界上留学生和学者聚集、学术交流培训开展等最为集中的地区。以理性主义个人价值观为基础的“普世价值”话语通过教育潜移默化地影响来自世界各地的人的思想观念，从而使全盘西化、西方政治模式和价值观念

---

① 马克思、恩格斯：《德意志意识形态》，《马克思恩格斯选集》第1卷，人民出版社2012年版，第212页。

等普及开来。尤其是，一些人打着科学研究的旗号，更是给人以“普世价值”话语体系与意识形态不相关的价值中立的假象，让人在不知不觉中陷入“普世价值”话语的思想牢笼。习近平指出：“我们有些人甚至党内有的同志却没有看清这里面暗藏的玄机，认为西方‘普世价值’经过了几百年，为什么不能认同？……有的人奉西方理论、西方话语为金科玉律，不知不觉成了西方资本主义意识形态的吹鼓手。”[①] 同时，“普世价值”话语还转化为学术评价指标来影响甚至主导其他国家的学术研究范式和学科发展方式。这些评价指标不仅成为其他国家人文社会科学研究遵循的“指挥棒”，而且成为控制和支配人们认识和理解自身经济、政治、社会、文化等问题和现象的精神标尺，进而达到影响乃至控制其他国家的经济、政治、社会、文化等方面的决策的霸权目的。比如，西方的现代化理论、全球化理论都是秉承“普世价值”话语逻辑裁剪世界其他国家发展的理论工具。

其四，“普世价值”话语通过宣传机器和舆论工具生成控制和支配人的思想的社会话语权力。随着现代传媒特别是信息技术的发展，传媒愈益成为社会感知观念、价值、意义等的载体和通道。经济繁荣、科技进步、资产阶级“博爱”等充斥于西方媒介，营造“普世价值”话语逻辑的影响氛围和环境。实际上，在资本主义社会，现代媒介不仅本身资本化，而且成为忠实服务体现资本权力意志的“普世价值”话语的喉舌。一方面，资本权力借助宣传机器和舆论工具来主导社会舆论倾向，把人们对社会的感知控制在自己的手中。现实中的人们，其感知范围是有限的。媒体喧嚷会使人产生被媒体感知的就是存在的、不被媒体感知的就是不存在的认知盲区。其结果就是真相似乎只能存在于被媒体感知的事物当中；另一方面，资本权力以媒介报道中的多元争论来体现所谓的民主、公正、自由、独立等价值观。实际上，表面看似民主、公正、自由、独立等的背后是追求资本利益的一致性。比如，关于美国枪

① 习近平:《习近平谈治国理政》第2卷，外文出版社2017年版，第327页。

杀黑人事件的报道，重点是指责政府的不作为，看似维护黑人权利，实则是服务于两党竞选的舆论营造以获取民众支持。结果是，种族歧视的真相、社会秩序的破坏则被忽视乃至掩盖；再一方面，媒体通过对事件进行选择性报道，避重就轻，转移人们的视线，以达到掩盖事实真相的目的。比如，新冠肺炎疫情肆虐，美国的确诊和死亡人数持续上升，但美国媒体却大肆报道总统选举，使其抗疫不力的信息一再被淹没。尤其是，美国政府在疫情中无视人的生命安全等更是被媒体无视。最后，反映西方资本主义精神的大量文化产品，如影视、文学作品等借助媒介广泛传播，生成体现"普世价值"观念的社会话语权力。这些文化产品以艺术的形式隐含着对资本主义价值观的美化和对其他各民族文化历史的歧视与歪曲抹黑，从而达到对人的价值观的潜移默化的渗透。

其五，"普世价值"话语通过与军事行动结合生成支配和控制人的强制性暴力。殖民主义时代，军事是资本扩张的惯用形式，不仅为资本扩张做开路先锋，而且是传播其价值观的暴力工具。"枪杆子"助力"笔杆子"形成对人的强制统治。作为第二次鸦片战争导火索之一的"马神父事件"，既是军事为"普世价值"话语提供支撑的典型例证，也是殖民主义时期的普遍现象。"二战"以来，随着殖民主义体系瓦解，军事威胁和侵略更是成为推行"普世价值"话语的"马前卒"，同时"普世价值"话语更是成为军事行动的所谓合理性借口。军事侵略与"普世价值"话语之间形成了相互支撑的关系。比如，"人权拯救行动"不仅成为以美国为首的资本主义国家对其他国家和地区发动战争的借口，而且是通过军事打击摧毁其他国家现政权来建立新政权的思想教条。以美国为首的西方资本主义国家打着人权的旗号，干涉别国内政，策动颜色革命，制造他国内部分裂和动荡，搅乱社会秩序。越南战争、海湾战争、伊拉克战争、阿富汗战争、轰炸南联盟、中东地区的战争乱象，以及当前在南海地区的军事威胁等，都是"普世价值"话语与军事力量相结合的霸权行径的体现。

三、“普世价值”话语蕴含的逻辑矛盾

“普世价值”话语将资本主义特定时空坐标上的价值观幻化为一般和普遍，并与政治、教育、媒介、军事等相结合生成控制和支配力量。然而，“普世价值”话语在现实中暴露出它不可调和的矛盾：“普世价值”话语割裂社会发展普遍性与特殊性的辩证运动法则、以形式平等掩盖实质上的不平等、所崇尚的理性自由转变成束缚人的新的枷锁，以及其自身在理论逻辑上存在悖论，等等。这些不可调和的矛盾表明：“普世价值”话语不仅不是永恒真理、不具有任何的普世性，相反，由于它的历史阶段性以及作为维护资产阶级利益的产物，随着经济全球化的发展，它无论是在理论上还是在实践中都暴露出狭隘性、虚伪性和反动性。

其一，“普世价值”话语割裂社会发展普遍性与特殊性的辩证运动法则。人类社会发展在时空上总是遵循着特殊性和普遍性的辩证运动法则。即使在世界历史普遍交往的条件下，民族和国家发展方式和价值观念的差异性、多样性和特殊性等都不可能消失。“普世价值”话语是生产力发展的结果，既是资本主义经济基础的反映，也是服务于资本主义经济基础的理论资源。马克思、恩格斯指出：“在贵族统治时期占统治地位的概念是荣誉、忠诚，等等，而在资产阶级统治时期占统治地位的概念则是自由、平等，等等。”[①] 但是，“普世价值”话语却把资本主义这一人类社会发展特定阶段和特定区域上的意识形态普遍化，把资本条件下的社会发展当作人类社会历史发展的普遍规律，把资本主义制度当作人类文明的终极形态，把自身当作超越时空的普遍性存在，不仅消解不同国家民族历史、传统、文化的特殊性，而且也看不到不同国家民族

① 马克思、恩格斯：《德意志意识形态》，《马克思恩格斯选集》第1卷，人民出版社2012年版，第180页。

历史不同发展阶段上的特殊性。从唯物史观角度来看，“普世价值”话语的本质缺陷在于：割裂社会发展进程中的普遍性与特殊性辩证运动法则，从而使人类社会历史发展进步的推动力量倒退为阻碍力量。

其二，“普世价值”话语蕴含着形式平等而事实不平等的现实矛盾。平等是“普世价值”话语反抗封建专制和等级制的核心价值追求之一。然而，在资本主义实践中，平等的诉求与现实的不平等形成了鲜明的对比。比如，经济上的等价交换看起来是平等的，你情我愿，但事实是财富积累和贫困积累的两极分化；政治上看起来尊重个人权利的“一人一票”普选是平等的，但事实是国家成为资产者的保护伞；法律上看起来每个人都是平等的，但事实是法律只是对资产者有利而对无产者有害。在资本主义社会，“普世价值”话语体现的平等只是形式上的平等，而不是实质性的平等。进一步说，它是在用形式上的平等遮蔽事实上的不平等，甚至是用形式上的平等造就事实上的不平等，从而必然出现形式平等与实质平等的背离。恩格斯指出：“法律上的平等就是在富人和穷人不平等的前提下的平等，即限制在目前主要的不平等的范围内的平等，简括地说，就是简直把不平等叫做平等。”[①]马克思认为，在流通领域或商品交换领域，劳动力的买和卖似乎是天赋人权的真正乐园，“而在这一过程的背后，在深处，进行的完全是不同的另一些过程，在这些过程中个人之间这种表面上的平等和自由就消失了”[②]。在西方思想史上，关于机会平等、过程平等、结果平等的理论争论，表明“普世价值”话语在平等观念上的虚伪性所在。形式平等与实质平等的背离，不是因为抽象的人性之恶，也不是因为价值判断与事实判断的分裂，而是因为生产资料私有制的制度设计。列宁指出：“在资产阶级制度下（就是说

① 恩格斯：《德国状况》，《马克思恩格斯全集》第2卷，人民出版社1957年版，第648页。

② 马克思：《政治经济学批判》，《马克思恩格斯全集》第30卷，人民出版社1995年版，第202页。

只要土地和生产资料的私有制继续存在），在资产阶级民主下，'自由和平等'只是一种形式，实际上是对工人（他们在形式上是自由的和平等的）实行雇佣奴隶制，是资本具有无限权力，是资本压迫劳动。"[①] 所以，资本主义的平等是建立在对物的依赖性基础上的平等，其直接表现就是金钱面前人人平等。

其三，"普世价值"话语崇尚的理性自由转变成束缚人的新的枷锁。"普世价值"话语把按照理性原则建构起来的社会秩序看作人获得自由的根本保证。然而，在"普世价值"话语那里，自由是从丰富社会关系中抽离出来的抽象的、孤立的原子式的个人自由，是从人的丰富内涵中抽离出来的非社会和非历史的抽象的人的自由，是与自然、社会、他人相割裂的片面化了的人的自由。正如马克思批判费尔巴哈的人的"类"本质时指出的那样，费尔巴哈把人的本质"理解为'类'，理解为一种内在的、无声的、把许多个人自然地联系起来的普遍性"[②]。"普世价值"话语的理性自由在现实中的背离表现为：一是秉承主客二分的对立思维框架，把人与对象的关系理解成支配或控制的关系，造成人与对象的对立，从而使关于人的自由逻辑预设在现实中走向它的反面；二是科学理性的工具性特质，形成对人的技术"座架"和全息监控；三是价值理性的意识形态特质使理性的批判性转变成非批判性，从而对人的思想形成禁锢；四是理性消弭了人的丰富性内涵，使人成为冷面的、无情感的存在物。因此，我们要深植于社会历史进程审视"普世价值"话语的合理性和正当性，否则，自由和不自由不仅是一些非历史的抽象概念，而且会永远处在无法解开的悖论之中。

其四，"普世价值"话语在理论上蕴含着不可调和的逻辑矛盾。"普

① 列宁：《〈关于用自由平等口号欺骗人民〉出版序言》（1919年6月23日），《列宁全集》第36卷，人民出版社2017年版，第362页。

② 马克思：《关于费尔巴哈的提纲》，《马克思恩格斯选集》第1卷，人民出版社2012年版，第135页。

世价值”话语在抽象的人与现实的人、个人与社会、理论与实践等关系的理论建构上陷入逻辑矛盾。一是“普世价值”话语的出发点是抽象的个人，表现为抽象的人性论。在“普世价值”话语那里，人类中的每一个人都共同存在着超越时空的不变的规定性——“人性”。这种抽象的人性与现实中的人的实际行为相背离，从而无法解释现实社会中出现的纷繁复杂的现象，也无法为解决资本主义现实矛盾提出切实有效的方案；二是在个人与社会关系的把握上，“普世价值”话语奉行个人主义方法论。社会学理论中以个人解剖代替社会整体分析，经济学理论中强调个人的私利追求会实现社会整体福利，政治学中把个人的政治权利看作社会权利的表达，等等，都是个人主义方法论的具体表现。实际上，在现实的社会运动中，个人的自我同一性与社会的同一性是一个双向建构的过程，是与每个时代的实践问题指向分不开的。个人与社会关系的割裂，不仅无益于个人的自我同一性的形成，也无益于社会同一性的形成；三是在理论与实践关系的把握上，“普世价值”话语，一方面高举自由、民主、平等、人权等道德大旗；另一方面通过实用主义的“双标”做法，从事反自由、反民主、反平等、反人权等实际行动。“普世价值”话语撇开社会的具体性、历史性和多样性，通过纯粹形式主义的逻辑演绎，从抽象性的普遍性推演出抽象的价值范畴。这些被抽掉具体内容的价值观念必然是虚假空洞的价值幻象。因此，它在理论上的表达与在现实中的实践总是处于背离状态。

四、“普世价值”话语霸权的消解

消解“普世价值”话语霸权，要清醒地认识到其危害性，同时，要站在世界历史高度提升“全人类共同价值”的话语力量，立足中国社会主义现代化成功实践，构建中国话语和中国叙事体系，提升我国话语说服力和国际舆论引导力，从而打破“普世价值”话语霸权，推动构建人类命运共同体，为推进社会主义现代化建设创造良好的国际环境。

其一，清醒认识“普世价值”话语霸权的危害性。“普世价值”话语霸权极大地损害了发展中国家和不发达国家的生存权和发展权。政治层面上，它把资本主义国家的权力制衡体制泛化为普遍的政治运行准则，强行在其他民族国家推行，从而使其成为资本主义的政治附庸；经济层面上，它把私有化、市场化、自由化作为经济运行的根本法则，推广到其他民族国家，从而使其成为资本主义体系的经济附庸；社会层面上，它把原子化的、碎片式的个人意识上升到极致，赋予个人权利以超越国家、集体、民族的地位，从而撕裂个人和社会的关系，把其他民族国家的社会生活纳入资本主义的生活方式中去；文化层面上，它通过价值输出、意识形态渗透和文化入侵等，尽显其抽象性、排他性和扩张性特征。亨廷顿指出：“普世文明的概念有助于为西方对其他社会的文化统治和那些社会模仿西方的实践和体制的需要作辩护。普世主义是西方对付非西方社会的意识形态。”① 尤其是，“普世价值”话语妄图摧毁社会主义国家的民族认同、制度认同和意识形态认同。习近平指出：“这些人是真的要说什么‘普世价值’吗？根本不是，他们是挂羊头卖狗肉，目的就是要同我们争夺阵地、争夺人心、争夺群众，最终推翻中国共产党领导和中国社会主义制度。”② 总之，“普世价值”话语导致民粹主义的兴起，不断制造全球分裂和民族仇恨、加剧资本主义世界内部以及全球之间的贫富分化，成为历史进步、人民幸福的巨大阻碍，越来越背离世界历史发展的潮流。

其二，以全人类“共同价值”作为推动构建人类命运共同体的精神坐标。“普世价值”话语是资本主导下的世界历史的产物。而当今世界历史进程呈现出它特有的面貌：一方面，经济全球化、政治多极化、

---

① ［美］亨廷顿：《文明的冲突与世界秩序的重建》，周琪等译，新华出版社2010年版，第45页。

② 中共中央文献研究室编：《习近平关于社会主义文化建设论述摘编》，中央文献出版社2017年版，第27页。

社会信息化、文化多样化是当代世界历史进程的客观存在；另一方面，生产方式的根本性变革，产业链、供应链、价值链的全球关联，以及世界面临着经济发展迟滞、气候变暖、环境恶化、核威胁、恐怖主义、重大传染病等全球性问题的巨大挑战和威胁，使当今世界成为你中有我、我中有你，一荣俱荣、一损俱损的命运共同体。"普世价值"话语以特殊利益代替共同利益、以自身优先代替共同责任、以冲突对抗代替协商对话，背离了当今世界历史发展进程的客观规律。历史与逻辑的统一，要求我们必须创新反映当今世界历史发展规律的价值观念。法国学者多米尼克·莫伊西认为，民主制度的运转失灵已使西方的价值观失去普世性，世界"必须通过一些共同的、全球性的价值观而团结起来"①。习近平站在世界百年未有之大变局的高度指出："和平、发展、公平、正义、民主、自由，是全人类的共同价值。"②"全人类共同价值"理念，一是超越"普世价值"话语的强权主义、霸权主义和单边主义的对抗思维方式，站在相互依存、休戚与共的人类命运共同体的高度，凸显世界历史发展规律的共商共建共赢共享的实践理念，成为引领当今世界历史走向未来的思想坐标；二是超越"普世价值"话语中西方文明中心论的封闭性和狭隘性，站在尊重世界文明多样性和人类文明共同发展的高度，以文明交流超越文明隔阂、以文明互鉴超越文明冲突、以文明共存超越文明优越，为打造人类命运共同体提供价值引领；三是超越"普世价值"为资本扩张做辩护的形而上学片面性，站在人类解放和人的全面自由发展的高度，建构实现人与自然、人与社会、人与自身之间的辩证统一的理念，成为真正体现全人类共同需求、共同利益和共同命运的价值准则。

其三，以社会主义现代化建设成功实践证伪西方现代化模式的普世

① 转引自焦翔、刘睿等：《遵循共同价值，走好发展之路》，《人民日报》2015年11月3日。

② 习近平：《论坚持推动构建人类命运共同体》，中央文献出版社2018年版，第253页。

性和唯一性。中国社会主义现代化，在反思资本主导的现代化的基础上，把马克思主义与中国实际相结合，是打造人类新型现代文明的一次成功实践，证伪了“普世价值”话语所辩护的资本主义现代化模式的普世性和唯一性。习近平指出，中国特色社会主义进入新时代，“意味着中国特色社会主义道路、理论、制度、文化不断发展，拓展了发展中国家走向现代化的途径，给世界上那些既希望加快发展又希望保持自身独立性的国家和民族提供了全新选择，为解决人类问题贡献了中国智慧和中国方案”[①]。中国社会主义现代化成功实践表明：一是中国道路是超越资本主义现代化模式的新文明道路。人类现代化实践证明，奉行资本主义现代化模式的发展中国家，不仅没有实现现代化，反而成为资本主义的附庸。因此，必须尊重各个国家根据自己的历史与现实自主选择社会制度、发展道路的权利，而绝不能把“普世价值”话语所辩护的西方现代化模式神圣化；二是中国社会主义现代化突破资本的限度，探索出一条实现自由、民主、平等、人权等的崭新道路。自由、平等、民主、人权等是人类解放的重要内容。中国社会主义现代化立足人民至上，实现人民当家作主，把发展成果惠及全体人民，实现自由、平等、民主、人权等从程序性向实质性的根本转变；三是中国社会主义现代化改变了资本主导的现代化世界历史格局，为全球治理体系现代化提供中国智慧。当前，日益加剧的南北贫富差距、东西方地缘政治冲突，以及局部战争的此起彼伏，都与资本主义现代化紧密关联。中国社会主义现代化奉行的和平发展原则深入人心。如“和平共处五项原则”、“三个世界”理论、和平与发展是世界的主题等成为处理国际关系的重要原则。党的十八大以来，中国关怀人类共同命运、秉承共商共建共享的全球治理观，以负责任的大国担当，推动人类文明发展与进步。比如，“构建人类命运共同体”被写入联合国不同层面的决议和文件，成为推动当代世界历史发展所遵

① 习近平：《决胜全面建成小康社会，夺取新时代中国特色社会主义伟大胜利——在中国共产党第十九次全国代表大会上的报告》，人民出版社2017年版，第10页。

循的最大公约数。习近平指出，中国“始终做世界和平的建设者、全球发展的贡献者、国际秩序的维护者”①。

其四，构建中国话语和中国叙事体系，提升我国话语说服力和国际舆论引导力。思想领域从来都是各种思想相互博弈的意识形态战场。只有具有说服力和引导力的话语才能形成占领思想空间的精神力量。习近平指出："要加快构建中国话语和中国叙事体系，用中国理论阐释中国实践，用中国实践升华中国理论，打造融通中外的新概念、新范畴、新表述，更加充分、更加鲜明地展现中国故事及其背后的思想力量和精神力量。"②构建中国话语和中国叙事体系，首先要用中国实践升华中国理论，展现中国的思想力量和精神力量。话语力量不能停留在对话语本身的词句批判。中国话语和中国叙事的力量在于对中国发展规律的科学揭示，在于对中国共产党为什么能、马克思主义为什么行、中国特色社会主义为什么好的科学表达，在于对人类命运共同体境遇下如何实现人类解放的现实关怀。习近平指出："要高举人类命运共同体大旗，依托我国发展的生动实践，立足五千多年中华文明，全面阐述我国的发展观、文明观、安全观、人权观、生态观、国际秩序观和全球治理观。"③其次要用中国理论阐释中国实践，打破用"普世价值"话语裁剪中国实践的"挨骂"局面。习近平指出："如果我们用西方资本主义价值体系来剪裁我们的实践，用西方资本主义评价体系来衡量我国发展，符合西方标准就行，不符合西方标准就是落后的陈旧的，就要批判、攻击，那后果不堪设想！最后要么就是跟在人家后面亦步亦趋，要么就是只有挨骂的份。"④

---

① 习近平：《决胜全面建成小康社会，夺取新时代中国特色社会主义伟大胜利——在中国共产党第十九次全国代表大会上的报告》，第25页。

② 习近平：《加强和改进国际传播工作，展示真实立体全面的中国》，《人民日报》2021年6月2日。

③ 习近平：《加强和改进国际传播工作，展示真实立体全面的中国》，《人民日报》2021年6月2日。

④ 习近平：《习近平谈治国理政》第2卷，外文出版社2017年版，第327页。

再次要讲好中国故事、传播好中国声音，提升我国国际话语权和影响力。一方面国际传播能力是直接关系党和国家尊严形象树立以及国际话语权确立的关键。一是要提升我国媒体集群的国际竞争力，尤其是要创新发展新媒体以抢占国际传播制高点；二是要打破西方话语垄断，有效开展国际舆论引导和舆论斗争，掌握国际舆论主导权；三是要构建多主体、立体式大外宣格局，以及精准传播方式，提高国际传播的亲和力和实效性。习近平指出："构建具有鲜明中国特色的战略传播体系，着力提高国际传播影响力、中华文化感召力、中国形象亲和力、中国话语说服力、国际舆论引导力。"[①] 另一方面要坚持客观科学的原则开展国际传播。国际传播要以客观事实占领舆论制高点，以高度的自信，用事实说话来赢得国际话语权和影响力。同时，要尊重受众对象的历史与文化传统及其接受心理，创新话语方式，赢得他们对中国故事和中国声音的认可。习近平指出："把握好基调，既开放自信也谦逊谦和，努力塑造可信、可爱、可敬的中国形象。"[②]

原载《马克思主义与现实》2021年第6期

① 习近平：《加强和改进国际传播工作，展示真实立体全面的中国》，《人民日报》2021年6月2日。

② 习近平：《加强和改进国际传播工作，展示真实立体全面的中国》，《人民日报》2021年6月2日。

在反击历史虚无主义的斗争中彰显青年党史工作者的使命担当

吴　翔*

刚刚召开的党的十九届五中全会指出，当前和今后一个时期，我国发展仍然处于重要战略机遇期，但机遇和挑战都有新的发展变化，强调要增强机遇意识和风险意识，抓住机遇，应对挑战，趋利避害，奋勇前进。全会还提出，要统筹发展和安全，坚持总体国家安全观，维护和塑造国家安全，防范和化解影响我国现代化进程的各种风险，筑牢国家安全屏障。国家安全是一个国家生存和发展的基本前提，政治安全则是国家安全的根本。当今世界正经历百年未有之大变局，国内社会主要矛盾变化带来新特征新要求，错综复杂的国际环境带来了新矛盾新挑战，作为青年党史工作者，我们要清醒地认识到，意识形态领域斗争形势依然严峻复杂，历史虚无主义仍在伺机冒头，我们要切实从讲政治的高度充分认识历史虚无主义的严重危害，以习近平新时代中国特色社会主义思想为指导，深入学习习近平总书记关于历史特别是党史、新中国史、改革开放史、社会主义发展史的重要论述，夯实党史研究的理论基础，不断提升能力水平，在坚决抵制和反对历史虚无主义的斗争中勇于亮剑，彰显作为。

*　作者单位：中共湖北省委党史研究室。

一、提高政治站位，保持警惕，擦亮慧眼

“欲知大道，必先为史。灭人之国，必先去其史。”清代思想家龚自珍在《定庵续集》里的这句话深刻道出了历史对于一切民族和国家的重要性。历史是一个国家和民族最厚重的共同记忆，它记录了曾经的奋斗与苦难，昭示着未来的前途与光明。党的十八大以来，习近平总书记高度重视对历史的研究学习，明确指出：“历史是最好的教科书。学习党史、国史，是坚持和发展中国特色社会主义、把党和国家各项事业继续推向前进的必修课。”对于中国共产党人来说，修好必修课，事关理想信念和党性修养的政治根本，否则就会产生严重政治后果。当今世界，互联网技术一日千里，大数据带来的信息风暴深刻变革人类思维，各种思想文化交流交融交锋日益频繁，历史虚无主义借机沉渣泛起，利用智能手机、平板电脑这样一些便携移动通信终端的普及，搭着现代社会快餐文化的便车，打扮成学术公知的模样，甚或以娱乐、搞笑、调侃、戏说的方式出现，大肆炮制翻案文章，阴谋策划“政治转基因工程”，抹黑党的领袖、诋毁革命英烈、攻击社会主义制度等等，妄图在历史问题上制造思想混乱。习近平总书记一针见血指出：“国内外敌对势力往往就是拿中国革命史、新中国史来做文章，竭尽攻击、丑化、污蔑之能事，根本目的就是要搞乱人心，煽动推翻中国共产党的领导和我国社会主义制度。”由此可见，历史虚无主义的本质从来都不是什么单纯的学术流派，而是企图从根本上否定马克思主义指导地位和中国走向社会主义历史必然性，否定中国共产党领导的一股错误思潮。它尽管披着学术研究的外衣，却暗藏着不可告人的政治目的和政治诉求。

面对各种各样的历史虚无主义，以习近平同志为核心的党中央从牢牢掌握意识形态工作的领导权，切实维护国家政治安全的高度出发，发表了一系列重要讲话，作出了有针对性的战略部署，旗帜鲜明进行了

有力批判，全面揭开了历史虚无主义的面纱，为我们在新时代有效抵御历史虚无主义提供了理论武器，奠定了坚实的政治基础。今年以来，习近平总书记在多个场合反复强调学习党史、新中国史、改革开放史、社会主义发展史。“四史”中有中国共产党的初心使命、红色基因、精神谱系、优良传统，铭刻着共产党人的旨归，寄托着共产党人的灵魂，是党员、干部、广大人民群众特别是青少年了解党的光荣传统、宝贵经验和伟大成就的最好教材。作为青年党史工作者，我们要以高度的政治敏锐性和强烈的政治责任感，切实提高政治站位，充分认识历史虚无主义所具有的政治危害性；充分认识历史虚无主义问题绝不仅仅是一个单纯的历史问题，更主要的是一个政治问题；充分认识反击历史虚无主义的斗争绝不仅仅只是一场学术之争，而是一场关乎党和国家安危必须打赢的政治斗争。从而更加自觉从思想上保持对历史虚无主义的高度警惕，从政治觉悟上拿起“四史”这一抵御历史虚无主义的有力武器，在面对历史虚无主义的攻势时保持清醒头脑，坚决守好意识形态领域的党史阵地。

二、提升研究水平，淬火出锋，有力回击

历史虚无主义思潮具有多种形态，其中学术形态是其基本形态，历史虚无主义者背离唯物史观和历史辩证法，以“解放思想”“反思历史”“范式转换”“还原真相”为掩护，打着学术研究的幌子，对中国近现代史、中国共产党历史、中华人民共和国史、中国人民解放军历史、改革开放史、社会主义发展史等进行“重新评价”。采用以主观代替客观、以细节代替整体、以臆想代替史实等手法，肆意歪曲、肢解、抹黑历史，混淆黑白，颠倒是非，极力否定马克思主义和中国走向社会主义的历史必然性，否定中国共产党领导的新民主主义革命，无视新中国成立后在党的领导下进行社会主义革命和建设所取得的巨大成绩，刻意割裂改革开放前和改革开放后两个历史时期等等。但历史虚无主义又

并不局限于学术形态，它也会看准时机将学术观点演化为一系列不可告人的政治诉求，利用大众传媒和文艺作品等多种形式向社会大众渗透传播，在重大历史事件、重要历史人物纪念活动的时间节点，通过网络迅速扩散到不同社会层面，影响和扰乱人们的历史观，表现出极大的能动性和欺骗性、迷惑性。历史虚无主义思潮的表现形态让我们清醒认识到反对历史虚无主义是一场具有复杂性、长期性、艰巨性的斗争，绝不可能一蹴而就。作为青年党史工作者，我们在这一斗争面前绝不能消极懈怠、麻痹大意、回避矛盾、害怕退缩，而是要迎难而上，坚决斗争。

习近平总书记指出，年轻干部要起而行之、勇挑重担，积极投身新时代中国特色社会主义伟大实践，经风雨、见世面，真刀真枪锤炼能力，以过硬本领展现作为、不辱使命。青年党史工作者应当肩负起职责使命，不断提升党史研究水平，在反击历史虚无主义的斗争实践中淬火出锋、历练成才。要在提高政治能力上下功夫。党史研究是一门研究中国共产党的历史、从中国共产党的活动中揭示当代中国社会运动规律的科学，要坚持党性和科学性的统一，始终旗帜鲜明讲政治，不断提高政治敏锐性和政治鉴别力，主动提高政治自觉、强化政治担当，对党忠诚、为党分忧。要在加强理论武装上下功夫，反对历史虚无主义，最关键最根本的就是用好马克思主义这个理论武器，要以习近平新时代中国特色社会主义这一当代中国马克思主义、二十一世纪马克思主义为根本遵循，从理论上夯实反对历史虚无主义的坚实基础。要在钻研党史业务上下功夫。击破谎言的最有效方法就是用历史真实说话，还原历史真实并不容易，必须要脚踏实地、刻苦钻研，要耐得住寂寞，挡得住诱惑，在党史研究上广学而博，专一而精，在党史学习宣传教育上不遗余力，把掌握在党史工作者手中的大量鲜活史料转化为挫败历史虚无主义的“神兵利器”。

三、增强使命担当，敢于斗争，勇于亮剑

一些青年党史工作者经历比较单纯，从家门到校门，再从校门进机关门，缺乏社会实践的历练，或多或少带有书斋气，习惯于埋头钻研，认为“万言万当，不如一默”，只做不说、多做少说。在面对各式各样的历史虚无主义时，尽管很快就能察觉其谬，在起而反击时却难免顾虑重重。要么担心言辞不慎，表达不妥；要么感觉底气不足，犹豫迟疑，“千呼万唤始出来，犹抱琵琶半遮面”，其结果是往往是“长了歪理志气，灭了正气威风”。诚然，当我们和历史虚无主义狭路相逢之际，要迅速采取反制手段打中其软肋和“七寸”需要相当的能力和水平，但这并不意味着就要让步不管，任其猖獗，而是要敢于直面挑战，勇于主动发声，让正确的声音先入为主，绝不能过于“爱惜羽毛”，该表态的时候不表态、该斗争的时候不斗争，甘当所谓的“开明绅士”。

敢担当、善作为是新时代党员、干部必备的政治素质。坚决抵制历史虚无主义，反对任何歪曲和丑化党的历史的错误倾向，不仅是党史工作必须遵循的党性原则，也是每一个党史工作者应该履行的政治责任。我们不能把党史工作想象成是一份平静的工作，当成是书斋里的事业，甚至是实现个人名利的平台，而是要从履行政治责任的高度，与历史虚无主义做最坚决的斗争。要在反击历史虚无主义的斗争中牢牢坚持党性原则，自觉在思想上政治上行动上同党中央保持高度一致，自觉成为党和人民的喉舌，站稳政治立场，不惧“乱花渐欲迷人眼”的诱惑干扰，保持“乱云飞渡仍从容”的政治定力，对涉及重大党史问题和重要党史人物的错误观点，要理直气壮予以驳斥，不能躲躲闪闪、扭扭捏捏。要在反击历史虚无主义的斗争中体现使命担当。党史工作承担着为党存史述史，为党树碑立传，为党传经弘道的重要职责。青年党史工作者要进一步增强斗争精神、斗争本领，勇于担当，积极作为，旗帜鲜明地揭示和宣传中国共产党在中国的领导地位和核心作用形成的历史必然性，揭

示和宣传中国人民走上社会主义道路的历史必然性，揭示和宣传通过改革开放和社会主义现代化建设实现中华民族伟大复兴的历史必然性，揭示和宣传党在革命、建设、改革各个历史时期领导人民所取得的伟大胜利和辉煌成就，揭示和宣传党在长期奋斗中积累的宝贵经验、形成的光荣传统和优良作风，让历史虚无主义无所遁形。

四、创新方式方法，紧跟时代，抢占阵地

“明者因时而变，知者随世而制”，青年党史工作者在反对历史虚无主义的斗争中不能固步自封，写文章、讲故事一味株守老框框、抱紧老办法、重弹老调调，不顾新时代受众阅读习惯和信息需求的新变化，最后陷入有理说不出，说了传不开的尴尬境地。我们必须紧跟意识形态领域斗争新动向，针对新媒体技术发展后历史虚无主义转移到互联网等新兴媒体的实际，紧贴媒体格局变化、舆论生态改变带来的受众新需求，不断创新党史研究和宣传教育方式方法，用好新媒体新技术，将党史工作成果更好转化为党员干部群众喜闻乐见的产品，有效抢占主阵地，控制制高点，不断壮大主流声音。

一是要善于学习。随着网络技术的革新和创新，特别是5G时代来临，高带宽、低时延的5G网络让数据、图像、视频的传播更快、更高效，数字化全媒体时代各种传播技术汇聚交融更加便捷，普通人掌握利用新媒体技术的门槛更低，互联网传播移动化、社交化、视频化的趋势势不可挡。我们要强化互联网思维，努力学习掌握新兴媒体平台信息采集、处理、传播、利用的新技术新手段，创新党史成果转化，拓宽党史宣教路径，抢占网络意识形态领域党史话语权，不断压缩历史虚无主义的生存空间。二是要敢于实践。能不能掌握和驾驭网上宣传本领，关键就在于敢不敢在反击历史虚无主义的斗争实践中锤炼自己，始终保持越是艰险越向前的刚健勇毅，跟着问题走、奔着问题去，不断汲取经验教训，掌握新知识、熟悉新领域、开拓新视野，在解决实际问题的过程中提升

脚力、眼力、脑力、笔力。三是要勇于探索。要大胆采用广泛有效的传播方式来增强党史研究成果和宣传内容的说服力、感召力，加强传播手段和话语方式创新，用党员干部群众特别是青少年喜闻乐见的形式和更加容易接受的话语体系，讲好中国故事，讲好中国共产党的故事，用真理的力量和鲜活的史实打动人、感染人、凝聚人，彻底挫败历史虚无主义的各种攻击。

（该文入选2020年11月在福建龙岩举办的全国
党史和文献部门反对历史虚无主义青年论坛）

我是如何创作《觉醒年代》的

龙平平*

重大革命历史题材影视作品，体现编剧的历史观，反映编剧对历史事件和历史人物的看法。如果编剧没有自己的观点，只是诠释教科书的概念，人云亦云，不可能写出生动故事，不可能打动观众。我很庆幸，赶上了中国共产党百年华诞这个节点，能够以百年大党成熟思维为指导回望百年前的历史。

学习党史：不可不知新文化与“五四”

2015 年我开始写《觉醒年代》剧本，正逢新文化运动 100 周年。其时，对马克思主义与中国传统文化的关系，有各种各样的议论。我就整天在想一个问题：对中国传统文化有很深研究造诣的晚清秀才陈独秀，为什么不从博大精深的传统文化中为中国找出路，而要舍近求远，不远万里从欧洲引来马克思主义？特别是，按照马克思主义的基本理论，社会主义只能建立在资本主义高度发展的基础上，像当时中国这样一个贫穷落后的半殖民地半封建国家是不具备搞社会主义条件的。这种情况下，陈独秀、李大钊为什么会选择信仰马克思主义，为什么要用它来指导中国革命，创建中国共产党。他们当初是怎么想的，是怎样找到这条道路的？

《觉醒年代》是用理性思维的方式来回答这个问题的。开篇第一集，李大钊和陈独秀一见面，两

---

* 作者简介：龙平平，中共中央党史和文献研究院研究员。

人争论的就是怎样寻找救国出路。陈独秀的回答是：出路不是老路，只有找到一条新路，中国才不会亡。

何谓老路?

“流民起义，推翻一个旧政权，建立一个同样性质的新政权，循环往复，这就是老路。”

何谓新路?

“不知道，我正在找。”

第二集，经过五次出国求道回到上海的陈独秀亮出了他的答案。他以中国正处在“三千年未遇之大变局、三千年未遇之大强敌”的判断立论，总结了鸦片战争之后，中国向西方学习经历的两次觉悟和两次毁灭的惨痛教训：甲午战争，破灭了“以夷制夷”实业救国的梦想；袁世凯称帝，撕碎了资产阶级民主共和国的方案。以史为鉴，陈独秀创造性地提出，以科学和民主为旗帜，改造国民性，开民智、造新民，通过思想启蒙，唤起全民族的觉醒，拯救濒临沦亡的中国。由此，一场类似于欧洲文艺复兴运动的新文化运动拉开了大幕。

人类历史上任何一次社会革命都是以思想启蒙为引擎的。新文化运动 6 年之后，中国共产党成立了，两者之间的因果关系是显而易见的。《觉醒年代》选择 1915 年到 1921 年这 6 年叙事，是从世界格局发生重大变化的大背景来揭示中国共产党产生的缘由。这 6 年，世界上发生了两件大事：第一次世界大战和俄国十月革命。第一次世界大战结束，巴黎和会确定的凡尔赛体系架构了帝国主义重新瓜分世界的新格局；俄国的十月革命则诞生了世界上第一个社会主义国家。这两件事，不仅改变了 20 世纪世界的走向，也影响甚至主导了中国的社会变革。短短的 6 年时间，新文化运动、五四运动和中国共产党建立接踵而至，通过这三件大事，真正地打开了中国从封建走向民主，从农耕传统走向现代文明，从封闭走向开放的历史阀门。这三件大事都是陈独秀、李大钊这一拨人发动领导的。三者之间是环环相扣、层层推进、缺一不可的关系。但是，我之前做过调查，很多人，尤其是青年人并不清楚新文化运动、五四运动与中国共产党建立的关系。所以,我想通过《觉醒年代》把它说清楚。

新文化运动批孔，今天我们尊孔。历史和现实是否需要沟通，怎样沟通？这是个难题。我的观点：100 年前的批孔和我们今天的尊孔，都没有错，都是救国和兴国的需要。《觉醒年代》中有两场戏是我精心设计的。1919 年，陈独秀决意要离开北大，蔡元培劝他留下来编《中国通史》，陈独秀说:谢谢蔡公。我现在只想静下心来把《新青年》编好。毕竟现实比历史重要。1920 年，毛泽东去曲阜祭拜孔子后到上海见到陈独秀,陈独秀不无遗憾地说:早知道的话我就请你也给我上一炷香了，请老夫子不要骂我陈独秀，要骂就请他去骂袁世凯吧。写到这里，我壮着胆子给了毛泽东一句台词：先生，老夫子不会见怪的。他心里明白，他就是一幅画，怎么贴是后人的事。评价历史人物，不同的时代会有不同的认识。司马迁说，研究历史，要“通古今之变”。这应该是正确的历史观。

新文化运动为什么要批孔？直接的原因是袁世凯复辟帝制要拜孔教为国教。深层次的原因是，孔教三纲禁锢了人的思想，封建礼教扼杀了人的活力，封建制度阻碍了社会进步。不批孔，就没有理由去请“德先生”“赛先生”，就没有理由去引进现代文明，中国就依然是农耕社会的死水一潭。《觉醒年代》通过全景式展现新文化运动，表达了一种思想观点：面对三千年未遇之大强敌，封建主义和孔孟之道救不了中国，复辟帝制走回头路必定死路一条。唯有奋起赶上时代，中国才不会亡。

毫无疑问，100 年前，是资本主义的时代。五四运动之前，当中国侥幸成为战胜国的时候，包括陈独秀、李大钊在内的大多数人都以为中国有救了，可以赶上时代了。可是，仅仅过了几个月，巴黎和会就无情地毁灭了中国人的梦想。当帝国主义背信弃义联起手来把一个屈辱的《巴黎和约》强加给中国，而腐朽软弱的北洋政府竟然准备签订这个和约的时候，中国人彻底地愤怒了、觉醒了。什么是觉醒？《觉醒年代》通过五四运动告诉观众:封建主义救不了中国,资本主义也救不了中国。中国要图强，只能走反帝反封建的道路！

怎么反帝？帝国主义是资本主义的最高阶段，靠学习资本主义来反对帝国主义是无稽之谈。五四运动让中国的先进分子认识到，只有找到高于资本主义社会的科学理论，用于武装我们的思想；只有找到优越于资本主义的先进制度，作为我们奋斗的方向和目标，中国才不会亡。这就是五四运动之后，陈独秀、李大钊为什么会跨越历史阶段引进和信仰马克思主义，选择走十月革命道路的终极原因，这就是中国共产党产生的历史必然性，是一个民族的伟大觉醒！

《觉醒年代》用百分之九十的篇幅展现新文化运动和五四运动，盖缘于此。

学习党史：不可不知陈独秀、李大钊

中国共产党是谁创建的？这原本不应该是个问题。但是，如果你到青年人甚至中年人中去问这个问题，肯定有很多人答不上来或者答错了。我们曾经拍摄过不少建党题材的影视作品，基本上都是围绕着党的一大展开的，毫无疑问，党的一大代表都参与了中国共产党的创建，但是，许多人并不知道中国共产党到底是怎样创建的。

以我为例。上世纪 60 年代，我读小学的时候，并不知道陈独秀。改革开放后，我上了大学，全面系统地学习了党史，才知道陈独秀是党的缔造者之一。毛泽东说过，陈独秀是有过功劳的，他是五四运动时期的总司令，整个运动实际上是他领导的。他创造了党，我们是他们那一代人的学生。将来我们修中国历史，要讲一讲他的功劳。中国共产党已经成为百年大党，这个节点上，我们应该有一部客观公正地全面反映陈独秀、李大钊缔造中国共产党的过程和贡献的影视作品，让人民充分了解这段历史。而且，我坚定地认为，写这部电视剧，必须以陈独秀和李大钊为主角，这是坚持历史唯物主义还是历史虚无主义的大问题。

我很幸运，赶上了中国特色社会主义新时代。

2013 年 10 月 21 日，习近平总书记在欧美同学会成立 100 周年庆祝大会上指出：历史不会忘记，陈独秀、李大钊等一批具有留学经历的先进知识分子，同毛泽东同志等革命青年一道，大力宣传并积极促进马克思列宁主义同中国工人运动相结合，创建了中国共产党，使中国革命面貌为之一新。2016 年 5 月 17 日，习近平总书记在哲学社会科学工作座谈会上再次指出：十月革命一声炮响，给中国送来了马克思列宁主义。陈独秀、李大钊等人积极传播马克思主义，倡导运用马克思主义改造中国社会。习近平总书记的这些论述，充分肯定了陈独秀的历史贡献，为我们正确认识和反映中国共产党建立的历史提供了根本的指导。

2019 年 10 月，为纪念陈独秀诞辰 140 周年，中共中央党史和文献研究院第二研究部发表了一篇纪念文章，称陈独秀为“新文化运动的精神领袖、五四运动的总司令、马克思主义的主要传播者和中国共产党的主要创始人、中国共产党早期的主要领导人”。这篇文章是以党中央党史研究职能部门名义发表的，具有很高的权威性。其中对陈独秀历史贡献和历史地位的表述，为我在《觉醒年代》剧本中塑造陈独秀人物形象提供了准确的依据。

《觉醒年代》一个重要的特点，就是坚持历史唯物主义的观点，尊重历史事实，遵循既定的历史认同，以习近平总书记的有关论述和经中央审定的《中国共产党历史》以及党史研究的最新成果为依据，把陈独秀和李大钊作为并列的两大主角，第一次充分地、艺术地再现了陈独秀、李大钊在新文化运动、五四运动和中国共产党建立这三大历史事件中做出的重要贡献，真实地展现了党的创建过程，弘扬了正确的历史观。

能否塑造好一个经得起历史检验、各方面都能接受的党的创始人陈独秀的人物形象，是我在整个创作过程中魂牵梦绕的事情。挑战之多，难度之大，难以想象。有两场戏铭心刻骨，永生难忘。一是陈独秀的思想裂变。五四之后的一个月，当陈独秀走出家门，看到北京大学突然变成了关押千余爱国学生的监狱时，他的思想崩溃了。这种人类文明史上从未有过的最可耻的事情让他几十年追求资产阶级民主共和国的理想彻底破灭了。他在红楼的走廊里独自流泪，在思想的炼狱中挣扎了几个时辰，终于浴火重生、凤凰涅槃，完成了与旧民主主义的彻底决裂。他写下了《研究室与监狱》的那个名篇。后来又亲自上街撒传单，决心飞蛾扑火，牺牲自己，以血醒民。写到这里，我突然不能自已，躲到厕所里伤心了很长时间。一个人脱胎换骨，长成革命者是多么的不容易。

还有就是南陈北李相约建党。我查了资料，那一年北方大灾，饿殍千里。看到海河大堤灾民遍野哀天嚎地的惨状，铁血汉子陈独秀发出了建党的誓言。李大钊问：你为什么要建党？陈独秀哭着说，不为别人，就为眼前的这些难民，为了他们能像人一样的活着，能够得到人的快乐、人的尊严、人的权利。这样的话恐怕只有陈独秀这样性格、这样品质的人才说得出来。

这两件事都是事实，只是其中一些具体的情节是我虚构的。我非常敬仰陈独秀，因为他缔造了中国共产党，而正是中国共产党经过百年奋斗，使中国人民过上了从未有过的美好新生活。饮水思源，今天，我们党百年华诞、生机勃勃、风光无限，我们的国家安定祥和、人民幸福、国力强盛，我们不能忘记党的缔造者，应该向他们致以崇高的敬意。这应该是一个百年大党回望历史的科学态度。

原载《学习时报》2021 年 5 月 21 日

抗战时期日军从未轰炸过延安吗？

卢 毅*

舆论特别是网络中不时流传一则有关抗战的谣言，即抗战时期重庆长期处于日机轰炸的阴影下，而延安却从未遭到日机轰炸，日军也未进攻过延安。其用意在于暗指延安与日军“勾结”，签订了某种“密约”，以诬蔑共产党“卖国通敌”“破坏抗战”。其实这种谣言其来有自，与当年国民党对共产党的造谣中伤如出一辙。比如，1947 年 7 月 23 日，国民党《中央日报》曾煞有介事地登载了一则杜撰的所谓 1943 年 8 月 17 日冈村宁次与毛泽东在山西神池达成共同对付国民党中央军的“作战协定”，以及该“协定”的所谓“三条具体内容”。[①] 这条诬蔑的消息在当时就已被“当事人”冈村宁次否认，称其“显系捏造”，可见其荒谬无稽。[②] 因此，抗战期间日军既不可能与中共签订所谓“密约”“协定”，更不可能因此只轰炸重庆不轰炸延安。为了澄清事实，以正视听，本文以相关史料为依据，对抗战期间日军从未轰炸过延安的谣言作进一步分析和批驳。

一、“整个延安几乎成了一片瓦砾”

事实上，延安在抗战中曾经遭到日机的多次

---

* 作者简介：卢毅，中共中央党校（国家行政学院）党史教研部教授。

① 参见重庆《中央日报》1947年7月23日。

② 参见［日］稻叶正夫编：《冈村宁次回忆录》，天津市政协编译委员会译，中华书局1981年版，第200—201页。

轰炸。第一次是在 1938 年 11 月 20 日。据时任抗大第二大队第一队队长的曹慕尧回忆，当天上午 10 时左右，他们正在队部开会，忽然听到嗡嗡嗡的巨大怪声，跑出去登高而望，看见 10 多架日本飞机自东向西编成三角队形冲向延安城。接着就投下大串炸弹，第一批飞机扔完炸弹之后，第二批、第三批接踵而至，给延安和城内民众造成了巨大伤害。曹慕尧还说，本来对于日本飞机要轰炸，上级早有通知，并且三令五申，大集会、听大课都不在延安城内，而是在城外的山沟里。可是那天恰逢星期天休假，无法禁止民众进城，所以人员伤亡很多。当时，延安城内的机关学校大部分已经疏散到附近的山沟里，挖了黄土窑洞，住在里面很安全。但中共中央组织部尚未迁移，仍住在西山半腰的几排窑洞内。陈云的窑洞周围便落了炸弹，幸好未爆炸。①

次日，日机再次轰炸延安。25 日，陕甘宁边区政府在发给国民政府行政院院长孔祥熙的一封电报中说：“延安于本月号（即 20 日）马（即 21 日）两日连续遭受敌机轰炸，共投弹百五十九枚，死伤军民一百五十二人，毁房屋三百八十间。”② 30 日，延安《新中华报》也刊登《小评·敌机狂轰延安》一文报道：“日前敌机两次狂轰延安。”12 月 5 日，《新中华报》又发表社论《加紧防空与锄奸》指出：“上月廿、廿一两天，敌机两次空袭延安，使我们遭受不应有的损失。”

时任抗大训练部部长的陈伯钧在其日记中对这一时期的日机轰炸有详细记载。他在 1938 年 11 月 20 日的日记中写道：“将近十一时，忽机枪声作，机声轧轧，大家一阵慌乱，紧接着炸弹声。……今日敌机系中型轰炸机，共七架，来回两次，投弹近卅枚。虽数量不多，威力亦不大，然而因事先未注意警报，防空设备亦欠妥，所以死伤市民、军人和学生

---

① 参见曹慕尧：《宝塔山的述说——日本飞机轰炸延安纪实》，《党史纵横》1995年第6期。

② 陕西省档案馆、陕西省社会科学院合编《陕甘宁边区政府文件选编》第1辑，档案出版社1986年版，第99页。

不少。”次日复记：“近午，敌机十三架，分两批，又来袭击轰炸这弹丸之城——延安。……十六时许，同教育长等在城内被炸处巡视一周，只见颓屋断垣，大好的闹市变成鬼蜮世界。”12 月 12 日写道：“今日是敌机第三次轰炸延安。”14 日又记：“今天是遭敌机第四次轰炸，一共飞机七架，有一架尚多盘旋了一、二次始去，共投弹三、四十枚。后查知，我校八大队伤亡两人。”[①]

当时还有些在延安的外国人也目睹了日机的空袭场面。如当时在抗日军政大学教书的李德回忆，中共初到延安时，城内有几百座相当漂亮的房屋和院落，近郊的情况也大体如此，但全国抗战爆发后，日本空军开始骚扰这个城市，先是侦察机，接着是轰炸机，有时在一天之内轰炸了几次，轰炸过后留下来的是倒塌的房屋和布满了弹坑的街道，他的翻译也被炸死了，“一年之后，整个延安几乎成了一片瓦砾，只有城墙还残存着”[②]。1939 年，印度援华医疗队来到延安，成员之一巴苏华在日记中也多次记录了日机空袭的场景。3 月 6 日，他写道：“日本约一个中队的轰炸机又向这个已经被炸得千疮百孔的城市扔下了五十枚炸弹。有几枚落在东门外。爆炸的冲击波使各种碎片四处飞扬，接着卷起了熊熊烈火和滚滚黑烟——这一切是我们从山上看到的，就如在描写战争的电影里所看到的一样。”9 月 8 日的日记又说：“抬头一看，15 架敌机排成 V 字形从东边飞来。一会儿就听到城里震耳欲聋的爆炸声。爆炸力太强了，我们的窑洞离得那么远，也感到了剧烈的震动。……后来才听说 45 架敌机轰炸了已经撤空的延安城，造成了六十多人的惨重伤亡。”[③]

---

① 陈琳整理《陈伯钧日记·文选》上卷，中国财政经济出版社2002年版，第411页、419页、420页。

② ［德］奥托·布劳恩：《中国纪事：1932—1939》，李逵六等译，东方出版社2004年版，第259页、296页。奥托·布劳恩是李德的本名。

③ ［印］比·库·巴苏：《巴苏日记》，顾子欣、王其良等译，商务印书馆1988年版，第110页、169页。

二、“一个新的都市正在成长中”

在遭受日机的首轮空袭后，陕甘宁边区立即组织应对。1938 年 12 月 5 日，《新中华报》发表了边区政府颁布的《防空防毒宣传大纲》，明确指出：“敌机的轰炸延安，并不是一件奇怪的事。延安是中国的地方，自然免不了敌机的轰炸，延安是抗日的模范区，更免不了敌机的轰炸。”该大纲同时宣布，为避免敌机轰炸，减少损失，在城市中实行疏散人口措施，迁出货物，搬到附近的乡村。

在边区政府的号召下，延安城中百姓纷纷疏散，中央机关和学校也大多迁至杨家岭，延安城几乎成了一座空城。刚从成都到延安参加西北青年救国会第二次代表大会的张宣，恰巧经历了日机首次轰炸，他回忆：“延安经此一炸，部分街道成了瓦砾场，各机关、学校纷纷迁到山上的窑洞中。城内尚存的房屋，有的拆迁到北部，大部分迁到南郊。在南部一条山沟里，后来建起了一处‘新市场’，在那里发展起来的商业、饮食业、手工业，渐渐超过了原来城里的规模。”[①] 曾在抗大学习的郑洪轩也说，此后敌机又来延安轰炸几次，但由于延安平民均住窑洞，并提高了防空警惕性，日本飞机只炸伤几人和几匹马。[②] 李德在回忆录中同样写道：“延安被炸毁以后，日本人还继续空袭这个城市达一年之久。他们在延安远近郊区寻找政治和军事的重要目标。飞机在丘陵上空低空飞行或俯冲轰炸，常常是轮番数次。……但轰炸的影响不大，生活在继续着，甚至一天比一天活跃。”[③]《新中华报》的报道印证了他们的回忆。1938 年 12 月 15 日，《新中华报》在《本市又遭轰炸，损失甚微》一文中报道：“敌机七架十二日第三次来袭延安，……投弹四十余枚逸去。

① 张宣：《日寇轰炸延安亲历记》，《红岩春秋》1995年第5期。
② 参见郑洪轩：《延河愤——1938年日机轰炸延安历闻》，《党史纵横》1993年第9期。
③ ［德］奥托·布劳恩：《中国纪事：1932—1939》，第297页。

炸毁民房一百余间，死猪二只鸡三只而已。十四日上午九时四十五分敌机七架又来延轰炸，投弹四五十枚，损伤甚微。"

"日机从未轰炸过延安"谣言的一个主要观点是：如果延安遭遇大轰炸，为何延安的标志性建筑——宝塔，能幸免于难而屹立不倒？对此，美国著名记者埃德加·斯诺得到的解释可作参考。1939 年，埃德加·斯诺再度赴陕北采访，抵达延安当天就遭遇日机的一次轰炸。据陪同他的延安交际处工作人员石锋回忆："当天下午，警报响起，日军的飞机来轰炸延安。斯诺找我，要我陪他去拍几张日军轰炸延安的照片。我领他到宝塔山下，他一看，说：'这里目标太大，不安全。'我说：'这里是最安全的地方，比防空洞还安全，延安几千孔窑洞，就凭这宝塔山寻找目标，如果炸毁目标飞机就成了瞎子，还有什么炸头？'"①石锋的这个解释既讲清了延安宝塔未被炸毁的可能原因，同时也适足驳斥日机从未轰炸延安的说法。斯诺后来也撰文声讨日机空袭的罪行，他写道："事实上，延安已成了完全受空袭破坏的大市镇的唯一例子。日本显然没有完成他们的任务，因为他们几乎每天在继续轰炸那地方。单是这一处，日本一定已经消耗了几百万元了。但是建设和城内的破坏并进着。在城墙的外面：一个新的都市正在成长中。"②

正如斯诺所说，在经历了日机轰炸后，延安军民在城外山沟的山腰上挖了几千孔窑洞和防空洞，既能居住，又能防空。当时有首民谣曾广为传唱："延安颂，土窑洞，马列主义放光明，工作学习真安全，飞机炸弹不中用！"③1941 年 8 月 4 日大概是日机最后一次大规模空袭延安，陈伯钧在这一天的日记中写道："这次来的轰炸机约三十架，共投弹百余，但未损伤到重要机关和人员。听说只是老百姓遭受轻微的损失。"④

① 石锋：《忆1939年陪埃德加·斯诺二访延安》，《中共党史资料》2008年第2期。

② ［美］埃德加·斯诺：《为亚洲而战》，新华出版社1984年版，第220页。

③ 王光荣：《日军飞机轰炸延安纪实》，《党史博览》2003年第2期。

④ 《陈伯钧日记·文选》上卷，第653页。

对日机空投的炸弹，延安也充分加以利用。曹慕尧回忆，第一次大轰炸后，日本飞机仍然不断空袭延安，我们没有什么损失，反而有些收获。1939 年开展大生产运动时，延安缺少农具，就从炸弹坑中挖出许多炸弹皮制造农具。有一次在清凉山上一个弹坑里，挖出了一个完整的飞机炸弹，于是请军工局的技术人员去掉引信，取出里面的黄色炸药供兵工厂使用。据延安各单位统计，数年内挖出的炸弹皮有 5 万公斤以上，且都是优质钢，解决了边区不少生产问题。此时在中组部工作的李耀宇也回忆，工兵来清除陈云窑洞前未爆炸的炸弹，从炸弹壳里掏出数百斤黄色炸药，一筐一筐地抬下凤凰山，用马车运走。以后，这些炸药被当作染料，染出黄色的布匹，缝制军衣。炸弹壳敲成碎块儿，打造了开荒用的镬和锄。①

三、日军对延安的觊觎

上述史料充分证明，抗战时期日机曾多次轰炸延安。另据 1946 年 3 月 10 日《解放日报》的统计，自 1938 年 11 月至 1941 年 8 月，日机共轰炸延安 17 次，投弹 1690 枚，伤 184 人，死 214 人，毁坏公共房产 1176 间、石洞 5 座、民房 14452 间，另有基督教礼拜堂一座、房屋 94 间，天主教堂一座、房屋 75 间，牲畜伤亡 197 头，毁坏粮食 34.4 万斤。1940 年，日本朝日新闻社曾编辑出版《支那事变写真全辑》，其中第六册题为《荒鹫部队》，主要刊载侵华日军陆、海军航空部队在中国境内各地空袭作战的图片资料。该书载有日本佐濑航空部队等飞往延安的机群照片及延安位置图等，并在图旁说明："昭和十四年十月十五日，陆军荒鹫部队之佐濑、铃木、松山各部队机群，编队飞向陕西空域，对共产军根据地延安进行大空袭。对共产大学、共产军兵营以及延安市内外

① 参见李耀宇口述、李东平整理：《一个中国革命亲历者的私人记录》，当代中国出版社2006年版，第100页。

之重要设施集中投以巨弹，予以彻底的打击。”[①]

虽然与重庆相比，延安遭受的空袭规模较小，但这亦有客观原因。一是因为重庆是国民政府陪都，人口稠密，建筑物集中，日军企图通过狂轰滥炸造成重大打击，以动摇中国之军心、民心。二是因为中共的八路军总部设在太行山，且延安人口不多，又有窑洞掩护，日机数次轰炸收效甚微，故无意再增加耗费进行大规模空袭。等到 1941 年底太平洋战争爆发后，日本空军被大批调往东南亚，从 1942 年开始，日机对重庆的轰炸遂逐渐减少，对延安的轰炸也基本停止。

至于那种认为日军从未进攻过延安的说法，同样不足为凭。据统计，从 1938 年 3 月到 1939 年底，日军对黄河河防发动了大小 23 次进犯，企图从山西境内西渡黄河，进攻延安和陕甘宁边区，但均被八路军留守兵团萧劲光部和王震三五九旅等击退。[②]1942 年 4 月，日本华北方面军为维持华北治安，又计划“向西安发动进攻，击溃第八战区胡宗南部队，然后消灭中共的最大根据地延安”。日军作战主任参谋岛贯武治还进一步分析：“华北方面军正在全力以赴进行剿共作战，以期迅速恢复治安，……如仅将西安攻下，反而对华北的主要敌人共军有利，因而考虑在下一步就消灭延安。这件事已被列入方面军的 1942 年度肃正建设计划之中，而且于 1942 年 2 月初向中国派遣军作了报告。”他还明确表示：“华北方面军的真实意图，却在于消灭延安。”[③]5 月，日本华北方面军参谋次长有末精三也向军部“强烈要求实施西安、延安作战”[④]。虽然这一计划最终因兵力不足等原因未获批准，但日军对延安觊觎之心由

① 卞修跃：《不信青史尽成灰——从有关中共抗战历史若干网络谣言说起》，《抗日战争研究》2016年第4期。

② 参见雷云峰编著《陕甘宁边区史》（抗日战争时期）（上），西安地图出版社1993年版，第56页。

③ 日本防卫厅战史室编《华北治安战》下册，天津市政协编译组译，天津人民出版社1982年版，第93页、95页、96页。

④ 日本防卫厅战史室编《日本军国主义侵华资料长编——〈大本营陆军部〉摘译》中册，天津市政协编译委员会译校，四川人民出版社1987年版，第362页。

此可见一斑，他们后来便感叹："无论日本或重庆方面都不想放置延安的陕甘宁边区于不顾，但由于政治、军事以及其他方面的制约，无法将其攻破，结果使它发挥了'圣地'的作用。"[①]

由以上分析可见，所谓日军从未轰炸和进攻过延安的说法是根本站不住脚的。这一论调不时泛起，虚无、否定历史事实，其目的在于通过造谣中伤，否定中国共产党在抗日战争中的中流砥柱作用，进而否定党的领导。对此，我们应有清醒认识并高度警惕。抗战时期，延安作为中共中央所在地，是中国革命的一座灯塔。它虽然遭受日军轰炸和军事进攻，但依然宝塔屹立，精神不倒。延安人民没有被日军的炸弹吓倒，中国共产党更是"始终坚持抗战、反对投降，坚持团结、反对分裂，坚持进步、反对倒退，同各爱国党派团体和广大人民一起，共同维护团结抗战大局。中国共产党人以自己的政治主张、坚定意志、模范行动，支撑起全民族救亡图存的希望，引领着夺取战争胜利的正确方向，成为夺取战争胜利的民族先锋"[②]。

原载《党的文献》2020 年第 3 期

① 日本防卫厅战史室编：《华北治安战》下册，第473页。

② 习近平：《在纪念中国人民抗日战争暨世界反法西斯战争胜利69周年座谈会上的讲话》，《人民日报》2014年9月4日。

抗战时期中共对游而不击谣言的应对

王刘伟*

全国抗战时期，国共两党实现第二次合作，共同抗击日本侵略者。由国民党主导的正面战场与共产党领导的敌后战场，既相互配合又各自独立，“奏响了一曲气壮山河的抗击日本侵略的英雄凯歌”①。然而在抗战过程中，国民党却暗中散布中共“游而不击”的谣言，企图贬损共产党领导的敌后战场的价值和贡献。对此，中共运用各种策略宣传人民军队的抗战业绩，揭露国民党制造磨擦的事实，对“游而不击”的谣言作出一系列回应和反击。分析“游而不击”谣言产生以及中共对此的态度与应对，对研究中共在抗日战争中的中流砥柱作用及其开展的宣传工作作用具有重要意义。

一、“游而不击”谣言的散布

全国抗战时期，国民党政府严密控制社会言论，制定了《指导党报条例》《审查刊物条例》《出版法》《图书杂志审查办法》等各种条例法规来钳制社会思想。此外，国民党还通过新闻管制来控制民众的言论和新闻出版自由。“在抗战期中政府对国营的中央通讯社扶植不遗余力，充分予该社以电讯，交通，采访，各种便利……至是中央社几乎成为新闻的唯一补给站，全国报纸差不多百分九十九的消息，皆

* 作者简介：王刘伟，中山大学马克思主义学院博士生。

① 习近平：《在纪念全民族抗战爆发七十七周年仪式上的讲话》，《人民日报》2014年7月8日。

来自中央社。”[①]国民党中央通讯社在国统区的舆论引导中占据主导地位。

国民党在国统区实施严厉的新闻审查、监控和管制。国民政府虽然允许中国共产党、青年党等其他党派在国统区办报，但对各种报刊实行严厉的新闻管制，导致社会新闻舆论“一边倒”。有批评国民政府和国民党倾向的报刊，通常会遭遇取缔，其附属的报馆和书店也会被捣毁。“国民党对新闻的管制变本加厉，内容审查更加严格，言论追惩极为频繁，暴力事件不断出现，舆论环境恐怖森然。”[②]诸多进步报刊在国统区发展非常艰难。

中共“游而不击”的谣言，始于第十八集团军独立第一师杨成武部骑兵连叛变的原党支部书记李法卿。他歪曲事实，指称中共领导人曾召集部下训话：“中日战争为本党发展之绝好机会，我们的决策是七分发展，二分应付（国民党），一分抗日。”[③] 1940 年，时任国民党中央政府革命军事委员会总政治部部长的陈诚在韶关演讲中也大肆宣扬“八路军游而不击，延安无一伤兵就是证据”[④]等语。这些缺乏事实佐证的片面之词，立即被国民党用来作为反共宣传的材料。蒋介石授意何应钦、白崇禧等散布谣言，污蔑八路军、新四军领导的游击武装，既“不守战区范围自由行动”，又“不遵编制数量自由扩充”，中共军队“不打敌人专事并吞友军”。[⑤]皖南事变中，国民党再三无端指责“所谓八路军与新四军均抗而不战，游而不击”[⑥]。国民党不遗余力地制造和散布中共“游而不击”的谣言，企图将中共游击战略与敌后根据地的实际情况割裂开来，

① 赵炳烺：《抗战以来的新闻事业》，《新闻学季刊》1939年第1期。

② 杜宝花：《南京国民政府统治时期的新闻管制与民众的反抗》，《中州学刊》2010年第5期。

③ 秦孝仪主编：《中华民国重要史料初编——对日抗战时期》第5编（一），中国国民党中央委员会党史委员会1985年版，第357—358页。

④ 《八路军致林主席、蒋委员长等电》，《新中华报》1940年1月20日。

⑤ 中央档案馆编：《皖南事变（资料选辑）》，中共中央党校出版社1982年版，第88—89页。

⑥ 安徽省档案馆编：《皖南事变文电选编（国民党部分）》，中共安徽省委印刷厂1985年印行，第21页。

进而贬低中共在抗战中的贡献，以达到其限制、取消中共和中共领导的人民军队的企图。

谣言传播初期，部分在国统区的民众受到谣言蛊惑，对中共领导的军队开展抗战产生了一定的怀疑。如果任由谣言传播，将会产生不良影响，使人们对中共产生误解，使中共领导的抗战军队的形象受损，不仅不利于抗日根据地的发展，影响群众的抗日积极性，还影响抗日民族统一战线巩固乃至抗日战争的大局。

二、中共对谣言的驳斥反击

全国抗战时期，中共针对“游而不击”的谣言，通过广泛宣传游击战的产生、抗日战绩等，对“游而不击”的谣言进行正面驳斥反击。

（一）宣传中共游击战的原因与实际

毛泽东指出：“游击战争是什么呢？它就是在落后的国家中，在半殖民地的大国中，在长时期内，人民武装队伍为了战胜武装的敌人、创造自己的阵地所必须依靠的因而也是最好的斗争形式。”[①] 游击战争是中国共产党领导革命战争和抗日战争所总结的重要经验。抗战以来，国民党不断质疑中共领导的游击战，批评中共“避免作战，保存实力”，中共向外界解释了采取游击战的原因和开展游击战的实际情况。

关于采取游击战的原因：

第一，敌强我弱的现实。毛泽东在《抗日游击战争的战略问题》中指出，游击战之所以在中国发生，是因为“中国既不是小国，又不像苏联，是一个大而弱的国家。这一个大而弱的国家被另一个小而强的国家所攻击”，“在这样的情况下，敌人占地甚广的现象发生了，战争的长期性发

① 毛泽东：《〈共产党人〉发刊词》（1939年 10月4日），《毛泽东选集》第2卷，人民出版社1991年版，第609页。

生了。敌人在我们这个大国中占地甚广，但他们的国家是小国，兵力不足，在占领区留了很多空虚的地方”。[①] 此外，八路军、新四军的武器装备与日军、国民党军队相比处于绝对劣势。毛泽东指出：“红军技术与装备十分贫弱”[②]，“应该承认在技术和兵员教养的程度上，现时我们不及敌人”[③]。这就决定了中共“一切军事行动的指导原则，都根据于一个基本的原则，就是：尽可能地保存自己的力量，消灭敌人的力量”[④]，而重视保存实力的目的是为了消灭更多敌人。对此，毛泽东在《论持久战》中反复强调：“战争的基本要求是：消灭敌人；其另一要求是：保存自己。保存自己的目的，在于消灭敌人；而消灭敌人，又是保存自己的最有效的手段。”[⑤]1945 年，在中共六届七中全会上，毛泽东又明确指出：“我们的战争不是也不能是其他样式的战争，它必须在承认敌强我弱、敌大我小的条件下，充分地利用敌之劣点与我之优点，充分地依靠人民群众的力量，以求得生存、胜利和发展。”[⑥]

第二，地理自然因素是实行游击战的客观条件。在对日作战中，中共领导人考虑的重要问题，是如何使有限的兵力发挥最大作用，这就决定了中共必须结合地理自然条件采取机动灵活的作战方式。

面对军事实力落后于敌人的现实，朱德在指导游击战和运动战时指出，“一切正规军与游击队，应以最积极地进攻敌人，而不应呆板地防

① 毛泽东：《抗日游击战争的战略问题》（1938年5月15日），《毛泽东选集》第2卷，人民出版社1991年版，第405页。

② 毛泽东：《同各方接洽要有谦逊态度》（1937年8月10日），《毛泽东文集》第2卷，人民出版社1993年版，第6页。

③ 毛泽东：《论持久战》（1938年5月），《毛泽东选集》第2卷，人民出版社1991年版，第504页。

④ 毛泽东：《抗日游击战争的战略问题》（1938年5月15日），《毛泽东选集》第2卷，人民出版社1991年版，第406页。

⑤ 毛泽东：《论持久战》（1938年5月），《毛泽东选集》第2卷，人民出版社1991年版，第498页。

⑥ 《关于若干历史问题的决议》（1945年4月20日），《毛泽东选集》第3卷，人民出版社1991年版，第982页。

御我某一地域或城镇”，只有充分利用各种自然地理条件，才能在一切活动中“力求与保持主动地位，不为敌人所吸引而陷于不利地位”。[①]毛泽东在《抗日游击战争的战略问题》中强调：“处在四面或三面被敌包围的中间，要建立长期支持的根据地，山地当然是最好的条件，但主要是须有游击队回旋的余地，即广大地区。有了广大地区这个条件，就是在平原也是能够发展和支持游击战争的，河湖港汊更不待说”，“从游击战争的可能性说来，它是一个重要的甚至是第一个重要的条件；在小国如比利时等，因没有这个条件，游击战争的可能性就很小，甚至没有。但在中国，这个条件已不是什么待争取的条件和待解决的问题，而是自然具备只待人去利用的东西”。[②]可见，中国的地理自然条件决定了广泛地开展敌后抗战主要采取运动战和游击战，而不是阵地战。

关于开展游击战的实际情况：

针对国民党极力阻止外界获得关于共产党抗战的真实消息，并散布中共“游而不击”谣言的行为，中共采用多种方式，积极邀请中外人士访问延安及解放区，让外界了解中共开展游击战的因由和实际效果。

1942 年 5 月，周恩来会见随美国军事代表团来渝的美国记者埃德加·斯诺，表示希望美国代表团和记者访问延安，并委托埃德加·斯诺将宣传八路军、新四军作战业绩的有关材料和信带给总统特使，说明现在中共领导的敌后武装已牵制日本在华兵力总数的将近半数，中共不论在何种情况下，都必定坚定抗战。[③]1943 年初，英美两国计划派记者来延安及解放区，加以实地考察。3 月 9 日，周恩来受毛泽东、朱德及中共中央委托，向即将到来的记者团表示欢迎。[④]1944 年 7 月，由 21 名

---

① 中共中央文献研究室编：《朱德年谱（1886—1976）》（新编本）中，中央文献出版社2006年版，第765页。

② 毛泽东：《抗日游击战争的战略问题》（1938年5月），《毛泽东选集》第2卷，人民出版社1991年版，第424—425页。

③ 参见中共中央文献研究室编：《周恩来年谱（1898—1949）》（修订本），中央文献出版社1998年版，第545页。

④ 参见金城：《延安交际处回忆录》，中国青年出版社1986年版，第198—199页。

中外记者组成的西北参观团访问延安。周恩来对接待工作作出指示：我们“要把中央的各项政策、方针和我党、我军、我解放区党、政、军、民、学各条战线在具体实践中的具体政策和具体成绩宣传出去”，“多做解答解释工作，揭穿国民党的造谣污蔑，提高他们对我们的认识，加深他们对我们的了解”。[①]

中外记者团还采访了敌伪军俘虏，观察了八路军及其游击支部夜袭日军据点的过程。他们结束访问后发表了参观感受。

伦敦《泰晤士报》记者哈里森·福尔曼说：“过去有人告诉我们，八路军不打仗，现在我们亲眼看见了八路军是作战的；过去有人同我们讲八路军没有伤兵，现在我们看到了八路军是有伤兵的；过去有人给我们讲八路军没有捉住俘虏，现在我们看到了八路军捉住了俘虏；在过去有人给我们讲这地方人民害怕并恨八路军，现在我们看到了人民是爱护八路军、拥护八路军的。”[②]他在《北行漫记》一书中撰述了八路军英勇抗战的事迹：“从我两月中和八路军在敌后一起活动中所见到的事实——真地从事参加于这种坚强据点与碉堡的占领与毁坏——我才相信共产党的说话并无夸张之处”，“华北大城市如北平、天津、太原、济南和青岛，目前虽在敌人控制下，却直接与时常受到八路军的威胁，他们只是缺少武器去把它们克复”。[③]

美国《时代》杂志、《纽约时报》记者伊斯雷尔·爱泼斯坦也指出：中外记者团成员“看到了敌后的军队与人民在怎样艰苦英勇地工作与战斗，怎样牺牲自己的生命，为世界人类和平而斗争”[④]。美联社、英国《曼彻斯特导报》的记者G. 史坦因将他在边区的见闻写入《红色中国的挑战》一书：“在华北和华中那些匆匆忙忙地放弃了的土地上，迫切地需要组织

① 金城：《延安交际处回忆录》，中国青年出版社1986年版，第200页。
② ［美］哈里森·福尔曼：《北行漫记》，陶岱译，新华出版社1988年版，第274页。
③ ［美］哈里森·福尔曼：《北行漫记》，陶岱译，新华出版社1988年版，第133页。
④ 参见袁武振、梁月兰：《面前是新中国一角的曙光——1944年夏中外记者团延安纪行》，《党史纵横》1995年第2期。

起大规模的游击战，来反抗这侵略者，不让他们得到这胜利的果实，扰乱他们，使他们精疲力尽”，共产党“就在日本人的后方前进——打回去”。[①]

1944年七八月间，中缅印战区美军司令部分两批派遣美军观察组驻延安考察。美国军事观察组在考察后记述道：“国民党的军队正在解体，日本人在所有的省份里如入无人之境；而共产党人却尾追着日本人，组织抵抗运动。”[②]他们在报告中指出，中共军队在华北、华中的很大区域内“牵制着大量日军”，“共产党部队，在长江以北所有的日军交通线沿线及紧靠交通线的地区都扼守着战略阵地据点”，“从这些据点出发他们可以进入主要城市并切断铁路线”，“共产党部队都很能作战，运动战和游击战经验丰富”。[③]美军观察组看到“八路军在前线英勇作战、战绩辉煌，绝非国民党所诬蔑的‘游而不击’”[④]。中外人士撰写的各种书籍和调查报告，较为真实客观地反映了中共领导的游击战的实际情况，通过实地考察，他们对游击战的看法也由最初的怀疑态度转变到充分认同，既正面宣传了中共领导的抗日游击战，反击了国民党散布中共“游而不击”的谣言，同时还进一步维护了国际反法西斯统一战线。

“游而不击”谣言之所以能被国民党反复炒作，一个重要的原因是舆论在国民党的严密控制下，中共游击战的实际情况未为民众所知。中共抓住时机，一方面，阐释游击战的必然性；另一方面，向外界宣讲游击战的实际情况。在辟谣的过程中，正面宣传了游击战，扩大了中共的政治影响力。

（二）用成绩粉碎谣言

中共中央曾作出指示：抗战宣传，应该集中于我军在敌后抗战之英

① ［美］G. 史坦因：《红色中国的挑战》，伊吾等译，晨社1946年版，第383页。

② ［美］白修德：《中国抗战秘闻——白修德回忆录》，崔阵译，河南人民出版社1988年版，第193页。

③ ［美］约瑟夫·W. 埃谢里克：《在中国失掉的机会——美国前驻华外交官约翰·S. 谢伟思第二次世界大战时期的报告》，罗清等译，国际文化出版公司1989年版，第278页。

④ 金城：《延安交际处回忆录》，中国青年出版社1986年版，第196页。

勇壮烈，“借以击破游而不击、封建割据及交出军队、政权之类的反动宣传”[①]。因此，开展广泛的抗日武装斗争，展示卓越的抗战实绩也就成为驳斥谣言的有效手段。

1939年,《抗敌报》集中报道了八路军英勇抗敌的事迹:八路军“徐支队一部分途向陇海南各据点之敌不断进袭，经三日之积极动作，将豫南夏邑县及县南之山城集、八里庄、大X集等据点相继克复，各役共毙敌三百余名，生俘当地伪首张子衍、李元福等以下二十余，缴获步枪五十余支,弹药军用品甚多,我军伤亡约五十余名”[②]。“我八路吕纵队一部，于二十六日开始围击霸县北重要据点南孟镇，该镇驻敌伪联军二百余，凭险顽抗”，“我一面埋设地雷，炸坍南孟城郊据点、一面山陆上再度猛攻，英勇向敌冲杀，现由炸破口突入镇内，与敌白刃巷战一小时之久，该镇分驻敌全数歼灭，无一让其漏网，拘捕结果，并生俘敌军二名，敌伤兵三名，伪军三十余名，缴获步枪百四十余支，轻机枪二挺，子弹二箱，炮弹三十余箱，其他军用品无算，南孟镇已完全为我占领，该地伪军组织也被我摧毁”。[③]“鲁西数次大捷，连续击破敌人围攻后，梁山泊无形已成为巩固之根据地面，敌则因感受威胁之严重，亟图摧毁此抗敌堡垒”，“敌出动兵力百余，附汽车二十余辆，突绕至梁山东北向我侧后施行猛攻”，“激战终日，相持不下”，“我乘黑突向敌猛击，我军冲入敌营，敌阵线动摇，始狼狈退窜”，共计杀敌百余名，“获步枪二十余支，我军伤亡百余名，营长黄祥勤于战斗中壮烈殉国”。[④]邓小平在延安各界举行的抗战两周年并公祭抗战阵亡将士纪念大会上的讲演中说：“八路军两年战斗不下数千次，千万民族战士，为祖国流尽了最后一滴血，八路军在华北牵制住敌人九个师团，连伙夫都深明抗战大义，所以八路军是坚决抗战的。有些顽固分子造谣中伤，说八路军‘游而不击’，或‘不

① 中央档案馆编:《中共中央文件选集》第14册,中共中央党校出版社1992年版,第43页。

② 《陇海线上八路军连打胜仗收复夏邑等地毙敌达三百多》,《抗敌报》1939年9月11日。

③ 《冀中战况》,《抗敌报》1939年9月11日。

④ 《鲁西战斗毙敌百多》,《抗敌报》1939年9月11日。

游不击’,已完全为事实所揭穿。八路军抗战两年以来,收复了广大失地,死伤达十万以上。投降派反共分子的毁伤,并不能丝毫有损于八路军,只显得他们的无稽而已。”[①]

同时,《晋察冀日报》还公布了1937年9月至1941年9月30日冀中游击队的抗日战绩:4年间冀中游击队“共发动群众1663959人,破铁路164次,335公里;破公路4729次,784里;毁列车1606辆;毁机车76个;毁铁甲车7列,毁装甲车58辆,毁汽车327辆,毁坦克1辆,毁水塔5座,毁石桥86座,毁铁桥24座,毁道房10个,缴电杆53347根,缴电线226705斤,缴铁轨2121条,缴汽车22辆,缴获枕木22052根,缴夹板712块,缴螺丝钉4000个,缴道钉40775个,缴路灯202个,毁碉堡213座。”[②]仅1940年1月至1941年4月30日,冀中游击队共发起“大小战斗2572次,毙伤敌伪10000余名,俘虏伪军500余人,伪军反正400余人,缴获长短枪4000余支,小炮31门,轻机枪11挺,自行车500余辆,马400余匹,其他军用品甚多,克复据点30余个,破路1367次,长约11000余里,获电杆10000余根,电线25万余斤,炸桥30余座。”[③]

1939年,日军中将阿部规秀在河北省黄土岭被八路军击毙,毛泽东致电八路军总部、新四军军部、晋察冀军区及中共驻重庆、西安、桂林办事处指出:“此消息总部应向各方公布,广为宣传。”“重庆及各方应在报纸上作文,鼓吹八路军游击战争的威力,粉碎游而不击之诬言。”[④]

中共军队在敌后战场的英勇战绩,不仅有八路军的功劳,也有新四

① 中共中央文献研究室编:《邓小平年谱(1904—1974)》(上),中央文献出版社2009年版,第256—257页。

② 冀中人民抗日斗争史资料研究会编《冀中人民抗日斗争文集》第5卷,航空工业出版社2015年版,第1615页。

③ 《冀中游击队战绩》,《解放日报》1941年5月31日。

④ 中共中央文献研究室编:《毛泽东年谱(1893—1949)》(修订本)中卷,中央文献出版社2013年版,第146—147页。

军坚持艰苦抗战所作出的重要贡献。陈毅曾在报告中谈道:1941 年,"'扫荡'盐阜区的日伪军开始溃退。在一月余的反'扫荡'中，盐阜区与苏中区军民互相配合,共作战 135 次,毙伤日伪军 1931 人,俘日军 15 人,俘伪军 1074 人，争取伪军反正 600 余人，击伤击毁日伪汽艇 13 艘，缴获平射炮 2 门，轻重机枪 25 挺，步枪 1123 支。新四军伤亡指战员 900 余人"。陈毅还在《八路军军政杂志》上发表《四年抗战与新四军现状》一文，详谈新四军的抗战战绩：新四军"作战 4967 次，破坏 545 次，缴获步马枪 48048 支,轻重机枪 1644 挺,掷弹枪 198 挺,大小炮 144 门,战马 2132 匹，日本大衣 5866 件，生俘日军 92 名、伪军 5479 名"，"从皖南事变后至 8 月，新四军仍坚持作战，取得如下战绩：作战 372 次，缴获步马枪 11126 支，驳壳枪 226 支，手枪 48 支，掷弹筒 83 个，轻机枪 138 挺，刺刀 3 把，步马枪弹 48122 粒，驳壳枪弹 507 粒，手枪弹 2281 粒，手榴弹 438 个，各种枪弹 243 个，电话机 31 架，自行车 89 辆，电台 1 架，军旗 112 面，爆布汽船 3 艘，破坏桥梁 12 座，公路 283 里，电线 50 公斤，击落飞机 1 架，毙伤日伪军 66928 名，俘日伪官兵 9843 名"。[①] 以上战绩，雄辩地说明了新四军是坚持抗战的，是华中敌后战场抗战的主力。

中共敌后抗战的英勇战绩，彰显了中共对抗战的坚持和对民族的忠忱,给日军以沉重打击,也给国民党军和敌后根据地民众留下了深刻印象。

中共领导的游击武装是敌后抗战的中坚力量，这是根据地民众的直观感受。鄂豫边区民众有着真切体会，1938 年 10 月信阳沦陷后，信阳县人民既被日军烧杀劫掠，又被国民党杂牌部队抢劫和土匪骚扰。日军为了加强对信阳地区的统治，普遍设立维持会，收买地痞流氓，建立据点、交通线。此时的信阳，已成为敌寇汉奸、土匪流氓、国民党杂牌部队等乱碰乱闯的废墟。自从新四军挺进平汉两侧后，打敌伪，打土匪，驱逐扰民害民的土匪、杂牌军，把信阳人民从敌伪、土匪、杂牌军的统

① 刘树发主编:《陈毅年谱》上卷，人民出版社1995年版，第361—362页。

治下解放出来。在新四军的积极帮助下，在地方工作同志的经营下，信阳人民组织起各种各样的人民抗日团体。[①]根据地民众说：中共抗日“部队一年三百六十天和敌人打仗，保护我们老百姓”，“老百姓离不开部队”。[②]应城县（中共解放区）民众曾这样形容中共军队的抗战：“我们回忆一下，应城沦陷时是什么样子呢？”“这里有李又唐[③]上票拉人，群众连睡觉都不敢在家睡，而躲在田埂上。还有罚款抢人，奸淫妇女。有田的将田出卖了来付罚款。这时候的应城，真是个黑暗世界”。共产党领导的游击队“由一小队人马，而变了一个支队”，“于是应城的抗日政权建立起来，这是用部队和人民的拳头来建立的”。游击队“将两面派李又唐打跑了”，“将伪军‘鄂西保安队’弄得影子都不见了，将土匪消灭完了，将‘维持会’的招牌打得粉碎。所有一切危害人民的毒贼，在人民的拳打脚踢下，滚蛋了”。[④]可见，中共领导的敌后游击战，已经得到根据地民众的高度认可和大力支持。

中共领导的敌后抗战，直接牵制和打击了日军。日军驻山东武城独立警备队小队长山口真一描述：“对神出鬼没的共军每天都要进行神经紧张令人恐惧的战争”，“我回忆在中国四年之中，再也没有比驻防在十二里庄当队长时代更苦恼的”。[⑤]驻扎在察（哈尔）南的日军少佐田副正信感慨：八路军“采取遇强则退，逢弱便打的战法，对其剿灭极为困难”[⑥]。日军华北方面军情报主任在会议上指出：“中共势力对华北治安的

---

① 参见鄂豫边区革命史编辑部编：《鄂豫边区抗日根据地历史资料》第3辑，1984年编印，第157—158页。

② 鄂豫边区革命史编辑部编：《鄂豫边区抗日根据地历史资料》第6辑，1985年编印，第142页。

③ 李又唐，原为国民党政府应城县保安大队大队长，1938年底该大队曾被收编到应城抗日游击队。后因其勾结敌伪，破坏抗战，1939年秋李又唐部被新四军歼灭。

④ 鄂豫边区革命史编辑部编：《鄂豫边区抗日根据地历史资料》第3辑，第146—147页。

⑤ 日本防卫厅战史室编：《华北治安战》下册，天津市政协编译组译，天津人民出版社1982年版，第169页。

⑥ 日本防卫厅战史室编：《华北治安战》上册，天津市政协编译组译，天津人民出版社1982年版，第82页。

肃正工作，是最强硬的敌人。为此，应加紧收集情报，确立排除中共势力的对策，实为当务之急。”[①]朱德在中共七大所作的军事报告中提到，1943年6月，敌华北派遣军总部公布：“从今年一月到五月与共产军交战次数为五千五百二十四次之多。其兵力达五十六万七千四百二十四人之众。”同年敌华北派遣军司令部综合战果报道说：“敌大半为中共军，与蒋军相反，在本年交战一万五千次中，和中共的作战占七成五。在交战的二百万敌军中，半数以上也都是中共军。在我方所收容的十九万九千具敌遗尸中，中共军也占半数。但与此相比较，在我所收容的七万四千俘虏中，中共军所占的比率则只占一成五。这一方面暴露了重庆军的劣弱性，同时也说明了中共军交战意识的昂扬。……只有对于为华北致命伤的中共军的绝灭作战，才是华北皇军今后的重要使命。”[②]由此可见，日军报告中所呈现的数据，正是中共领导的人民军队实行全国抗战的战绩体现。日军还称：“在占领区内特别在山西北部、东部、河北一带及山东大部地区，共军无论在质量上、数量上均已形成抗日游击战的主力”[③]。事实上，游击部队经常在日军警戒线间隙出没，给日军带来了极大困扰，这也暴露了“游而不击”谣言的虚假性。

中共采取游击战，在敌后抗战取得的英勇战绩，也刺激了战场上屡战屡败的国民党。国民党将领白崇禧表示，国民党应当学习八路军的游击战，“中共可以打游击战，国军当亦能打游击”[④]。1938年1月，国民党在汉口召开军事会议，白崇禧认为，国军“应采游击战与正规战配合，加强敌后游击，扩大面的占领，争取沦陷区民众，扰袭敌人，使敌局促于点线之占领”[⑤]。这一建议被蒋介石采纳，并命令各战区积极采取游击战。1938年11月，国民党最高军事会议认为：“游击战重于正规战，

① 日本防卫厅战史室编：《华北治安战》上册，第127页。
② 转引自《朱德选集》，人民出版社1983年版，第148—149页。
③ 日本防卫厅战史室编：《华北治安战》上册，第216页。
④ 苏志荣等编：《白崇禧回忆录》，解放军出版社1987年版，第304页。
⑤ 《白崇禧先生访问纪录》上册，九州出版社2013年版，第352页。

变敌后为其前方，用三分之一力量于敌后方。”[①] 蒋介石为培养游击战指挥人才，在衡山举办了 3 期游击干部训练班，并聘请叶剑英、周恩来等为教官，系统传授游击战思想。1939 年 1 月，国民党军训部根据游击训练班的经验编写了《游击战纲要》一书，作为国军游击战的经典教材。由此观之，全国抗战时期国民党如此重视借鉴中共开展游击战的经验，又怎能看出中共“游而不击”，国民党言行不一，公论已不言自明。

（三）揭破造谣者的目的

为维护抗日民族统一战线，中共坚持有理、有利、有节原则，从舆论上对谣言进行坚决反击，揭露国民党的反共反人民的用心。

第一，抨击国民党投降主义倾向。国民党军队在正面战场节节败退，抗战决心不断动摇。1938 年，日军攻占武汉，由于兵力、物资等原因，无法在短时期内发动大规模进攻战。此时，日本近卫内阁提出所谓“善邻友好”“共同防共”“经济提携”等三原则，以引诱国民党投降。随着汪精卫公然叛国投敌，以蒋介石为首的国民党抵抗派也动摇了抗战决心。武汉失守后，国民党逐渐加紧反共活动，出台了《防制异党活动办法》，秘密颁布了《异党问题处理办法》《处理异党问题实施方案》，限制共产党人和进步人士的思想、言论和行动。[②] 对此，毛泽东毫不留情地对国民党批评道：一些国民党人错误地相信“日本的‘和平保证’，以为战争或可避免，以及相信不动员民众也可以抵抗日寇”[③]，“在这种情况下，一切污蔑和谩骂，都从国民党反动分子的嘴里喷出来。什么‘奸党’‘奸军’‘奸区’，什么‘破坏抗战、危害国家’等等污蔑共产党、

---

① 何应钦：《日军侵华八年抗战史》（修订版），台北黎明文化事业股份有限公司2012版，第218页。

② 参见毛泽东：《必须制裁反动派》（1939年8月1日），《毛泽东选集》第2卷，人民出版社1991年版，第578—579 页。

③ 毛泽东：《和英国记者贝特兰的谈话》（1937年9月29日），《毛泽东选集》第2卷，人民出版社1991年版，第373页。

八路军、新四军和解放区的称号和断语，都是这些反动分子制造出来的”[①]。周恩来指出，目前蒋介石的政策是向各方施行各种突然袭击和压迫，企图挽救其危机。所以，“我们的对策，似宜非常灵活机动，不拘一式，以揭破其阴谋”。周恩来还建议，要向外界声明，“如逼我太甚，只有自卫……应准备坚决还击；公开抗议对我称‘奸党’‘匪军’，如不能登报，即发传单；加强同各党派和地方势力的联络”。[②]1940 年 3 月 14 日，中共在《中央关于揭露顽固派破坏抗战的指示》中指出：“国民党中央已开始在党政军民各方面作反共、反八路军、反新四军的进一步动员，其口号是共产党破坏抗战。我各地应将西北、华北、中原各地顽固派的军事进攻、政治进攻、破坏边区、破坏各抗日根据地、消灭新军、新派、惨杀进步人员种种具体事实及其原因，向中间阶层及各界人士作广泛的口头解释，将有电、删电等材料多印多发，证明破坏抗战准备投降的正是顽固派。”中共中央同时发出重要指示，要求各地“将共产党几年来坚持抗战及坚持抗日民族统一战线政策之具体事实，作有系统的宣传解释，以便证明共产党、八路军、新四军为坚持抗战团结之力量和以事实揭穿顽固派造谣”。[③]

第二，揭露国民党遏制乃至消灭中共的意图。全国抗战时期，国民党为遏制中共发展，维持其独裁和专制统治，四处散播中共“游而不击”的谣言。特别在皖南事变后，国民党反共行动达到高潮。国民党对外宣称新四军不遵守军事命令，在敌后“游而不击”。对此，中共予以坚决回击，《新华日报》刊登周恩来的挽诗：“千古奇冤，江南一叶，同室操

① 毛泽东：《论联合政府》（1945年4月24日），《毛泽东选集》第3卷，人民出版社1991年版，第1043页。

② 中共中央文献研究室编：《周恩来年谱（1898—1949）》（修订本），中央文献出版社1998年版，第566页。

③ 中央档案馆编：《中共中央文件选集》第12册，中共中央党校出版社1991年版，第326—327页。

戈，相煎何急？”[①] 中共发动媒体对这一事件进行连续报道，揭露国民党制造反共磨擦的真实目的。如《新中华报》刊载《朱彭叶项抗议皖南包围通电》；中共江苏省委文委主办的《上海周报》刊登《新四军皖南部队惨被围歼真象》以及《命新四军移防全是诱奸毒计，朱彭叶项通电抗议》《华北新闻界通电全国，抗议围歼新四军》等文章。1943 年 7 月，在延安抗战六周年纪念大会上，中共发表通电，揭露国民党颠倒是非、混淆黑白，污蔑共产党“为‘奸党’，新四军八路军则称之为‘奸军’”，“冒天下之大不韪，调抗战之将士，肆内战之阴谋；反共第一，抗日第二；一党至上，专制集中”，“何况内战一开，敌人趁虚而入，中国马上就会亡国”。[②]《晋察冀日报》撰文指出：“尽管新四军被宣布为‘叛军’，八路军两年没有领到一颗子弹、五个月没有领到半文制钱的饷，然而新四军、八路军的将士却没有一分钟停止过和敌人苦战。而为着策应晋南作战，八路军在华北正在各线出动、浴血酣战，这是连造谣的人和传布谣言的人心里都深知的事。”[③]

通过中共加强舆论宣传，不断揭露造谣者的险恶用心，民众开始认识到中共抗战始终是积极、坚决和有效的。国统区民众说：“整个中华民族遭遇日寇灭亡大祸的时候”，如果还“像从前那样‘一盘散沙’，那么就只有被敌人各个击破，终于变成亡国奴完事”，在抗日救国的关键时期，国共两党应看到“团结御侮和抗日锄奸”，“是国民革命中顶紧急的任务”。[④] 对于中共抗战的言行，国民政府军令部部长徐永昌甚至都承认：“全国对抗战心口如一，第八路军的人第一。”[⑤] 国民党将领白崇禧也

① 《新华日报》1941年1月18日。

② 《延安民众抗战六周年纪念大会关于呼吁团结反对内战通电》，《解放日报》1943年7月10日。

③ 《谣言与烟幕》，《晋察冀日报》1941年6月4日。

④ 傅于琛：《国共团结与中国前途》，汉口群力书店1938年版，第24—25页。

⑤ 徐永昌：《徐永昌日记》（手稿本）第4册，台北“中央研究院”近代史研究所1991年版，第212页。

评价道：敌后游击的“任务极为艰巨，因补给困难，且多半以寡敌众，以弱抵强”，参与游击者必定是“淬历奋发，机警勇敢，绝非保存实力者”。[①]

三、结语

通过以上分析可知，国民党散布中共“游而不击”谣言并未达到预期目的。面对“游而不击”谣言，中共一方面宣讲了游击战的原因和实践；另一方面以英勇的军事斗争实绩驳斥谣言。此外，中共通过揭破造谣者的目的，以舆论斗争追击造谣者。经过宣传，国内外对“游而不击”谣言的认知经历了一个转变过程。这也揭露了国民党“消极抗日、积极反共”的反动本质。换言之，国民党无法有效动员社会各界进行反侵略斗争，并企图制造两党磨擦，以实现其独裁专政的目的。随着国内外对谣言的质疑和证伪，“游而不击”谣言被粉碎，中共领导的人民军队对抗战的重要贡献最终得到普遍认可，中共在抗战中的中流砥柱作用得到充分体现。这也维护了抗日民族统一战线，激发了民众对中共抗战的认同，动摇了国民党的执政基础。

总之，全国抗战时期，中共对“游而不击”谣言的应对，是综合运用多种策略回应和反击谣言的典型，为中共处理反共谣言积累了经验，至今仍有启示意义。

原载《党的文献》2020 年第 4 期

① 苏志荣等编：《白崇禧回忆录》，解放军出版社1987年版，第304页。

抗战时期香港秘密大营救若干问题考辨

游海华*

香港秘密大营救是太平洋战争爆发、日军进攻香港后，在中共中央指示和南方局书记周恩来亲自指挥下，八路军驻港办事处主任廖承志、党支部书记连贯，中共南方工作委员会副书记张文彬，中共粤南省委书记梁广，广东人民抗日游击队政委尹林平等，营救困守在香港的知名文化界人士、爱国民主人士、爱国工商界人士、中共干部和其他统战人员，并将他们平安送到抗日根据地和大后方的一次联合行动。因被营救对象以文化界人士为主，又被称为“抢救文化人行动”。事件过后不久，有些当事人以小说、日记、杂文等形式对此加以记述。1949年以后，又有些当事人撰写了回忆文章，被收录到各类资料当中。20世纪80年代以来，在东江纵队史和地方党史的编撰中，香港秘密大营救被辟为专节加以记述。[①] 1984年，中共惠阳地委党史办公室专门编辑了“抢救文化人史料专辑”,收录了不少资料，并作了关于“抢救文化人”的专题综述。此后，纪实性的文章或著作就更多了。遗憾的是，到目前为

---

* 作者简介：游海华，浙江工商大学马克思主义学院教授。

① 参见《东江纵队史》编写组：《东江纵队史稿》，广东人民出版社1983年版，第65—68页；《东江纵队史》编写组：《东江纵队史》，广东人民出版社1985年版，第60—65页；中共广东省委党史研究室：《中国共产党广东地方史》第1卷，广东人民出版社1999年版，第512—516页；《中国共产党东江地方史》编纂委员会：《中国共产党东江地方史》，广东人民出版社2001年版，第325—332页；《东江纵队志》编委会编《东江纵队志》，解放军出版社2003年版，第131—141页。

止，关于香港秘密大营救的一些关键记述仍然语焉不详，或相互矛盾，或以讹传讹。基于此，本文在研读相关史料的基础上，就一些问题进行考辨。

一、香港秘密大营救的具体营救计划是怎么决定的?

有的著述记载，香港秘密大营救的具体营救计划，是廖承志等接到党中央和南方局的电令后，于 1941 年 12 月 8 日上午或中午召集张文彬、梁广、尹林平及中共中央南方局派到香港工作的李少石、潘汉年、刘少文等开会决定的。会议认为必须乘日军刚侵占香港，对情况不甚了解，以及要疏散大批住港居民返回内地以解决粮食燃料供应问题的最佳时机展开营救。会议还对营救工作进行了明确分工。

这种说法至少存在以下两个问题。

一是这里所说的制定具体营救计划的时间早于中共中央和南方局的营救指示。根据现有资料确知的是，在日军偷袭珍珠港的当天即 1941 年 12 月 8 日，中共中央给周恩来、廖承志、潘汉年、刘晓作出指示："香港文化人、党的人员、交通情报人员应向南洋及东江撤退。此事请酌办。"[①]9 日，周恩来致电廖承志，指出香港工作人员的退路只有"广州湾、东江和马来亚"，提出"对这部分人，能留港或将来可去马来亚和上海的，尽量留下；能去琼崖、东江游击队则更好；不能留也不能南去或打游击的，转入内地"。20 日，周恩来再电廖承志，询问"香港文化人士如何安置,朋友是否已撤出"等问题。[②]12 月下旬日军占领香港前，

---

① 南方局党史资料征集小组编:《南方局党史资料·统一战线工作》(三)，重庆出版社1990年版，第71页。

② 参见中共中央文献研究室编:《周恩来年谱(1898—1949)》(修订本)，中央文献出版社1998年版，第534页、535页。

周恩来对廖承志、潘汉年、刘少文作出了更为明确、具体营救“香港文化人”的九点指示。[①] 从逻辑上说，廖承志在接到中共中央 8 日和周恩来 9 日电报，以及 12 月下旬更为明确具体的营救指示后再部署具体营救计划，才符合常理。

那么，是否存在廖承志在中共中央给他发出指示的当天，即 12 月 8 日的上午或中午就召开会议部署相关工作的可能性呢？从党的秘密工作原则看，应该不可能。据曾经做过廖承志、潘汉年机要交通的钟路回忆，八路军驻香港办事处设在香港皇后大道中 18 号的“粤华公司”，翻译电文的康贻民住在另一个党内的秘密联络机关，而电台则设在九龙，电台和译电处都是绝密、单线联系的。电台派人把中央和南方局来电送到钟路九龙深水涉的住处，钟路过海把电文带到秘密机关找康贻民译成中文，再送到办事处交廖承志、潘汉年审阅。同样，廖承志、潘汉年给中央和南方局的请示或报告，由钟路送到康贻民处译成密码封上，然后过海回到住处，等晚上电台派人来取。[②] 因此，从时间上看，8 号中央来电，应该是当天晚上电台交给钟路，钟路第二天送至康贻民处翻译。换言之，9 日中午前后，廖承志才能看到电报内容。即使是 8 日中午前后，廖承志拿到了中央来电，也不可能在极短时间内召集各条战线的领导人集中开会。从党的秘密工作原则看，廖承志、张文彬、梁广、尹林平、李少石、潘汉年、刘少文等各自的工作都是单线联系的，不发生横向关系，即使是作为领导的廖承志、潘汉年、张文彬等，也不可能知晓所有的关系。秘密工作也不宜召集各条战线所有的领导人集中到一起开会。

二是此处所述的 8 日会议所提到的香港沦陷后日军要疏散香港居民之事实际上在该月底之后。关于日军要疏散香港居民的消息，当事人李健行回忆，他在 12 月底由九龙偷渡到香港岛，找到连贯，“告知

---

① 参见周恩来：《周恩来书信选集》，中央文献出版社1988年版，第210—211页。

② 参见《连贯同志纪念文集》编写组：《贤者不朽：连贯同志纪念文集》，中国华侨出版社1995年版，第46—47页。

他日军决定于近期内疏散港九难民到内地的情报”[①]，这是我们把文化人撤出香港敌占区的好机会。李健行的回忆，得到了连贯的证实。连贯回忆：李健行“带来了一个消息，使我们做出了立即撤出香港的决定。原来，停战后，日寇为了解决粮食供应问题，在清查人口的基础上，遣散香港居民，将香港当时一百六十万人口减至六十万”。“李健行说，这是个极好的机会，我们可混在这批‘难民’的人流中，撤到内地去”。[②]

根据廖承志、连贯等当事人回忆，事实应该是，1941 年 12 月底，廖承志、连贯等在得知李健行提供的日军疏散香港居民到内地的消息后，决定立即撤出香港。1942 年元旦过后，廖承志、乔冠华、连贯在香港地下党的安排下，转到了一艘驳船上。在这里，他们同张文彬会了面，“共同研究和详细制定了如何分批救出陷落在香港的民主人士和文化界人士的计划”[③]。第二天凌晨,他们化装成商人,在李健行的护送下,顺利到达九龙红磡，登陆后被带到旺角与尹林平见面。当天，他们在一起以打麻将为掩护，仔细研究了广东人民抗日游击队在九龙接应，以及护送从香港抢救出来的文化人到游击区的问题。接着在李健行的护送下，廖承志等一行人混在难民队伍里，从旺角通过启德机场附近的几个日军检查岗哨，到达西贡镇。在这里，广东人民抗日游击队的短枪队接替李健行，护送廖承志等坐船通过大鹏湾，在沙鱼涌登陆，转到游击队惠阳大队部所在地惠阳县田头山石桥坑。尹林平和张文彬也先后到达这里，与廖承志等一起在石桥坑的一个庙里开会，再次详细研究了从宝安游击区、惠阳游击区通往惠州的安全护行工作，并将营救文化人的情况和计划，拟好电报稿，由尹林平和张文彬带到路西东江游击队的队部，

① 中共惠阳地委党史办公室编:《东江党史资料汇编（抢救文化人史料专辑）》第3辑，1984年印行，第65页。

② 中共惠阳地委党史办公室编:《东江党史资料汇编（抢救文化人史料专辑）》第3辑，1984年印行，第32—33页。

③ 廖承志文集传记编辑办公室编:《廖承志文集》下卷，人民出版社1990年版，第445页。

通过那里的电台向中央报告。[①]

因此，香港秘密大营救的具体营救计划，是廖承志、连贯等人，经过多次会议才商量成熟并决定的。

二、廖承志是何时开始布置香港文化人的隐蔽工作的?

关于日军攻打香港后，廖承志对香港文化人隐蔽和撤退工作的布置，有以下几条史料可参考：

一是郁风的回忆。当时郁风在夏衍领导下编辑《华商报》的副刊，他回忆，日军进攻香港后，《华商报》“坚持出报三、四天”，“到了最后不得不停止出报时”，夏衍在编辑部全体人员的会上正式宣布了廖承志的指示和对人员疏散的具体安排：每个人都要搬家换个住处，每个人先发两个月生活费，除了各人规定的单线联系以外，新的住处不许告诉任何人，然后等待通知撤离香港。[②]

二是许幸之的回忆。许幸之 1941 年冬到香港筹备拍摄《阿 Q 正传》，住在九龙的南洋影片公司。战争发动当天，他搬到蔡楚生家里住了一晚。12 月 9 日中午过后，他按照蔡楚生电话告知的路线，过海“来到楚生告诉我的集合地点——香港皇后饭店廖承志的办公室，室内坐满了熟悉的留港文化人，楚生也在座”。廖承志询问了他是否有地方住，并表示，“以后有什么行动，我们会派人去和你联系”。[③]

三是连贯的回忆。他说：“早在日军进攻九龙之时，廖承志同志已根据南方局的指示，派乔冠华、叶以群到九龙，把找到的文化人都送到

① 参见《连贯同志纪念文集》编写组:《贤者不朽: 连贯同志纪念文集》, 中国华侨出版社1995年版, 第292—293页。

② 参见中共惠阳地委党史办公室编:《东江党史资料汇编(抢救文化人史料专辑)》第3辑, 1984年印行, 第138页。

③ 中共惠阳地委党史办公室编:《东江党史资料汇编(抢救文化人史料专辑)》第3辑, 1984年印行, 第142—144页。

香港，为他们寻找住处隐蔽起来。与此同时，通知了原住香港的文化人和民主人士都立即搬家，也隐蔽起来。除了规定单线联系的人外，断绝与外界的一切来往，等候撤退香港的通知。”[①]

综合上述三条史料，可以看出，对于困守香港的文化界人士和民主人士，廖承志并非如一些研究者所认为是在 12 月 8 日下午统一会见、统筹安排隐蔽工作的，而是在日军侵入九龙后的一段时期内，陆陆续续会见和分头安排的，有些还是委托党内同志通知和安排的。

三、香港沦陷后香港岛和九龙间党的联系是如何打通的?

1941 年 12 月 25 日，香港沦陷。日军封锁了香港岛和九龙间的交通，转移到香港岛的大部分文化界人士和抗日民主人士，以及八路军驻香港办事处、中共南方工委、中共粤南省委、中共香港文化工委、中共香港市委等中共组织主要领导大多被困。广东人民抗日游击队政委尹林平则被隔离在九龙。[②] 港九两地间党的联系完全中断。12 月下旬至香港沦陷前，廖承志得到了周恩来更为明确的具体营救“香港文化人”的九点指示。在这种背景下，香港岛、九龙两地都急于联系上对方。

关于港九间党的联系的打通，据廖安祥回忆：1941 年 12 月 28 日，连贯派八路军驻港办事处工作人员潘柱联系他，要他“设法过九龙半岛和林平联系，商讨抢救在港民主人士及廖承志、何香凝、柳亚子等”。29 日早上，他“乘车到七号差馆前的均益货仓旁乘小艇过海。登上九龙后，在佐敦道找到林平，会商了抢救在港文化界人士脱险之事”，决定和李健行“赶快回香港，但是海面已被日军封锁，交通断绝”，“第三

---

① 《连贯同志纪念文集》编写组:《贤者不朽: 连贯同志纪念文集》, 中国华侨出版社1995年版, 第291页。

② 参见本书编委会编:《尹林平》, 广东人民出版社1994年版, 第136页。

天才在红磡找到一艘敬记船厂的电船”，但过海中途为日军追回，“直到晚上六时左右”，“才碰到驶过的小艇”，同意送他们过海。“抵港后，当晚即把廖承志、连贯、乔冠华三人送到铜锣湾避风塘刘水富的艇上安顿下来。次日一早，由艇家派小艇送他们三人过海，找到了林平”，港九间党的联系就这样打通了。[①]

李健行记述:“在香港陷落后的第三天上午，尹林平突然派何鼎华”找他,见面后,“林平向我们传达了党中央关于抢救文化人的电报指示”，指出只有把“廖承志、连贯和乔冠华等抢救出来”，才能找到失联的几百名文化人的关系，并要求“我们必须在三天之内打通九龙至香港的渡海交通线”;“我愉快接受了这个任务。当时我只要求能找到渡海船只、过去同我们有长期合作关系的廖安祥同我一起进行这个工作。林平当即同意了我的要求”，“当天下午我找到了廖安祥，同他一起研究了如何秘密渡海的问题”。第二天，经过一番波折，终于偷渡到香港岛，见到了连贯。[②]

廖安祥的说法，有旁证可以证实。派遣廖安祥任务的连贯回忆，日军封锁港九间的海面以后，“我和廖承志、乔冠华在停泊于铜锣湾避风塘的一条大船上，一面躲避，一面派为我党工作的爱国商人廖安祥过海到九龙去找尹林平联络，准备偷渡到九龙去，以便赴东江一带安排沿途党组织和游击队接应和护送文化人的工作”，“1942 年元旦前夕，尹林平终于派来了李健行同志，并由他负责护送我们偷渡九龙”。[③]时为中共香港特派员的黄施民回忆，“九龙沦陷前两天，我从九龙过了香港”，“抢救工作是在香港沦陷后就开始的，最初要我们分头找船，

① 中共惠阳地委党史办公室编:《东江党史资料汇编(抢救文化人史料专辑)》第3辑，1984年印行,第109—112页。

② 参见中共惠阳地委党史办公室编:《东江党史资料汇编(抢救文化人史料专辑)》第3辑, 1984年印行, 第63—65页。

③ 《连贯同志纪念文集》编写组:《贤者不朽: 连贯同志纪念文集》, 中国华侨出版社1995年版, 第291页。

我在筲箕湾的渔民党员中去找，没有找到；而廖安祥却在别处找到了驳船”。[1]

综合以上资料，可以推断，应该是12月25日香港沦陷的背景下，分处香港岛、九龙两地的廖承志和尹林平都急于联系上对方。因为东江游击队在九龙没有电台，所以应该是廖承志、连贯先派廖安祥过海找到尹林平，尹林平才得知“党中央关于抢救文化人的电报指示”，后派李健行赴港联络。限于党内秘密工作原则和纪律，李健行并不知道尹林平的信息是廖安祥通知的，也不知道廖安祥的到来及其身份、任务，所以没有在回忆中提到这一点。

四、香港秘密大营救到底营救了多少知名文化界人士和民主人士?

关于香港秘密大营救到底营救了多少知名文化界人士和民主人士，目前主要有四种观点。一是千人以上，如茅盾说“几千文化人安然脱离虎口”[2]、杨奇说“抢救了一千多个各阶层的知名人物和民主人士”[3]、廖沫沙说“不下一千人”[4]。二是300人左右，如王作尧说是“著名民主人士、知名文化人三百多名”、李健行说九龙一路“胜利地抢救了近三百名文化人安全脱险”、1946年中共广东区委会说“抢救出来的有三四百人”。[5]三是800人左右，如廖承志和曾生说是七八百、尹林平说“八百

① 中共惠阳地委党史办公室编:《东江党史资料汇编(抢救文化人史料专辑)》第3辑，1984年印行，第55页。

② 茅盾:《脱险杂记》，中国社会科学出版社1980年版，第196页。

③ 中共广东省委党史研究委员会、中共广东省委党史资料征集委员会办公室编:《东江纵队资料(纪念东江纵队成立四十周年专辑)》，1983年印行，第135页。

④ 中共惠阳地委党史办公室编:《东江党史资料汇编(抢救文化人史料专辑)》第3辑，1984年印行，第185—186页。

⑤ 中共惠阳地委党史办公室编:《东江党史资料汇编(抢救文化人史料专辑)》第3辑，1984年印行，第47页、69页、229页。

多”。[①] 四是数字含糊，无法分辨，如连贯说是“几百名”[②]，《美亚杂志》说是“几千人”[③]，包括营救的文化人、知名民主人士、国民党人士和国际友人等。《东江纵队史》《中国共产党广东地方史》《中国共产党东江地方史》《东江纵队志》等的说法则比较统一，均认为营救了爱国民主人士和文化界知名人士共300多人，连同其他方面的人士共800多人。[④]

那么，香港秘密大营救到底营救了多少知名文化界人士和民主人士呢？下面，笔者将营救路线划分为东线、西线和北线。东线包括由九龙经荃湾、元朗进入宝安游击区，由九龙经西贡坐船到惠阳游击区，以及由香港坐船到汕尾、海丰等惠阳以东沿海进入内地等路线；西线，包括由香港坐船偷渡到澳门，转广州湾或梧州然后到国统区的路线；北线，指由香港坐船直达广州然后进入国统区的路线，并对各线营救人数的大体情形作一估算。

东线营救的人数，估计在百人以上。1942年1月，张文彬电告周恩来一份经过东江和留东江工作的人员名单，而且拟具了这些人员即将出发的批次和日期。名单上约80多人。[⑤] 此外，还有茅盾《脱险杂记》所提及的同行人“宝公”即戈宝权、“W兄弟一伙”即黄文俞兄弟等[⑥]、

① 中共惠阳地委党史办公室编：《东江党史资料汇编（抢救文化人史料专辑）》第3辑，1984年印行，第31页、37页、39页。

② 中共惠阳地委党史办公室编：《东江党史资料汇编（抢救文化人史料专辑）》第3辑，1984年印行，第35页。

③ 中共惠阳地委党史办公室编：《东江党史资料汇编（抢救文化人史料专辑）》第3辑，1984年印行，第255页。

④ 参见《东江纵队史》编写组：《东江纵队史》，广东人民出版社1985年版，第63页；中共广东省委党史研究室：《中国共产党广东地方史》第1卷，广东人民出版社1999年版，第515页；《中国共产党东江地方史》编纂委员会：《中国共产党东江地方史》，广东人民出版社2001年版，第330页；《东江纵队志》编委会编：《东江纵队志》，解放军出版社2003年版，第130页。

⑤ 参见《东江纵队志》编委会编：《东江纵队志》，解放军出版社2003年版，第490—492页。

⑥ 参见茅盾：《脱险杂记》，中国社会科学出版社1980年版，第208页、231页。

由香港坐船到汕尾和海丰的何香凝、经普椿、柳亚子父女[①]，由九龙经西贡坐船到惠阳游击区的爱国民主人士和工商界人士李伯球一家、邓文田夫妇、邓文钊、王显章和香港正泰参茸行的陈老板等[②]。1942年2月，留在香港岛领导疏散工作的总负责人刘少文致电中央书记处，电文云：“全体同志及朋友，在战争中均已离战区，安全撤退，现韬奋、茅盾、乔木等百余人已安全到东江曾、王部，长夏等一部分人去澳门，再分别前往苏北及内地，何香凝、柳亚子等各乘民船去汕尾寄居村间，现在疏散工作已大体结束。”[③]电文中提到营救出来到达游击区的香港知名文化界人士和民主人士有“百余人”，这个数字和上文东线的估算数是差不多的。

西线撤退的人数，大概为60人。包括三部分人。一是1月8日从香港西环码头出发的夏衍一行和中途与他们会合的两批朋友。香港沦陷前，夏衍是受党的委派联络香港文化人的，香港秘密大营救中，夏衍是他联系的香港文化人撤离的组织者。夏衍记载是1942年1月8日出发，同行者有21人。“1月19日，和前后到达澳门两批朋友们会合，以每人国币二百八十元，每艇二十人以上的条件（就等于每艇代价五千六百元！），雇好了两条在南北水一带颇有一点势力的某氏所有的快艇”；“这样一条小艇里面装上三四十件行李，和连船夫舵工在内一共二十九位乘客”。[④]除去两条船的船夫舵工，和夏衍一同离开澳门的文化人和民主人士估计在50人左右。二是1月11日离开香港、18日离开澳门的华嘉

① 中共惠阳地委党史办公室编:《东江党史资料汇编（抢救文化人史料专辑）》第3辑，1984年印行，第91—94、135—137页。

② 中共惠阳地委党史办公室编:《东江党史资料汇编（抢救文化人史料专辑）》第3辑，1984年印行，第69页。

③ 中央档案馆、广东省档案馆编《广东革命历史文件汇集（中共广东省委文件）（1941—1945）》甲38，1987年印行，第185页。

④ 袁鹰、姜德明编:《夏衍全集·文学》（上），浙江文艺出版社2005年版，第225—234页。

一行 9 人。[①] 三是 1 月中下旬离开香港赴澳门的李少石、廖梦醒夫妇 2 人。[②]

北线营救的人数，无法估计确切数目，但总体应该不多。北线人员分两个时段撤离，一个是在香港封锁交通时，有一条专门从广州运蔬菜到香港的大货轮，可在香港和广州间自由往来，广州那边的负责人是日本人，香港这边的负责人是大中华酒店经理中共党员陈小秋的亲戚，陈小秋利用这种关系和这条船，送了一些人去广州。[③] 另一个是在香港广州正常通航以后的 4 月间，受组织委派，黄秋耘护送行动不便的高士其坐轮船到广州，然后赴韶关。[④] 前一个时段是秘密路线，是“捎带”，后一个时段已过“抢救”的最佳时机，且“走广州容易被敌伪发觉”[⑤]，因此，两个时段走这条路线的人不可能多。

综上所述，香港秘密大营救行动中，通过东线和西线从香港营救出来的知名文化界人士和民主人士人数，应该是 160 人以上，北线人数暂时无法确知，但应人数较少。

原载《党的文献》2020 年第 4 期

---

① 中共惠阳地委党史办公室编：《东江党史资料汇编（抢救文化人史料专辑）》第3辑，1984年印行，第216页、217页。

② 中共惠阳地委党史办公室编：《东江党史资料汇编（抢救文化人史料专辑）》第3辑，1984年印行，第113—114页。

③ 中共惠阳地委党史办公室编：《东江党史资料汇编（抢救文化人史料专辑）》第3辑，1984年印行，第81页。

④ 中共惠阳地委党史办公室编：《东江党史资料汇编（抢救文化人史料专辑）》第3辑，1984年印行，第131—132页。

⑤ 萨空了：《香港沦陷日记》，生活·读书·新知三联书店1985年版，第155页。

中国共产党领导香港抗战历史不容虚无

路　军　毛剑峰*

自 1941 年 12 月 25 日至 1945 年 8 月 15 日，日本在“二战”期间侵占香港三年零八个月。香港这片长期被英帝国主义霸占的中国土地，也汇入了全民族抗战的滚滚洪流。中国共产党成为领导香港抗战的中流砥柱，这段历史也成为中国共产党百年历史的光辉一页。

习近平总书记在庆祝中国共产党成立 100 周年大会上的讲话围绕香港问题指出，要“维护国家主权、安全、发展利益，维护特别行政区社会大局稳定”。国家“十四五”规划纲要明确要求，“增强港澳同胞国家意识和爱国精神”。香港回归，贵在人心回归。培养香港同胞的民族自豪感和历史认同感是促进人心回归，确保安全稳定的重要基础。中国共产党领导香港抗战的历史是培养香港同胞国家意识和爱国精神的重要载体，这段历史也亟须正本清源、以正视听。

一、中国共产党领导香港抗战的简要过程

中共成立后，就在香港积极发展党员和党组织。1934 年，中共在香港党组织遭到严重破坏。1936 年后，开始逐步恢复建立。全国抗战爆发后，1938 年

* 作者简介：路军，中央党史和文献研究院第七研究部助理研究员；毛剑峰，深圳市委党史文献研究室副研究员。

1 月，八路军驻香港办事处（简称香港八办）成立。在这一时期，按照对日军作战形势预测及中共中央指示，1938 年 10 月，先后建立了王作尧、曾生领导的人民抗日武装。10 月 21 日，日军占领广州后，曾生、王作尧等进一步扩充部队、建立抗日游击根据地，初步打开了东江敌后抗日游击战争的局面。随着广东抗战形势发展，1940 年 9 月，曾生、王作尧领导的两支抗日武装分别改编为广东人民抗日游击队第 3 大队、第 5 大队。至 1941 年太平洋战争爆发前，广东人民抗日游击队已发展到 1500 余人，武装民兵千余人，建立了大岭山和阳台山两个抗日根据地，成为毗邻香港最近的中共武装力量。

1941 年 12 月 8 日凌晨，日军偷袭珍珠港，太平洋战争爆发。同日晨，日军分两路越过深圳河，向九龙新界发起进攻。在日军集结兵力准备进攻港九时，中共就研究决定，一旦日军进攻和占领港九，立即派出武工队挺进港九敌后开展游击战争。因此，9 日，广东人民抗日游击队即派出武工队尾随日军进入香港，并逐步扩展游击区，积极开展宣传组织群众、团结爱国士绅、争取有民族意识的绿林首领、打击日伪和土匪、开辟海上交通线等工作。12 月 25 日，日军攻占香港岛，港督杨慕琦宣布无条件投降。此时，中共进入九龙新界地区的武工队已近 100 人，以“港九人民抗日游击队”名义开展活动，并组织了农民自卫队和新兵训练队。

日军占领香港后，按照周恩来对香港八办的指示要求，自 1942 年元旦起，经过 3 个月紧张工作，中共广东党组织、香港地下党、广东人民抗日游击队入港武工队密切配合，从日军严密封锁下，抢救出国民党左派元老及老同盟会员、著名爱国民主人士、文化界知名人士等 300 余人，连同其他方面人士共 800 余人。

1942 年 1 月下旬，中共南方工委宣布成立广东人民抗日游击总队，将活动在港九地区的几支抗日武工队统一编为港九大队。2 月 3 日，港九大队在新界西贡半岛黄毛应村宣布成立。港九大队成立后，派出大批民运队员深入九龙新界的 650 多个村庄，广泛开展群众工作，宣传共产党的抗日主张、举办文化夜校、组织抗日群众组织，很多当地民众加入港九大队和参加抗日自卫队。同时，港九大队还团结争取一切赞成抗日的力量，广泛开展抗日民族统一战线工作，在一些村庄建立“白皮红心”政权。结合港九地区地域狭小、日伪军警林立等实际情况，港九大队采取机动灵活的战术，以打小仗、打巧仗为主，积累了开展“城市近郊游击战”的宝贵经验。

从 1943 年春开始，日军为了确保香港“中转站”“补给站”安全，持续推行“强化治安运动”，进行“清剿”“扫荡”。面对日军强大攻势，港九大队依然坚持出击、大力发展，逐步成为拥有 5 个地区中队、1 个海上中队、2 个长枪中队和 1 个直属中队约 800 人的抗日武装队伍。1943 年 12 月 2 日，根据中共中央指示，广东人民抗日游击总队改为广东人民抗日游击队东江纵队（简称东江纵队）。1944 年，日军各种规模的“扫荡”月月都有，仅 5 月就多达 8 次，上半年进行了两次出动兵力 1000 人以上的大“扫荡”。港九大队按照纵队号召，开展杀敌、扩军竞赛，有力打击了日军的嚣张气焰。在领导香港抗战过程中，中共还直接为盟军提供情报、救援等支持，与英美等国结成国际反法西斯统一战线。

1945 年 8 月 15 日，日本投降。港九大队陆续解放香港各地区、接受驻港日伪军投降。9 月 16 日，香港举行受降仪式，英国再次接管香港。但由于英军兵力不足，港英方面希望港九大队暂缓撤离香港，协助维持治安。9 月下旬，港九地区社会秩序已回复正常状态。9 月 28 日，港九大队撤离香港。

二、中国共产党领导香港抗战历史被“虚无化”的现实表现、重点问题以及恶劣影响

香港回归前，在港英政府正式纪念“二战”的各项活动中，无论是光复纪念碑还是抗战阵亡将士名单，都将港九大队的烈士有意忽略。对于港九大队的抗战事迹，除乌蛟腾村外，均未被提及。1951 年，乌蛟腾村村民集资建立了抗日英烈纪念碑，成为香港回归祖国前，唯一彰显

中共领导香港抗战历史的纪念设施。之后，此举还遭到港英政府追查。1989 年 1 月 23 日，在港九大队老战士联谊会的推动下，西贡斩竹湾抗日英烈纪念碑正式揭幕，碑文铭刻有“溯自日本法西斯主义者悍然侵华……发动太平洋战争，香港同胞陷于水深火热之中……港九游击大队成立矣”，“三年零八月之艰辛岁月中，游击战士活跃在崇山峻岭……肃匪锄奸，克敌制胜，营救文化精英，支援盟军作战，丰功伟绩，举世称颂”等语，港九大队的事迹才开始在香港社会传播。

1997 年 7 月 1 日，香港回归祖国，四百多名分散各地的港九大队老战士会聚香港欢庆回归。同年中秋节，香港首任行政长官董建华在香港礼宾府接见了老游击队员代表，高度赞扬港九大队所做的贡献。会见后，特区政府行政署要求代表提供港九大队烈士名单。1998 年 10 月 28 日，香港特别行政区政府在大会堂举行隆重的“原东江纵队港九独立大队阵亡战士名册安放仪式”，行政长官董建华亲自把港九大队 115 名烈士名册，安放在大会堂纪念龛内。同日，特区政府正式宣布“东江纵队港九独立大队是香港沦陷期一支正式的武装部队，在保卫香港的战斗中作出了重大贡献”。历史的真相终于进一步得以还原。

但一直以来，香港各方面很少提及中共对港九大队的领导，仅指出：港九大队“队员中大部分是本地人士，尤以新界人士居多”；港九大队是“一支坚强的本土游击队”。至今，国内各网络百科对“港九大队”词条的定义为：“是一支由香港新界原居民子弟在广东人民抗日游击队东江纵队领导下组成的游击队”，忽视了港九大队的骨干领导力量受中共委派由内地入港的事实。特别是近年来，反中乱港势力以港九大队历史为“靶子”，开展意识形态领域“颜色革命”，企图颠覆、抹黑中国共产党领导香港抗战历史，“虚无化”的重点主要有以下三个方面：一是妄称中共利用抗战契机在香港“死灰复燃”，否定中共一直以来经略香港的历史事实，宣称中共利用抗战乱局，在香港“死灰复燃”，游而不击、坐享“红利”，楔入“东江纵队驻港办事处”等机构，时至今日还在发挥作用。二是妄称港九大队是一支香港本地自卫武装，其成员并无共产主义理想信念，港九大队也并不强调中共领导、强化部队政治建设甚至并非中共领导。通过所谓口述历史，宣称曾有东江纵队在新界招募的人员承认，加入部队并不是为了支持共产主义。英军服务团人员曾暗中观察港九大队的政治宣传，发现关于意识形态的教育内容不多，并以港九大队队员在英国殖民地出生、部分队员供奉观音像等所谓“证据”，宣称港九大队“成员是英籍人士”“与中共没有关系”。三是妄称“香港义勇防卫军”是香港抗战中唯一的华人武装力量。大肆宣扬“香港义勇防卫军”是香港本土武装，虚构其抗战“功绩”，鼓吹“本土主义”。

“隳人之枋，败人之纲纪，必先去其史。”将中国共产党领导香港抗战的历史虚无化已经造成了一系列负面影响。比如，2019 年 9 月 17 日，香港乌蛟腾抗日烈士纪念碑遭不法分子涂污，碑文所记载的抗日史实成为港独分子所谓的“送中罪证”，碑文所纪念的人民英雄成为港独分子所谓的“送中烈士”。“港独史观”“恨国史观”成为香港历史教育毒瘤，动摇民族根基。香港考评局人员在网络媒体爆出“没有日本侵华，哪有新中国”等荒谬言论。[①] 香港中学文凭考试（DSE）历史科考试选择性提供涉日历史材料，诱导考生“日本为中国带来利多于弊”[②]。香港初中中国历史教科书引用西方历史学者言论，批评林则徐禁绝英对华鸦片贸易不顾大局、做法轻率。[③]

三、正视中国共产党领导香港抗战的历史作用，旗帜鲜明反对历史虚无主义

历史就是历史，历史不容虚无。围绕相关针对中共领导香港抗战的历史虚无主义，应着重从以下三方面批驳，以正视听。

---

① 高仁、郝寿：《考评局高层黑手遮天》，《大公报》2021年5月14日。

② 姬文风、高钰：《无视侵华暴行，只提日援问“利弊”》，《文汇报》2021年5月15日。

③ 唐晓明：《中史课本毒过鸦片，教育局需拨乱反正》，《大公报》2021年5月2日。

（一）香港具有光荣革命传统，自中共建立初期至太平洋战争爆发前，党组织建设或党员活动始终没有中断，为之后中共领导香港抗战奠定了坚实基础

中共成立后，将开展工人运动作为工作重点之一，在香港发展党员，领导工人运动。1922 年香港海员大罢工，是中共成立后第一个工人运动高潮的起点。1925 年至 1926 年，中共领导发动省港大罢工，震惊世界。1927 年南昌起义部队在潮汕失败后，重病中的周恩来即是被送往香港养病，由广东省委派人照顾并在之后从九龙乘船赴上海党中央。[①] 1927 年 12 月广州起义失败后，中共中央将广东省委机关改设在香港，并相继成立中央驻港特科机关、香港市委。之后，广东省委屡遭破坏，广东以及香港党的工作领导机构也历经广东临委、两广省（临）委、两广临工委、香港工委等数次变更，至 1934 年 9 月 17 日，香港工委被港英政府警探查抄，广东省级党的领导机关被彻底破坏。但即使在革命活动“沉寂”（香港市委书记吴有恒给中共中央的报告中语）的情况下，香港“海员方面仍保存几个人的支部”[②]；1933 年福建事变失败后，中共也派出潘汉年、宣侠父等党员，来港作第 19 路军将领及国民党抗日反蒋派人物统战工作；[③] 遵义会议后，潘汉年离开长征队伍，转赴香港，设法打通与共产国际联系；1935 年 3 月，中共驻联共代表团派胡兰畦赴港作抗日救国联合战线工作，参加“民族革命大同盟”活动，直至 1936 年离港。[④] 1936 年四五月间，中共北方局派遣人员在港组织群众运动、建立

① 金冲及主编：《周恩来传》，中央文献出版社2008年版，第169—173 页。

② 中央档案馆、广东省档案馆编：《广东革命历史文件汇集：中共香港市委文件（1938—1941）》，中央档案馆、广东省档案馆1987年版，第250页。

③ 曾庆榴：《走出历史的困谷：广东一二九青年的群体走向与党组织的重建》，中共党史出版社2001年版，第105—106 页。

④ 胡兰畦：《胡兰畦回忆录》，四川人民出版社1987年版，第284 页。

组织、发展党员。11 月，正式成立香港第一个党支部。[①] 12 月，建立了下辖四个支部的中共香港工作委员会和一个海员支部。[②] 至 1937 年四五月间，香港全市有党员 70 人左右。[③] 1937 年，中共香港市委成立，吴有恒任书记，全港有党员 120 名[④]。海员支部改组为香港海委。1937 年 12 月 17 日，中共中央长江局提出，香港是“国际宣传及华侨运动的中心地区”，应加强党在那里的工作，旋即派廖承志、潘汉年以八路军代表名义到香港公开活动。[⑤] 1938 年 1 月，香港八办正式成立。10 月广州失陷后，香港市委改组为粤东南特委（设香港、九龙两区委）。香港党组织作为广东省委所辖除琼崖外规模最大、历史最老的党组织，动员了 70% 的干部[⑥]到东莞、惠阳、宝安、南海、顺德等地开展游击战争，输送干部党员到其他各地开展党的组织工作。以此为基础，太平洋战争爆发后，很多熟悉香港情况的党员干部都返港开展游击战争。

从大革命时期、土地革命战争时期、抗日战争初期，中共在香港的曲折历史可以看出，中共在香港活动早、历史长、组织规模大。在外敌入侵的情况下，中共毅然组织抵抗，亦有实力组织抵抗，而并非有人妄称的利用日军侵港“死灰复燃”。据港九大队老兵回忆，中共 1937 年就开始恢复香港长洲岛的工作，发展青年组织。1941 年 12 月 8 日，港英政府撤出了长洲所有政府人员，关键时刻中共长洲地下党组织利用原有

---

① 曾庆榴:《走出历史的困谷:广东一二九青年的群体走向与党组织的重建》,中共党史出版社2001年版,第167 页。

② 中央档案馆、广东省档案馆编:《广东革命历史文件汇集:中共香港市委文件(1938—1941)》,中央档案馆、广东省档案馆1987年版,第253 页。

③ 中央档案馆、广东省档案馆编:《广东革命历史文件汇集:中共香港市委文件(1938—1941)》,中央档案馆、广东省档案馆1987年版,第255 页。

④ 中央档案馆、广东省档案馆编:《广东革命历史文件汇集:中共香港市委文件(1938—1941)》,中央档案馆、广东省档案馆1987年版,第261 页。

⑤ 童小鹏:《风雨四十年》第一部,中央文献出版社1994年版,第151页。

⑥ 中央档案馆、广东省档案馆编:《广东革命历史文件汇集:中共香港市委文件(1938—1941)》,中央档案馆、广东省档案馆1987年版,第270页。

基础，组织民间武装自卫队维持社会秩序，保卫人民群众的财产安全。18 天后，驻港英军投降，中共长洲组织抓紧搜集枪支弹药，将其运至九龙半岛的元朗山区，建立起六七十人的抗日武装。1942 年，鉴于长洲是一个孤岛，中共游击队撤出长洲，转移至大屿山撤出长洲前，中共布置了秘密情报人员。[①]

（二）港九大队是中国共产党领导的抗日武装，始终坚持党的领导，加强政治建军

鉴于敌后游击战争的特殊形势和中共与国民党、英美盟军之间的关系，中共东江抗日武装建立伊始，便以民众自卫武装形式出现。在部队内部，除党员外，并不知晓部队隶属中共领导。随着形势发展变化，1943 年 7 月 10 日，广东人民抗日游击总队政委尹林平致电中共中央南方局、周恩来，报告当时的情况，“我们虽始终以人民立场出现，但英、敌、顽三方对我们的关系都确切了解”，“我队面目公开对实际活动无碍”。[②] 8 月 23 日，新华社通过延安《解放日报》发表《国共两党抗战成绩的比较》和《中国共产党抗击的全部伪军概况》，第一次公开港九铁路地区中共领导的抗日游击队抗击日伪军的事实。9 月 5 日，广东人民抗日游击总队下发《望英楼（“总队部”代号）、凌云阁（“政治部”代号）关于目前形势与工作的决定》，要求“加强队内阶级教育，向全队公布我们是中共领导的部队（对队外暂不公布）”[③]。9 月 20 日，周恩来电示：“东江纵队为中外共知的中共游击队”，“只有共产党领导的游击队，才

① 邱逸、叶德平：《战斗在香港：抗日老兵的口述故事》，香港中华书局2014年版，第171—198 页。

② 中央档案馆、广东省档案馆编：《广东革命历史文件汇集：中共香港市委文件（1938—1941）》，中央档案馆、广东省档案馆1987年版，第267页。

③ 中央档案馆、广东省档案馆编：《广东革命历史文件汇集：广东人民抗日游击队文件（1941—1944）》，中央档案馆、广东省档案馆1987年版，第198 页。

能在敌后存在和发展”。[①] 12 月 2 日，东江纵队正式成立，公开发表《东江纵队成立宣言》，指出“中国共产党是中华民族与中国人民的救星”，“我们东江子弟兵能够坚持敌后抗战，就是由于有共产党正确的政治主张作指导”，“我们全体同志一致热诚的拥护中国共产党的政治主张”，“更一致热烈的接受与拥护中国共产党的领导”，“我们在中国共产党领导之下，为彻底解放中华民族而奋斗到底”！[②] 抗战胜利后，港九大队撤出香港，1945 年 9 月 28 日在港岛广为散发《东江纵队港九独立大队撤退港九新界宣言》，指出“三年又八个月，我们在中国共产党领导下，冒出生入死之险，不惜重大牺牲，救护盟邦人士，肃清土匪活动，破坏日伪统治，保卫人民利益，确实尽了我们应有的努力，并做出了许多成绩”[③]。

广东人民抗日游击队第三大队、第五大队组织武工队入港之初，首先成立中共党支部，明确组织领导和人员分工，确立党的领导。[④] 港九大队成立后，一以贯之坚持这一组织原则。例如，1942 年，后任沙田短枪队队长兼税站站长的黄冠芳被指派带一个武工队到沙田区开辟游击区，上级首先明确指示："你和刘黑仔、李棠 3 人组成一个党支部，李棠任指导员，你任支部书记，又是特派员，刘黑仔当队长”[⑤]。港岛日伪军也普遍认为港九大队是中共武装。部分港九大队老兵口述回忆指出日军翻译称港九大队为“红军”[⑥]，伪宪查被俘虏后称游击队员为“红军先生”[⑦]。

港九大队在干部调配、党员发展、部队教育等方面非常重视部队

---

① 深圳市史志办公室：《中国共产党深圳历史》第1卷，中共党史出版社2007年版，第145 页。

② 中央档案馆、广东省档案馆编：《广东革命历史文件汇集：广东人民抗日游击队文件（1941—1944）》，中央档案馆、广东省档案馆1987年版，第205—207 页。

③ 《东江纵队志》编辑委员会：《东江纵队志》，解放军出版社2003年版，第716 页。

④ 深圳市史志办公室编：《深圳党史资料新编》，海天出版社2007年版，第456—457 页。

⑤ 深圳市史志办公室编：《深圳党史资料新编》，海天出版社2007年版，第458 页。

⑥ 邱逸、叶德平：《战斗在香港：抗日老兵的口述故事》，香港中华书局2014年版，第23 页。

⑦ 深圳市史志办公室编：《深圳党史资料新编》，海天出版社2007年版，第472 页。

政治建设。例如，1937 年入党的彭泰农，曾任中共惠（州）博（罗）中心县委书记，1943 年 3 月调入港九大队主抓政治工作。[①]由县委书记亲自负责部队政工，重视程度可见一斑。港九大队女战士余绿波，1942 年 4 月 15 日参军，在港九大队副官处经组织考察后于 1943 年 7 月 1 日被批准入党。入党前，有党员代表党组织问她："共产党好不好？"她回答："共产党当然很好，但延安才有共产党，这里没有共产党，但我知道政训员黄高阳是共产党，因为他是从延安来的。"[②]可见港九大队在未公开中共领导的情况下，并未对党组织建设和党员发展有丝毫松懈，只是一般非党人员并不知情。在港九大队的政治教育安排中，开设有专门的训练班、整训班，开展整风运动，学习《红四军古田会议决议案》《生产爱民》《军队中的党》等内容。[③]

以上文献和史实说明，港九大队自其前身入港至北上离港，始终把坚持中共领导放在部队建设第一位。不论是东江纵队成立前积极发展中共党员，还是公开中共领导后加强部队政治训练，都是依据形势任务加强政治建军的具体体现。国外维基百科释义：港九大队"直属于由中共南方局指挥的广东人民抗日游击队东江纵队"，是"中共游击队"。正如东江纵队司令员曾生多年后指出："东江纵队的历史雄辩地证明：它是在中国共产党领导下，以八路军、新四军为榜样建立和发展起来，由工人、农民、革命知识分子、港澳同胞和华侨爱国青年所组成，高举抗日旗帜，坚持团结抗战，坚持独立自主原则，在艰苦的抗战中发展壮大的人民抗日武装队伍。"[④]

---

① 民政部优抚安置司编：《著名抗日英烈和英雄群体》，中国社会出版社2015年版，第345—346 页。

② 林金枫主编：《漫漫荆途：文通成立60 周年纪念文集（1939—1999）》，文通学社编印1999年版，第113—117页。

③ 中央档案馆、广东省档案馆编：《广东革命历史文件汇集、广东人民抗日游击队文件（1941—1944）》，中央档案馆、广东省档案馆1987年版，第586页。

④ 《东江纵队志》编辑委员会编著：《东江纵队志》，解放军出版社2003年版，第18页。

（三）港九大队是港英政府投降后，香港唯一的建制抗日武装力量。以外籍人员为主组成的“香港义勇防卫军”，经过18天香港保卫战后，即随港英政府对日投降

1940年8月，蒋介石派海军少将陈策率领重庆军事使节团常驻香港。陈策向港英政府建议在香港组建华人义勇军，由英方提供武器装备乃至海、空支援，使之与正在华南敌后抗战的第七战区司令长官余汉谋辖下两军一起协同作战，保卫香港。然而，英方对“武装华人”之议向来猜忌甚深，组织香港华人义勇军一事被搁置下来。①

在18天的香港保卫战中，港英政府共投入兵力：英军4000余人、加拿大军队4000余人、菲律宾士兵2000余人、印度士兵2000余人、香港义勇防卫军及武装警察2000余人，共1.5万余人，“量既单薄，质亦复杂，且多缺乏作战经验”。作战过程中，国民党驻港代表还“策动武装人员参加作战，协助防空；组织敢死队一千人，请求加入前线，抄袭敌后，与敌肉搏；派出加入特务警察人员前后一千四百余人，助其扑灭敌谍、汉奸与地方歹徒”②。另有1938年坚守虎门要塞，因弹尽援绝被迫突围，退入香港新界英占区的国民党军五六百名官兵，被全部释放，配合英军参加防卫战斗。③1941年12月25日，随着港英政府对日投降，上述部队或投降或解散。

所谓“香港义勇防卫军”，即香港志愿防卫军团，又称“休斯兵团”。《港澳大百科全书》对“休斯兵团”的释义为：香港保卫战前临时组建的一支军队，1940年5月，香港政府为了加强对香港的防卫，将年龄超过55岁的香港外籍人士组成一支临时防御队伍，参加香港保

① 莫世祥、陈红：《日落香江：香港对日作战纪实》，香港三联书店2015年版，第29页。

② 蒋耘、孙骊君：《陈策呈报军事参议院之〈协助香港抗战及率英军突围经过总报告〉》，《民国档案》2014年第3期。

③ 莫世祥、陈红：《日落香江：香港对日作战纪实》，香港三联书店2015年版，第85页。

卫战。并以其第一任指挥官退伍军官休斯（Hughes）的名字命名。[①]英国人安东尼·比弗（Antony Beevor）所著《二战史》指出香港义勇防卫军“几乎全部由欧洲人组成”[②]。另有资料印证：1945年12月18日晚至19日凌晨的北角攻防战，是香港保卫战中比较惨烈的一战，坚守香港电力公司北角发电厂的就是香港义勇军团的一个骨干连，“连里的大多数士兵，是55岁以上，经历过第一次世界大战的英国人和法国人”[③]；香港海防博物馆关于香港抗战的展览中所提及的香港义勇防卫军斯克沃尔佐夫中尉、白德中尉、巴斯托下士、伊尔森二等兵等均为外国人。[④]以上都充分证明，香港义勇防卫军是一支主要由外国人组成的志愿武装，从兵力占比来看，也不可能成为香港保卫战的主要作战力量。个别“港独”组织刻意将“香港义勇防卫军”包装成“香港人军队”，宣称“当时的抗日战役几乎全由香港义勇防卫军上阵”[⑤]，完全是对真实历史的刻意歪曲，是对相关各国反法西斯牺牲烈士的肆意亵渎。

在香港保卫战期间，1941年12月10日，香港《光明报》发表题为《战时香港之自助与外援：愿港政府与中国当局及华侨进一步合作》社论，指出“现在深圳附近，我游击队甚为活跃，使进攻大埔区之敌军大受牵制”[⑥]。文中所指，即中共游击队。港英政府投降后，对于港九大队能在香港坚持抗战，有老战士后来评价“一个客观原因，港九地区是国民党

① 《港澳大百科全书》编委会编：《港澳大百科全书》，花城出版社1993年版，第73页。

② ［英］安东尼·比弗：《二战史》，海南出版社2015年版，第18页。

③ 莫世祥、陈红：《日落香江：香港对日作战纪实》，香港三联书店2015年版，第113页。

④ 杨克林编著：《日本侵华图志·上海租界、香港的占领与统治》，山东画报出版社2015年版，第255—257页。

⑤ 《参考消息》官方账号：《港媒：“港独”扮“香港义勇防卫军”演闹剧扭曲抗战史》，2017年1月6日，https://baijiahao.baidu.com/s?id=1555741887510667&wfr=spider&for=pc。

⑥ 莫世祥、陈红：《日落香江：香港对日作战纪实》，香港三联书店2015年版，第89页。

的真空地带”[①]。不容否认,国民党政府的武装别动队也介入了香港沦陷初期的“省港大营救”,但“这种介入,对港九难侨不时表现为趁机敲诈勒索,对中共游击队和亲共文化人则故意骚扰和磨擦”[②]。在香港被日军占领的三年零八个月里,港九大队的活动范围遍布香港各地,与日伪军进行英勇作战,在香港城乡居民中享有较高威望,其实际控制的西贡等游击根据地治安井然有序,得到当地人的拥护。据《一九四三年军事工作总结提纲》统计,半年来战斗次数 22 次;[③] 1944 年 2 月 26 日《港九大队队部关于粉碎敌“扫荡”总结》[④] 指出,反“扫荡”期间,光华中队“抢救了国际友人”,明华中队发动“向粉岭袭击”,新华中队“在港大发传单”;《一九四四年上半年军事工作总结》统计,半年来战斗次数 23 次,敌参战人数 3000 人,我参战人数 235 人[⑤]。反观国民党所辖军事力量,这期间只有情报部门在港活动。军统香港区缩编为香港站,仅下辖 4 个情报组、1 个行动组、1 个交通处和 3 个电台;[⑥] 中统香港站的第三电台,1943 年 4 月被日军破获,前后被逮捕 26 人,损失惨重。[⑦] 英美盟军在港情报活动,主要依托港九大队情报网络进行。以上史实充分证明,日军侵占香港三年零八个月的历史,是中国共产党领导香港抗战的历史,中共领导下的港九大队,始终处于与日伪军直接作战的第一线,是唯一在港的建制抗日武装力量。

① 深圳市史志办公室:《深圳党史资料新编》,海天出版社2007年版,第463 页。

② 莫世祥、陈红:《日落香江:香港对日作战纪实》,香港三联书店2015年版,第166 页。

③ 中央档案馆、广东省档案馆编:《广东革命历史文件汇集、广东人民抗日游击队文件(1941—1944)》,中央档案馆、广东省档案馆1987年版,第220 页。

④ 中央档案馆、广东省档案馆编:《广东革命历史文件汇集、广东人民抗日游击队文件(1941—1944)》,中央档案馆、广东省档案馆1987年版,第321 页。

⑤ 中央档案馆、广东省档案馆编:《广东革命历史文件汇集、广东人民抗日游击队文件(1941—1944)》,中央档案馆、广东省档案馆1987年版,第551 页。

⑥ 胡元度:《香港情报英烈录》,台湾《中外杂志》1985年第2 期。

⑦ 莫世祥、陈红:《日落香江:香港对日作战纪实》,香港三联书店2015年版,第262页。

结语

中国共产党领导香港抗战的历史是中华民族共同的集体记忆和历史符号，是联系香港民众与我党我军历史情感的重要纽带，是增进香港民众对党和国家政治认同、历史认同的宝贵资源和重要载体。西方反华势力与港独势力相勾连，以历史虚无主义为武器，颠倒黑白、篡改历史，就是想妄图切断这一重要纽带、颠覆国家历史认同。由此可见，中国共产党领导香港抗战历史事关国家意识形态安全，事关“一国两制”法理基础。作为反“港独”分裂斗争的一项重要内容，必须旗帜鲜明地反对围绕中共领导香港抗战问题刮起的历史虚无主义“邪风”，激浊扬清、正本清源，还历史以本来面目，以此促进香港人心回归，维护国家主权和意识形态安全。

原载《军事历史》2021 年第 4 期，收入论丛时作者对标题和正文做了适当修改

烈火中永生的英雄岂容亵渎和歪曲

李　磊*

提起抗美援朝战斗英雄邱少云，相信许多人都会知道他的坚忍壮举。这位年仅 26 岁的志愿军战士，于 1952 年 10 月中旬，在执行潜伏任务时被敌军投掷的燃烧弹烧中，为不暴露部队，邱少云以惊人毅力忍受烈火和剧痛，一动不动，直至壮烈牺牲。他的伟大献身精神，成为革命战争年代那段激情燃烧岁月的不朽丰碑，一直是我们建设和改革时期全国人民崇敬、学习的楷模。

近年来，随着网络和新兴媒体的发展，围绕着党史军史的各种奇谈怪论层出不穷，一些对于战斗英雄邱少云的质疑、诋毁、嘲笑之声甚嚣尘上，甚至有的通过所谓“戏说”“雷语”“爆料”等卑劣手段，在网络上质疑和儿戏邱少云的英雄事迹。比如，2008 年，一则网帖就出现在铁血社区历史版块，在这则《斗胆质疑一下邱少云》的帖子中，首次对邱少云随身携带弹药，进而对弹药爆炸未引起敌军注意的问题提出质疑。随后，一些零散的网络声音不断泛出网络，利用大众对英雄事迹缺乏了解吸引眼球，哗众取宠，放肆不实言论，更有甚者竟提出所谓“为鼓舞士气虚构出来的英雄”的论调，混迹于舆论中消解主流意识形态并搞乱人们的思想和行为。怀疑英雄事迹的言论集中爆发于 2012 年前后，比如《解放军报》曾刊发题为《今天，我们怎样上

* 作者单位：中共吉林省委党史研究室。

好党史军史课》的整版文章。文章提到，军校教员在讲述邱少云英雄事迹时，学员竟质疑不符合生理学常识。这则旨在正本清源的报道却被某些网络媒体用标题党的方式炒作为——“军校学生称火烧邱少云违背生理学”，事件由此进入主流舆论场。2013 年，网络大 V @作业本在微博上戏谑“由于邱少云趴在火堆里一动不动，最终食客们拒绝为半面熟买单，他们纷纷表示还是赖宁的烤肉较好”。对烈士进行肆无忌惮的侮辱和亵渎，引发了网民强烈的不满。2015 年，加多宝凉茶的官方微博与网络大 V@ 作业本互动，以感谢后者的口吻大谈“烧烤”，用嘲讽革命先烈“搞营销”，受到了大众舆论的广泛批评，斥责其“失去了底线”，加多宝随后迅速删除争议微博，并向媒体发函致歉，表示愿意采取配合措施，消除不良影响。

事件发展至今，随着主流媒体的陆续发声为英雄正名，针对英雄的网络舆论质疑的音量正在不断放小。2015 年 4、5 月间，《光明日报》《环球时报》《解放军报》等媒体纷纷表态，旗帜鲜明反击这一党史军史问题上的虚无主义，号召大众保持清醒的政治头脑，进行科学理性判断。《光明日报》评论文章《每个人都有责任守护先烈的荣光》指出，最近一些抹黑历史英雄人物的言论大行其道，冲击主流价值观，影响极其恶劣。诋毁英烈已经不仅仅是关乎言论自由或“恶搞”歪风的问题，用诋毁、戏说的手法消解英雄精神、诋毁英烈形象，是在挑战整个社会的道德和法律底线。而更值得警惕的是言论后面的黑手，其目的在于“让中国人失去精神信仰，不战自败”。

《环球时报》则指出，“全社会都要坚信，羞辱邱少云、黄继光这些英雄的人，在中国绝对只是‘一小撮’”。邱少云的“事迹发生在新中国建国之初，对他事迹的总结或许多少有那个时代的烙印”，“他的故事几十年来对一代代中国人产生了正面激励，他的牺牲和牺牲过程描述都不是这个国家的负资产。他没有留下任何理由让后代人嘲笑他、侮辱他”。

中国军网刊文《打仗时，军人从来不管什么“生理学”》中指出，“军人本就不是常人，军人的生理学又怎能按常人的标准来算呢？正是这些不按‘生理学’出牌的人撑起了这支军队的脊梁，他们的‘生理学’会一代一代的传下去，将来还会有千千万万个‘不要命’的解放军战士用‘军人生理学’来报效祖国，守护人民”。《解放军报》《南京军区机关报》分别发文，批评“火烧邱少云违背生理学”的质疑声音，称中国军人的意志是钢铁意志打不烂、摧不垮，用所谓科学的名义质疑邱少云，根本就不是追求史学“公正”，而是一种政治斗争手段，必须高度警惕。

2015 年 4 月 21 日，邱少云烈士纪念馆馆长王成金发表声明，对邱少云烈士的英雄事迹进行了详细介绍，回应质疑。声明称，“直至被大火浓烟完全包围，邱少云没有发出一声呻吟，没有挪动一寸土地。大火整整烧了二十多分钟，邱少云始终一动不动。这一幕，潜伏在附近战士都亲眼目睹。”除了介绍基于走访考证的烈士事迹，王成金还在声明中称，“邱少云完全被大火、浓烟包围后，确切是什么时候结束生命，任何人（包括他身边的战友）都无法求证。但烈火是导致他牺牲的因素，这一点是肯定的，无疑的！”至于邱少云完全被大火包围后是否因吸入大量的浓烟导致窒息、晕迷，王成金表示，“这也是任何人（包括他身边的战友）都无法求证的。但可以肯定的是，从燃烧弹落在离邱少云两米远的地方起，到被烈火刚刚包围整个身体的这个时间段，邱少云还活着，有清醒的意识，他以常人难以想象的强大意志，忍受着一般人难以忍受的肉体被焚烧之剧痛。这说明有崇高的理想信念在支撑着他，直到生命结束。”

这些勇于发声、敢于亮剑的驳斥文章和声明，有理有据，态度鲜明，既澄清了历史，让很多缺乏时代和历史心理感受力的广大青少年和普通群众甚至党员干部受到了激励和教育，也在大是大非和政治原则问题上毫不避让，以史为据，宣扬党性，坚定地站在党和人民立场上正确认识和对待党的历史，反击党史军史上的虚无主义，产生了直指人心的巨大精神力量。

历史观是人们关于历史的根本观点，是世界观、人生观的重要组成部分。忘记过去就意味着背叛。正确地认识和对待历史，是一个民族、一个国家、一个政党立足和发展的思想基础。而党史军史上历史虚无主义的要害，是要从根本上否定马克思主义的指导地位和中国走向社会主义的历史必然性，否定中国共产党的领导。它攻击的是党和人民在长期奋斗中形成的历史自信、文化自信，侵蚀的是党和国家赖以生存的历史根基。可以说，对烈火中永生的英雄——邱少云的诋毁是对革命英烈形象的消解，是对我们民族伟大精神魂魄的破坏，它动摇的是我们广大民众的信仰，使其对自己的文化和历史产生怀疑和排斥，进而瓦解中华民族的精神凝聚力，这对于当前已经进入社会转型期、改革攻坚期的中国社会是极为有害的。我们必须要深刻认识到反对这一党史军史虚无主义的政治性和严肃性。

据悉，2016 年 10 月 19 日，最高人民法院发布 5 个人民法院依法保护“狼牙山五壮士”、邱少云等英雄人物人格权益典型案例，对包括孙杰（网络大 V 作业本）、加多宝（中国）饮料有限公司侵权在内的社会影响较大案件的审理判决情况进行了社会公布，以法治手段、法治思维为英雄正名。人民法院通过判决，阐发社会主义核心价值观的精神内核，倡导依法保护英雄人物包括去世英雄人物在内的所有社会成员的合法权益，明确了底线，更树立了鲜明的价值导向。同时，也为那些诋毁英烈、轻慢民族情感的不良言论者，鼓吹历史虚无主义、歪曲党史国史的别有用心者敲响了法律的警钟。

面对当前文化多元、意识形态领域斗争错综复杂的形势，面对国际分裂势力以伪民主自由等潜移默化的文化策略，我们要站在党和人民的立场，时刻提高警惕，坚持主动作为，引导为先，积极发声，坚决抵制历史虚无主义，只有坚持历史自信、文化自信，进一步增强道路自信，才能在深入思考的历史进程中更好地走向未来。

原载《吉林党史》2017 年第 1 期

毛泽东与西藏和平解放的前前后后（1949—1952）

张　皓*

西藏和平解放，是新中国历史和中华民族团结史上极为重要的大事。1949—1952 年，毛泽东着眼全局，站在国际国内政治舞台和深远的历史发展高度，对西藏问题的解决进行了高屋建瓴的构想和布局，为西藏的和平解放与稳定和发展作出了卓越贡献。尽管学界对此作了一些探讨，但仍有必要进一步深化对毛泽东的全局部署和具体指导的研究。本文拟就此进行探讨。

一、审时度势：拟定解放西藏时间表

1949 年，随着解放战争的节节胜利，毛泽东根据形势变化，特别是基于帝国主义对西藏的觊觎、噶厦（噶厦，藏语中原西藏地方政府之称。）中分裂分子的活动和周边局势的变化，逐步拟定了解放西藏的时间表。

1949 年 1 月 8 日，中共中央政治局通过了毛泽东起草的《目前形势和党在一九四九年的任务》，这是解放战争中第一份比较明确的关于全国解放时间表的文件。文件提出："一九四九年和一九五〇年将是中国革命在全国范围内胜利的两年"，1949 年"应当争取占领湘、鄂、赣、苏、皖、浙、闽、陕、甘

* 作者简介：张皓，北京师范大学铸牢中华民族共同体意识研究基地（培育）首席专家、历史学院教授。

等九省的大部，其中有些省则是全部”。[①] 按此计划，这九省之外的省区，包括西藏在内，将在 1950 年解放。1949 年 2 月，毛泽东指出，解放西藏“不能太快，不能过于鲁莽，因为：（1）交通困难，大军不便行动，给养供应麻烦也较多；（2）民族问题，尤其是受宗教控制的地区，解决它更需要时间，须要稳步前进，不应操之过急”[②]。

从实际情况看，解放西藏的前提是解放新、青、川、康[③]、滇五省，这几个省区何时解放决定了解放西藏的时间。1949 年 6 月 12 日，毛泽东在给斯大林的电报中指出：第一野战军“在秋冬之际可以攻下兰州、青海和宁夏”，第二野战军 8 月或 9 月“开拔西挺，在 4—5 个月内到达并占领以重庆为中心的四川、贵州省地区”，第四野战军秋冬之际完成“占领广东、广西、云南”的任务，“剩下的只有新疆、西康（四川省的西部）、台湾和海南岛，这些地方考虑到明年再夺取”。他还特别提出解放西藏的日程：二野解放川黔后“准备下一步骤——占领西康和西藏”，但是鉴于西藏“局势特殊，明年可能还不能解决”。[④] 毛泽东同时指出：到 1950 年下半年，“中国大陆的所有领土除西藏外都将被我们占领”[⑤]。但此时，帝国主义势力怂恿噶厦“独立”，噶厦中的分裂主义分子活跃起来，这引起毛泽东的高度注意。10 月 15 日，他指出，“除台湾、西藏外，全国各地大约几个月内即可完成军事占领”[⑥]。11 月 23 日，他决

---

① 毛泽东：《目前的形势和党在一九四九年的任务》（1949年1月8日），《毛泽东文集》第5卷，人民出版社1996年版，第230页、232页。

② 师哲回忆、李海文整理：《在历史巨人身边：师哲回忆录》，中央文献出版社1991年版，第380页。

③ 康，指西康，旧省名，辖今四川省西部和西藏自治区东部地区，1955年撤销。

④ 沈志华主编：《俄罗斯解密档案选编：中苏关系》第2卷，东方出版中心2015年版，第66—68页。

⑤ ［俄］A. M. 列多夫斯基：《斯大林与中国》，陈春华、刘存宽等译，新华出版社2001年版，第123页。

⑥ 中共中央文献研究室编：《毛泽东书信选集》，人民出版社1983年版，第345页。

定“西藏问题的解决应争取于明年秋季或冬季完成之”[1]。即是说，西藏将会在1950年下半年解放，这是第一次较为明确地提出解放西藏的时间。

1950年1月2日，尚在苏联访问的毛泽东致电中共中央、彭德怀并转邓小平、刘伯承等：“西藏人口虽不多，但国际地位极重要，我们必须占领，并改造为人民民主的西藏。”毛泽东指出：解放西藏的主力，“应确定由西南局担负”；在入藏时间上，“应当争取于今年五月中旬开始向西藏进军，于十月以前占领全藏”。[2] 刘伯承认为：“毛主席命令今年进军西藏，是因为现在国际斗争形势有利，夜长梦多，要迅速向西藏进军。”[3] 1月8日，他和邓小平联名回电表示“完全同意于今年即九月占领全藏”，并拟定由张国华率领第18军承担入藏任务，并解决进军西藏中的运输诸问题。[4]1月18日，西南局在给中央的电报中说，入藏任务已经分配完毕，并在大体上确定了进军步骤和具体安排。[5] 但在准备过程中，西南局发现要完成剿匪、交通、粮食等入藏前期准备工作，所耗时间比预期的要长，因此在2月26日请示中央“是否能推迟到冬季入藏，或推迟到明春入藏”。3月2日，中共中央回电：尽管解决这些困难会使“十八军入藏计划，不能不稍稍推迟”，但是“应力求在今年能完成计划”。[6] 此后，西南局按照毛泽东和中共中央的指示，将军事行动与和平谈判同步推进。8月20日，在谈判无果的情况下，邓小平和贺龙致电毛泽东，

① 中共中央文献研究室编：《建国以来毛泽东文稿》第1册，中央文献出版社1987年版，第152页。

② 参见毛泽东：《由西南局担负进军西藏和经营西藏的任务》（1950年1月2日），《毛泽东文集》第6卷，人民出版社1999年版，第36页。

③ 西藏自治区党史资料征集委员会编：《中共西藏党史大事记》，西藏人民出版社1995年版，第4页。

④ 参见邓小平：《对进军西藏的意见》（1950年1月8日），《邓小平军事文集》第2卷，军事科学出版社、中央文献出版社2004年版，第276页。

⑤ 参见邓小平：《进军西藏部署和成立西藏工委问题》（1950年1月18日），《邓小平军事文集》第2卷，军事科学出版社、中央文献出版社2004年版，第281页。

⑥ 中共中央文献研究室、中央档案馆编：《建国以来刘少奇文稿》第1册，中央文献出版社2005年版，第411页。

提出将适时发起昌都战役。23日，毛泽东复电西南局并告西北局：你们力争今年占领昌都的计划是好的，“如我军能于十月占领昌都，有可能促使西藏代表团来京谈判，求得和平解决”①。24日，西南局回电称预计10月中旬能占领昌都。

毛泽东敲定10月发起昌都战役，一个重要因素是朝鲜战争的局势变化，他要思考如何应对西南边疆与东北边疆可能同时遭受到的帝国主义侵略危险。10月6日，张国华指挥进藏部队分南北两线渡过金沙江，发起了昌都战役。10月7日，“联合国军”在朝鲜半岛上越过三八线。10月8日，中共中央决策出兵朝鲜。10月11日，毛泽东在中国驻印度大使袁仲贤10月10日关于印度对西藏问题的态度给外交部的报告上批示：“西藏是中国领土，西藏问题是中国内政问题。人民解放军必须进入西藏”；朝鲜问题应照周恩来9月30日演说内容答复之，即“中国不能坐视其邻人受侵略而置之不理，扩大战争的责任应由侵略国担负”。②10月24日，昌都战役胜利结束，次日，志愿军入朝参战。11月11日，《人民日报》刊文指出：“中国人民解放军进入西藏保卫中国的边疆，中国人民志愿部队援助朝鲜人民——这是中国人民在过去两星期中，为和平事业所做的两件大事。”③

二、“先礼后兵，兵后又礼”：西藏地方政府代表团必须到京谈判

在拟定解放西藏时间表的同时，还要考虑以何种方式解放西藏的问

① 中共中央文献研究室编：《建国以来毛泽东文稿》第1册，中央文献出版社1987年版，第475页。

② 毛泽东：《人民解放军必须进入西藏》（1950年10月11日），《毛泽东文集》第6卷，人民出版社1999年版，第102页。

③ 《英国工人日报评论　中国人民解放军进军西藏是对美英战争计划的打击》，《人民日报》1950年11月11日。

题。1949 年 8 月 6 日，毛泽东曾就如何解放西北地区指出："欲求彻底而又健全又迅速的解决，必须采用政治解决，以为战斗方式的辅助。"[①]这种方法同样适用于西藏，但无论何种方式，毛泽东指出，"解决西藏问题不出兵是不可能的"[②]。10 月 13 日，他在给彭德怀的电报中对西南地区的兵力分配作出部署，指出"经营云、贵、川、康及西藏的总兵力为二野全军及十八兵团，共约六十万人"[③]。11 月 23 日，毛泽东在就解决西藏问题给彭德怀的电报中，根据当时西北地区结束战争早、班禅在青海等情况，指出应以西北局担负主要责任，西南局担任第二位的责任。但他同时指出，解决西藏问题，"出兵当然不只有西北一路，还要有西南一路"，他要求西南局在川、康平定后，即应着手经营西藏。关于兵力配备，他明确指出，"打西藏大概需要使用三个军"。[④]12 月 30 日，彭德怀复电毛泽东，反映说："由青海、新疆入藏困难甚大，难以克服"。"如入藏任务归西北，须在和田、于田、玉树屯兵屯粮，修筑道路，完成入藏准备，需要两年"，而由西南入藏，较从青、新入藏容易。毛泽东在综合考虑之后决定进军西藏以西南为主、西北为辅。1950 年 1 月 2 日，毛泽东在给中共中央、彭德怀、邓小平、刘伯承等的电报中，决定改由西南局担负进军西藏和经营西藏的任务，并对进军西藏的时间等提出了意见。1 月 8 日，西南局在给中共中央和毛泽东的电报中明确了以张国华所率第 18 军为主力由西康进军西藏的方案，并提出"根据敌情，尤其交通经济条件说来，在兵力派遣上先以一个军去，惟在开辟时，则

① 毛泽东：《兼取政治方式解决西北地区》（1949年8月6日），《毛泽东军事文集》第5卷，军事科学出版社、中央文献出版社1993年版，第654页。

② 中共中央文献研究室编：《建国以来毛泽东文稿》第1册，中央文献出版社1987年版，第152页。

③ 毛泽东：《第一野战军第二野战军在西北西南地区的作战部署》（1949年10月13日），《毛泽东军事文集》第6卷，军事科学出版社、中央文献出版社1993年版，第24页。

④ 中共中央文献研究室编：《建国以来毛泽东文稿》第1册，中央文献出版社1987年版，第152页。

准备以另一个师给予加强之”[①]。随后，西南局又提出了由青、新、滇“各出一支兵向西藏多路向心进兵”的方案，以便解决粮食及地形上的困难。1 月 24 日，中共中央在给西南局和西北局的电报中，对三路进兵西藏的方案进行了回复和部署。对于由新疆向西藏西部进兵问题，中央要求王震进行调查并提出意见。对于由云南进入西藏的方案，中央指示，“请刘邓在陈赓占领云南后令陈赓计划并布置”[②]。这样，以第 18 军为主力由西康进藏，而辅之青、新、滇三路“以收迅速解放之效”[③]的多路进军方案形成。这一方案的核心和主力是由西南局承担的由康入藏路线，其他三条路线在实际中起到了积极的配合作用。

由西南进军西藏，西康是必经之路。但当时西康的西昌等地还被国民党残余军队和反动地方武装占据着，因此 1950 年 3 月 12 日，西南军区以 13 个团的兵力发起了西昌战役。20 日，西康重镇康定解放，27 日西昌解放，4 月 7 日，西昌战役胜利结束，共歼敌一万余人，西康全境获得解放。这样，由西南进入西藏的道路被打通，同时也为后续进行和谈打下了有利基础。

在军事进兵的同时，毛泽东努力争取以和平谈判方式解决西藏问题。1950 年 2 月 25 日，中共中央致电西南局提出：“我军进驻西藏的计划是坚定不移的。但可采用一切办法与达赖集团谈判，使达赖留在西藏与我和解。”电报还指示西南局、西北局要认真研究西藏情况，物色适当人选去拉萨做争取工作，拟定与西藏当局谈判的条件。5 月 11 日，西南局就和平解放西藏问题致电中央军委，建议在继续加强进军西藏的军事准备的同时加强政治争取工作，并按中央的要求拟定了四条方针作

---

① 邓小平：《对进军西藏的意见》(1951年1月8日)，《邓小平军事文集》第2卷，军事科学出版社、中央文献出版社2004年版，第276页。

② 中共中央文献研究室、中央档案馆编：《建国以来刘少奇文稿》第1册，中央文献出版社2005年版，第410页。

③ 全国政协文史资料委员会编：《文史资料选辑》第29辑，中国文史出版社1995年版，第9页。

为同西藏地方当局谈判的基础：（一）驱逐英帝国主义势力出西藏，西藏人民回到中华人民共和国祖国的大家庭来。（二）实行西藏民族区域自治。（三）西藏现行各种制度暂维持原状，有关西藏改革问题，将来根据西藏人民的意志协商解决。（四）实行宗教自由，保护喇嘛寺庙，尊重西藏人民的宗教信仰、风俗习惯。[①]5 月 17 日，中共中央致电西南局指出，和平解放西藏的基本问题，“是西藏方面必须驱逐英美帝国主义的侵略势力，协助人民解放军进入西藏。我们方面，则可承认西藏的政治制度、宗教制度、连同达赖的地位在内，以及现有的武装力量、风俗习惯，概不变更，并一律加以保护。至于西藏的亲英美官员和国民党员，只要他们不进行反抗，亦可不加追究”。电报还要求西南局“起草一个作为谈判基础的若干条，报中央审查决定”。[②] 随后，邓小平在前述四条方针的基础上修改补充，最终拟定了十条原则。[③]5 月 29 日，毛泽东在西南局 5 月 27 日报送中央的《与西藏谈判条件》的电报上批示指出，除第八条需补充内容外，“均可同意”。[④]8 月 23 日，毛泽东在就占领昌都问题给西南局的电报中指出：“拟以既定的十条作为谈判条件，争取西藏代表签字，使十条变为双方同意的协定。果能如此，则明年进军拉萨会要顺利些。”[⑤]

1950 年 6 月 6 日，毛泽东在中共七届三中全会上指出：当前我们总的方针，“就是肃清国民党残余、特务、土匪，推翻地主阶级，解放

① 参见中共中央文献研究室编：《邓小平传（1904—1974）》（下），中央文献出版社 2014年版，第823页。

② 西藏自治区党史资料征集委员会、西藏军区党史资料征集领导小组编：《和平解放西藏》，西藏人民出版社1995年版，第77页。

③ 参见中共中央文献研究室编：《邓小平传（1904—1974）》（下），中央文献出版社 2014年版，第824—826页。

④ 参见中共中央文献研究室编：《邓小平传（1904—1974）》（下），中央文献出版社 2014年版，第826页。

⑤ 中共中央文献研究室编：《建国以来毛泽东文稿》第1册，中央文献出版社1987年版，第475页。

台湾、西藏，跟帝国主义斗争到底”。在谈到团结少数民族问题时，他指出：少数民族地区的社会改革须谨慎对待，“条件不成熟，不能进行改革。一个条件成熟了，其他条件不成熟，也不要进行重大的改革”。只有具备了群众基础、人民武装和少数民族自己的干部三大条件，才能进行改革。另外，在策略上要注重建立广泛的统一战线，不能四面出击。“我们绝不可树敌太多，必须在一个方面有所让步，有所缓和，集中力量向另一个方面进攻”，这样一来，“国民党残余、特务、土匪就孤立了，地主阶级就孤立了，台湾、西藏的反动派就孤立了，帝国主义在我国人民中间就孤立了”。[①] 因此，在解放西藏问题上，毛泽东始终既重视军事斗争，又努力争取和平。

在指导西南局制定和平谈判原则的同时，毛泽东还指示采取措施争取噶厦代表团到京谈判，以推动和平解决西藏问题。1950 年 5 月 3 日，西南局在转报甘孜情报站的情况报告给中央的报告中指出，据一些藏民反映，北京藏语广播的一些内容和言辞可能会刺激到藏区人民的宗教信仰。因此，西南局建议改正这些内容，并提出应努力“争取达赖”，因为“三大寺拥护达赖，而达赖又具向内之心”，如此“则解放西藏可收事半功倍之效”。5 月 13 日，毛泽东在西南局的这份电报上作出批示，要求李维汉“负责审查藏文广播并规定该项广播内容及方针”。[②] 当时，噶厦政府派出的代表团取道印度后滞留印度不前，印度政府也试图阻拦代表团赴京。针对这一情况，毛泽东从两方面争取噶厦代表团尽快赴京谈判。一方面，同印度政府进行交涉和沟通。8 月 29 日，毛泽东就西藏代表团到京谈判问题致电周恩来，请周恩来对印度驻华大使潘尼迦表明，“希望西藏代表团九月中旬到达北京谈判”，希望印度政府予以“可能的协

① 中共中央文献研究室编：《建国以来毛泽东文稿》第1册，中央文献出版社1987年版，第398—400页。

② 中共中央文献研究室、中共西藏自治区委员会、中国藏学研究中心编：《毛泽东西藏工作文选》，中央文献出版社、中国藏学出版社2001年版，第14页。

助”；如果不能按时到京，解放军“就要向西藏前进了”。[①] 另一方面，对噶厦代表团做工作。同样在 8 月 29 日这一天，毛泽东就催促西藏代表团到京问题致电周恩来，请周恩来致电当时负责办理西藏代表团经印度到北京谈判事宜的中国驻印度大使馆临时代办申健，要求他告知西藏代表团要“马上动身来北京”，“希望该代表团接电后迅即动身乘飞机至香港，转乘广九、粤汉、京汉火车，九月中旬到达北京”。[②]9 月 8 日，毛泽东又指示周恩来致电申健，要对噶厦代表团指出谈判是中国内部之事，他方不能干涉，“代表团愈早到京，愈有利于西藏问题和平解决”。[③]

但是，以达扎为首的西藏噶厦，在帝国主义侵略势力的怂恿和支持下，拒绝谈判并加紧扩军备战，调集兵力布防于昌都地区，企图凭借金沙江天险，阻止人民解放军渡江进藏。昌都作为东部进入西藏的门户，战略位置极为重要。一定意义上说，确定昌都战役的发起时间，就是确定解放西藏的时间。昌都战役是为和平解放西藏创造条件的军事的政治仗，毛泽东特别注意以下几个问题。

其一，昌都战役是解放军第一次与藏军作战，必须准备足够兵力，作出周密部署。西南军区计划以 1 个师发起昌都战役。毛泽东担心“一个师进攻昌都是否够用”，指示“必须准备打几个硬仗”。[④]1950 年 8 月 20 日，邓小平和贺龙致电毛泽东：“为了打击西藏地方政府中的顽固势力，促使其内部分化，争取西藏和平解放”，“决心以第十八军一部、青海骑兵支队和云南军区第一二六团共六个团的兵力，在炮兵、侦察分队、工兵各一部的配合下，运用正面攻击和迂回包围相结合的战术手段，发

① 中共中央文献研究室编：《建国以来毛泽东文稿》第1册，中央文献出版社1987年版，第488页。

② 中共中央文献研究室编：《建国以来毛泽东文稿》第1册，中央文献出版社1987年版，第489页。

③ 中共中央文献研究室、中共西藏自治区委员会编：《西藏工作文献选编（1949—2005）》，中央文献出版社2005年版，第33页。

④ 中共中央文献研究室编：《建国以来毛泽东文稿》第1册，中央文献出版社1987年版，第470页。

起昌都战役，求歼藏军主力于昌都地区”。[1]23日，毛泽东复电同意此计划，并指出："你们可以照此作积极准备，待本月底下月初判明公路已通至甘孜无阻，即可实行进军。”[2]26日，邓小平和贺龙下达了《昌都战役基本命令》："十八军主力应于九月上旬在甘孜、玉隆、邓柯之线集结完毕，九月中旬由该线发起进攻，争取于十月十日前后占领昌都。另以该军五十三师一个团，同时由巴安出动，歼灭宁静之藏军，尔后向昌都攻击前进，配合五十二师钳击昌都。以十四军一部，同时歼灭盐井和竹瓦根之敌。西北军区之玉树部队归五十二师指挥，加强昌都作战。”[3]

其二，昌都战役是打开西藏和平解放大门的政治性战役。1950年8月23日，毛泽东就占领昌都问题致电西南局："如我军能于十月占领昌都，有可能促使西藏代表团来京谈判，求得和平解决”，并且“对于争取西藏政治变化及明年进军拉萨，是有利的”。他指示西南局在“占领昌都后只留三千人在那里过冬，今年不进拉萨，并将主力撤回甘孜”，因为这“在西藏方面看来，可能觉得是我们向他们表示好意的一项措施”。[4]

其三，交通建设和后勤保障是进军的重要保障。毛泽东非常重视后勤保障问题，详细询问“甘孜到昌都一段很长道路是否能随军队攻进速度修筑通车”，“昌都能否修建机场及是否适于空投”等。[5]西南局回答：甘孜至昌都之公路1951年才能修筑；昌都空投有可能，但能空投的飞

① 中共中央文献研究室编：《邓小平传（1904—1974）》（下），中央文献出版社2014年版，第828页。

② 中共中央文献研究室编：《毛泽东年谱（1949—1976）》第1卷，中央文献出版社2013年版，第177页。

③ 西藏自治区党史资料征集委员会、西藏军区党史资料征集领导小组编：《和平解放西藏》，西藏人民出版社1995年版，第87、88页。

④ 中共中央文献研究室编：《建国以来毛泽东文稿》第1册，中央文献出版社1987年版，第475页。

⑤ 中共中央文献研究室编：《建国以来毛泽东文稿》第1册，中央文献出版社1987年版，第470页。

机“最多只七架，在天气较好的情况下，每月最多只能空投五十万斤”，“如能增至三十架，则每月投二百多万斤，那我们的困难就少得多了”。[①]1950年8月23日，毛泽东就攻占昌都需要高空运输机问题请周恩来“务于明年一月或二月或三月”能筹备出“三十架（连现有九架）高空机”。[②]同日，他还致电西南局要其重视军队的粮食供给：“你们一万六千人由甘孜向昌都进军，粮食全靠部队携带及牦牛载运，其中三千人须有过冬粮食，准备撤回的主力一万三千人至少须有往返期间三个月粮食，甘孜是否已有这样多的粮食，部队及牦牛是否有这样大的运输力”；“昌都等处可能购买一部粮食及肉类，你们是否已准备一批金银及藏民需要的货物如绸茶等带去”。[③]

鉴于噶厦代表团迟迟不动身，毛泽东最终决定发起昌都战役，以打促谈。1950年10月6日，昌都战役开始，印度政府却表示“关切”。11日，毛泽东在回复我国驻印度大使袁仲贤就印度对西藏问题态度的报告时指出：“西藏是中国领土，西藏问题是中国内政问题。人民解放军必须进入西藏。首先希望不经战争进入西藏，故要西藏代表团九月来北京谈判，该团故意拖延，至今尚未动身。现人民解放军已向昌都前进，数日内可能占领昌都。如西藏愿意谈判，代表团应速来京。”[④]10月21日，中央人民政府外交部副部长章汉夫与印度驻华大使潘尼迦谈话。在谈话中，潘尼迦声称：“解放西藏的行动在任何时候都可以进行”，中国如果在联合国可能“准许中国参加”之际行动，“在国际上的损失是不值得的”。章汉夫回应道：“中华人民共和国参加联合国和西藏问题是两

① 中共中央文献研究室、中共西藏自治区委员会、中国藏学研究中心编：《毛泽东西藏工作文选》，中央文献出版社、中国藏学出版社2001年版，第24页。

② 中共中央文献研究室编：《毛泽东年谱（1949—1976）》第1卷，中央文献出版社2013年版，第177页。

③ 中共中央文献研究室编：《建国以来毛泽东文稿》第1册，中央文献出版社1987年版，第476页。

④ 中共中央文献研究室编：《建国以来毛泽东文稿》第1册，中央文献出版社1987年版，第549页。

个问题”，西藏必须解放，“任何阻挠西藏解放、反对和平者，其阻挠者必须负责”。[①]10 月 22 日，毛泽东在这次谈话的记录稿上批示：“西藏为中国内政问题，任何外国无权过问，简单地答复之。”[②]

经过十多天的战斗，1950 年 10 月 24 日，昌都战役胜利结束，藏军主力基本被消灭，这为整个西藏问题的解决打下了有利基础。但毛泽东下令暂缓进军，指示继续劝说达赖派代表赴京谈判；这样既可以暂时稳住达赖，又“可以给印度政府一个改变态度的台阶，不再阻挠西藏在印的谈判代表来京”[③]。10 月 26 日，印度外交部次长梅农约请申健谈西藏问题，声称印度政府对中国军队进入西藏“深感遗憾”，表示印度仍希望中国用和平方式解决西藏问题，但在他提交给申健的印度政府关于西藏问题致中国政府照会的副本中却使用了“侵略”字眼。申健批驳道：“中国军队进入中国的领土西藏是不能叫侵略的，正如印度政府的军队进入印度联合省或孟买不能叫侵略一样。”“中国政府始终愿用和平方式解决西藏问题，但这并不等于说中国军队不能进入西藏。”28 日，毛泽东在这次谈话情况的报告上批示：“申健答得很正确，态度还应强硬一点，应说中国军队是必须到达西藏一切应到的地方，无论西藏地方政府愿意谈判与否及谈判结果如何，任何外国对此无置喙的余地。”[④]这就指明了，包括新兴独立国家印度在内的“任何外国”皆不能干涉中国内政。

昌都战役后，西藏地方政局发生重大变化，噶厦中的分裂分子、摄政达扎下台。1951 年 1 月，西藏方面最终决定派遣阿沛·阿旺晋美率团

---

① 中共中央文献研究室、中央档案馆编：《建国以来周恩来文稿》第3册，中央文献出版社2008年版，第413—414页。

② 中共中央文献研究室编：《建国以来毛泽东文稿》第1册，中央文献出版社1987年版，第587页。

③ 萧心力主编：《毛泽东与共和国重大历史事件》，人民出版社2001年版，第43页。

④ 中共中央文献研究室编：《建国以来毛泽东文稿》第1册，中央文献出版社1987年版，第627—628页。

"好好赴北京和谈"。[①] 3 月 27 日，阿沛代表团出发，毛泽东指示有关单位对代表团"给以一切旅行上的便利和帮助"[②]。4 月下旬，代表团所有成员均顺利抵达北京。

1951 年 5 月 23 日，中央人民政府和西藏地方政府代表就西藏和平解放的一系列问题达成协议，双方签订了《中央人民政府和西藏地方政府关于和平解放西藏办法的协议》，即"十七条协议"。协议规定：西藏地方政府"坚决摆脱帝国主义羁绊，积极协助人民解放军开入西藏地区，以保护中国领土主权的统一，以清除西藏民族享受民族平等和民族区域自治权利的障碍"。中央政府本着"既定的民族政策和西藏地区的实际情况"处理西藏事务，入藏解放军和工作人员的经费"一律由中央供给"，"西藏地方的现行政治制度及达赖喇嘛的地位和职权，中央不予变更"，西藏人民的宗教信仰自由、寺庙收入予以充分保障，等等。[③] 之后，人民解放军顺利进驻拉萨及日喀则、江孜等重镇，实现了西藏的和平解放。1953 年 7 月 16 日，毛泽东在中共中央政治局会议上将和平解放西藏所采取的措施概括为八个字："先礼后兵，兵后又礼。"[④]

三、领导解决历史遗留问题，恢复西藏地方与中央政府的正常关系

如何以政治方式解决历史遗留问题，恢复西藏地方与中央的正常关系，这是毛泽东在实施"先礼后兵，兵后又礼"方针过程中思考的重要战略问题。

---

① 参见中共中央文献研究室、中央档案馆编：《建国以来刘少奇文稿》第3册，中央文献出版社2005年版，第170页、171页。

② 中共中央文献研究室、中共西藏自治区委员会编：《西藏工作文献选编（1949—2005）》，中央文献出版社2005年版，第40页。

③ 参见《中央人民政府和西藏地方政府关于和平解放西藏办法的协议》，《人民日报》1951年5月28日。

④ 萧心力主编：《毛泽东与共和国重大历史事件》，人民出版社2001年版，第48页。

（一）建立承担西藏工作的领导机关和责任机关，为西藏和平解放提供政治和机构保障。

1950 年 1 月 2 日，毛泽东指示西南局，应尽快“决定入藏的部队及领导经营西藏的负责干部等项问题，并立即开始布置一切”[①]。随后，西南局提出以第 18 军“担任入藏任务”。[②] 毛泽东进而指示：“经营西藏应成立一个党的领导机关，叫什么名称及委员人选，请西南局拟定电告中央批准。”“这个领导机关应迅即确定，责成他们负责筹划一切，并定出实行计划，交西南局及中央批准。”[③]1 月 18 日，西南局提出成立西藏工作委员会，第 18 军军长张国华任书记。随后，西北局也于 3 月份成立了西藏工作委员会，范明任书记。西藏和平解放后，毛泽东指出，应该成立统一的领导机关。1951 年 12 月，西南局向中共中央提交了设置管理全藏的中共西藏工作委员会的报告，以张国华、谭冠三、范明等 11 人为委员，下设日喀则分工作委员会，梁选贤担任书记。中共中央同意此报告，并指示增加阿里骑兵支队长安子明为委员，增设阿里分工作委员会。1952 年 1 月，中共西藏工作委员会在拉萨成立。3 月，中共中央驻西藏代表张经武兼任工委书记。4 月 8 日，毛泽东明确了西藏工委、西南局、中共中央三级责任体系：西藏工作一切事宜“均集中由中央解决，西藏工委直接向中央作报告，同时告知西南局。西南局对这些问题的意见向中央提出。关于西藏党和军区的内部事宜，包括编制、部署、整训、生产、修筑、支援等项仍由西南局和西南军区主管。西藏工委凡关与藏方发生交涉事件及对印度、尼泊尔等国的外交事件，均应每

---

① 毛泽东：《由西南局担负进军西藏和经营西藏的任务》（1950年1月2日），《毛泽东文集》第6卷，人民出版社1999年版，第36页。

② 邓小平：《对进军西藏的意见》（1951年1月8日），《邓小平军事文集》第2卷，军事科学出版社、中央文献出版社2004年版，第276页。

③ 中共中央文献研究室编：《建国以来毛泽东文稿》第1册，中央文献出版社1987年版，第226页。

事报告请示，方能办理”[①]。

（二）解放军进藏巩固国防，改变西藏地区有边无防的历史，维护国家的主权、统一和领土完整。

西藏和平解放前，藏军部署在青藏与康藏边界，导致边防线上空虚。人民解放军进藏巩固边防，是中共中央坚定不移的方针。1950 年 10 月，阿里地区总管代表才旦朋杰、扎西才让致函毛泽东，“请求别让大军入藏”[②]。噶厦也称，西藏并无帝国主义侵略势力，“‘要求中国人民政府今后不要派遣军队’进入西藏”，“在受到侵犯时，西藏‘将按照汉藏固有关系只向中国政府要求援助’”。[③] 对此，毛泽东在 12 月 30 日给才旦朋杰、扎西才让的回信中明确表示：“人民解放军开入西藏的目的，是为了帮助西藏人民摆脱外国帝国主义和蒋介石反动派的压迫，所以一切开入西藏的人民解放军，到处都同西藏人民结成了朋友。”[④]

西藏和平解放后，“十七条协议”明确规定解放军须进藏巩固边防。协议签订前，毛泽东就要求第 18 军作好准备，协议签订后，他发布《军委关于进军西藏的训令》《入藏部队的当前任务和兵力部署》，要求做好进驻西藏的各项工作。

其一，要在政治上思想上高度认识此次进驻西藏的重要性及特殊性，注意帝国主义的阻扰和破坏。1951 年 5 月 25 日，毛泽东指出，“此次进军系在和平协议下的战备进军，各部万勿以和平协议已成而松懈战斗意志与战斗准备”，“应提高警惕性，随时都有应付意外情况的充分准备，同时必须加强部队的政策纪律教育，以保证解放西藏巩固国防任务

① 毛泽东：《有关西藏的重要问题由中央处理》（1952年4月8日），《毛泽东文集》第6卷，人民出版社1999年版，第230页。
② 张羽新主编：《和平解放西藏五十周年纪念文集》，中国藏学出版社2001年版，第38页。
③ 中共中央文献研究室、中央档案馆编：《建国以来刘少奇文稿》第3册，第172页。
④ 中共中央文献研究室编：《建国以来毛泽东文稿》第1册，中央文献出版社1987年版，第754—755页。

的圆满实现”。[①]

其二，要重点进驻战略交通要点和国防要点。毛泽东指示第 18 军第 52 师和西北军区骑兵支队进驻拉萨及其以东及东北地区，第 14 军第 126 团驻防藏东南地区，西北军区由新疆入藏部队进驻西藏西部地区。1951 年 10 月 26 日、11 月 7 日，张国华、谭冠三率领第 18 军军直机关、第 52 师第 154 团和第 155 团进驻拉萨、工布江达。11 月 15 日，第 154 团进抵江孜、日喀则。1952 年 6 月 25 日，第 155 团进驻隆子宗。7 月 15 日，第 154 团进驻亚东。另外，新疆独立骑兵师两个连进至阿里改则，与先期到达的一连会合进驻噶大克；加上进驻日土的一个连，共 4 个连，改编为阿里骑兵支队。这样，上至阿里普兰、下到中缅边界的西南边疆，结束了西藏地区有边无防的历史。解放军进驻西藏后于 1952 年 2 月 10 日成立了西藏军区，张经武为司令员，谭冠三为政治委员，阿沛为第一副司令员。军区“统一领导和指挥西藏境内之一切武装部队”，“军区司令员、副司令员和政治委员，由中央人民政府委任”。[②]

其三，要解决好后勤保障及物资供应、交通建设一系列问题。在物资与粮食供应上，毛泽东在《军委关于进军西藏的训令》中指出：第 18 军、第 14 军入藏部队“由西南军区负责补给”，第 14 军第 126 团与骑兵支队分别“由云南与西北军区负责补给”。第 18 军“入藏所需之粮食应以组织牦牛、汽车等运输为主，并在当地收买一部，不足数则由西南空司负责组织空投及其他方法解决之”。[③] 在航空和公路等交通建设方面，毛泽东部署指出，第 18 军“于甘孜、昌都地区担任修筑甘孜机场

① 毛泽东：《军委关于进军西藏的训令》（1951年5月25日），《毛泽东军事文集》第6卷，军事科学出版社、中央文献出版社1993年版，第279页。

② 西藏自治区党史资料征集委员会、西藏军区党史资料征集领导小组编：《和平解放西藏》，西藏人民出版社1995年版，第129页。

③ 中共中央文献研究室、中共西藏自治区委员会、中国藏学研究中心编：《毛泽东西藏工作文选》，中央文献出版社、中国藏学出版社2001年版，第48页。

与甘孜、昌都段公路任务”，“在丁青一带选建一临时着陆场，在拉萨修建一普通机场”。在修路的具体安排上，毛泽东指出：由康入藏，从甘孜经昌都到拉萨的线路，由第 18 军抢修，力争于 1952 年底完成；由青入藏，从西宁经玉树至丁青的线路，由西北军区修筑。此外一条从敦煌经柴达木、那曲到拉萨的路线，为将来的油料补给线，“由西北军区派人进行实地勘测”。1951 年 9 月 13 日，毛泽东就入藏部队的当前任务和兵力部署致信邓小平指出，根据最新的情报，甘孜至拉萨公路一年内无法修通，“也许需要两年至三年才能修通”，为避免由此给部队供给造成影响，他要求第 18 军应“生产与筑路并重，即令甘孜到拉萨沿途所驻部队以一部分担任生产，以一部分担任筑路，在生产季节以较多的人从事生产，在其他季节则以全力筑路”。①

（三）解决班禅返藏问题，加强西藏内部团结。

自 1923 年九世班禅因与十三世达赖不和而被迫出走内地后，能否解决班禅返藏问题成为衡量西藏问题是否得到解决的一大标志。对此，毛泽东分阶段、分步骤加以解决。

第一步，确立保护、尊重班禅的政策。1949 年 8 月，解放军进军大西北时，毛泽东就指示彭德怀，要“十分注意保护并尊重班禅及甘青境内的西藏人”，“以为解决西藏问题的准备”。② 彭德怀认为，这是毛泽东“关于准备解决西藏问题的第一个指示”，保护并尊重班禅“不仅是解决西藏问题的战略决策，而且是一个重要的战略部署”。③1950 年 6 月，十世班禅恳望返藏问题得到解决，希望中央政府能“承认其合法地位”。

---

① 中共中央文献研究室、中共西藏自治区委员会、中国藏学研究中心编：《毛泽东西藏工作文选》，中央文献出版社、中国藏学出版社2001年版，第38页、47—48页、54页。

② 毛泽东：《兼取政治方式解决西北地区》（1949年8月6日），《毛泽东军事文集》第5卷，军事科学出版社、中央文献出版社1993年版，第654页。

③ 全国政协文史资料委员会编：《文史资料选辑》第29辑，中国文史出版社1995年版，第5页。

8 月 3 日，毛泽东回答：“我们对班禅的地位，终须有适当安置。”①

第二步，确定解决班禅返藏问题的措施。1950 年 9 月，十世班禅派计晋美等人到京晋见毛泽东，请求“肃清西藏反动分子，驱逐在藏帝国主义侵略势力，拯救西藏人民，巩固西南国防，以达国家领土主权之完整”。接见计晋美后，9 月 23 日，毛泽东向西北局、西南局及青海省委发出《关于班禅致敬团提出的问题和要求的指示》。指示指出：“班禅集团愿意同我们合作，是一件很好的和很重要的事情。不管西藏解放形式如何及达赖集团的变化如何，我们必须积极争取班禅集团和他们所能影响的人民和我们合作。”毛泽东明确表示，班禅回藏是确定了的，但回藏时机要待以后情况决定。此外，他还指示，要组织护送班禅返藏的警卫营并拨给经费，中央政府将派联络员参加班禅行辕。毛泽东提出的这些措施意义重大：其一，班禅卫队的组建，是班禅地位的体现。其二，向班禅行辕派驻代表，表明了中央政府与西藏地方政府之间的法律隶属关系。这样一来，十世班禅放下心来，指示所属，如何返藏完全听从中共中央的安排。②

第三步，努力解决班禅、达赖之间的团结问题。1951 年国际劳动节，毛泽东在天安门城楼上接见班禅和阿沛，指出班禅和达赖双方“可以吵架，但不要分手”，“要谈出团结，谈出进步来”。他对班禅说：“国内各民族要团结，西藏内部也要团结。要与达赖喇嘛搞好团结。”③5 月 23 日，“十七条协议”签订，为解决达赖与班禅团结问题提供了重要保障。

第四步，选择恰当时机安排班禅返藏。首先，毛泽东指示西北局于 1951 年 7 月成立班禅行辕入藏工作委员会，编入第 18 军独立支队序列，计晋美任主任委员兼独立支队副总指挥。8 月 22 日，范明率领独立支

---

① 中共中央文献研究室、中共西藏自治区委员会、中国藏学研究中心编：《毛泽东西藏工作文选》，中央文献出版社、中国藏学出版社2001年版，第19页。

② 参见全国政协文史资料委员会编：《文史资料选辑》第29辑，中国文史出版社1995年版，第8页、11页、14—15页。

③ 降边嘉措：《阿沛·阿旺晋美与西藏的和平解放》，中国西藏网，2018年1月5日。

队自青海香日德出发。9 月 19 日，达赖致电班禅，表示欢迎“即速启程回寺”。[①]12 月 13 日，班禅离青返藏并致电毛泽东表示感谢：“在您的英明正确领导下，使好多年来没有也不可能解决的西藏问题获得了解决”，表示返藏后将“与达赖佛紧密团结”，为“巩固国防和建设新西藏而奋斗”。毛泽东复电：“完全同意你的这种志愿。”[②]1952 年 2 月，计晋美率领入藏工作委员会回到日喀则，接管扎什伦布寺和历代班禅所属“拉让坚赞吞博”政权。4 月 28 日，班禅抵达拉萨同达赖会面。6 月 23 日，班禅返回日喀则，返藏问题得到成功解决。

（四）根据实际情况有步骤地解决西藏地方行政建制与各项改革问题。

当时，围绕西藏地方行政建制及相关问题，比如，是设省还是设自治区？行政区域怎么划分？还要不要划分前藏、后藏？各方意见并不统一。针对这些问题，毛泽东提出民族区域自治的统筹问题，依据具体情况分别构建相当于省、地、县三级的民族自治区域建制。他指出：民族区域自治牵涉很广，“有的须成立内蒙那样的大区域政府，有的须成立包括几个县的小区域政府，有的是一个县或一个区的政府，疆域划分，人员配备，政策指导，问题甚多，须加统筹”[③]。对于西藏的行政区划，他指出：“国民党把西康和西藏的分界划到了工布江达一带，以东为西康，以西为西藏。我们今后还是以金沙江为界，金沙江以东为西康，以西为西藏。”[④]这样，一个统一的西藏行政区屹立在中国西南边疆，前后藏分理之制正式终结，康、青、藏三省区的边界得到厘清，帝国主义分裂中

① 西藏自治区党史资料征集委员会、西藏军区党史资料征集领导小组编：《和平解放西藏》，西藏人民出版社1995年版，第205页。

② 《班禅额尔德尼启程返西藏 电毛泽东主席致敬》，《人民日报》1951年12月15日。

③ 中共中央文献研究室、中共西藏自治区委员会、中国藏学研究中心编：《毛泽东西藏工作文选》，中央文献出版社、中国藏学出版社2001年版，第29页。

④ 阿沛·阿旺晋美：《哈达献九天——缅怀毛主席》，《中国民族》1986年第9期。

国的“大西藏”企图落空。这是毛泽东关于西藏和平解放的又一伟大贡献。

那么，西藏是否像内蒙古自治区那样建制为自治区？这一问题的解决与藏军改编密切相关。藏军改编是成立西藏自治区的前提，时机不成熟，西藏自治区不能成立。中共中央曾计划成立西藏军政委员会，作为自治区的过渡，但后来又改变了计划。1952年4月6日，毛泽东起草的《关于西藏工作的方针》指出：“目前，不要改编藏军”，“也不要成立军政委员会”，因为“目前不仅没有全部实行协定的物质基础，也没有全部实行协定的群众基础，也没有全部实行协定的上层基础”。4月13日，他进一步指示暂缓改编藏军，要“在阿沛等爱国派当政后，逐步撤换一些最反动的军官，而将其余的军官分批调出受训，逐步使藏军中有靠拢我们的军官，用这种方法逐步达到改编藏军的目的”。[①]

对于西藏各项改革，“十七条协议”规定，“中央不加强迫。西藏地方政府应自动进行改革，人民提出改革要求时，得采取与西藏领导人员协商的方法解决之”[②]。1951年5月26日，毛泽东就西藏的各项改革事宜指出：“中央的这个政策，不但对西藏是如此，对国内一切占少数的兄弟民族都是如此。因为政治、经济、文化、宗教等项固有制度的改革以及风俗习惯的改革”，如果“由中央人民政府下命令强迫地去进行”，“那就只会引起民族反感，达不到改革的目的”。西藏社会要由封建农奴制向社会主义社会过渡，不能一蹴而就。再者，当时条件也不具备。1952年4月1日，他指示西南局、西藏工委：“拉萨等地物价高涨，康藏公路短期难通，军队生产今年尚难自给，我们对西藏人民的物质福利一时尚难有所改进”，只有解决这些问题后，“方能谈得上某些较大的改革”。[③]

---

① 中共中央文献研究室、中共西藏自治区委员会、中国藏学研究中心编：《毛泽东西藏工作文选》，中央文献出版社、中国藏学出版社2001年版，第62页、63页、72—73页。

② 《中央人民政府和西藏地方政府关于和平解放西藏办法的协议》，《人民日报》1951年5月28日。

③ 中共中央文献研究室、中共西藏自治区委员会、中国藏学研究中心编：《毛泽东西藏工作文选》，中央文献出版社、中国藏学出版社2001年版，第50页、60页。

四、推动落实“十七条协议”：抓生产和建设的同时，坚决同分裂势力作斗争

西藏和平解放之后，毛泽东以推进落实“十七条协议”为主要抓手，一方面制定相关政策，积极开展生产和建设工作，提高藏区人民生活水平；另一方面集中力量破除协议落实和西藏和平安定的障碍，同帝国主义侵略势力及其支持下的少数分裂分子作坚决斗争。

就在1951年5月23日协议签订当天，毛泽东在听取李维汉、张国华的汇报后说：“协议的签订是办了一件大事，这是一个胜利。但这只是第一步，下一步要实现协议，还要靠我们的努力。”他还向张国华询问了进藏部队的思想和生活情况，要求部队进军拉萨后要为实现协议而努力，并强调：你们在西藏考虑任何问题，首先要想到民族和宗教问题这两件事，一切工作必须慎重稳进。[①]5月26日，毛泽东将《人民日报》社论中关于进入西藏地区的部队和工作人员要遵守的“两个必须”补充为“五个必须”：“必须恪守民族政策和宗教政策，必须恪守和平解放西藏办法的协议，必须严守纪律，必须实行公平的即完全按照等价交换原则去进行的贸易，必须防止和纠正大民族主义倾向。”如果违反了这些准则，“领导机关和领导人员就应负责及时纠正”，西藏地方政府也有权向上级政府和中央政府反映和报告。[②]

1952年4月6日，毛泽东起草了《关于西藏工作的方针》，其中提出了西藏工作的两条基本政策：一是“精打细算，生产自给，并以此影响群众，这是最基本的环节”。“我们要用一切努力和适当办法，争取达

① 参见中共中央文献研究室编：《毛泽东年谱（1949—1976）》第1卷，中央文献出版社2013年版，第346页。

② 参见中共中央文献研究室编：《建国以来毛泽东文稿》第2册，中央文献出版社1988年版，第334页。

赖及其上层集团的大多数，孤立少数坏分子，达到不流血地在多年内逐步地改革西藏经济、政治的目的；但也要准备对付坏分子可能率领藏军举行叛变，向我袭击，在这种时候我军仍能在西藏活下去和坚持下去。凡此均须依靠精打细算，生产自给。"二是"同印度和内地打通贸易关系，使西藏出入口趋于平衡，不因我军入藏而使藏民生活水平稍有下降，并争取使他们在生活上有所改善"。只有这样，才能拥有同敌对势力进行斗争的物质基础，才能实现既定的团结多数、孤立少数的政策。[①] 这一文件从战略上为"十七条协议"的实施和彻底解决西藏问题提供了明确指导，打下了坚实基础。

要真正落实"十七条协议"和治理西藏的各项政策，还必须在抓生产和建设的同时，同民族分裂势力作坚决的斗争。当时，实现西藏和平安宁的最大阻力是帝国主义势力及其支持下的藏族分裂分子。美英等国不仅为藏族分裂分子援助武器，还派人入藏唆使分裂分子"独立"。1952 年 3、4 月间，在反动司曹鲁康娃・泽旺饶登、本珠仓・洛桑扎西的暗中策动和支持下，分裂分子组织了所谓"人民会议"，并武装包围西藏工委驻地，开枪袭击阿沛住宅，不断进行挑衅和制造骚乱。由此，围绕实施协议的斗争就集中在鲁康娃、洛桑扎西"这两个政治态度最坏、气焰最嚣张的主要头子"上。这"绝不只是同这几个人的斗争，而是同西藏上层中亲帝势力的公开较量"[②]，"如果不拔掉这两个钉子，十七条协议就无法贯彻下去"[③]，又何谈西藏真正的和平解放？毛泽东指示：必须努力维护协议，"要把协议精神和事实真相告诉人民"；"对于反动派的挑衅，要采取'不打第一枪'的方针，后发制人，坚持'人不犯我，我

① 参见毛泽东：《关于西藏工作的方针》（1952年4月6日），《毛泽东文集》第6卷，人民出版社1999年版，第226—228页。

② 中共西藏自治区委员会党史资料征集委员会编：《西藏党史通讯》1985年第1、2期合刊。

③ 中共西藏自治区委员会党史资料征集委员会编：《西藏党史通讯》1988年第1期。

不犯人’的原则，同时应有充分准备”。[①]

鉴于两司曹的罪恶行径，1952 年 4 月 10 日，西藏工委向中共中央、西南局递交报告，决定以政治斗争的形式公开要求撤去两司曹之职，并制订了详细步骤和安排。毛泽东指示，要“坚决而镇定地付诸实行”。他指出：撤掉两司曹这样的反动派，“是完全必要和适当的”。[②] 随后，毛泽东又指示张经武，如果两司曹不主动辞职，就有必要“充分使噶伦及其他文武官员及三大寺喇嘛明了两司曹的罪大恶极，军事叛乱行为及非法‘人民会议’的不能容许，并经过噶伦去影响达赖，使他造成撤掉两司曹的决心”[③]。张经武根据毛泽东的指示，对两司曹及敌特分子的反动罪恶进行了充分揭露，并进一步表明中央政府的立场：“他们先后干了大量坏事，我们一直忍让。现在已经到了危险的边缘，再让就要掉下去了。”[④] 通过开展坚决斗争并不断宣传中央关于西藏工作的政策，4 月 27 日，达赖宣布撤去鲁康娃、洛桑扎西的职务。5 月 1 日，噶厦布告宣布“人民会议”为非法组织，予以取缔。此后，西藏地方高级官员任命的批准权由中央政府掌握，“对于爱国主义分子，有能力、有威信及忠实于达赖和西藏人民的人选，与中央方面协调取得一致意见后再由达赖任命。”[⑤] 毛泽东还特别强调，新司曹的任命必须经过中央批准才有效。

可见，在西藏和平解放后，毛泽东对于治理西藏、实施“十七条协议”主要采取了三方面的措施：一是对驻藏部队和进藏工作人员严格要求，

① 西藏自治区政协文史资料编辑部编：《西藏文史资料选辑》I，民族出版社2007年版，第198页。

② 中共中央文献研究室、中共西藏自治区委员会、中国藏学研究中心编：《毛泽东西藏工作文选》，中央文献出版社、中国藏学出版社2001年版，第67—68页、67页。

③ 中共中央文献研究室、中共西藏自治区委员会、中国藏学研究中心编：《毛泽东西藏工作文选》，中央文献出版社、中国藏学出版社2001年版，第72—73页、74—75页。

④ 西藏自治区政协文史资料编辑部编：《西藏文史资料选辑》I，民族出版社2007年版，第137页。

⑤ 中共中央文献研究室、中共西藏自治区委员会、中国藏学研究中心编：《毛泽东西藏工作文选》，中央文献出版社、中国藏学出版社2001年版，第82页。

制定了严格的行为准则，要求他们必须充分尊重藏族人民的宗教信仰和生活习惯，以赢得广大西藏人民的支持；二是从国家治理的层面制定适用于西藏的各项政策，为西藏政治、经济和社会的发展提供保障和支持；三是采取团结多数、孤立少数的策略，同帝国主义侵略势力及其支持下的西藏民族分裂势力作坚决的斗争，扫除西藏和平与发展的障碍，为西藏赢得稳定安宁的发展环境。

综上所述，从 1949 至 1952 年，毛泽东对西藏和平解放以及解放后的政权建设和社会稳定与发展问题进行了深入思考，并对具体斗争和工作实践进行了悉心细致的指导。他创造并实践了以政治解决为主、以军事方式为辅的和平解放模式，根据形势变化逐步拟定解放西藏时间表，并依据向全国进军和周边局势的演变，适时决定发起昌都战役，以军事斗争推动和平谈判。他审慎稳妥地推进西藏解放后的政权建设，建立起完整的组织体系，并妥善解决了西藏内部团结问题及西藏地方政府与中央政府的关系问题。他从西藏人民的利益出发，在抓生产建设、提高人民生活水平的同时，指导西藏工委同破坏“十七条协议”的分裂分子进行有理有利有节的斗争，破除了实施协议的障碍。这一系列举措，体现了毛泽东深远的战略眼光、卓越的领导艺术和高超的斗争智慧，为西藏的和平解放与稳定和发展打下了坚实基础。

原载《党的文献》2020 年第 2 期

新中国成立后毛泽东在国际舆论斗争中是怎样应对『挨骂』问题的

李炼石*

新中国成立后，长期面临着以美国为首的西方资本主义国家的孤立和封锁，承受着国际敌对势力的敌视和威胁，在国际舆论斗争中也常常面临“挨骂”的问题。在领导党和人民进行国际舆论斗争时，毛泽东围绕如何正确认识和有效应对“挨骂”、如何利用“挨骂”更好地搞好国内的团结和稳定发展进行了深入思考，作出了重要部署，积累了宝贵经验。

一、怎样正确认识“挨骂”

在领导人民进行不懈奋斗的过程中，中国共产党一直是在各种骂声中逆势而上、成长壮大的，“是被人家骂惯了的”[①]。毛泽东提出，要区分两种不同的“骂”：对人民内部的不同意见、牢骚、“闲话”甚至“骂”，我们要虚心接受并不断改进工作中的缺点和不足：“各级党委，特别是坚决站在中央正确路线方面的负责同志，要随时准备挨骂”[②]；而对于敌对势力恶意的“骂”，毛泽东则强调首先要对其规律、特点及本质进行历史地辩证地分析。

先进的、正义的东西一开始总要“挨骂”。先进取代落后、正义取代反动是历史的规律，但先进的、

* 作者简介：李炼石，中共中央党史和文献研究院助理研究员。

① 中共中央文献研究室编：《建国以来毛泽东文稿》第10册，中央文献出版社1996年版，第38页。

② 毛泽东：《工作方法六十条（草案）》（1958年1月），《毛泽东文集》第7卷，人民出版社1999年版，第355页。

正义的事物对旧事物的取代总要经历一个曲折反复的斗争过程，期间难免受到反动势力的反对甚至压制。毛泽东说："自古以来，没有先进的东西一开始就受欢迎，它总是要挨骂"，"马克思主义、共产党从开始就是挨骂的"[①]。他同时指出，符合历史前进规律的先进事物并不会因"挨骂"而失去生命力，相反，其价值会随着它的发展成长而得到历史的证明。正如历史上曾有许多伟大的科学家，他们的学说往往是经历了长期的质疑和非议之后才最终被历史证明的；同样，国内外反动势力的诬蔑和攻击无法贬损中国共产党及其领导的伟大事业的先进性和正义性。中国共产党也正是在敌人的骂声中带领人民在革命和建设中不断取得胜利的。毛泽东幽默地说：中国有句古话叫做"虱多不痒"[②]，中国共产党一出世就被人"骂"，是被人"骂"惯的、"骂"大的，而且越是敌人"骂"，就越是"证明了我们的工作做得还不错"[③]。

敌人的"骂"有长期性、间歇性的特点。所谓长期性，是说敌人遏制中国发展的企图是长期的、一贯的，这决定了他们的"骂"也是长期存在的。正如毛泽东所说："我们已经被它骂了几十年，还准备让它再骂几十年。"[④]所谓间歇性，是说敌人的"骂"需要"有题目可借"，"因为无理由地天天大反，听众感觉讨厌，市场缩小，只好收场，过一个时期另有新题可借，再来掀动反华"[⑤]。因此，随着中国革命、建设事业向前发展，敌人必然会不断地寻找热点借题发挥、对中国和中国共产党进

---

① 毛泽东：《在省市自治区党委书记会议上的讲话》（1957年1月27日），《毛泽东文集》第7卷，人民出版社1999年版，第198页。

② 中共中央文献研究室、中国人民解放军军事科学院编：《建国以来毛泽东军事文稿》下卷，军事科学出版社、中央文献出版社2010年版，第31页。

③ 中共中央文献研究室编：《建国以来毛泽东文稿》第9册，中央文献出版社1996年版，第94页。

④ 中共中央文献研究室、中国人民解放军军事科学院编：《建国以来毛泽东军事文稿》中卷，军事科学出版社、中央文献出版社2010年版，第457页。

⑤ 中共中央文献研究室编：《建国以来毛泽东文稿》第9册，中央文献出版社1996 年版，第95页。

行舆论攻击，而且往往越是我们的工作取得进步，敌人的“谩骂”就越会花样翻新、变本加厉。在深入分析“挨骂”问题根源的同时，毛泽东提出，对于敌人“长期地但是间歇地反对我们”①，要作出充分的准备以积极有效地应对。

帝国主义反动派“骂”我们，“证明它没有办法”。毛泽东指出，敌人的“骂”不仅无法真正遏制中国发展，反而彻底暴露了国际敌对势力自身问题重重、外强中干，说明他们“心亏理怯，色厉内荏，表面上气壮如牛，实际上胆小如鼠”②。20世纪五六十年代，以美国为首的西方国家的政客为了转移国内矛盾，缓解国内民众反战、反种族歧视等呼声，并掩盖其海外扩张、殖民侵略政策走向破产的危机，对中国内政外交横加指责、诬蔑。毛泽东对此一针见血地指出，“帝国主义骂我们，证明它没有办法”③，他们越是提高反华调门，就越是会“搬起石头打到他们自己的脚上，即是说，在百分之九十以上的善良人民面前，暴露了他们自己的丑恶面目”④。这些精辟论断深刻揭露了帝国主义“纸老虎”的本质。

“真正反华的，不过是一小撮人。”毛泽东从马克思主义的立场和观点出发，坚信党和人民的事业符合人类历史发展规律，必然得到全世界广大爱好和平追求正义的人民的理解和善意。他始终将鼓吹反华论调的政客与各国人民区分开来，将极端反华势力与中立友好的党派力量区分开来。20世纪50年代末中苏关系恶化后，中国同时承受美苏两大阵营的舆论压力。1960年2月，我国政府在新德里和达卡组织参

---

① 中共中央文献研究室编：《建国以来毛泽东文稿》第9册，中央文献出版社1996年版，第95页。

② 中共中央文献研究室编：《建国以来毛泽东文稿》第10册，中央文献出版社1996年版，第251页。

③ 中共中央文献研究室、中国人民解放军军事科学院编：《建国以来毛泽东军事文稿》中卷，军事科学出版社、中央文献出版社2010年版，第457页。

④ 中共中央文献研究室编：《建国以来毛泽东文稿》第9册，中央文献出版社1996年版，第94页。

加了两个工农业展览会。展会期间，我国展馆受欢迎程度远超预期，达卡民众甚至掀起了一个参观中国展馆的热潮；在新德里，尽管我国展馆受到一些反华分子的抵制和破坏，但几十天中竟迎来 350 余万民众争相观展，受欢迎程度超过其他国家。毛泽东看过有关材料后为全党算了这样一笔账：我国展览大受欢迎的事实说明，国际上“真正反华的，不过是一小撮人”，这些人加起来“只占全人类的百分之几”[①]，他们不代表历史发展的主流，我们更不应该受其影响而对我们自己的前途命运悲观泄气。这些重要判断成为毛泽东处理国家对外关系的重要出发点。

毛泽东的上述分析，为积极而有效地应对国际敌对势力对中国共产党和新中国的诬蔑、谩骂和指责，提供了重要思想基础。

二、怎样积极有效应对“挨骂”

在长期实践中，毛泽东在有效应对国际舆论斗争中的“挨骂”问题方面积累了许多宝贵的经验。

针锋相对、有理有据展开批驳。新中国奉行独立自主的和平外交政策，对他国内政从不指指点点、说三道四。毛泽东指出，中国被奴役被压迫的历史已经一去不复返了，面对国际敌对势力和反华势力强加于中国的诬蔑和指责，特别是那些涉及党和国家根本利益的原则性问题，我们必须挺直腰杆，该回答的要回答、该驳斥的要驳斥，要坚决与之斗争。

毛泽东对以美国为首的西方反华势力所进行的坚决斗争，是前后相继、一以贯之的。在中国共产党领导的解放战争即将夺取全国胜利之时，美国政府为掩盖其对华政策的失败，以“专制”“独裁”等罪名诬

① 中共中央文献研究室编：《建国以来毛泽东文稿》第9册，中央文献出版社1996年版，第93页。

蔑中国共产党和即将诞生的新中国，还在其发表的《美国与中国的关系》白皮书中对即将诞生的人民政权加以恐吓，扬言要在中国培养“民主个人主义者”，妄图颠覆新中国政权。这些污蔑和谩骂不仅在国际上混淆视听，而且使得国内一些人对中国的革命前途产生悲观和动摇情绪。为了驳斥这些“骂声”，毛泽东先后撰写了《论人民民主专政》《丢掉幻想，准备斗争》《别了，司徒雷登》等重磅文章，不仅充分论证了中国革命事业的正义性，而且逐条驳斥了反华势力所谓“一边倒”“独裁”“恶意拒绝国际人道主义援助”等蓄意诬蔑。他针锋相对地指出，美国“骂”我们的所谓“独裁”不仅不是反动落后的“独裁”，而且是较之西方式的虚伪“民主”更加进步的人民民主专政。相反，美国政客标榜的所谓“民主”根本就不是真正的民主，而“只是资产阶级一个阶级的独裁统治的别名”，是霸权主义的遮羞布。美国提供的所谓“援助”更是以援助之名行侵略之实，是打着援助的幌子扶植代理人进而遏制中国革命，等等。[①] 这些驳论彻底揭露了帝国主义的丑恶本质，有理有据地驳斥了帝国主义的无耻谰言，堪称对帝国主义的“骂”敢于斗争的典范。

斗争须讲究策略和方法。在国际舆论斗争中，毛泽东强调驳斥国际敌对势力的攻击和诬蔑既要坚决果断，同时又要对具体对象作具体分析，讲究策略和方法。1959 年四五月间，国际敌对势力借解放军平息西藏少数上层分子武装叛乱一事大做文章，大肆攻击和诬蔑中国政府，并歪曲和丑化中国领导人形象。毛泽东针对部分国家出现的一些反华、辱华事件指出，敌人借西藏问题发难，对此我们必须坚决反击，但也要区分缓急，讲究斗争策略：对长期直接支持西藏分裂分子的国际敌对势力，我们必须“极端强硬”；对刊登辱华内容的西方报纸要不惧威胁敢于斗争，借以扩大影响，“让世界人民注意”，但在语气上

① 参见毛泽东：《别了，司徒雷登》（1949年8月18日），《毛泽东选集》第4卷，人民出版社1991年版，第1495页。

“硬性可略为降低”；对反华调门较低且受到外部势力挟制的国家，我们的驳斥则要相对和缓，“硬性更要降低些”。[①]针对不同反华势力采取不同策略，一方面可以防止中国在国际上四面受敌；另一方面还可以争取受挟制国家对华态度的转变，从而有利于瓦解国际敌对势力的联盟。

不计前嫌，团结一切可以团结的力量。在处理国际关系问题时，毛泽东始终尽最大的善意和诚意争取团结一切可以团结的力量，使许多因误解和受帝国主义欺骗、控制而曾经“骂”过中国的国家消除了对中国的偏见乃至敌意，越来越多的国家特别是第三世界国家开始接纳中国。1955 年 12 月和 1956 年 2 月先后有两支泰国代表团访问中国。彼时中泰两国尚未建交，由于在外交上长期受制于西方势力，泰国对中国的外交政策怀有疑忌，也曾附和美国等西方国家对中国的指责。毛泽东会见泰国客人时真诚地表示，中国对泰国是当兄弟看待的，兄弟之间“有误会可以慢慢解释”，中国完全理解包括泰国在内的广大亚非拉国家自身的难处，这些国家“必要时对美国说几句好话，对我们说几句坏话，我们是谅解的”。[②]同样，对其他亚非拉国家乃至一些西方国家，毛泽东也主张必须秉持开放的态度和一贯的诚意，彼此求同存异、相互尊重。历史证明，正是这种感同身受、以诚待人的大国胸襟使越来越多的国家对一度陌生的新中国放下了疑虑和敌意。中国在日内瓦会议、万隆会议等重大多边外交场合上取得丰硕成果。随着越来越多的国家加入中国的“朋友圈”，顽固的反华势力越来越受到孤立，西方抛出的一些反华言论也逐渐失去说服力。

“让全世界都能听到我们的声音。”毛泽东主张开展国际舆论斗

① 参见中共中央文献研究室编：《建国以来毛泽东文稿》第8册，中央文献出版社1993年版，第224—225页、243页。

② 参见中华人民共和国外交部、中共中央文献研究室编：《毛泽东外交文选》，中央文献出版社1994年版，第228—232页。

争也要像打仗那样坚持“你打你的，我打我的”，要掌握主动，即在针锋相对、敢于驳斥国际敌对势力的攻击、诬蔑的同时，更要注意避免落入对方话语陷阱和理论预设。用生动形象、易于理解的方式把我们的声音和主张主动传出去，“让全世界都能听到我们的声音”[①]。新中国成立后，毛泽东不仅在国内外多个场合深刻阐述“帝国主义和一切反动派都是纸老虎”这个论断，使其作为生动的中国话语广为世人所接受。同时，还结合抗美援朝战争、日内瓦会议等重大事件主动面向国际社会阐明中国的正义主张。在毛泽东的探索实践和亲自指导下，新中国在国际舞台上先后提出了“和平共处五项原则”“两个中间地带”“三个世界”等旗帜鲜明的中国话语、中国主张，得到了国际社会比较广泛的认可和响应，为我国在国际舆论斗争中赢得主动创造了有利条件。

三、怎样利用“挨骂”更好地搞好国内的团结、稳定和发展工作

面对骂声，毛泽东始终强调必须练好“内功”，做好自己的事情：一方面要巧用“挨骂”教育和团结干部群众；另一方面要坚定不移搞好发展，用实力和成绩使“骂声”不攻自破。

依靠“种牛痘”提高干部群众“在政治上的免疫力”。毛泽东是运用辩证法的大师，善于化不利因素为有利因素、变坏事为好事。对敌人的骂声，他同样能“化腐朽为神奇”，将“挨骂”转化为引导干部群众增进团结、增强自信的契机，让敌人的“骂”发挥出特有的反面教材的作用。他多次表示，从一定意义上说，“挨骂”“是好事，不是坏事”，因为敌人的“骂”“可以激发我们全党全民团结起来，树立雄心壮志，

① 中共中央文献研究室、新华通讯社编：《毛泽东新闻工作文选》，新华出版社2014年版，第226页。

一定要在经济上和文化上赶上并超过最发达的西方国家”①。就是说，我们要通过积极的舆论引导，使敌人的“骂”转化为激励作用，激发党员群众的干劲和斗志，同时提升斗争本领和斗争警惕性。用敌人的反动言论甚至“骂声”教育国内党员群众，毛泽东将之比喻为“种牛痘”。1956年，毛泽东批示扩大《参考消息》订阅范围，要求公开报道帝国主义“骂我们的反动言论”，他指出，这样做“就是把毒草，把非马克思主义和反马克思主义的东西，摆在我们同志面前，摆在人民群众和民主人士面前，让他们受到锻炼”，“就是人为地把一种病毒放到人体里面去，实行‘细菌战’，跟你作斗争，使你的身体里头产生一种免疫力”，“发行《参考消息》以及出版其他反面教材，就是‘种牛痘’，增强干部和群众在政治上的免疫力”。② 毛泽东注重通过“种牛痘”来教育人民，可谓用心良苦，他的用意不在于应对敌人的某一次“骂”，而在于对干部群众“做艰苦的说服工作来破除迷信”③，即引导中国人民在经风雨、见世面的斗争实践中抛弃旧中国长期存在的“奴隶思想”“崇洋病”“恐洋病”等，帮助干部群众做到“不相信帝国主义的‘好话’和不害怕帝国主义的恐吓”④，在精神上真正“站起来”。

“一切问题的中心在于我们自己的团结和自己的工作都要做得好。”敌人的指责和污蔑，目的就是利用其舆论攻势混淆黑白、颠倒是非、歪曲事实，将中国共产党、新中国和中国人民的正义事业污名化，妄图达到搞乱人心、破坏我国发展甚至造成我国从内部“和平演变”的险恶目的。“骂声”最终怎样收场、中国的主张能不能立得住、中国能否赢

① 中共中央文献研究室编：《建国以来毛泽东文稿》第9册，中央文献出版社1996年版，第94页。

② 毛泽东：《在省市自治区党委书记会议上的讲话》(1957年1月27日)，《毛泽东文集》第7卷，人民出版社1999年版，第196页。

③ 毛泽东：《同拉丁美洲一些国家共产党领导人的谈话》(1959年3月9日)，《毛泽东文集》第8卷，人民出版社1999年版，第21页。

④ 毛泽东：《抗日战争胜利后的时局和我们的方针》(1945年8月13日)，《毛泽东选集》第4卷，人民出版社1991年版，第1133页。

得国际社会的尊重，归根结底还要靠我们自己的过硬实力给出答案。毛泽东强调，实实在在的建设成就是对敌人的“骂声”最好的反击：“一个长江大桥，可以说服许多人”[①]，“一切问题的中心在于我们自己的团结和自己的工作都要做得好”[②]。20 世纪 60 年代初，在美苏等对我国独立发展原子能事业的谩骂和威胁之下，中国顶住压力，不仅于 1964 年 10 月成功试爆第一颗原子弹，而且试爆次日即由周恩来总理宣布中国不首先使用核武器。这就有力回击了国际敌对势力围绕中国核计划展开的各种攻击谩骂和威胁。此后，毛泽东等领导人多次谈到，没有原子弹，我们在国际上说话就不算数，中国面对敌人的指责和诬蔑就不可能具备充分的自信和底气，就不能算是一个有影响力的大国。毛泽东反复强调，要顶住敌人的舆论压力，搞好国内发展，只要如此坚持几十年，我国变得足够强大后，各种嘲讽、谩骂、诬蔑就会自然失去说服力，用实力和成绩说话永远是对各种“骂声”的有效应对之道。

习近平指出，经过几代人的不懈奋斗，我们国家“挨打”“挨饿”的问题已经基本解决，“但‘挨骂’问题还没有得到根本解决”[③]。当今世界正经历百年未有之大变局，我国发展面临的国际舆论斗争形势更加复杂严峻，如何妥善有效应对国际上一些敌对势力对我国的指责和污蔑，根本解决“挨骂”问题，考验着中国共产党的智慧和能力。新中国成立以来毛泽东关于正确认识和有效应对“挨骂”问题的论述和实践经验，对我们更好地开展国际舆论斗争和解决“挨骂”问题有着重要启示。

原载《党的文献》2020 年第 6 期

---

① 中共中央文献研究室编：《建国以来毛泽东文稿》第7册，中央文献出版社1992年版，第382页。

② 中共中央文献研究室编：《建国以来毛泽东文稿》第9册，中央文献出版社1996年版，第95—96页。

③ 习近平：《在全国党校工作会议上的讲话》，《求是》2016年第9期。

我跟鲁迅的心是相通的

——从毛泽东对鲁迅的评价看他们的思想共鸣

曹前发*

鲁迅是现代伟大的文学家、思想家和革命家。毛泽东与鲁迅是同时代的人，鲁迅比毛泽东大 12 岁。两人虽然从未谋面，但毛泽东十分尊崇鲁迅，赞誉鲁迅是新文化革命的旗手，号召一切共产党人都要向鲁迅学习。毛泽东多次说，他跟鲁迅的心是相通的。本文力求从毛泽东对鲁迅评价的几个侧面展现两位历史伟人的思想共鸣。

一、赞誉鲁迅是新文化革命的旗手，现代中国的圣人，为革命者树立榜样

无论是新文化革命的旗手，还是现代中国的圣人，同时得到毛泽东这样的赞誉，这是绝无仅有的事。1937 年 10 月 19 日，延安陕北公学举行纪念鲁迅逝世周年大会，毛泽东在会上发表讲话说道："我们今天纪念鲁迅先生，首先要认识鲁迅先生，要懂得他在中国革命史中所占的地位。我们纪念他，不仅因为他的文章写得好，是一个伟大的文学家，而且因为他是一个民族解放的急先锋，给革命以很大的助力。他并不是共产党组织中的一人，然而他的思想、行动、著作，都是马克思主义的。他是党外的布尔什维克。尤其在他的晚年，表现了更年青的力量。他一贯地不屈不挠地与封建势力和帝国主义

* 作者简介：曹前发，中共中央党史和文献研究院研究员。

作坚决的斗争，在敌人压迫他、摧残他的恶劣的环境里，他忍受着，反抗着。……他用他那一支又泼辣，又幽默，又有力的笔，画出了黑暗势力的鬼脸，画出了丑恶的帝国主义的鬼脸，他简直是一个高等的画家。他近年来站在无产阶级与民族解放的立场，为真理与自由而斗争。”[①]在这篇讲话中，毛泽东还进一步赞誉鲁迅是现代中国的圣人。他强调：“鲁迅在中国的价值，据我看要算是中国的第一等圣人。孔夫子是封建社会的圣人，鲁迅则是现代中国的圣人。”[②]

两年后，毛泽东在《新民主主义论》中赞誉鲁迅是新文化革命的旗手。他说：“而鲁迅，就是这个文化新军的最伟大和最英勇的旗手。鲁迅是中国文化革命的主将，他不但是伟大的文学家，而且是伟大的思想家和伟大的革命家。鲁迅的骨头是最硬的，他没有丝毫的奴颜和媚骨，这是殖民地半殖民地人民最可宝贵的性格。鲁迅是在文化战线上，代表全民族的大多数，向着敌人冲锋陷阵的最正确、最勇敢、最坚决、最忠实、最热忱的空前的民族英雄。鲁迅的方向，就是中华民族新文化的方向。”[③]

1942 年 5 月，毛泽东在延安文艺座谈会上的讲话中说道：“鲁迅的两句诗，‘横眉冷对千夫指，俯首甘为孺子牛’，应该成为我们的座右铭。‘千夫’在这里就是说敌人，对于无论什么凶恶的敌人我们决不屈服。‘孺子’在这里就是说无产阶级和人民大众。一切共产党员，一切革命家，一切革命的文艺工作者，都应该学鲁迅的榜样，做无产阶级和人民大众的‘牛’，鞠躬尽瘁，死而后已。”[④] 5 月 28 日，毛泽东在中央学习组会上指出：“文艺是一支军队，它的干部是文艺工作者。

① 毛泽东：《论鲁迅》（1937年10月19日），《毛泽东文集》第2卷，人民出版社1993年版，第42—43页。

② 毛泽东：《论鲁迅》（1937年10月19日），《毛泽东文集》第2卷，人民出版社1993年版，第43页。

③ 毛泽东：《新民主主义论》（1940年1月），《毛泽东选集》第2卷，人民出版社1991年版，第698页。

④ 毛泽东：《在延安文艺座谈会上的讲话》（1942年5月），《毛泽东选集》第3卷，人民出版社1991年版，第877页。

它还要有一个总司令，如果没有总司令，它的方向就会错的。鲁迅、高尔基就相当于总司令，他们的作品，他们说的话，就当作方向的指导。”①

新中国成立后，毛泽东仍一直高度评价鲁迅的历史地位，除继续肯定他是中国的第一个圣人外，还赞誉他为马克思主义者。1957 年 3 月 10 日，毛泽东同新闻出版界代表谈话时说：鲁迅是真正的马克思主义者，是彻底的唯物论者。1971 年 11 月 20 日，毛泽东同参加武汉地区座谈会人员谈话时说：“我劝同志们看看鲁迅的杂文。鲁迅是中国的第一个圣人。中国第一个圣人不是孔夫子，也不是我。我算贤人，是圣人的学生。”②

毛泽东为什么如此赞誉和推崇鲁迅？我们从毛泽东总结鲁迅精神的三个特点中可以得到结论。他说道：“鲁迅先生的第一个特点，是他的政治的远见。他用望远镜和显微镜观察社会，所以看得远，看得真。……鲁迅的第二个特点，就是他的斗争精神。刚才已经提到，他在黑暗与暴力的进袭中，是一株独立支持的大树，不是向两旁偏倒的小草。他看清了政治的方向，就向着一个目标奋勇地斗争下去，决不中途投降妥协。……鲁迅的第三个特点是他的牺牲精神。他一点也不畏惧敌人对于他的威胁、利诱与残害，他一点不避锋芒地把钢刀一样的笔刺向他所憎恨的一切。”③这三个特点，即政治远见、斗争精神、牺牲精神，构成一种伟大的“鲁迅精神”。鲁迅的一生就贯穿了这种精神。我们纪念鲁迅，就要学习鲁迅精神，为中华民族的解放而奋斗。从毛泽东总结出鲁迅精神、赞誉鲁迅是新文化革命的旗手、现代中国的圣人看，他们两人在物质世界之外的精神世界里有着思想上的共鸣。

---

① 毛泽东：《文艺工作者要同工农兵相结合》（1942年5月28日），《毛泽东文集》第2卷，人民出版社1993年版，第431页。

② 逄先知、金冲及：《毛泽东传》六，中央文献出版社2011年版，第2577页。

③ 毛泽东：《论鲁迅》（1937年10月19日），《毛泽东文集》第2卷，人民出版社1993年版，第43—44页。

二、学习运用鲁迅的思想，认为他“跟鲁迅的心是相通的”

在中国现代作家中，毛泽东十分爱读鲁迅的著作。还在延安时期，1938 年 1 月 12 日，他给当时在延安抗日军政大学任教的艾思奇写过一封信。他写道:“我没有《鲁迅全集》,有几本零的,《朝花夕拾》也在内，遍寻都不见了。”[①] 这说明在写此信之前，毛泽东已经读过一些鲁迅的著作，但限于当时的客观环境，他还没能系统地读到鲁迅的著作。1938 年 8 月，鲁迅先生纪念委员会编辑的 20 卷本的《鲁迅全集》(内容包括鲁迅的著作、译作和他所整理的部分古籍）出版。这是我国第一次出版的《鲁迅全集》。书是在上海出版的，通过党的地下组织，从上海辗转到陕北根据地，毛泽东得到了一套。

《鲁迅全集》特印了 200 套编号发行的“纪念本”。这套“纪念本”在每册的版权页上均注明“非卖品”。毛泽东得到的是第 58 号，封面是紫色的，书脊是黑色的，每卷封底、封面的两角都是同书脊黑色一样的布料包角。这套书印装别致，做工精细，非常珍贵。毛泽东收到《鲁迅全集》之后，就把它放在自己的办公桌旁。尽管当时战事忙碌、环境简陋，但他总是忙中找闲，在低矮的窑洞里秉烛夜读。后来新华社发表过一张毛泽东在延安枣园窑洞工作的照片，办公桌上放着的就是这套《鲁迅全集》中的三卷，这是毛泽东爱读鲁迅著作真实的历史记录。毛泽东逝世后，报刊上发表过一张他站在书柜前看书的照片。他手里拿着的正在翻看的书，也是新版的《鲁迅全集》。毛泽东对鲁迅著作的喜爱，是他们两人思想共鸣的最好物证。

经过较为系统地阅读鲁迅的著作，毛泽东对鲁迅著作的思想性、战

---

① 中共中央文献研究室编:《毛泽东书信选集》, 中央文献出版社2003年版, 第108页。

斗性、人民性的了解更多了。后来毛泽东在著作、讲话、谈话、报告和一些书信中，多次谈到鲁迅和鲁迅的著作，并对鲁迅在中国革命和文化发展史中的地位给予了很高的评价。

鲁迅对什么是路的回答，曾给毛泽东以极大的启示。在中国共产党人探寻独立自主的革命道路中，鲁迅对“路”的回答，是毛泽东与他心灵相通的桥梁。鲁迅说得好：“什么是路？ 就是从没路的地方践踏出来的，从只有荆棘的地方开辟出来的。”[①] 毛泽东带领中国共产党人就是这样从布满荆棘、无路可走的境界中走出了一条夺取全国胜利的“康庄大道”。这就是实行“工农武装割据”，以农村包围城市，最后夺取城市的革命道路。

毛泽东在中国共产党第七次全国代表大会上作口头政治报告时说：“力争领导权，力争独立自主的路线，是我们党中央的路线，是反映了全党大多数同志要求的路线，是反映了全国大多数人民要求的路线。这条路线是从哪里来的呢？ 是从天上掉下来的吗？不是。是从外国送来的吗？ 也不是。它是从中国自己的土地上生长出来的。鲁迅讲过：路是人走出来的。我们这条路线，也是中国人民用脚踩成的。”[②] 要独立地闯出一条中国自己的革命道路，要冒很大的风险，甚至不排除会遭受某些严重挫折或暂时失败的可能性。在这种情况下，必须坚持独立自主的精神。如果没有真知灼见，没有无所畏惧的英雄气概和坚韧不拔的顽强意志，没有在激流中游泳的勇气和智慧，是做不到的。毛泽东在《新民主主义论》中赞扬鲁迅道：“鲁迅的骨头是最硬的，他没有丝毫的奴颜和媚骨，这是殖民地半殖民地人民最可宝贵的性格。”[③] 其实，毛泽东自己也是如此，在他身上也没有丝毫的奴颜和媚骨，而是充满着中华民族

---

① 鲁迅：《鲁迅全集》第1卷，人民文学出版社1981年版，第368页。

② 毛泽东：《在中国共产党第七次全国代表大会上的口头政治报告》（1945年4月24日），《毛泽东文集》第3卷，人民出版社1996年版，第315页。

③ 毛泽东：《新民主主义论》（1940年1月），《毛泽东选集》第2卷，人民出版社1991年版，第698页。

高度的自尊自信和大智大勇，令人肃然起敬。把毛泽东称为伟大的民族英雄，也是当之无愧的。

可以说，对路的回答与探索，是观察毛泽东、鲁迅二人思想共鸣的一扇奇特的窗户。

三、赞成鲁迅“削烂苹果”做法，辩证地认识和处理问题

晚年的毛泽东，在考虑起用一大批老干部时说，要打破“金要足赤”“人要完人”的形而上学错误思想，大概也是借用了鲁迅在《准风月谈·关于翻译（下）》中的说法。

《鲁迅全集》第五卷《准风月谈·关于翻译（下）》，是篇谈文艺批评的文章。鲁迅在这篇文章里尖锐地批评了文艺界那种因为有点烂疤，就一下把整个苹果都抛掉的做法。鲁迅指出，“首饰要‘足赤’，人物要‘完人’”的思想是很错误的。鲁迅用吃烂苹果的例子来谆谆告诫人们要正确对待有缺点的人和文艺作品。毛泽东赞同鲁迅的见解。1975 年，他在病中还叫工作人员给他读这篇文章。当工作人员读到有关内容时，他高兴得连声称赞说：“写得好！写得好！”

在 1975 年 7 月 14 日毛泽东同有关人士谈话的一封信上，毛泽东又批示，“我讲的不完全，至少应该提到鲁迅提倡削烂苹果一篇”[①]。这里，他用鲁迅提倡对那些“不是穿心烂”、仅是“有着烂疤”的苹果应该削着吃的生动比喻，进一步说明“金无足赤、人无完人”，不能因为一个人有点毛病就丢开这种错误做法的道理。

鲁迅提倡削烂苹果的做法，符合辩证法，符合社会发展实际，自然引起毛泽东的强烈共鸣。

---

① 逄先知、金冲及：《毛泽东传》六，中央文献出版社2011年版，第2711页。

四、借批评鲁迅作品中的阿Q之名，强调要善于团结人们一道革命

鲁迅写过一篇小说，名字叫《阿Q正传》，影响很大。毛泽东看过这篇小说，并留下深刻印象。他在讲话或文章中经常提及这篇小说。

1937年3月1日，毛泽东与史沫特莱谈话。谈话中毛泽东第一次谈及鲁迅作品中的阿Q这个人物。史沫特莱问："外面传说共产党现在的政策是向国民党屈服、投降和悔过。于此，你有何意见？"毛泽东答："我知道外面正有人这样说。可是值得注意的，是日本人却不愿意这样说，日本人只愿意国共相打，决不赞成这种'屈服、投降和悔过'的政策，因为日本军阀深知共产党采取与国民党协调的政策，尽管有人说它是'屈服、投降和悔过'，可是实际是给与日本侵略政策以严重打击的。……但国内有一部分带着阿Q精神的人，却洋洋得意地把我们的这种让步叫做'屈服、投降和悔过'。大家知道，死去不久的鲁迅，在他的一篇小说上，描写了一个叫做阿Q的人，这个阿Q，在任何时候他都是胜利的，别人则都是失败的。让他们去说吧，横直世界上是不少阿Q这类人物的。"①

两年后，1939年9月24日，毛泽东同美国记者斯诺谈话。这次谈话，毛泽东再次提到阿Q。他说："我们从前对于这些人的这样一种态度，称之为阿Q主义，因为在鲁迅先生小说中所描写的那个阿Q，就是天天说自己对、自己胜利，而人家则总是不对、总是失败的。在阿Q主义者看来，似乎是没有什么统一战线的。你不信，可以去看看鲁迅先生的《阿Q正传》。"②

---

① 毛泽东：《中日问题与西安事变》（1937年3月1日），《毛泽东文集》第1卷，人民出版社1993年版，第489—490页。

② 毛泽东：《同美国记者斯诺的谈话》（1939年9月24日），《毛泽东文集》第2卷，人民出版社1993年版，第239页。

1945 年 4 月 21 日，毛泽东在中国共产党第七次全国代表大会预备会议上说:“阿 Q 到底姓什么虽不清楚，但也没有听说他曾被开除家籍。阿 Q 斗争起来也算英勇。他的缺点是主观主义、宗派主义，加党八股，毫无自我批评精神。人家的疮疤他要揭，他的疮疤人家揭不得。至于教条主义和党八股，那厉害得很，长凳一定要叫长凳，不能叫条凳，叫条凳是路线错误，那样教条主义，那样党八股！但是，写阿 Q 的作家还是喜欢阿 Q 的，因为反革命把他枪毙了。所以对于有缺点错误的人，我们要团结。”[①]

1956 年 4 月，毛泽东在《论十大关系》中指出 :“《阿 Q 正传》是一篇好小说，我劝看过的同志再看一遍，没看过的同志好好地看看。鲁迅在这篇小说里面,主要是写一个落后的不觉悟的农民。他专门写了‘不准革命’一章,说假洋鬼子不准阿 Q 革命。其实,阿 Q 当时的所谓革命，不过是想跟别人一样拿点东西而已。可是，这样的革命假洋鬼子也还是不准。我看在这点上，有些人很有点像假洋鬼子。他们不准犯错误的人革命，不分犯错误和反革命的界限，甚至把一些犯错误的人杀掉了。我们要记住这个教训。无论在社会上不准人家革命，还是在党内不准犯错误的同志改正错误，都是不好的。”[②]

1966 年 10 月 24 日，毛泽东在中央工作会议汇报会上讲到刘少奇、邓小平的问题时还说 :“把刘、邓的大字报贴到街上不好，要准人家革命，不要不准人家革命，叫学生们把鲁迅的《阿 Q 正传》看一看”，“对少奇同志不能一笔抹煞”，“刘、邓要准许革命，准许改。说我和稀泥，我就是和稀泥”。[③]

统一战线是中国革命的三大法宝之一，毛泽东一贯强调要做好统一

① 毛泽东:《中国共产党第七次全国代表大会的工作方针》(1945 年4月21日),《毛泽东文集》第3卷, 人民出版社1996年版, 第298页。

② 毛泽东:《论十大关系》(1956年4月25日),《毛泽东文集》第7卷, 人民出版社1999年版, 第39—40页。

③ 逄先知、金冲及:《毛泽东传》六, 中央文献出版社2011年版, 第2416页。

战线工作。鲁迅作品中的阿 Q 不讲团结的一面，引起毛泽东对批评不讲团结的少数干部的思想共鸣。

五、高度评价鲁迅在翻译工作上的贡献功德无量

毛泽东十分重视翻译工作，并高度赞扬鲁迅在这方面的功绩。1942 年 9 月 15 日，毛泽东在致何凯丰信中说："中央须设一个大的编译部，把军委编译局并入，有二三十人工作，大批翻译马、恩、列、斯及苏联书籍，如再有力，则翻译英、法、德古典书籍。我想亮平在翻译方面曾有功绩，最好还是他主持编译部，不知你意如何？不知他自己愿干否？为全党着想，与其做地方工作，不如做翻译工作，学个唐三藏及鲁迅，实是功德无量的。"① 1945 年 5 月 31 日，毛泽东在中国共产党第七次全国代表大会上指出："不要轻视搞翻译的同志，如果不搞一点外国的东西，中国哪晓得什么是马列主义？中国历史上也有翻译工作，唐僧就是一个大翻译家，他取经回来后设翻译馆，就翻译佛经。《鲁迅全集》开卷第一页，有蔡元培写的一篇序，其中有几句写得不错。他说鲁迅是一个既博览又很谦虚的人，翻译了许多外国文学家的作品，翻译的作品占了他的全集的一半。所以，轻视这个工作和对这个工作的动摇都是不对的。"②

新中国成立前夕，1949 年 5 月 21 日，中央作出关于成立外文翻译机构的决定。在中央及军委下设立俄文编译局，担任口译、笔译，并主持俄文人才之训练、调查与分配等项事宜，师哲兼任局长，并从中央各

① 毛泽东：《关于报纸和翻译工作问题给何凯丰的信》（1942年9月15日），《毛泽东文集》第2卷，人民出版社1993年版，第441页。

② 毛泽东：《在中国共产党第七次全国代表大会上的结论》（1945年5月31日），《毛泽东文集》第3卷，人民出版社1996年版，第418—419页。

部门与各地征调若干有翻译能力及政治条件适合的党员参加编译局的工作。

新中国成立后，毛泽东高度重视马列著作的翻译工作。为此，1953年1月29日，中共中央发布关于成立马恩列斯著作编译局与撤销中央俄文编译局的决定。中央决定将中央俄文编译局与中央宣传部斯大林全集翻译室合并，并以此二单位为基础成立马恩列斯著作编译局，其任务是有系统、有计划地翻译马克思、恩格斯、列宁、斯大林的全部著作。马恩列斯著作编译局直属中央，委托中央宣传部组织这一机构，并领导其工作。决定以师哲为局长，陈昌浩、姜椿芳为副局长。

中国共产党从一开始就十分重视马列主义著作的出版和传播。1920年8月出版的马克思、恩格斯合著《共产党宣言》的第一个中文全译本，就是由上海马克思主义研究会组织出版的。到了20世纪三四十年代，虽然烽火连绵，内战外患不断，但在中国共产党领导下的中央苏区、抗日民主根据地，特别是解放区的首府延安，千方百计克服困难出版了一批专家翻译的马列主义著作，除单行本外，还出版了《列宁选集》16卷本。据粗略统计，在新中国成立前的30年里，马列著作的翻译出版约有二三百种之多。

新中国成立后，马列主义成为了全国人民进行革命和建设的指导思想。共产党的领导，出版和专业编译机构的设立，学习和研究空气的高涨，都为马恩列斯著作的翻译出版创造了空前良好的条件。

毛泽东肯定鲁迅在翻译方面的贡献，借以鼓励更多人投入这一党的事业中去。重视翻译工作，这是毛泽东与鲁迅对待一项具体工作上的思想共鸣。

六、二人的神往，源于他们对理想信念的追求

毛泽东与鲁迅虽然素未谋面，但却惺惺相惜。1933年底，与鲁迅

有较多交往的冯雪峰从上海来到瑞金，曾与毛泽东谈及鲁迅在新文化运动和革命斗争中的重要贡献。据冯雪峰回忆,毛泽东曾遗憾地对他说过："五四时期在北京，弄新文学的人我见过李大钊、陈独秀、胡适、周作人，就是没有见过鲁迅。"[①]冯雪峰还告诉毛泽东，鲁迅读过他的《西江月·井冈山》等诗词，认为诗中有"山大王"气概，毛泽东听了开怀大笑，大概认为鲁迅这个评说颇为有趣正中下怀吧。"山大王"气概，显然是鲁迅对毛泽东所领导的艰苦卓绝的武装革命斗争和毛泽东诗词的大气磅礴的神韵与雄奇豪放的风格给予的高度赞赏。

1936 年 2 月，当美国进步作家史沫特莱告诉鲁迅中国工农红军在毛泽东领导下,已经胜利地结束长征到达陕北时,正在病中的鲁迅闻讯，于"寒凝大地"之时立即拟就一份热情诚挚的贺电，托史沫特莱发往陕北。贺电说："你们的英勇斗争，你们的伟大胜利是中华民族解放史上最光荣的一页！ 全中国民众期待着你们更大的胜利！ ……在你们身上寄托着人类的光荣和幸福的未来。"[②] 1936 年 4 月，病中的鲁迅曾对冯雪峰说："我想，我做一个小兵是还胜任的，用笔！"鲁迅生命垂危时，在《答托洛斯基派的信》中，公开表示站在"毛泽东先生们"一边，并坚定地宣称："那切切实实，足踏在地上，为着现在中国人的生存而流血奋斗者，我得引为同志，是自以为光荣的。"[③]鲁迅这些话语对尚处于国民党"围剿"中的毛泽东和中国共产党人来说，在精神上是个很大的鼓舞。

1936 年，中共中央派冯雪峰到上海去工作。行前，毛泽东特意和冯雪峰长谈了一次，嘱咐他到上海后一定要好好团结鲁迅先生，因为鲁迅是一面大旗，能够唤起民族的抗战热情。1958 年 1 月，毛泽东在《工

---

① 陈琼芝：《在两位未谋一面的历史伟人之间——记冯雪峰关于鲁迅与毛泽东关系的一次谈话》，《中国现代文学研究丛刊》1980年第3期。

② 《〈鲁迅致红军贺信〉获重要发现》，《新华文摘》1992年第3期。

③ 鲁迅：《鲁迅全集》第6卷，人民文学出版社1981年版，第589页。

作方法六十条（草案）》中谈到以真正平等的态度对待干部和群众时说："学习鲁迅。鲁迅的思想是和他的读者交流的，是和他的读者共鸣的。"[①] 1966年7月8日，毛泽东在韶山滴水洞所写的一封信中指出："我跟鲁迅的心是相通的。"又说："我喜欢他那样坦率。他说，解剖自己，往往严于解剖别人。在跌了几跤之后，我亦往往如此。"[②]

无论是民主革命时期，还是新中国成立后，毛泽东在高度赞誉鲁迅光辉革命的一生时，也不忌讳谈鲁迅的缺点。1939年11月7日，毛泽东在致周扬信中说："我同你谈过，鲁迅表现农民着重其黑暗面，封建主义的一面，忽略其英勇斗争、反抗地主，即民主主义的一面，这是因为他未曾经验过农民斗争之故。"[③] 40多年后，周扬对龚育之谈起这封信的时候还说道："毛对鲁有多次崇高的评价，都是很重要的，这封信讲到鲁迅未曾经验过农民斗争，这并不损害对鲁的崇高评价，而是提供了对鲁评价的另一个视角，也是很重要的。"[④] 1956年8月24日，毛泽东同音乐工作者谈话时说："鲁迅对于外国的东西和中国的东西都懂，但他不轻视中国的。只在中医和京剧方面他的看法不大正确。中医医死了他的父亲。他对地方戏还是喜欢的。"[⑤] 毛泽东对鲁迅缺点的批评，是客观中肯的，也是符合实际的，这丝毫不影响鲁迅作为一位伟大文学家、思想家的光辉一生。这也表现了毛泽东作为一个伟大的马克思主义者的科学态度。

原载《毛泽东思想研究》2020年第5期

---

① 毛泽东：《工作方法六十条（草案）》（1958年1月），《毛泽东文集》第7卷，人民出版社1999年版，第355页。

② 中共中央文献研究室编：《建国以来毛泽东文稿》第12册，中央文献出版社1998年版，第71—72页。

③ 《毛泽东文艺集》，中央文献出版社2002年版，第259页。

④ 张华、龚育之：《毛泽东致周扬的信为何今日发表》，《党史天地》2002年第8期。

⑤ 毛泽东：《同音乐工作者的谈话》（1956年8月24日），《毛泽东文集》第7卷，人民出版社1999年版，第81页。

20世纪60年代初周恩来如何领导克服粮食困难

熊华源*

“洪范八政，食为政首。”我国是人口众多的大国，解决好吃饭问题，是国家治理的头等大事。新中国成立以后，党和国家领导人始终高度重视吃饭问题，强调“没有饭吃，其他一切就都没有办法”①。但是在20世纪60年代初，我们国家也曾经遇到一段粮食困难的严峻岁月，出现国家粮食供给空前紧张的局势。造成这种局势的主要原因，一是“大跃进”开始后的瞎指挥和对粮食产量的浮夸风、高指标和高征购；二是从1959年起连续的严重自然灾害，粮食减产较多。在严峻的形势面前，作为国务院总理的周恩来，担当起了领导扭转国家粮食供给紧张局势的重任，领导全党全国人民同心同德、共渡难关。

一、指挥全国粮食调运工作

进入1960年后，我国粮食面临着十分紧张的局面：北京的粮食库存只够销7天；天津只够销10天；上海已几乎没有大米库存，只能靠借外贸部门准备出口的大米过日子；辽宁省10个城市的存粮也只够销八九天；山东、山西、河南和安徽等重灾区的情况更加严重，许多地方的粮食供应已经到了难以支撑

* 作者简介：熊华源，中共中央党史和文献研究院研究员。

① 周恩来：《当前财经形势和新中国经济的几种关系》（1949年12月22日、23日），《周恩来选集》下卷，人民出版社1984年版，第5页。

的地步。与此同时，可供粮食周转的库存十分紧张，周转调拨极为困难，大中城市基本上是调入一点销售一点，随时都有脱销危险。要克服粮食危机，当务之急就是做好全国范围内的粮食调运工作。

周恩来亲自指挥，统筹全局，使用国家手中的机动粮和进行地区间的粮食调拨，以解决一些地区的燃眉之急。他要求粮食部门及时将各类粮食报表送去，自己一张一张地审阅，一旦发现问题立即解决。从周恩来总理办公室退给粮食部办公厅的，现在仍保存着的 32 张粮食计划报表上，密密麻麻地留下周恩来笔迹的计有 994 处，其中用红蓝铅笔做标记 639 处，调整和修改计划数字 207 处。在《1962 年至 1963 年度粮食包产产量和征购的估算》表上，他用红蓝铅笔做标记 145 处，调整和修改数字 40 处。在表格边上进行计算 6 处，批注文字 7 处，整个表格密密麻麻地留下了他的手迹。[①] 它真实而生动地记载了周恩来在国民经济困难时期，为解决全国人民吃饭问题所付出的心血。

根据周恩来的工作台历记载，那段时间，他每周要几次约粮食部门的负责人和有关人员谈话。一次，周恩来同主管财贸工作的副总理李先念和粮食部党组书记、副部长陈国栋以及粮食部副部长杨少桥商量粮食调拨计划，谈到夜里 11 点。周恩来让他们当晚将计划表做好，让计划司司长送来。当粮食部计划司司长周伯萍次日凌晨将这份材料送到总理办公室时，周恩来仍在伏案工作。他不顾通夜劳累，仔细审查这份材料，连每一个附注都同周伯萍讨论一遍，然后才同意印发。另一次，周恩来同杨少桥和另一位粮食部副部长赵发生研究分省的粮食计划调拨安排，当排出表格后将数字相加时，发现有 5000 万斤差数怎么也平衡不了，一时查不出原因。周恩来戴上老花镜，在表格上一个省一个省地核对，一个数字一个数字地计算后，问："当时研究调出时，给浙江省增加了 5000 万斤，加了没有？"问题正出在这里，是把这个数字漏记了。

① 参见当代中国丛书编辑部编：《当代中国的粮食工作》，中国社会科学出版社1988年版，第113页。

周恩来在表上加上这个数字后，再打算盘，果然收支就平衡了。[①]陈国栋 1981 年 12 月在上海接受力平、朱同顺和笔者的采访时也回忆道："我一个礼拜要去总理那里好几次，主要是谈粮食问题。他一般都是晚上找我们去，地点经常是在他的办公室。有时是晚上九十点钟或深夜十一二点钟去，谈到第二天凌晨三四点钟；有时是凌晨两三点钟才去。在全国粮食供应最困难时，总理处理事情仍非常沉着冷静，着急也不溢于言表。他了解情况，问得很细、很深入。他问我们全国哪些地方最困难？有多少生产队人均口粮八两？对河南、安徽、甘肃、四川等困难省，总理还要我们统计好的、比较好的、中等的和差的生产队各占多少。俗话讲：'糠菜半年粮。'总理连糠菜都要过问。因此，我们搞生产队生活安排时，把糠菜都考虑进去了。"[②]

要做到在全国范围内合理地调拨粮食，必须做到对各省粮食的真实情况心中有数。为此，周恩来特地设计了《中央粮食调拨计划表》，记载各省、市、自治区的粮食收购、库存、销售、调拨的收支等情况。一看这张表格，就能够一目了然地知道各地粮食调拨和中央粮食收支的具体情况。因为这张表格相当长，人们戏称它为"哈达表"。周恩来通过这张"哈达表"，随时掌握全国粮食调运动向，检查粮食政策执行情况，部署粮食工作。他对"哈达表"上的统计数字看得很细，牢记在心。他到各地视察时，对当地的粮食情况有时比当地领导同志了解得还清楚些。

由于当时各地包括一些产粮地区的粮食供应都很紧，外调粮食不仅要摸准摸清实际情况，而且需要有的放矢地做深入细致、入情入理的思想说服工作。为此，周恩来常常主动找一些省、市、自治区党委的领导人谈话，希望他们顾全大局，支持国家调拨粮食。据不完全统计，从 1960 年 6 月到 1962 年 9 月，在这 2 年零 4 个月的时间里，周恩来关

① 参见杨少桥、赵发生：《周恩来与我国的粮食工作》，中共中央文献研究室编：《不尽的思念》，中央文献出版社1987年版，第235页。

② 力平、朱同顺和笔者访问陈国栋记录，1981年12月29日。

于粮食问题的讲话和谈话就多达 115 次，有几十次就是同省、市、自治区党委的领导人谈话，其中，一次是同中共江西省委第一书记杨尚奎、省委书记处书记刘俊秀等；一次是同中共黑龙江省委书记处书记杨易辰。

同杨尚奎、刘俊秀等的谈话发生在 1961 年 9 月。周恩来在江西庐山刚参加完中共中央工作会议，在主管农业的副总理谭震林和副总理、人民解放军总参谋长罗瑞卿的陪同下，来到南昌考察。18 日晚，周恩来一行同杨尚奎、刘俊秀等省委领导班子成员在其下榻的江西宾馆共进便餐，同议国事。周恩来建议江西省增加外调粮食 3 亿斤。这是关系到江西人民的生计大事，主管江西农业的刘俊秀不敢轻易同意。他表示，国务院给江西的外调粮食任务是 12 亿斤，再增加 3 亿斤就是 15 亿斤了，怕有些困难。但在事前，周恩来对江西本年度粮食产量和人均粮食占有量等情况已经有清楚了解。他说：我有调查，江西老表口粮水平比较高，还有储备粮，比严重缺粮的晋、冀、鲁、豫好多了。增加 3 亿斤虽然有困难，但还是可以增加的。经过周恩来的解释和说服，刘俊秀答应了。此后，中共江西省委研究决定，同意增加 3 亿斤外调粮，作为光荣的政治任务来完成。[①] 这次谈话充分体现了周恩来坚持全国一盘棋，注重把握全局的战略眼光。

同杨易辰的谈话发生在 1962 年 6 月。当时，周恩来到辽宁沈阳召集东北三省领导干部会议，部署粮食问题。他提出：中央已经向黑龙江省下达调拨 28 亿斤粮食的重大任务，但全国的粮食危机仍很严重，黑龙江还要增调 2 亿斤支援外地。杨易辰听了感到压力很大，他认为，黑龙江作为全国重要的产粮基地，已为国家作出了很大贡献，这次国家新的调粮任务实在难以完成。如果省内粮食出了问题，将无法向全省人民交代。于是，杨易辰直接表示对再调拨 2 亿斤粮食有意见，要求中央考

① 参见刘俊秀：《总理爱人民 丹心照千秋》，《怀念周恩来》，人民出版社1986年版，第66—68页。

虑黑龙江的实际困难。周恩来听后，对杨易辰说：要树立全局观念，服从大局。黑龙江有困难，但其他省份更困难，国家要拿出粮食来帮助他们。在这种情况下，只有全国上下团结一致，同心同德，才能渡过难关。每一个党员干部，尤其是领导干部，一定要顾全大局，以党和人民的利益为重，坚决支持和执行中央的统一部署。听了周恩来这番为党为国为人民的掏心窝的话，杨易辰解开了思想疙瘩，坚决完成了调粮任务。后来，他回忆道："总理的一席话，使我深受教育，我感到自己确实是考虑本地区的利益多了，想整体利益少了。思想通了，在行动上我坚决执行了中央的调粮计划，想办法做好各方面的工作，与全省人民一道完成了调粮 30 亿斤的任务。"①

在国家粮食调拨的工作中，周恩来还十分注意体谅地方的困难，对确有难处的省份，他尽力给予最大的帮助。新中国成立后，素有"天府之国"美称、一直是粮食外调最大省份的四川省，从 1953 年到 1960 年的 8 年时间里，总共外调粮食 283 亿斤，平均每年外调 35 亿多斤，其中 1958 年、1959 年平均每年外调高达 42 亿斤。从 1958 年开始，四川省由于抽调数百万劳动力大炼钢铁，耽误了庄稼的收割，又碰上严重的自然灾害，粮食大幅度减产，再加上过多地调出粮食，到 1961 年初，出现了粮食紧张的局面。当四川省也发生粮荒的消息传出后，周恩来立即发出指令：四川省停止外调粮食。随后，周恩来特地派总理办公室主任童小鹏赶往四川省南充市火花公社蹲点调查，全面了解情况，寻找解决困难、渡过难关的有效办法。1962 年初，四川省粮荒更加严重。周恩来心情十分沉重，在同李先念、陈国栋和杨少桥等计算研究后，他作出了立即向四川省调拨 2.5 亿斤粮食的决定，在一定程度上缓解了四川省粮食供应极度紧张的状况。②

① 杨易辰：《深情的怀念》，《我们的周总理》，中央文献出版社1990年版，第115页。

② 参见杨少桥、赵发生：《周恩来与我国的粮食工作》，《不尽的思念》，中央文献出版社1987年版，第232页。

要想做好粮食调拨工作，保证有粮可调是前提和关键。除了集中国内力量保证粮食来源外，中央还根据周恩来和陈云的建议，决定进口粮食，以进一步扩大粮食来源。陈云是这样说明进口粮食原因的："进来粮食，就可以向农民少拿粮食，稳定农民的生产情绪，提高农民的生产积极性。用两三年的时间把农业生产发展起来，国内市场问题也就可以得到解决。农民手头的粮食宽裕了，可以多养鸡、鸭、猪，多生产经济作物和各种农副产品，增加出口。总之，当前只有首先抓好粮食，整个局势才能稳定，同农民的关系才能缓和，而且多种经营也才能好转。没有粮食是最危险的。""这是关系全局的一个重大问题。"[①] 当时，在外汇和粮食来源上都存在困难。1960 年 12 月底，周恩来访问缅甸期间，多次研究进口粮食问题。在访问结束前一天，他对随行的外贸部部长雷任民说：访问结束后，你不要再回北京，直接去香港，确实搞清楚三个问题：一是能不能买到粮？二是运输问题能不能解决？三是中国银行能不能解决资金问题？雷任民从香港回到北京后，向周恩来报告：货源是有的，美国、澳大利亚存粮很多，资本家急着要找出路，我们向他们买大批粮食，他们可以影响政府，把粮食卖给我们。至于运输船只问题：第一，尽量买 FNB（货到中国口岸付款）；第二，可以租到外国商船，外汇中国银行可以周转透支解决。雷任民回忆："我向总理汇报了上述情况，总理表现出喜悦而又怀疑的神情，向我提出了许多反面的问题，经答复后，他的心情似乎才踏实了。在货源、运输、外汇问题基本解决后，我们立即开始了购粮、运输工作。那时大城市粮食供应状况仍有恶化，周总理每天晚上都把我叫去向他汇报粮食订购、运输、到货情况，船只航行情况。为了粮食，总理真是到了呕心沥血的程度。"[②] 在周恩来等的

① 陈云：《做好外贸工作》（1961年5月30日），《陈云文选》第3卷，人民出版社1986年版，第157页。

② 笔者访问雷任民谈话记录，1987年1月23日。

努力下，从 1961 年到 1963 年，我国每年进口粮食 100 亿斤左右。[①] 这对于克服粮食困难起了重要的作用。

二、调动农民恢复和发展农业生产的积极性

解决粮食问题，仅仅靠粮食调拨是不能长久的，必须调整政策，调动农民恢复和发展农业生产的积极性方能持久。正如陈云所说："政策问题不解决，农民的积极性发挥不出来，其他的措施再多，农业生产也上不去。"[②]

当时，党的农村政策存在一些问题，"共产风"严重挫伤了农民生产积极性。农村人民公社出现超越生产力发展水平而急于从基本队有制向基本社有制过渡的问题，在发展公社一级经济力量时出现"一平二调"的错误，在分配问题上出现集体积累过多、社员增收过少等问题，在干部作风上出现不实事求是、脱离实际、命令主义等问题，严重伤害了农民的积极性。1960 年秋，周恩来主持起草了中共中央《关于农村人民公社当前政策问题的紧急指示信》。这是一个关系经济工作全局的重要文件，是大幅度调整农村政策以战胜严重经济困难，解决粮食问题的重要举措。10 月 29 日，周恩来在中共中央政治局扩大会议上谈到中共中央《关于农村人民公社当前政策问题的紧急指示信》时指出："应当把各尽所能、按劳分配两句话平行地提出来，还要讲透，才能鼓励大家各尽所能。要加强农业生产第一线，农村人口出来太多，农忙时应当把百分之八十的劳动力用在农业生产第一线，今冬明春应大抓生活，大搞

① 参见方留碧：《周恩来在国民经济调整时期为粮食辛勤操劳》，《怀念周恩来》，人民出版社1986年版，第84页。

② 陈云：《动员城市人口下乡》（1961年5月31日），《陈云文选》第3卷，人民出版社1995年版，第161页。

生产。”[①]

中共中央《关于农村人民公社当前政策问题的紧急指示信》的主要内容包括：三级所有，队为基础，是现阶段人民公社的根本制度；坚决反对和彻底纠正“一平二调”的错误；加强生产队的基本所有制；坚持生产小队的小部分所有制；允许社员经营少量的自留地和小规模的家庭副业；少扣多分，尽力做到 90% 的社员增加收入；坚持各尽所能、按劳分配的原则，供给部分和工资部分三七开；从各方面节约劳动力，加强农业生产第一线；安排好粮食，办好公共食堂；有领导有计划地恢复农村集市，活跃农村经济；认真实行劳逸结合；放手发动群众，整风整社。[②]这十二条政策立即在农民中引起强烈反响，对保护和提高农民生产积极性起到了重要作用。

为了了解实际情况，听取农民对农村政策的反映，1961 年 4 月下旬到 5 月中旬，周恩来响应中共中央和毛泽东发出的“今年要搞个实事求是年”“大兴调查研究之风”的号召，到河北邯郸地区开展调查研究。在邯郸伯延公社调研期间，周恩来不辞辛劳，走村串户，奔波忙碌，就广大农民最关心的食堂、供给制和包工包产问题找公社、生产大队、生产队的干部和社员谈话、开座谈会，认真听取社员对党的农村政策的反映。

周恩来在走访中很快就发现一个普遍问题：社员家里除了树叶、咸菜、野菜以外，就没有别的东西了，更是没有什么存粮。1961 年 5 月 3 日和 5 月 5 日，周恩来主持召开两次生产大队和生产小队干部座谈会。5 月 4 日，周恩来又主持召开社员代表座谈会。在发言中，不少社员违心地说公共食堂办得好，这跟周恩来走访调研了解的情况不一致，因

① 中共中央文献研究室编：《周恩来年谱（1949—1976）》中卷，中央文献出版社1997年版，第363页。

② 参见中共中央文献研究室编：《建国以来重要文献选编》第13册，中央文献出版社1996年版，第661—673页。

此，周恩来恳切地提出希望大家讲真话。一个叫张二廷的社员直率地告诉他：刚才说的食堂好的那些话，都是假话。食堂吃不饱。张二廷还说：总理，这样糊弄下去，你再迟二年不下来，连你也吃不上饭了。为什么会这样呢？因为我们吃不饱，干活没有劲，地里就不打粮食，长的那点粮食还不够俺们在地里生啃着吃，哪有粮食交国家？一年不交国库有，二年不交国库有，三年不交国库也就没有了。你还能不挨饿？[①] 周恩来后来说："这句话对我教育很大，我很受感动。当时在场的地委的干部听了以后，说这个人是个落后分子。我跟他们解释：这样看不对，这个社员说的是真理，一个农民把我们看作他自己的人才会说这样的话，这是一针见血的话。"[②]

此后，周恩来又在伯延公社就包产问题召开了一次座谈会。会上，周恩来问社员群众每亩包产的粮食指标能否落实，社员们纷纷表示指标定高了。周恩来组织社员自己讨论每亩包产的指标。当社员们达成一致后，一个社员跟周恩来表示，希望能把包产产量定死。他说："你们现在不定死，谁晓得到秋天会不会又要多征。要是那个时候，把我们的口粮又挤掉了，自留地的收成也顶口粮，结果还是我们落空。"当着地委、县委和公社负责人的面，周恩来说："我可以保证。""分下去的自留地不要再收回了，再不要拿自留地顶口粮指标了。"[③]

1961 年 5 月 6 日下午，周恩来主持召开了伯延公社先锋、胜利两个大队干部及部分小队干部和社员代表的座谈会。会上，他告诉大家：伯延公社先锋大队第四生产队共 63 户人家，有 58 户要退出食堂，有 5 户还留在食堂。我们要积极办好食堂，也要积极散好，不要一哄而散。[④]

---

① 参见武安市地方志编纂委员会编：《武安县志》，中国广播电视出版社1990年版，第142—143页。

② 中共中央文献研究室编：《周恩来传》（四），中央文献出版社2008年版，第1437页。

③ 中共中央文献研究室编：《周恩来传》（四），中央文献出版社2008年版，第1439页。

④ 参见武安市地方志编纂委员会编：《武安县志》，中国广播电视出版社1990年版，第142—143页。

通过对伯延公社的调查，周恩来掌握了大量第一手情况。他发现 1960 年 11 月 3 日发出的中共中央《关于农村人民公社当前政策问题的紧急指示信》和 1961 年 3 月中央工作会议通过的《农村人民公社工作条例（草案）》中关于开办食堂和保持部分供给制的规定，都不尽符合农村实际情况，是广大农村干部和社员群众意见比较集中、反应比较强烈的两个问题。

为了保证偏离农村实际情况的党的农村政策能够得到及时调整，调动广大农民战胜严重自然灾害、努力恢复和发展农业生产的积极性，周恩来一直工作到 5 月 7 日凌晨 3 时，将自己在邯郸调查所了解到的一些真实情况，向毛泽东作了电话汇报。主要内容如下：一是食堂问题。绝大多数甚至于全体社员，包括妇女和单身汉在内，都愿意回家做饭。二是社员不赞成供给制，只赞成把五保户包下来和照顾困难户的办法。现在社员正在展开讨论。三是社员群众迫切要求恢复到高级社时评工记分的办法，但是已有发展。办法是：包产到生产队，以产定分，包活到组。这样才能真正实现多劳多得的原则。因此，这个办法势在必行。只有这样，才能提高群众的生产积极性。四是邯郸专区旱灾严重，看来麦子产量很低，甚至有的颗粒不收，棉花和秋季作物还有希望。目前最主要的问题是恢复社员的体力和恢复畜力问题。[①] 周恩来所提出的问题，特别是食堂问题和供给制问题，引起了毛泽东的高度重视。当天，他在周恩来的电话记录上写下批语："此报发给各中央局，各省、市、自治区党委参考。"[②] 随即，中共中央将这个报告转发各地。

1961 年 5 月 21 日到 6 月 12 日，中共中央在北京召开工作会议，会议根据刘少奇、周恩来、朱德、邓小平等中央领导人和各地负责人在

① 参见周恩来：《加强调查研究》（1961年3月、5月）《周恩来选集》下卷，人民出版社1984年版，第315页。

② 中共中央文献研究室编：《毛泽东年谱（1949—1976）》第4卷，中央文献出版社2013年版，第584页。

调查研究后所提出的意见，对当年 3 月中共中央工作会议上通过的解决农业生产严重问题的《农村人民公社条例（草案）》进行了修改，并形成了《农村人民公社条例（修正草案）》。这份修正草案取消了原草案中关于供给制的规定，并提出公共食堂办或不办完全由社员决定，口粮分配到户，由社员自己支配。这个文件的诞生，是毛泽东提出“大兴调查研究之风”所结出的第一个丰硕成果，是全党集体智慧的结晶，其中包含了周恩来的一份重要贡献。

周恩来根据在邯郸调查时所获得的真实情况，还在这次大会上大力提倡，并在会后积极推行了粮食包产的办法。之后，《农村人民公社条例（修正草案）》在全国的贯彻实施，在广大农民中引起强烈反响，提高了广大农民从事农业生产的积极性，推动了农村形势在 3 年内全面好转。

三、综合施策，精简城市人口

在领导克服粮食困难的过程中，周恩来不仅从粮食本身入手，还从国民经济的全局考虑，力求找到综合解决粮食问题的有效办法。1960 年 11 月，他指出：“农业是国民经济的基础，也就是说农业的发展水平是国民经济首先是工业发展速度的决定因素”。因此，在安排国民经济计划时，必须首先考虑到：“农业能够提供多少粮食给工业和城市，农业能够提供多少劳动力给工业和其他各行各业，农业能为工业提供多少原料，农业能为工业提供多大购买力。”[①]

缺粮情况的出现，一方面是因为粮食连年大幅减产，另一方面却是因为粮食的销售量因城镇人口的剧增而不断增加。为了维持城镇商品粮供应，国家不断向农村下达征购指标。据统计，在“大跃进”中，全国职工人数急剧增加，到 1960 年已达到 5000 万人，比 1957 年的 2450 万人增加了一倍以上，相应地农村劳动力则减少了 2300 万人，原来生产

① 中共中央文献研究室编：《周恩来传》（四），中央文献出版社2008年版，第1424页。

粮食的人变成了吃商品粮的人，大大超越了国民经济发展水平，特别是农业生产水平所能承受的程度。[①] 因此，要调整经济，克服粮食问题，必须精简城镇人口，包括城镇职工和居民。

1961 年 3 月 20 日，周恩来在广州召开的中共中央工作会议上介绍了粮食供应存在的严重问题，并提出了压缩城镇人口的意见。他说：由于灾荒的严重，库存也挖得差不多了。因此，要"坚决压缩城市人口"，这样有利于迅速解决粮食问题。[②]"在不妨碍生产而且有利于生产的情况下，要压缩一批城市人口回乡，这项工作应该立即着手准备，而且要有计划有领导有步骤地去做。我们希望从今年麦收开始到明年，争取在一年半的时间内压缩一千万以上的人口回乡，这对于减少城市的粮食压力，促进农业生产的发展，会起很好的作用。"[③]

1961 年 5 月 31 日，周恩来在北京召开的中共中央工作会议上作了关于粮食问题和压缩城市人口的报告。在报告中，他对 1960 至 1961 粮食年度的形势作了初步估计和总结，对 1961 至 1962 粮食年度，尤其是 1961 年第 3 季度的粮食情况作了说明，提出了解决粮食问题的办法。他说："虽然今年农业形势已有好转，但是粮食形势还在继续紧张，库存已经减到最低限度。" 1961 至 1962 年度粮食形势将继续紧张。"城市重于农村，这是一个特点"。周恩来抓住粮食问题的五个关节点，即产、购、销、调、存展开论述，说明从当时的情况看，农业生产不可能很快恢复，因为农村机械化少，水利比例小，化肥少，电力少，"四化"程度不高，农业主要建立在人力、畜力、手工生产的基础上，所以，每年要供应城市 500 亿斤粮食是困难的。解决粮食问题的根本办法，是从城市压缩人口下乡。人如何压？最重要的方针，就是人从哪里来，回

---

① 参见中共中央文献研究室编：《周恩来传》(四)，中央文献出版社2008年版，第1483页。

② 中共中央文献研究室编：《周恩来年谱（1949—1976）》中卷，中央文献出版社1997年版，第399页。

③ 中共中央文献研究室编：《周恩来传》(四)，中央文献出版社2008年版，第1434页。

到哪里去。我们的职工人数还可以压低，压低并不影响我们的建设，反而可以节约劳动力，提高劳动生产率。三个人的饭三个人吃，不要五个人吃。[①]

1961 年 6 月初，周恩来召集国务院有关方面负责人研究并主持起草了《中央工作会议关于减少城镇人口和压缩城镇粮食销量的九条办法》(以下简称《九条办法》)。6 月 6 日上午，毛泽东主持中央工作会议。10 时，周恩来在会上就《九条办法》的形成、内容和实施问题作了说明，并征求与会代表的意见。他的发言全面周到、深入细致，具有切切实实的可操作性，包括工业如何支援农业、商业如何支援农业等方面的细节。比如，他强调，工业支援农业，不能简单地把钢材一分，拖拉机多少，排灌多少，运输工具多少，就解决了，因为有的东西在底下不完全适用；商业支援农业，包含内贸和外贸，也要好好抓一抓。6 月 16 日，中共中央正式发出这份文件。

《九条办法》的主要内容是：城镇减人必须各级党委亲自领导，进行充分的政治动员，迅速造成声势；全国城镇只许减人，不许加人；中央和地方共同核实城镇人口，严禁虚报冒领；1961 至 1962 年度城镇口粮标准不能提高；1961 年 7 月到 1962 年 6 月粮食产、购、销、调、存的数字，待 1961 年 8 月中央工作会议再作决定；职工的升级、转正和工资的调整，推迟到 1961 年下半年城镇人口减到一定程度以后再进行；中央各部门在会后应即提出中央各部直属企业、事业、学校、机关单位的精减计划；在城市征兵，重点放在大中城市适龄的中等学校学生、青年工人和机关团体的青年职工（包括干部子弟）；中央和地方应在整风整社和贯彻中央文件的同时，拟定工业和商业支援农业的计划。[②] 这样，

① 参见中共中央文献研究室编：《周恩来年谱（1949—1976）》中卷，中央文献出版社1997年版，第413页；中共中央文献研究室编：《周恩来传》（四），中央文献出版社2008年版，第1442—1443页。

② 参见中共中央文献研究室编：《建国以来重要文献选编》第14 册，中央文献出版社1997年版，第412—414页。

《九条办法》成为指导城市精简工作和解决粮食困难问题的纲领性文件。

《九条办法》制定后，周恩来认为：更为艰巨的任务，在于把精简城镇人口的方针政策落实好。为此，他紧紧抓住不放，在各个环节严格把关，并反复强调精简城镇人口的方针政策的重要性。1961 年 8 月 24 日，周恩来在庐山召开的中共中央工作会议上，再次作关于粮食问题的报告。在讲到减少城镇人口问题时，他强调指出："对城市精减问题要抓紧，中央各部要下大决心帮助各省、市把厂矿的人员压下去，城市长期这样多人是不行的。" 8 月 30 日，会议通过了周恩来改定的中共中央《关于 1961 到 1962 年度粮食工作的几项规定（草稿）》。其中强调："全党同志必须动员起来，根据城乡兼顾的方针，及时征购，同时安排，踏踏实实地做好粮食分配工作，保证完成粮食征购计划和粮食调拨计划，加紧压缩城市人口，减少城乡粮食销量，切实安排城乡人民生活。这是摆在全党面前的一项迫切的重大的经济任务和政治任务。"[①] 精简城镇人口的方针政策最终取得了良好效果，1961 年到 1963 年，共精简职工 1940 万人，城镇人口减少 2600 多万人，吃商品粮的人口减少 2800 多万人，全国减少非农业人口口粮和食品工业粮食销量共 138.4 亿斤。[②] 这就为稳定全国特别是重灾区和大中城市的粮食供应，调整工农业以及城乡之间严重不协调的状况，以至恢复和发展农业生产和调整整个国民经济打下了坚实基础，提供了有利条件。

经过全党全国上下的共同努力，农业生产逐步得到恢复和发展，1961 年止住了下滑趋势，粮食产量开始略有回升，1962 年粮食产量回升到 3200 亿斤，比上一年增产 250 亿斤[③]，全国粮食供给紧张和困难局

---

① 中共中央文献研究室编：《周恩来年谱（1949—1976）》中卷，中央文献出版社1997年版，第430页。

② 参见方留碧：《周恩来在国民经济调整时期为粮食辛勤操劳》，《怀念周恩来》编辑组：《怀念周恩来》，人民出版社1986年版，第85页。

③ 参见中共中央党史研究室：《中国共产党历史（1949—1978）》第2卷下册，中共党史出版社2011年版，第603页。

面得到扭转，渡过了这次粮食难关。周恩来为此付出的艰辛努力和作出的重大贡献，值得我们永远铭记；他在这一过程中展现出的高超的领导和工作方法，以及为党和人民事业勇于担当、鞠躬尽瘁的工作态度和精神风范，值得我们永远学习！

原载《党的文献》2021年第3期

诋毁雷锋形象的言行应当休矣

韩晓东*

2009 年 5 月 4 日，笔者曾收到一封署名“柏禾”的电子邮件，内容是：

向您提供三篇参考资料。您看过后，也许就不会那样急于参加雷锋剧（指正在筹拍的 22 集电视连续剧《雷锋》，笔者注）的制作了。

以您曾接触的资料和人物来看，您倒是具备很好的条件去查证或者否定资料中的说法。如果您真的希望在这个历史人物身上有所贡献的话，就应该舍弃眼前的虚华名利，以人类良知天性为本，投入到这起重大政治丑闻的调查与揭露事业中去。其实已经有不少人开始了，再晚的话您恐怕就要错失良机了。

看过“柏禾”的来信，我感觉特别的莫名其妙。于是，我打开了他发过来的三篇文章。其中两篇是署名穆正新的《雷锋捐款假案》和《学雷锋活动助长弄虚作假风气》，另一篇是图文并存的《雷锋十丑图》。这三篇文章，满篇都是诋毁、诬蔑雷锋光辉形象的污言秽语。真不知这几篇文章的作者居心何在？文章出笼是不是有什么特殊背景？不久，又有人特意给我发来一篇《关于雷锋叔叔的一点点小小的疑问》，内容大同小异，都离不开对雷锋事迹的歪曲和对雷锋形象的诋毁。这些文章势必要给那些多年来热爱雷锋，学习雷锋的国人带来思想和精神上的迷茫。那么，历史的真相到底如何？是否像文章所说的哪样呢？我们还是让事实说话吧！

---

* 作者单位：营口市史志办公室。

主观臆测与历史真相

笔者是从1990年开始研究“雷锋在营口”历史的，拜访过负责培养雷锋的雷锋生前所在团副政委刘家乐，采访过见证雷锋成长的雷锋生前所在团的营长王柱根、连长虞仁昌、排长薛三元、亲密战友乔安山，以及为雷锋拍摄过300多幅照片的张峻和季增等30多位雷锋生前战友；采访过与雷锋一起在鞍钢化工总厂和辽阳弓长岭矿，见证雷锋冒雨抢救水泥的工友易秀珍。2009年笔者编纂出版了《雷锋在营口的故事》，2013年主编了《永恒的丰碑——雷锋日记和雷锋故事集》，2016年主编了《雷锋》杂志“雷锋在营口”纪念特刊，同时与雷锋研究专家华东方老师等合著了《雷锋档案》。多年来，笔者对雷锋在营口工作生活近一年时间的历史研究得不敢说很深很透，但最起码对雷锋的一些真实故事有所了解。今天，我要以一个史学工作者的良心和责任，追溯当年采访雷锋身边人的亲身经历和记录，还原一个真实的雷锋，用可信的证据批驳那些恶毒攻击、百般诋毁雷锋光辉形象的主观臆测，以维护雷锋尊严和守护我们精神家园的纯洁。

一是关于雷锋做好事留没留名的问题。有人指责雷锋做好事都是留名的，要不为什么你们能写出那么多雷锋的好事。实际上，雷锋做的好事许多是在他牺牲后，人们整理日记时发现的；也有一些是雷锋的战友等身边人在事后回忆的。说雷锋做好事留名没有什么证据可言，倒是雷锋做好事不留名有据可查。2003年2月19日，笔者采访过营口火车站原客运主任李文久。老人家说，1960年一二月间，一位解放军新兵来到火车站的候车大厅，主动帮助旅客背拿行李、抱小孩、搀扶老弱病残，还帮助服务员扫地、擦地。李文久当时就问过这个小战士叫什么名字，雷锋没有报出名号。直到雷锋牺牲后通过报纸上发表的雷锋照片，李文久才知道当年在火车站做好事的小战士就是雷锋。这件事得到了雷锋生前战友、技术营原书记张时扬的印证。张时扬说，火车站曾给团部打电话，要求部队表扬做好事不留名的小战士。后来，营里根据火车站提供的小战士的体貌特征确定是雷锋。如果说雷锋做好事就留名，李文久老人能在雷锋牺牲后才知道他是雷锋吗？张时扬在接受笔者采访时说，雷锋在营口市劳动小学帮助学校扫雪也没有留名，后来是两位女老师（一位姓李）受校长委派特地到营部反映情况，并希望部队能够表扬这位做好事不留名的好战士。副营长阜右东根据两位老师描述的体貌特征，命令张时扬到新兵连把雷锋找来。当雷锋走进营部时，那两位女老师异口同声地指着雷锋说："做好事的就是他！"还有什么比这更有说服力的雷锋做好事不留名的实例？

二是关于雷锋照片造没造假的问题。多年来，在每一名中国人的脑海里，都保留着许多雷锋的照片，给我们留下印象较深的有他持枪的半身照，有擦汽车的，有和乔安山一起学习的，有送老大娘回家的，有给战友让饭的，有给伤病员送月饼的，有到储蓄所取钱的……然而在当下，这些曾经感动了亿万国人的照片，却变成了质疑雷锋精神的"铁证"。2003 年 1 月 17 日，笔者专程到鞍山市采访了曾为雷锋拍过 200 多张照片的雷锋生前战友张峻。老人家说："有人曾提出，雷锋白天打着手电筒看《毛泽东选集》的照片太假了。美联社记者指着雷锋给伤员送苹果、雨夜送大娘的照片问：为什么雷锋做好事还有照片，是不是经过导演的。我作为历史见证人和当事人，应该让大家了解这背后的故事。""1960 年 11 月 26 日，我和赵志华、佟希文、李健羽集体采访了雷锋和工兵第十团的部分官兵，以后发表了长篇通讯《毛主席的好战士》，并发表在《前进报》上。后来，新华社、《解放军报》等相继转发。年底，《人民日报》《中国青年报》又刊登了新华社的通讯稿《苦孩子成为优秀的人民战士》。从这开始，宣传学习雷锋活动全面展开，并不是人们习惯认为的雷锋是牺牲后才出了名的。""沈阳军区工程兵党委为了配合宣传雷锋，决定由政治部和雷锋生前所在工兵第十团一起筹办《雷锋同志先进事迹巡回展览》。几个部门商量决定，雷锋参军前及童年部分，用照片和绘画来表现；参军后的部分，用照片来反映。这样，就需要补拍一部分照片，沈阳军区工程兵部队首长对补拍照片作出特别指示：补拍的内容必须是雷锋实实在在做过的好事，不许弄虚作假。很快，我按照领导的要求草拟出一份补拍计划。计划需要补拍的照片有20多张。比如，雷锋打手电筒学习《毛泽东选集》，雷锋送老大娘回家，雷锋给医院的伤病员送苹果等等。这些事是真实存在的，只因当时没有照片才进行了补拍。”“补拍任务是由工兵第十团俱乐部放映员季增用了半个月左右时间完成的。照片冲洗出来后，还算不错，但确实有一些存在摆布的痕迹，比如雷锋白天打手电筒看《毛泽东选集》等照片。”采访结束时，张峻还送给我一张他亲手拍摄的雷锋擦解放牌汽车的照片，并在照片背面签上了他的名字。

笔者在采访雷锋生前战友季增时，询问他雷锋把自己的饭让给战友是怎么照下来的。他讲述了给雷锋拍照片的故事。1960年10月的一个星期天，运输连组织大家上山劳动。出发前，连里为每人准备了一盒已做好的午饭。当时四班有个饭量很大的战士还没到中午就把饭吃光了。待到中午大家吃饭时，他却没精打采地靠在树上摆弄镰刀。雷锋看到后上前问明情况，并推口说：“今天我肚子不好受，不想吃饭，这饭你就吃了吧，不然还得带回去，怪沉的。”经过几番谦让，那位战士接过了饭盒。“我当时看到这个情形后，赶紧拿起相机抓拍了一张。由于没有长焦镜头，还有树林挡着，画面上的人物太小，于是就走了过去，叫过几个正在吃饭的战友当背景，让雷锋重新把饭盒递给战友，我连续拍了两张。”雷锋生前战友王树兴等对这段故事也作了印证。

在谈到给雷锋拍摄擦解放牌汽车的照片时，季增说：“记得那是一个阳光灿烂的日子，我同雷锋一起来到运输连的停车场。这时，副连长白福祖将部队刚刚从第一汽车制造厂进的一辆解放牌的拉水车开进停车场。我们请他把汽车方向调正，然后用高光打在车头上的‘解放’两个字上，并让其在画面中占有显著位置。然后让雷锋站在车前抬头远望，用那只曾被地主婆砍过三刀的手擦拭‘解放’二字，体现出只有解放才有他幸福今天的意境。后来，《解放军画报》以‘苦孩子，好战士’为题将这张照片发表在1961年第3期上。事隔一年，我又与沈阳军区工程兵政治部宣传部干事张峻一起重拍了这一场景的彩色照片，发表在《中国摄影》杂志上。”

应该提及的是，雷锋做好事的一些真实画面却没有被拍摄下来、留存。例如，有一次雷锋应旅顺海军基地邀请去做报告，张峻一同随行。他们登上从沈阳开往旅大（今大连）的火车。上车后，雷锋先是将自己的座位让给了一位没有占着座位的老大娘，然后就是拿起笤帚打扫车厢，接着又给旅客倒开水，前前后后一直忙个不停。张峻亲眼见证了“雷锋出行一千里，好事做了一火车”的过程，于是他举起随身携带的相机，准备拍下这珍贵的瞬间。不想，他的举动被乘警阻止了。乘警告诉他，你知道这车上的旅客都是什么身份。什么成分吗？万一接受这位解放军服务的是个坏分子，照片登出来就是你的立场问题，我们也会受牵连的。张峻听后，不情愿地放下了相机，错过了这一难得的机会。

三是关于雷锋的收入与捐款问题。穆正新撰写的《雷锋捐款假案》网文，抓住几处貌似疑点的问题，断然否定当年雷锋捐款事迹的真实性。《关于雷锋叔叔的一点点小小的疑问》中说，庆祝抚顺市望花区人民公社成立，雷锋送去200元；辽阳地区遭受洪水之灾，雷锋寄去100元；战友小周的父亲病重，他寄去10元；一位妇女车票和钱丢失，他为这位妇女买了车票。他只在部队生活两年零八个月，当时部队津贴最高每月只8元，就算他拿最高津贴标准，合计收入只有256元，仅他的一小部分事迹就已经支出300多元。2001年还报道过雷锋在抚顺某储蓄所存款100元，雷锋捐款加存款有400元左右，另外雷锋生前有手表、皮箱、毛料衣服等当时罕见的奢侈品，包括当时在天安门前照的相，似乎消费很超前，钱从哪里来的？他们认为，雷锋每月六元的战士津贴不吃不喝都拿不出来那么多钱去捐款。2004年2月18日，笔者专程到抚顺采访雷锋生前战友乔安山，他说当年他和雷锋在鞍钢工作时的月基本工资有30多元。抚顺市的雷锋资料收藏者褚士奇收藏有雷锋在鞍钢工作时的体检表。体检表显示，雷锋的月基本工资是34.5元。褚士奇为此特地到鞍钢寻访了当年与雷锋一起工作的工友。工友们说，当时雷锋开推土机有保健费，倒班有夜班费，综合来看，雷锋月收入应在 50 元以上。2010 年 3 月，褚士奇应邀在营口电视台专门讲了雷锋在鞍钢的收入问题。实际雷锋从 1958 年 11 月到鞍钢，至 1960 年 1 入伍，我们估算他的总收入有千元左右，他还是有这个能力捐出两三百元的，至于雷锋买皮夹克、料子裤子和英格手表，按照当时的物价水平和雷锋的实际收入，他也消费得起。实际上，雷锋主动响应党的召唤，放弃每月几十元的高工资，参军保卫祖国倒是值得我们学习的。

四是关于雷锋难以置信的半夜壮举和抢救水泥真相。《关于雷锋叔叔的一点点小小的疑问》中说，一个严寒的冬天，雷锋与战友睡在一个简陋营房里。半夜，雷锋发现炉子座板把地板烧坏了，立刻从外面打来水，把炉子浇灭了，又把地板上的火浇灭了，把窗户、门都打开了，屋里变得非常冷。他又到外面找来小木头柴，把炉子重新点燃。可是，简陋营房怎么会铺地板？炉子座板是隔绝煤炭的热辐射，防止地板被烤焦，能把地板烧坏？雷锋半夜里那么大动作，他的战友居然一个都没醒？笔者在采访雷锋生前战友、技术营原营长王柱根时，他说："雷锋入伍刚到营口时，由于新兵需要在一起训练，所以临时将一部分战士安排到营部的大礼堂里住下。礼堂里确实铺有地板。炉子是临时搭建的，防火工作做得不好也会有。"诽谤者不了解历史的来龙去脉，硬是靠主观想象去臆断当年的情景，借以将雷锋的事迹打上疑点，这不是历史唯物主义的。

关于雷锋抢救水泥的说法前后矛盾问题。一次突然下雨，工地上散放着 7200 袋水泥，他先说自己和二十多个小伙子，用雨布和芦席盖，避免国家财产受到重大损失。但一年后又说成是"把自己的棉衣、被子拿去盖"。他们提出这是前后矛盾。笔者在采访雷锋的工友易秀珍时，她说："雷锋抢救水泥时，苫布不够用了，为了避免国家财产损失，他毅然回到宿舍将棉被抱出来盖在了水泥上。后来，由于雷锋的被套被水浸湿板结，我在帮他重新缝洗时，偷偷把自己的好被套缝进了雷锋的被子，然后把雷锋那板结的棉被套缝进了自己的被子。”2009年，易秀珍把珍藏了50年的当年雷锋抢救水泥所用的被子无偿捐献给辽阳雷锋纪念馆。笔者2013年在辽阳雷锋纪念馆里也看到了这床旧被子。

当然，雷锋不是神，也并非完人，他也会犯错误，雷锋在他的日记中，曾多次记录并检讨了自己的缺点。而且雷锋在营口刚入伍时就犯过两次错误，在我编著的《雷锋在营口的故事》里有记述。一次是他刚到部队时，头发留有的“刘海”不符合战士的发型要求，因此被副团长批评了;再一次是他星期天上街照相没有请假，回来后被连指导员批评了。但难能可贵的是，雷锋主动接受批评，而且知错就改。这点就值得我们学习。以上事实已经证明，雷锋和雷锋事迹是真实的，可信的，不容置疑和亵渎的。

雷锋精神将光芒永存

时下，诋毁雷锋等英雄人物形象的文章可谓层出不穷，而且从文章的内容看，他们对雷锋事迹的研究是下了一番大功夫的，而且在千方百计从中寻找能够引起人们怀疑的“疑点”。与此同时，他们精心安排一些职业写手夜以继日地杜撰着一篇又一篇明显抹黑、造谣、中伤中华民族各个时代英雄的段子，并通过网络等媒介大肆传播，企图诋毁多年来在国人心中竖起的一座座丰碑。这其中的每一篇（段）文章看似“小问题”，但是如果我们把这些文章搜集起来仔细分析，就会发现它们无时无刻不在侵蚀着中国人特别是青年一代对中华民族的自信心。

雷锋是中华传统美德与时代精神完美结合的产物，他是毛泽东思想哺育出来的伟大共产主义战士。雷锋生活在英雄辈出的时代，他是那个时代千千万万个英雄人物的杰出代表，而且在雷锋精神的感召下，半个多世纪以来，全国上下涌现出了一大批学雷锋的先进典型、道德模范和感动中国人物，为社会主义精神文明建设做出了不朽贡献。但一些别有用心之人却对这样一位热爱祖国、热爱党，靠公而忘私、助人为乐的模范行为，激励千千万万有志青年健康成长，赢得全国人民无限崇敬的英雄，不遗余力地进行诋毁和诬蔑，如果不是哗众取宠，那一定是居心叵测。切记：墨写的文字，改变不了真实的历史。他们这种卑劣行为一定会受到有正义感的国人们的谴责和唾弃。希望那些仍在处心积虑诋毁我们各个时代英雄的写手们，面对这铁一般的事实，是否应该偃旗息鼓，鸣金收兵了呢？

社会需要雷锋精神，社会呼唤雷锋精神，社会永远都离不开雷锋精神！实际上，我们已经没有必要对雷锋事迹的每一个细节去刨根问底，并借此吹毛求疵。试想，我们这个社会就算没有雷锋，依然会有雷锋式的人物不断涌现，因为这是人类对自己善良本性的赞美和追求，是一种对善良的信仰，是对中华传统美德的继承。“赠人玫瑰，手有余香。”学雷锋，贵在持之以恒，久久为功。只要人人学雷锋、天天学雷锋，常学常新，才会汇聚成爱的河流，社会才会充满友善、爱心与和谐。只有这样，才能把习近平总书记提出的“雷锋精神，人人可学；奉献爱心，处处可为”的要求落到实处。

今天，世界形势正在发生深刻变化，国际社会处于多事之秋，各种政治诉求波澜频起，地区争斗暗流涌动，天下很不太平。一些境外敌对势力在一些国家进行“颜色革命”成功后，亡我中华之心仍然不死，他们将“政治转基因”战略剑指中国,而且已在各个领域全面隐蔽地展开。他们打压我们的民族精神、打压我们的民族脊梁，进而蒙骗不明真相的群众，使他们多年形成的对国家的信任，对党和政府的理解在众多历史虚无主义的信息中逐渐磨灭，妄图让我们失去尊严、失去自信、失去团结、失去核心领导力量，以期达到其不可告人的险恶目的。抹黑英雄不排除是境内外对敌势力针对我们采取的文化精神摧毁战。因此，我们不能继续对这些恶意的催眠、洗脑听之任之。掌握舆论话语权的主流媒体和史学工作者，有责任用真实的历史事实回击他们，以重塑人民心中不可磨灭的英雄丰碑。特别是，当年和雷锋一起学习、工作、生活过的同学、战友、领导、工友许多人还都健在，你们都是雷锋和雷锋事迹的见证人，对那些别有用心之人颠倒黑白的胡言乱语更应予以有力回击，让诋毁雷锋形象的言行彻底休矣，以使伟大共产主义战士雷锋的英名，万古流芳，彪炳千秋。

欲亡其国，先亡其史。历史虚无主义的危险必须引起我们全体国人的高度警惕。雷锋、黄继光、董存瑞、邱少云等中华民族的脊梁和英雄，成为中华民族弥足珍贵的精神财富和不朽丰碑，是他们赋予了我们不忘初心、继续前进，实现中华民族伟大复兴中国梦的不竭精神动力。所以，当看到那些的被精心杜撰出来的搞笑桥段时，应该保留和增强一份对我们中华民族英雄的自信和文化清醒，进而倍加珍惜、精心呵护我们无限崇敬的各个时期的民族英雄，这是我们这一代人的神圣职责。

雷锋精神将永远占据中华民族的道德高地！

原载《党史纵横》2017 年第 3 期

正确评价党的历史是开启改革开放的关键一环

——以《关于建国以来党的若干历史问题的决议》出台为例

张 鼎*

中国共产党作为长期连续执政的党，正确认识和评价自己的历史及领袖，是推动历史前进中继承与创新的关键环节，也是开辟未来的一个重要前提。特别是在历史转折关头，能否正确看待自己的历史，关乎党自身及整个国家的前途和命运。在 20 世纪 70 年代末 80 年代初这个历史转折点上，正是由于党正确地评价了自己的历史，并以自我净化、自我革新、自我完善、自我提高的姿态告别过去，从而迎来了改革开放的伟大时代。

一、改革开放起航之时急需通过正确评价历史凝聚共识

党的十一届三中全会作出了把党和国家的工作重心转移到以经济建设为中心的社会主义现代化建设上来，实行改革开放的伟大决策，这既标志着历史的伟大转折，也标志着改革开放的起航。但改革开放的决策是在彻底摒弃之前“左”倾错误指导思想和纠正毛泽东晚年错误的背景下作出的，因此，改革开放首先就涉及如何评价此前党的历史、如何评价毛泽东和毛泽东思想的重大问题。这些重大问题如果得不到解决，中国的改革开放就无法向前推进，也就无法开启改革开放的新时期。

* 作者单位：中共上海市委党史研究室。

（一）两种错误思潮暗中滋生，导致人心不定，阻碍改革开放的推进。十一届三中全会后，随着党在实际工作中拨乱反正工作的全面开展和深入推进，党内外的思想也空前活跃，出现了努力研究新情况和解决新问题的生动活泼的政治局面。但与此同时，由于当时党内外对新中国成立以来重大历史问题的认识存在严重分歧和思想上的混乱，影响着人们对于中国未来向何处去的正确判断。其中，有两种错误思潮的滋生严重阻碍改革开放的推进：一是党内有一部分人仍然受"两个凡是"等"左"倾思想的束缚，教条式地评价毛泽东和毛泽东思想，对十一届三中全会以来制定和实行的一系列方针政策表现出某种程度的不理解甚至抵触；另一个是极少数人利用党进行拨乱反正的时机，打着"社会改革"的幌子，曲解"解放思想"的口号，采取"攻其一点，不及其余"的手法，把党的错误加以夸大，企图否定毛泽东的历史地位以及毛泽东思想的科学价值，否定党的领导，否定社会主义道路。如果任由这两种错误思潮发展蔓延，不仅会破坏安定团结的政治环境，而且改革开放的伟大事业也会遭受挫折甚至中断。

（二）党的指导思想尚未完全走上正轨，影响整个拨乱反正工作的深入开展。十一届三中全会后，我们党开始有步骤地解决历史遗留问题，开展了以平反冤假错案为主要内容的拨乱反正工作。这项工作不仅涉及拨林彪、"四人帮"之乱，而且由于毛泽东是"文化大革命"的发动者和领导者，因而自然直接或间接地涉及如何认识毛泽东晚年的错误以及如何评价毛泽东的功过是非问题。由于党在指导思想上的不统一，许多干部在拨乱反正的实践中，常常遇到"符不符合中央文件""违不违背最高指示"的情况，阻碍着拨乱反正工作的深入开展。显然，不彻底拨乱反正，就无法统一全党的思想，对于改革开放也就无法形成共识。而要彻底完成党在指导思想上的拨乱反正工作，保证社会主义建设事业能够在十一届三中全会确定的路线、方针和政策的指引下健康地发展下去，首先必须对"文化大革命"的历史、对毛泽东的功过作出准确定性和科学评判。

（三）如何看待新中国成立以来的历史，如何对待毛泽东的功过是非和毛泽东思想，不仅牵动全国人民的心，国外各种势力也在拭目以待。中国若想实现飞跃式发展，除了需要内部改革的推动，也需要有良好的外部环境。在改革开放的起步阶段，我们党如何对待新中国成立以来几十年的历史，如何对待毛泽东的功过是非和毛泽东思想，已成为令人瞩目的重大国际问题，直接关系到改革开放能否赢得良好的外部环境。当时的国外舆论针对我们党正在进行的纠"左"等工作，流传着所谓"非毛化"运动的错误论调及一些荒谬不实信息；许多社会主义国家的执政党和第三世界国家领导人也非常关注我们党将如何解决这些棘手的问题；不少西方国家更是以此作为制定对我国政策的基准之一。这就要求我们党对这些问题予以及时、坚定、正确的回应。正如邓小平所说："人们看中国，怀疑我们安定团结的局面，其中也包括这个文件拿的出来拿不出来，早拿出来晚拿出来。所以，不能再晚了，晚了不利。"唯有如此，才能消除国际上各种质疑的声音，维护党和国家的良好形象，为改革开放营造和平稳定的外部环境。

总之，中国改革开放之初所面对的复杂政治局面，要求以邓小平为核心的党的领导集体以马克思主义者的非凡勇气、政治智慧和科学态度，对自己的历史和领袖及时作出科学评价，拿出正确结论，以澄清是非，消除种种错误认识，统一全党全国人民思想。

二、《决议》出台：以正确评价党史消除思想障碍，改革开放巨轮由此扬帆远航

为了彻底结束过去的错误，开辟改革开放的未来，从 1979 年 10 月起，中央常委会开始着手起草《关于建国以来党的若干历史问题的决议》（以下简称《决议》），到 1981 年 6 月党的十一届六中全会召开，《决议》七易其稿，前后用了 20 个月左右的时间得以完成。邓小平、陈云、胡耀邦、胡乔木等中央领导人对此倾注了大量心血，他们坚持走群众路线，

多次召开不同规模和形式的讨论会，听取了各方的意见。《决议》是在“博采众议”和“力排错议”的基础上产生的，是典型的集体智慧的结晶。它的出台，树立起“不容动摇的科学权威（符合实际）和组织权威（中央通过）”，成为维护党的团结和国家稳定的“定海神针”。

（一）《决议》对新中国成立后32年的历史进行了全面而深刻的分析总结和恰当评价，为坚定改革开放的航向提供了准绳和立论依据。《决议》对新中国成立以来32年的历史、毛泽东的历史地位及毛泽东思想、“文化大革命”等重大历史问题予以科学、明确及权威性的评判，标志着党在指导思想上拨乱反正任务的完成，为此后党的工作和认识改革开放提供了准绳。

我们党在新中国成立后的32年中，“成绩是主要的，还是错误是主要的，是漆黑一团，还是光明是主要的”；如果说我们犯了错误，那么我们在哪些问题上犯了错误，错误的根源是什么，等等，这些问题必须予以科学分析和作出明确结论，否则，就无法回答为什么要改革开放，以及改革开放要将中国引向何处去等关键问题。为此，《决议》首先对新中国成立后32年的历史作出了总体评价，从政治、经济、文化、外交等方面总结了十项成就，同时指出成就“是主要的”，是不容忽视和否认的。这个总体评价，为正确认识新中国成立以来党的历史定了基调。

与此同时，《决议》还深刻分析和总结了新中国成立以来党在领导人民进行社会主义革命和建设过程中存在的突出问题，清楚地指出，由于照抄照搬苏联经验，采取高度集中的计划经济体制，实施过分集中僵化的指令性计划，及在经济工作中长期存在“左”倾错误，从而造成大量浪费和损失，社会主义现代化建设事业一度遭遇严重挫折。

不仅如此，《决议》还重点对“文化大革命”进行了全面深刻的剖析，从四个方面论证了毛泽东发动“文化大革命”观点的错误之所在，并将其定义为一场“带来严重灾难的内乱”，从性质上对其进行了彻底否定。由此使全党更加清楚地认识到结束过去、实行改革开放的极端必要性以及改革开放的重点和目标所在。正如邓小平所说：“没有‘文化大革命’

的教训，就不可能制定十一届三中全会以来的思想、政治、组织路线和一系列政策。三中全会确定将工作重点由阶级斗争为纲转到以发展生产力、建设四个现代化为中心，受到了全党和全国人民的拥护。为什么呢？就是因为有‘文化大革命’作比较，‘文化大革命’变成了我们的财富。”

总之，《决议》对新中国成立32年历史的总体评价和对党所犯错误的认定，一方面表明中国不会走改旗易帜的邪路，必将继续高举马列主义、毛泽东思想的旗帜，沿着社会主义道路继续前进；另一方面也表明，中国在社会主义建设上不会继续走僵化的老路，即必将摆脱苏联模式的束缚，改变与生产力发展不相适应的经济体制，结束经济工作中的“左”倾错误。这就使全党和全国人民明辨了是非，澄清了思想认识，明确了改革是社会主义的改革而不是别的改革，改革开放是决定中国命运的关键一招，是实现国家现代化的必由之路。这样，《决议》的出台就成为推进改革开放的重要一环。

（二）《决议》实事求是、恰如其分地评价了毛泽东的功过是非，并对毛泽东思想进行科学阐释，有力地抵制了两种错误思潮，稳定了人心，维护了安定团结的政治局面。改革开放的顺利推进首先是以政治稳定为前提的。改革开放初期，围绕评价毛泽东和毛泽东思想产生的错误思潮如果不及时消除，不仅会阻碍人们对改革开放的认同，而且会导致政治的不稳定。当时，如何评价毛泽东和毛泽东思想不只是个理论问题，尤其是个政治问题。因为，如邓小平所说，“对毛泽东同志的功过评价不恰当，老工人通不过，土改时候的贫下中农通不过，同他们相联系的一大批干部也通不过。毛泽东思想这个旗帜丢不得。丢掉了这个旗帜，实际上就否定了我们党的光辉历史。”而认识不到毛泽东晚年的错误，也无法进行改革开放。正因如此，评价毛泽东和毛泽东思想成为《决议》中最为重要的内容。

作为《决议》的总体设计者和主持者，邓小平曾提出起草《决议》的三条总原则，其中最根本、最关键的一条，就是“确立毛泽东同志的历史地位，坚持和发展毛泽东思想”。他还明确指出：“如果不写或写不好这个部分，整个决议都不如不做。”在与起草小组成员的多次谈话中反复强调和阐释这一核心原则。正是坚持这一原则，《决议》对毛泽东的历史地位给予了充分肯定和高度评价：虽然毛泽东在“文化大革命”中犯了严重错误，但就其一生来看，他的功绩是第一位的，错误是第二位的。《决议》还系统阐述了毛泽东思想形成、发展的历史，提出毛泽东思想是“马克思列宁主义在中国的运用和发展，是被实践证明了的关于中国革命的正确的理论原则和经验总结，是中国共产党集体智慧的结晶”，并强调要将毛泽东思想同毛泽东晚年所犯的错误区别开来。

不仅如此，《决议》在对新中国成立以来重大历史事件进行总结的同时，还回顾了新中国成立前 28 年的历史，并将其作为《决议》的一部分单独列出，重在阐明毛泽东在新民主主义革命中所作出的巨大贡献，从而更全面、更客观地展现了毛泽东的丰功伟绩。这就将“毛泽东的功绩是第一位的”论断立于充分的历史事实之上，成功地维护了毛泽东的历史地位。当然，《决议》也客观地指出和分析了毛泽东晚年的错误。对其犯错误的原因，《决议》辩证地分析指出，除了其个人原因外，更有社会主义政治制度不健全、封建专制主义遗毒难以肃清等深层原因，进而揭示和凸显了推动党内民主和国家政治生活民主化、制度化、法治化改革的必要性和紧迫性。

总之，《决议》的科学评价，使全党和全国人民对于毛泽东和毛泽东思想有了准确把握和正确认识，这不仅有力地批判了“左”的和右的两种错误思潮，消除了其对改革开放的干扰，而且有助于在改革开放进程中始终坚持四项基本原则，使改革开放沿着正确轨道前进。

（三）《决议》孕育了“中国特色社会主义道路的思想因子”，为改革开放指明了方向。如前所述，《决议》对新中国成立 32 年历史的分析和定位已经表明，中国的改革开放势在必行，但改革开放只能是社会主义的改革开放，而不会是任何其他性质的改革开放。同时也表明，社会主义绝不会走封闭僵化的老路，而是要走一条符合中国国情的新路。《决议》在总结社会主义建设正反两方面经验教训的基础上，对十一届三中全会以来逐步确立的适合中国国情的社会主义现代化建设道路予以高度肯定，并第一次将其总结为十大要点，涵盖经济建设、政治制度建设、社会主义精神文明建设以及党的建设等，其中所阐述的新内容和新论断，都是基于对新中国成立以来历史经验的深刻总结。这些内容实质上初步回答了应建设什么样的社会主义和怎样建设社会主义的问题，虽然当时还未将其命名为“中国特色社会主义道路”，但已经孕育了中国特色社会主义道路的思想因子。这些思想因子既为我们党探索中国特色社会主义道路奠定了理论基石，也为改革开放航船指明了前进的方向。

三、《决议》出台的历史启示

历史催生《决议》,《决议》淬炼历史。揆诸现实,《决议》的出台，奠定了全党全国人民一心一意进行改革开放和现代化建设的坚实政治基础和思想基础，成为开启改革开放的关键一环。

（一）推进改革开放,必须在大是大非问题上统一思想,凝聚共识。20 世纪 70 年代末 80 年代初，面对党内外要求对新中国成立以来若干重大问题作出结论的强烈呼声，为了抵制两种错误思潮的干扰，解决人民群众思想的困惑，以邓小平为核心的党中央审时度势，以辩证的科学的态度作出《决议》，对新中国成立以来党的历史上的重大问题、重大历史事件，包括“文化大革命”等作出了明确、科学的评价和权威性结论。由于在大是大非的政治原则问题上做到了旗帜鲜明、毫不含糊，从而统一了全党和全国人民的思想、凝聚了共识，让处在十字路口的中国不再为历史泥沼所困，昂首阔步迈向改革开放新时期。

历史虽然不会重复，但却不乏相似之处。新时代，我们依然肩负着认真总结和评价自己历史的责任。因为在改革开放深入推进的历史征程中，历史虚无主义的沉渣依然会泛起。丑化、抹黑党的历史、党的领袖与英雄人物，故意歪曲中国改革开放性质的现象依然存在。对此，我们需要吸取历史经验，在大是大非问题面前，坚定正确的政治方向，做到旗帜鲜明，敢于并善于向历史虚无主义“亮剑”，让历史说话，牢牢占领党史的各种舆论阵地，不断增强社会主义意识形态的凝聚力和向心力，以“人心齐，泰山移”的气势构筑起抵御历史虚无主义思潮的铜墙铁壁，保证中国特色社会主义现代化伟大事业的顺利发展。

（二）推进改革开放，必须始终坚持辩证唯物主义的根本立场，勇于“坚持真理，修正错误”。列宁曾说：“一个政党对自己的错误所抱的态度，就是衡量这个党是否郑重，是否真正履行它对本阶级和劳动群众所负义务的一个最重要最可靠的尺度。”高度重视和善于总结历史经验，自我纠错，始终是中国共产党的鲜明特点，也是其永葆青春的一大优势。《决议》的出台，就是党正确对待历史，坦然面对自己所犯的错误的有力证明。也正是以邓小平为代表的中国共产党人以强大的政治勇气和辩证唯物主义的根本立场，对于自身发生的错误不讳言、不护短，既实事求是，又恰如其分作出评判，从而坚持真理，修正错误，才赢得了人心，凝聚了共识，消除了阻碍改革开放的思想障碍，为顺利推进改革开放创造了良好的政治环境。

当下，在我们党带领人民奔向建成社会主义现代化强国、实现中华民族伟大复兴的征程中，我们还将面临各种风险和考验，难免遇到困难和挫折。必须明辨真理与错误，坚定辩证唯物主义的根本立场，吸取历史的经验教训，勇于坚持真理，修正错误。唯有如此才能更好地驾驶改革开放的巨轮行稳致远。

（三）推进改革开放，既不能丢掉“老祖宗”，又要与时俱进勇于创新。我们党是马克思主义政党，“老祖宗”指的就是马列主义和毛泽东思想。它们是中国共产党存在和发展的理论基础，是党长期执政的法理依据。不论历史发生怎样的变化，不论遇到什么复杂的问题，我们都不能离开和背叛“老祖宗”。纵观国际共产主义运动史，有的政党就是因为改变党的指导思想或放弃马克思主义而变色，甚至垮台。我们党在领导革命和建设的过程中，虽然遭遇过各种曲折，但却经久不衰且日益强大，根本就在于我们“没有丢马克思，没有丢列宁，也没有丢毛泽东”。

不仅如此，我们在坚持马列主义和毛泽东思想、坚持社会主义不动摇的同时，始终坚持与时俱进，勇于理论创新。可以说，没有理论创新，就没有改革开放的开启，就没有改革开放取得的伟大成就，就没有中国的今天。

《决议》通过将毛泽东晚年的错误与毛泽东思想的科学体系严格区分开来，强调毛泽东的历史地位和毛泽东思想的指导意义，等于向世人宣告了中国的改革开放和现代化建设，是要在高举马列主义、毛泽东思想伟大旗帜的前提下，开辟一条符合中国国情的现代化道路。在改革开放 40 多年的实践中，中国共产党人就是秉持“继承不泥古，扬弃不伤根”的原则，牢牢把握社会主义初级阶段这个最大国情，坚持解放思想，实事求是，大胆创新，在“老祖宗”的稳固根基之上结出了邓小平理论、“三个代表”重要思想、科学发展观、习近平新时代中国特色社会主义思想等一系列理论硕果，使得改革开放的巨轮顺利扬帆远航，并将中国历史推向了一个崭新的伟大时代。

原载《上海党史与党建》2020 年第 4 期

讲好党的故事 为改革开放护航

——以反击历史虚无主义为例

刘占广 张仕敏*

97年来，中国共产党领导中国人民前仆后继地进行革命、建设、改革的历史是一个一脉相承、不可分割的整体。改革开放前后的历史不能相互否定，革命和建设的历史同样不能相互否定。改革开放以来，中国近代以来的革命史、建设史、改革史为历史虚无主义攻击、污蔑、丑化。为此，党史部门要正本清源，解读好党史的来龙去脉，还党史以本来面目，从政治性、科学性、辩证性、历史性、时效性等角度出发，讲好党的故事，宣传好党的红色家谱，给历史虚无主义以有力的反击。传播好的党的历史故事，树立党的良好形象，有利于坚持和改善党的领导，永葆改革开放的正确方向。

一

改革开放40年来，随着世情、国情、党情的变化，历史虚无主义作为一种错误的思潮屡遭批驳，但始终没有沉寂，不时扰乱舆论，混淆视听。他们否定和歪曲中国革命的历史，否定社会主义道路，丑化革命领袖和烈士，妄图从根本上否定马克思主义指导地位和中国走向社会主义的历史必然性，否定中国共产党的领导。[①] 中国特色社会主义是改革开放

---

* 作者单位：中共承德市委党史研究室；承德技师学院。

① 中共中央文献研究室编：《十八大以来重要文献选编》（上），中央文献出版社2014年版，第113页。

以来党的全部理论与实践的主题，中国共产党决不允许任何理论和实践冲击、干扰中国特色社会主义理论与实践。为此，习近平指出：正确阐释党的历史，关系党的形象，关系党的生命，关系国家长治久安。[①] 党有所需，史有所为，讲好党的故事，还党史以本来面目，消除人民大众对党的历史在认知上的误区，建构和传播好党的形象，有利于坚持和改善党的领导，确保中国改革开放的正确方向。

二

讲好党的故事，应做到以下几点：

（一）坚持政治性，坚守党的故事之底线

灭人之国，必先去其史。改革开放以来，国内外敌对势力常常对中国革命史、中华人民共和国史来做文章，竭尽攻击、丑化、污蔑之能事。要警惕历史虚无主义的影响，坚决抵制、反对歪曲和丑化党的历史的错误倾向。[②] 对此，坚持党的领导，维护好党的形象，讲好党的故事，对历史虚无主义予以坚决反击，是党中央交给党史工作者的一项政治任务，也是每一个共产党员应该履行的政治责任。坚持政治性是讲好党的故事之底线。

坚持政治性首先要认识到，党史上重大事件和重要人物的评价不仅是理论问题，更是政治问题。以对毛泽东的评价为例，早在改革开放之初，邓小平就指出，对毛泽东同志的评价，不是仅仅涉及毛泽东同志个人的问题，这同我们党、我们国家的整个历史是分不开的，这不是个理

① 吴德刚：《做善于学习历史的马克思主义者——学习习近平党史工作重要论述》，《中共党史研究》2017年第8期。

② 中共中央文献研究室编：《十八大以来重要文献选编》（上），中央文献出版社2014年版，第113页。

论问题，而是个政治问题，是国际国内的很大的政治问题。[①] 不仅对党的领袖评价是政治问题，对党的重大历史事件的评价同样是政治问题。党领导中国人民前仆后继地进行革命、建设、改革的历史是一个一脉相承、不可分割的整体，三个历史时期不能相互否定。2013 年 1 月，习近平就向新进的中央委员、候补委员强调，要正确对待党的历史，正确处理改革开放前后的社会主义实践探索的关系不只是一个历史问题，更主要的是一个政治问题。[②] 可见，评价改革开放前后一系列重大历史事件同样属于政治问题。为此，我们要从讲政治的高度认识对党史上重要人物和重大历史事件的评价。

坚持政治性还要对思想舆论领域错误的社会思潮要有所作为。历史的解读具有意识形态性，政治立场、方向不同，得出的结论也会截然不同。有的所谓的专家、学者以“科学”“真相”的名义剪接、拼凑史料，有意丑化、妖魔化中国共产党；有的对同一则史料从不同侧面加以引申，具有鲜明的意识形态特点。党史工作者要把握正确方向，增强政治敏锐性和政治鉴别力，守好党史舆论阵地，积极主动捍卫党史阵地，向各种历史虚无主义错误思想亮剑。思想舆论领域大致有红色、黑色、灰色三个地带。红色地带是我们的主阵地，一定要守住；黑色地带主要是负面的东西，要敢于亮剑，大大压缩其地盘；灰色地带要大张旗鼓争取，使其转化为红色地带。[③] 向错误思想亮剑，是讲政治的表现，是讲好党的故事之底线。

（二）坚持科学性，夯实党的故事之基础

党史是政治性和科学性相统一的科学。作为一门社会科学，科学

---

① 邓小平：《对起草〈关于建国以来党的若干历史问题的决议〉的意见》（1980年3月—1981年6月），《邓小平文选》（第2卷），人民出版社1994年版，第299页。

② 中共中央文献研究室编：《十八大以来重要文献选编》（上），中央文献出版社2014年版，第111页。

③ 习近平：《坚持和巩固党对意识形态工作的领导》（2015年5月18日—2016年5月17日）《习近平谈治国理政》（第二卷），外文出版社2017年版，第328页。

性是党史学科的基础。讲好党的故事，就要夯实党史研究的基础，对历史问题进行深入研究，最大限度地还原历史细节和真相。唯有以大量具体的史实为依据，认清历史原貌，才能对历史虚无主义做到釜底抽薪。

坚持科学性首先要占有第一手的历史资料。为此，早在新中国成立初期，党就为此做了大量工作。1959 年，第三届全国政协一次会议后，时任政协主席周恩来就号召政协委员将六七十年来看到的和亲身经历的社会主义各方面的变化，几十年来所积累下来的知识、经验和见闻掌故，写下来或者口述下来，传给后代。[①] 此后，《文史资料选辑》陆续出版，到 2011 年，已经出版 157 辑，为我们今天进行党史研究留下了宝贵的第一手资料。此外，还有党和国家领导人的年谱、回忆录，党的历史文件集，将帅回忆录、年谱，长征回忆录等资料的陆续整理、出版、发行，这些翔实的历史资料是我们保持党的故事科学性之重要基础。

坚持科学性还要坚持科学的方法，并进行深入细致的调查研究，以得出最接近历史的结论。2014 年 9 月，在纪念中国人民抗日战争暨世界反法西斯战争胜利 69 周年座谈会上，习近平代表中共中央指出："抗日战争时期，中国军民伤亡多达 3500 万人。日本军国主义发动战争造成的破坏及其对中国资源和财富的大肆掠夺，按照 1937 年的比价，造成中国直接经济损失 1000 亿美元，间接经济损失 5000 亿美元。"[②] 这一历史结论就是通过大量的调查研究得出来的。它是建立在全国 60 多万党史工作者、史学工作者和其他各类有关人员近 10 年的调查基础之上的。以山东省为例，此项工作共查阅档案 238742 卷，复印档案资料 406912

① 中国人民政治协商会议全国委员会文史和学习委员会编:《文史资料选辑》(第一辑), 中国文史出版社2011年版, 第1—2页。

② 习近平:《在纪念中国人民抗日战争暨世界反法西斯战争胜利69周年座谈会上的讲话》,《人民日报》2014年9月4日。

页，查阅抗战期间及战后出版的书刊 61301 册（期），走访调查 8 万余个行政村、609 万名 70 岁以上（即 1937 年全国性抗战爆发以前出生）老人中的 507 万余人，收集证言证词 79 万余份。全省 1931 个乡镇，每个乡镇都建立了包括证人证言证词、伤亡人员名录、财产损失清单、人员伤亡和财产损失数字统计、人员伤亡和财产损失大事记、重大惨案证据材料以及证人和知情人口述录音、录像、照片等内容的抗战时期人口伤亡和财产损失材料卷宗，共 12892 个。① 为最大限度地掌握第一手史料，工作人员采取了查阅原始档案、书籍，实地走访，口述等方法，在此基础上，对史料进行综合、比较、分析，最后得出历史结论。可见，科学性是科学的方法与实践的统一。

翔实的史料是讲好党的故事之基石，只有在真实上下功夫，得出的结论才具有说服力。只有夯实科学性这一党史的基础，才能抵御并最终战胜历史虚无主义。

（三）坚持辩证性，把握党的故事之全貌

抓住一点无视其余，以细枝末节代替整体把握，用片面零碎的史实以偏概全，将一时一事等同于整个历史，这是历史虚无主义者曲解党史的主要方法。为此，党史工作者要坚持唯物辩证的观点，从总体上把握党的历史，坚持辩证性地讲好党的故事。

坚持辩证性首先要坚持两点论，全面认识党史上的苦难与辉煌、成就与不足，成功与挫折之间的关系。97 年来，在党的领导下，中国革命、建设，特别是改革开放取得的成就举世瞩目。红船精神、长征精神、抗战精神、西柏坡精神与实践需要我们去诠释、去回忆；天宫、蛟龙、天眼、悟空、墨子等重大科技成果需要我们宣传与展示，让国人乃至世人了解一个全面的中国，一个全面的党，不仅在于展示她的成绩和辉煌，

---

① 李忠杰：《抗日战争时期中国人口伤亡和财产损失调研丛书》总序，《中共党史研究》2015年第1期。

还要看她如何面对自己曾经历的挫折和失误。对此，改革开放以来，历届党的领导人从未回避，庄严表态：对党历史上存在的挫折、失误，乃至错误，一是敢于承认，二是正确分析，三是坚决纠正，从而使失误和错误连同成功经验一起成为宝贵的历史教材。① 这种正视、不回避，进而进行历史性的分析、引以为戒的态度，将使历史虚无主义无可乘之机。

坚持辩证性还要坚持重点论，讲清党史发展的主题和主线、主流和本质。近代以来，中国人民面临着争取民族独立、人民解放和实现国家繁荣富强、人民共同富裕两大历史任务。党团结带领人民为实现两大历史任务而不懈奋斗，是党的历史发展的主题和主线。其中，党领导人民进行新民主主义革命、进行社会主义革命和开展大规模社会主义建设、进行改革开放和社会主义现代化建设并取得伟大胜利的历史。② 中国新民主主义革命的胜利、社会主义革命和建设的巨大成就、改革开放的伟大成就举世瞩目。尽管中国共产党的历史上出现过几次错误的趋向暂时压倒正确的趋向的情况，但是，从中国共产党的历史全局来看，正确的趋向总能最后战胜错误的趋向。③ 相对于党历史上取得的成就，前进道路上的失误和错误是次要的，非主流的。

党在历史上虽然有过失误和错误，但贯彻始终的是党不懈奋斗、理论探索、自身建设的光辉历史④，一往无前地进行革命、建设、改革，对失误和错误不断纠正、引以为戒，这才是党史的全貌。掌握这一点，是对历史虚无主义进行回击的有力武器。

---

① 习近平：《在纪念毛泽东同志诞辰120周年座谈会上的讲话》，《人民日报》2013年12月27日。

② 习近平：《决胜全面建成小康社会 夺取新时代中国特色社会主义伟大胜利——在中国共产党第十九次全国代表大会上的报告》，《人民日报》2017年10月28日。

③ 胡绳：《从党的历史看中国共产党是伟大、光荣、正确的党》，《中共党史研究》1996年第5期。

④ 中共中央党史研究室：《中国共产党的九十年》，中共党史出版社、党建读物出版社2016年版，第1004页。

（四）坚持历史性，还原党的故事之原貌

不回避、正视自己的失误和错误是党对历史的鲜明态度，但承认不是目的，目的在于引以为戒，避免历史悲剧重演。为讲好党的故事，我们要正确分析党史上一些失误和错误产生的原因和历史背景，历史性地去认识这些挫折和失误。讲清其背后的故事，还原党的故事之原貌。

坚持历史性首先要厘清思想宣传和历史真实之间的关系。党的思想政治工作是服务于党的中心工作的。在革命时期，党的中心工作是武装斗争、夺取政权，同样十分重视思想政治工作。为此，毛泽东强调，在革命斗争中，有文武两个战线，就是文化战线和军事战线，要战胜敌人，首先要依靠手里拿枪的部队，还要有文化的军队，这是团结自己、战胜敌人必不可少的一支军队。[①] 思想政治工作作为党工作的一个重要方面，目的在于：直接间接地启发教育群众，宣传革命道理，从而极大地提高人民的觉悟，成为他们自觉参加革命战争的精神动力。思想宣传工作的性质决定了它宣传的内容与历史真实并不完全一致，其中包含一些宣传上的策略。以战斗结果的宣传为例，为了鼓舞军民士气，在一段事件里，党在宣传上采取了对战果作了一些夸大，对战争损失进行一定策略性表述的做法，如平型关战斗的战绩报告就出现了歼灭日军 10000、4000、3000、1000 等几种不同说法[②]，历史证明前几种说法是背离事实的，是党在宣传上的一种策略，目的在于鼓舞抗日军民抵御外侮的士气。尽管后来党认识到这一做法有一定的负面性，作了改正[③]，但依然成为历史虚无主义攻击党史的一个所谓的重要证据。同样，在社会主义建设时

① 毛泽东：《在延安文艺座谈会上的讲话》（1942年5月），《毛泽东选集》（第三卷），人民出版社1991年版，第847页。

② 杨奎松：《开卷有疑：中国现代史读书札记》，江西人民出版社2007年版，第60页。

③ 中央文献研究室、中央档案馆编：《建党以来重要文献选编（1921—1949）》第21册，中央文献出版社2011年版，第106页。

期，为弘扬时代主题，宣传正能量，党在宣传中采取了拔高正面典型和丑化反面典型的举措。这些被历史虚无主义者以揭露所谓历史真相的名义进行恶意夸大、放大，这种论从史出的假象，迷惑了人民大众对党史的认知。对此，我们要引导人民群众分清思想宣传工作和历史真实之间的关系，讲清当时的历史背景，以回击历史虚无主义的张冠李戴、偷梁换柱。

坚持历史性还要从历史角度正确分析党史重要人物和重大事件。马克思说过，人们自己创造自己的历史，但是他们并不是随心所欲地创造，是在直接碰到的、既定的、从过去承继下来的条件下创造。[①] 为此，我们要把党史重要人物和重大事件放在其所处时代和社会的历史条件下去分析，不能忽略历史必然性和历史偶然性的关系。[②] 以中国选择社会主义道路为例，历史虚无主义者通过分析新中国成立后帝国主义对中国的封锁带来的长期困难，进而否定中国的社会主义道路。对此，毛泽东在《论人民民主专政》中一言以蔽之——“一边倒，是孙中山的 40 年经验和共产党的二十八年经验教给我们的，深知欲达到胜利和巩固胜利，必须一边倒。”[③] 新中国成立后，中国共产党选择了走社会主义道路，加入社会主义阵营，因而受到资本主义阵营的长达几十年的封锁，给社会主义建设造成极大的困难。但这一选择既是中国共产党的历史使命决定的，也与当时国际格局和国内的政治格局密不可分。第二次世界大战结束后，国际上存在着两大阵营的尖锐对立和斗争，国内同样存在国共两党领导的武装集团的尖锐对立和斗争，美国为控制中国，选择了支持蒋介石，反对共产党。在这一历史背景下选择社会主义道路是中国唯一正确的选择。可见，走社会主义道路，不单是党的领袖主观臆断，更是当

---

① 马克思：《路易·波拿巴的雾月十八日》，《马克思恩格斯选集》（第1卷），人民出版社2012年版，第669页。

② 习近平：《在纪念毛泽东同志诞辰120周年座谈会上的讲话》，《人民日报》2013年12月27日。

③ 《毛泽东选集》（第四卷），人民出版社1991年版，第1472—1473页。

时客观环境下的必然选择，是历史偶然性和必然性的统一。

掌握了历史发生的背景，讲清党的故事之原貌，认识了历史的所以然，提高了人民群众认知水平，才能使历史虚无主义者的“用片面零碎的史实以偏概全，将一时一事等同于整个历史”再无生存空间。

（五）坚持时效性，牢记党的故事之使命

反击历史虚无主义，讲好党的故事，还要坚持时效性，对于历史虚无主义的论调发现后迅速回击，让人民群众及时了解真实的历史，树立党的正确形象，以压缩历史虚无主义的生存空间。

坚持时效性首先要在第一时间对社会热点问题给予澄清，讲清真实的历史。党的十九大后，一些微信群转发了 1975 年习近平与北京知青雷平生、陶海粟、雷格生在延川的合影照片[①]，并进行了多方面的引申和解读。对此，中共河北省委党史研究室在第一时间在微信平台发声——转发文章《关于一张照片的回忆》，各市县党史宣传平台随即进行了转发。通过文章作者对 1973 年上山下乡期间习近平和延川县北京知青在陕北延川县合影的情况进行了回顾，澄清微信中的错误，反击了庸俗化地解读历史的倾向。

坚持时效性还要抓住问题的核心坚决予以回击。2018 年年初，以 1957 年拍摄的电影《董存瑞》为例，一些历史爱好者提出：影片中董存瑞生前高喊的“为了新中国，前进！”是杜撰的，他向战友高喊的是“卧倒，卧倒，快趴下！”因而认为：党的历史多为杜撰。对此，党史部门、各种新闻媒体集体发声：革命先烈不容亵渎！影片作为艺术作品，来源于生活又高于生活，一个未满 19 岁的解放军战士，他牺牲的价值不在于他最后喊了什么，而在于他舍生取义举起炸药包的行为。今天我们回忆历史，应关注历史的主流，不应过多碎片化地去解读历史。此类解读

---

① 中央党校采访实录编辑室著:《习近平的七年知青岁月》，中共中央党校出版社2017年版，第55页。

还有狼牙山五壮士、黄继光等等，需要我们抓住问题的实质去解读历史，防止历史解读的碎片化。

坚持时效性还应充分利用现代化的交流平台去传播历史正能量。在新媒体时代，人民大众大多在互联网上传播和分享他们身边的故事，去认知社会、认知历史。我们要抓住历史机遇，强化互联网思维，构建立体多样、融合发展的现代传播体系，提升党史部门在新媒体时代的影响力和话语权，让满载党史好故事的图像、声音、文字、信息更广泛地传播，传递真实、客观、公允的党的形象。

三

历史是一个民族安身立命的基础，同样是一个政党安身立命的基础。讲好党的故事，关键在于讲清党是如何对待自己历史的。党的故事包含在中国近代以来近百年的历史之中，党的历史记载着中国近代以来革命、建设、改革之间的历史传承。其间，既有举世瞩目的成就，也有诸多曲折和错误。今天我们如何看待历史，未来就会如何记录今天。在97年的历程中，党领导中国人民前仆后继地进行革命、建设、改革，期间，一以贯之的是实现民族独立、人民解放和国家富强、人民富裕这两大历史使命，这是历史的主题和主线。97年革命、建设、改革的历程，展示了党进行不懈奋斗、理论探索、自身建设的光辉历史。为此，党掷地有声地宣布：新民主主义革命的胜利成果决不能丢失，社会主义革命和建设的成就决不能否定，改革开放和社会主义现代化建设的方向决不能动摇，这是党和人民在当今世界的安身立命、风雨前行的资格。[①] 这就是党对自己历史的态度，是我们讲好党的故事之基石。

今天，中国改革开放走过了40个春秋，中国特色社会主义已进入

---

① 习近平：《在纪念邓小平同志诞辰110周年座谈会上的讲话》，《人民日报》2014年8月21日。

了新时代，走在中华民族伟大复兴的征途上。中国已经成为世界第二大经济体，日益走向世界舞台中心，但国内、国际的交流和传播是一个双向过程，在崛起发展中我们会面临更多的传播难题，面临更多的误解、诘责、攻击（历史虚无主义只是其中一个方面）。如何消除误解，建构与传播好党的形象？97 年来，中国走过的历程，是中国共产党和中国人民用鲜血、汗水、泪水写就的，充满苦难和辉煌、曲折和胜利、付出和收获，这是我们继往开来、奋勇前进的现实基础，是不能忘却、不容否定的。为此，讲好党的故事，给中国大众，乃至世界人民展示一个鲜活、形象的党的形象，有助于对党的认知、理解，更有利于以史为鉴，加强和改善党的领导。唯有坚持和改善党的领导，中国改革开放的巨轮才能破浪前行，坚定正确的航向。

原载《探索与前行：河北省党史学界纪念改革开放四十周年论文集》，河北人民出版社 2019 年版